Quant à moi...

Témoignages des Français et des francophones

Manuel de préparation

Jeannette D. Bragger • Donald B. Rice

The Pennsylvania State University   *Hamline University*

THOMSON

HEINLE

Australia Canada Mexico Singapore Spain United Kingdom United States

THOMSON

HEINLE

Quant à moi... , Second Edition, Manuel de préparation
Bragger, Rice

Publisher: *Vincent P. Duggan*
Senior Acquisitions Editor: *Wendy Nelson*
Developmental Editor: *Anne Besco*
Senior Production and Development Editor Supervisor: *Esther Marshall*
Associate Marketing Manager: *Kristen Murphy-Lojacono*
Senior Manufacturing Coordinator: *Mary Beth Hennebury*
Compositor: *A+ Publishing Services*
Project Manager: *Anita Raducanu, A+ Publishing Services*
Interior Designer: *Cyndy Patrick*
Illustrator: *Sarah Sloane*
Cover Designer: *Jeff Cosloy*
Printer: *Mazer Corporation*

Printed in the United States of America
3 4 5 6 7 8 9 10   06 05 04 03 02

For more information contact Heinle, 25 Thomson Place, Boston, MA 02210 USA,
or you can visit our Internet site at http://www.heinle.com

For permission to use material from this text or product contact us:
Tel   1-800-730-2214
Fax   1-800-730-2215
Web   www.thomsonrights.com

ISBN: 0-8384-0603-3

Table des matières

CHAPITRE 2 Allons voir les Français et les francophones... à table! 67

CHAPITRE 3   Allons voir les Français et les francophones... aux heures de loisirs!   115

CHAPITRE 5   Récits et portraits   205

Quant à moi...

Témoignages des Français et des francophones

The **Manuel de préparation** is the component of the **QUANT À MOI...** program with which you will work primarily outside of class. In many instances, you will be assigned exercises and activities in preparation for the next class session; at other times, the exercises and activities serve as a follow-up to reinforce what you have already done in class. *In order to be successful with this program, it is essential that you do the work in the* **Manuel de préparation** *as assigned by your instructor.* Learning French is ultimately the responsibility of the learner; it is, therefore, up to you to ensure that you have done the necessary work to participate effectively in class. Since class activities focus for the most part on *practice* and *reinforcement*, it is crucial that you do the assigned preliminary work outside of class.

The **Manuel de préparation** has a triple focus. First, it is designed to review and expand on vocabulary and grammar. Vocabulary sections in each chapter include previously learned as well as new words and expressions related to the chapter topic. The purpose of some of the grammar sections is to review basic structures you studied in your first year of French. Each of these reviews is called *Contrôle des connaissances* and consists of a diagnostic test *(Test)*, an explanation of the grammatical structure *(Rappel)*, review exercises *(Exercices de révision)*, and a re-test *(Repêchage)*.

The second focus of the out-of-class book is the presentation of new grammatical structures, which you will always find under the heading *Fonction*. You'll be asked to study the grammar point and do some written exercises. When you then get to class, you'll be asked to do some additional exercises to verify your understanding of the new grammar point.

The third focus of the out-of-class book is on reading and writing. The **Manuel de préparation** contains exercises and activities that help you read the literary and non literary texts in the **Manuel de classe** and that prepare you for the follow-up discussions in class. The **Manuel de préparation** also contains a writing program, similar to a freshman English composition course, that provides writing strategies to enable you to express your ideas more clearly in writing.

Throughout the **Manuel de préparation** you will find a series of *À faire!* notes (keyed to the margin assignment indicators in the **Manuel de classe**) that serve to cross-reference the two books. As homework for the next class session, your instructor will direct you to *one* of the *À faire!* assignments. The *À faire!* note will give you specific information about what to do for homework. For example:

À FAIRE! (3–2)   Manuel de classe, pages 104–108

In *preparation* for talking about various leisure time activities, study the *Fiche lexicale* and do Exercise V.

In order to *learn* the uses of the **passé composé** and the **imparfait**, read the explanation and do Exercises VI and VII.

À FAIRE! (3–4)   Manuel de classe, pages 112–115

As a *review* of the **passé composé** and the **imparfait**, do Exercise XII.

In *preparation* for work in class, do Exercises XIII and XIV.

Through these *À faire!* notes, you are regularly shown exactly what to do and how it relates to what happens in class.

The **Manuel de préparation** and the work you do in it tie together the various components of the **QUANT À MOI...** program. Consequently, although you will use the **Manuel de préparation** primarily at home, your instructor may ask you to bring it with you to class as a reference source.

PREMIÈRE PARTIE

La rentrée

SÉBASTIEN

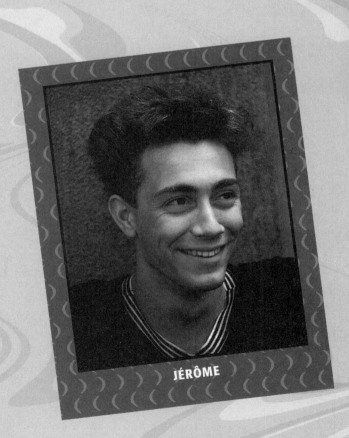

JÉRÔME

In order to *review* the present tense of commonly used verbs, read the *Rappel* (pages 8–9), then take the *Test*.

- If your score is 52 or more, proceed to the next part of the assignment.
- If your score is less than 52, reread the *Rappel*, do the *Exercices de révision* (I and II), and then take the *Repêchage* test.

In *preparation* for talking about stereotypes in class, do Exercises III, IV, and V.

Contrôle des connaissances:
Le présent de l'indicatif

Test

A. Complete the following conversations, conjugating the verbs in parentheses in the present tense.

1. —Est-ce que Jacques (aller) __va__ nous accompagner?
   —Je ne (être) __suis__ pas sûr, mais je (penser) __pense__ qu'il ne (pouvoir) __peut__ pas.

2. —Tu (aimer) __aimes__ les tartes et les gâteaux?
   —Oh, pas tellement. Je (prendre) __prends__ rarement un dessert.

3. —Tu (se promener) __te promènes__ tous les dimanches après-midi?
   —Oui. Mon médecin (dire) __dit__ qu'il (falloir) __faut__ marcher le plus souvent possible.

4. —Qu'est-ce que vous (faire) __faites__ là?
   —Nous (remplir *[to fill out]*) __remplissons__ les formulaires d'inscription.

5. Vincent (demander) __demande__ : «Tu (partir) __pars__ tout de suite?»
   Claire lui (répondre) __répond__ : «Non, il (pleuvoir) __pleuvoit__ et je n'(avoir) __ai__ pas de parapluie.»

6. —Où (être) __sont__ les enfants?
   —Ils (se reposer) __se repose__ .
   —Est-ce qu'ils (avoir) __ont__ des devoirs?
   —Oui. Ils (aller) __vont__ les faire bientôt.

7. —Pourquoi est-ce qu'elles ne (vouloir) __veulent__ pas venir avec nous?
   —Aucune idée. Elles (faire) __font__ peut-être leurs devoirs.

8. —Vous (savoir) __savez__ le nom de la station de métro la plus proche?
   —Désolé. Nous n'(habiter) __habitons__ pas dans le quartier.

9. — Alors, les enfants, vous (s'habiller) __vous habillez__ ?

— Oui, maman. Mais nous n'(avoir) __avons__ pas de chaussettes.

— Bon. Attendez. J'(arriver) __arrive__ .

10. — Pourquoi est-ce que tu (être) __es__ toujours habillé en bleu?

— C'est ma femme qui (choisir) __choisit__ mes vêtements.

11. — Attention! Je (aller) __vais__ reculer.

— Non, non. Nous (être) __sommes__ derrière toi!

12. — Est-ce que vous (vouloir) __voulez__ venir avec nous ce soir?

— Je ne (pouvoir) __peux__ pas vous donner une réponse maintenant.

13. — Elles (avoir) __ont__ le temps de nous aider?

— Je ne (savoir) __sais__ pas.

14. — Est-ce que vous (s'amuser) __vous amusez__ ?

— Ah oui. Nous (passer) __passons__ des vacances formidables.

15. — Qu'est-ce que tu (attendre) __attends__ ?

— J'(attendre) __attends__ un coup de téléphone de mon frère.

16. — Qu'est-ce qu'elles (faire) __font__ ?

— Elles (finir) __finissent__ la vaisselle.

17. — Vous (voir) __voyez__ cet homme là-bas?

— Oui. Pourquoi?

— Eh bien, il (être) __est__ acteur à la Comédie-Française.

B. Now complete the following narration, conjugating the verbs in parentheses in the present tense.

Pendant les vacances d'été, nous (faire) __faisons__ toujours du camping en Espagne. Il y (avoir) __a__ un très beau terrain de camping près de Barcelone et ma mère (réserver) __réserve__ le même emplacement tous les ans. Moi, j'(aimer) __aime__ bien le camping, mais mon frère et moi nous n'(aimer) __aimons__ pas du tout les préparatifs. Mon père (penser) __pense__ qu'il (falloir) __faut__ emporter toute la maison et il (attendre) __attend__ toujours la dernière minute pour s'organiser. Ma mère, par contre, (être) __est__ très organisée. Elle (savoir) __sait__ ce qu'il nous faut et elle (vouloir) __veut__ emporter le minimum. Et nous, mon frère et moi, nous ne (s'intéresser) __nous intéressons__ absolument pas à toutes ces affaires. Nous (vouloir) __voulons__ tout simplement monter dans la voiture et partir. Moi, par exemple, je ne (voir) __vois__ pas pourquoi nous (avoir) __avons__ besoin de vaisselle ni de tant de vêtements. Je (se contenter) __me contente__ d'un jean, d'un short, de quelques T-shirts et de sandales. Enfin, le soir avant le départ, nous (finir) __finissons__ les préparatifs et nous (se mettre) __nous mettons__ en route. Quand nous (arriver) __arrivons__ en Espagne, nous (s'amuser) __nous amusons__ toujours beaucoup et nous (oublier) __oublions__ les difficultés du départ.

See the *Corrigés (Answer Key)* at the back of this book for the answers to the *Test.* A perfect score is 64. If your score is less than 52, reread the rules for conjugating verbs in the present tense in the *Rappel* section on pages 8–9; then do *Exercices de révision* I and II. After correcting these exercises (see the *Corrigés* for the answers), do the *Repêchage* test.

If your score is 52 or higher, proceed to the *Perspectives culturelles* section on page 14.

Rappel: Le présent de l'indicatif

1. Verbs ending in *-er*, *-ir*, and *-re*

The majority of verbs in French belong to one of the three basic conjugations (-er, -ir, -re) and have the following endings in the present tense:

-er	**-ir**	**-re**
je regard**e**	je fin**is**	j'attend**s**
tu regard**es**	tu fin**is**	tu attend**s**
il/elle/on regard**e**	il/elle/on fin**it**	il/elle/on attend
nous regard**ons**	nous fin**issons**	nous attend**ons**
vous regard**ez**	vous fin**issez**	vous attend**ez**
ils/elles regard**ent**	ils/elles fin**issent**	ils/elles attend**ent**

2. Pronominal verbs

Pronominal verbs differ from other verbs not in their conjugations but in that they require a pronoun in addition to the subject. The pronominal form of verbs can have two meanings.

  a. An action that reflects back on the subject:

  Je me lève.   *I get up. (Literally, I get myself up.)*
  Elle se renseigne.   *She gets information. (Literally, She informs herself.)*

  b. An action in which two or more subjects interact:

  Nous nous téléphonons.   *We call **each other**.*
  Elles se voient souvent.   *They see **each other** often.*

In either case, the subject (noun or pronoun) is accompanied by its corresponding reflexive or reciprocal pronoun (**me, te, se, nous, vous, se**). This pronoun usually comes directly before the verb.

s'amuser *(to have a good time)*	
je **m'amuse**	nous **nous amusons**
tu **t'amuses**	vous **vous amusez**
il/elle/on **s'amuse**	ils/elles **s'amusent**

Some of the most commonly used pronominal verbs are:

se réveiller	*to wake up*
se lever	*to get up*
se coucher	*to go to bed*
s'amuser	*to have a good time, to have fun*
se renseigner	*to get information*
se reposer	*to rest*
se préparer (pour/à)	*to get ready (to)*
se dépêcher	*to hurry*
se téléphoner	*to call each other*
se parler	*to speak (talk) to each other*
se retrouver	*to meet (each other) (by prearrangement)*
se voir	*to see each other*

3. Other commonly used verbs

Many of the most commonly used verbs in French don't follow the preceding patterns. They're conjugated in the present tense as follows:

avoir	j'ai, tu as, il/elle/on a, nous avons, vous avez, ils/elles ont
être	je suis, tu es, il/elle/on est, nous sommes, vous êtes, ils/elles sont
aller	je vais, tu vas, il/elle/on va, nous allons, vous allez, ils/elles vont
faire	je fais, tu fais, il/elle/on fait, nous faisons, vous faites, ils/elles font
vouloir	je veux, tu veux, il/elle/on veut, nous voulons, vous voulez, ils/elles veulent
pouvoir	je peux, tu peux, il/elle/on peut, nous pouvons, vous pouvez, ils/elles peuvent
mettre	je mets, tu mets, il/elle/on met, nous mettons, vous mettez, ils/elles mettent
prendre	je prends, tu prends, il/elle/on prend, nous prenons, vous prenez, ils/elles prennent
voir	je vois, tu vois, il/elle/on voit, nous voyons, vous voyez, ils/elles voient
pleuvoir	il pleut
falloir	il faut
valoir	il vaut mieux

4. The negative of the present tense

a. **ne... pas**	Je **ne** prends **pas** de petit déjeuner.		I'm *not* having any breakfast.
	Je **ne** me promène **pas** souvent.		I do*n't* often go for a walk.
b. **ne... rien**	Il **ne** comprend **rien**.		He doesn*'t* understand *anything*.
	Rien ne l'intéresse.		*Nothing* interests him.
c. **ne... jamais**	Tu **ne** vas **jamais** à la plage?		You *never* go to the beach?
	Vous **ne** vous voyez **jamais**?		You *never* see each other?
d. **ne... plus**	Elles **ne** sont **plus** à l'école.		They are *no longer* in school.
	Nous **ne** nous levons **plus** très tôt le matin.		We *no longer* get up very early in the morning.

Exercices de révision
• •

✳ I. Monologues. Complétez les monologues suivants en utilisant le présent de l'indicatif des verbes entre parenthèses.

1. Encore un dimanche soir! Et comme d'habitude nous (rester) __restons__ à la maison. Je (s'occuper) __m'occupe__ de mes devoirs. Ma sœur (écouter) __écoute__ une émission à la radio. Mes parents (regarder) __regardent__ la télé. Et nous ne (se parler) __nous parlons__ pas. Et toi, comment est-ce que tu (passer) __passes__ la soirée du dimanche? Et ta famille? Vous (s'amuser) __vous amusez__ comme nous?

ATTENTION! An asterisk (✳) preceding an exercise number indicates that the exercise is self-correcting. You will find the answers in the *Corrigés* at the back of this **Manuel de préparation.**

2. Maman et papa, pourquoi est-ce que vous (s'énerver) **vous énervez** ? C'est parce que je ne (réussir) **réussis** pas à tous les examens? C'est parce que mes petits frères (salir) **salissent** tout? C'est parce qu'Henri ne (choisir) **choisit** pas bien ses amis? Ou bien parce que nous (grossir) **grossissons** tous?

3. Alors, vous (descendre) **descendez** de votre Mercédès, toi et tes compagnons. Des centaines de gens vous (attendre) **attendent**. Nous vous (rendre) **rendons** hommage. Le maire (répondre) **répond** à tes questions, mais tu (défendre) **défends** aux gens ordinaires de s'approcher de toi. Moi, seul, je (perdre) **perds** ma patience et je m'en (aller) **vais**.

4. Vous (être) **êtes** d'origine italienne. Vous (avoir) **avez** deux frères qui (aller) **va** au lycée et une sœur qui (faire) **fait** des études à l'université. C'est curieux. Moi aussi, j'(avoir) **ai** deux frères et une sœur. Mais mes frères à moi, ils (faire) **font** leur service militaire. Et ma sœur (être) **est** architecte. Et moi, je ne (être) **suis** pas d'origine italienne. Néanmoins, vous et moi, nous (avoir) **avons** beaucoup en commun. Nous (être) **sommes** toutes les deux très jolies et très intelligentes! Et nous (faire) **faisons** du ski en hiver et du tennis en été. Vous (faire) **faites** du sport, vous et votre famille, non?

5. Mes parents (vouloir) **voulent** que je fasse des études de droit. Mais moi, je ne (vouloir) **veux** pas être avocate! Vous autres, vous (pouvoir) **pouvez** comprendre ça, non? Les parents ne (pouvoir) **pouvent** pas nous obliger à faire ce que nous ne (vouloir) **voulez** pas faire. Toi, Martin, tu (pouvoir) **peux** m'aider. Il (falloir) **faut** faire comprendre à ma mère que j'(avoir) **ai** raison. Ensuite, elle (pouvoir) **peut** convaincre mon père. Alors, tu (vouloir) **veux** bien m'aider?

6. C'est facile. Tu (prendre) **prends** le compact disc et tu le mets dans le lecteur. Regarde! Voilà! Je (prendre) **prends** le compact disc et je le (mettre) **mets** là, comme ça. C'est facile, n'est-ce pas?

7. Il (falloir) **faut** tondre la pelouse. Mais il (pleuvoir) **pleuvoit** depuis des heures, sans arrêt. Il (valoir) **valoit** mieux le faire un autre jour.

8. En général, comment est-ce que tu commences la journée? Eh bien, je (se lever) **me lève** vers 7h. Mes parents, par contre, (se lever) **se levent** à 6h. Ma mère (préparer) **prépare** le café. Moi, c'(être) **est** la première chose que je (faire) **fais**, je (prendre) **prends** un petit café pour me réveiller. J'(attendre) **attends** mon père qui (finir) **finit** de se raser dans la salle de bains. Je (se préparer) **me prépare** donc pour aller au travail, je (manger) **mange** un petit quelque chose et je (quitter) **quitte** la maison vers 8h30. Chez nous, on ne (se dépêcher) **se dépêche** pas tellement le matin.

✣ **II. Vous et les autres.** Utilisez les sujets, verbes et adverbes pour créer des phrases à propos de vous, votre famille et vos amis.

1. comprendre le français (bien, mal, avec difficulté, ne... pas)

    a. je _Je comprends bien (mal) le français._

    b. mes camarades de classe _____

    c. mon professeur _____

    d. mon ami(e)... et moi, nous _____

2. aller au théâtre (souvent, rarement, de temps en temps, ne... jamais)

    a. je _____

    b. mon ami(e)... _____

    c. mes parents _____

3. descendre l'escalier (rapidement, lentement, en courant)

    a. je _____

    b. nous autres étudiants _____

    c. les jeunes _____

    d. ma grand-mère _____

4. avoir du temps libre (beaucoup de, assez de, très peu)

    a. nous autres étudiants _____

    b. mes amis _____

    c. moi, je _____

    d. mon oncle... _____

5. vouloir arriver avant les autres invités (toujours, d'habitude, ne... jamais)

    a. je _____

    b. ma mère _____

    c. mes amis _____

    d. ma famille et moi, nous _____

6. réussir aux examens (toujours, presque toujours, d'habitude)

    a. mes camarades de classe _____

    b. ma sœur / mon frère... _____

    c. nous autres garçons/filles _____

    d. je _____

7. être malade (souvent, de temps en temps, rarement, ne... jamais)

    a. ma famille et moi, nous _____

    b. je _____

    c. mon père / ma mère _____

    d. mes amis _____

8. jouer au golf (bien, assez bien, mal, ne... jamais)

    a. je _____

    b. mon père / ma mère _____

    c. mes amis _____

    d. nous autres étudiants _____

9. faire la grasse matinée *(to stay in bed late)* (souvent, de temps en temps, rarement, ne... jamais)

    a. je _____

    b. nous autres étudiants _____

    c. mes amis _____

    d. mon père / ma mère _____

10. s'amuser le week-end (toujours, rarement, ne... jamais)

    a. je _____

    b. mes amis et moi, nous _____

    c. mes parents _____

    d. les enfants _____

Elle est malade?

Elle peut m'aider?

Il a combien de frères?

Vous êtes d'origine italienne?

ILS JOUENT AU GOLF?

Nous allons sortir ce soir?

Tu te lèves à quelle heure?

Repêchage

Utilisez le présent de l'indicatif des verbes entre parenthèses pour compléter les conversations suivantes.

1. — Est-ce qu'ils (aller) _____ être à l'heure?

   — S'ils (prendre) _____ le métro, oui. Autrement, non.

2. — Qu'est-ce que vous (faire) _____ ce week-end?

   — Nous (rendre) _____ visite à des amis de la famille.

3. — Tes grands-parents (vieillir) _____ , n'est-ce pas?

   — Ah, oui. Ils (avoir) _____ déjà plus de quatre-vingts ans.

4. — Tu (permettre) _____ à Anne-Marie de venir avec nous?

   — Non, je ne (vouloir) _____ pas qu'elle vous accompagne.

5. — Où (être) _____ tes cousines?

   — Elles ne (pouvoir) _____ pas venir.

6. — Pourquoi est-ce que tu (aller) _____ rester à la maison?

   — Il (faire) _____ beau aujourd'hui et il (falloir) _____
   que je tonde la pelouse.

7. — Alors, tu (se dépêcher) _____ ?

   — Ne t'énerve pas! Je (faire) _____ de mon mieux!

8. — Je ne (comprendre) _____ pas ce qui se passe.

   — Je (aller) _____ te l'expliquer.

9. — Vous (voir) _____ souvent votre tante?

   — Pas tellement. Mais nous (se téléphoner) _____ presque tous les week-ends.

10. — On (descendre) _____ ici?

    — Non, nous (continuer) _____ jusqu'au dernier arrêt.

11. — Pourquoi est-ce que Jean-Pierre (avoir) _____ tant d'accidents?

    — C'est parce que lui et ses amis ne (faire) _____ pas attention.

12. — Tu (pouvoir) _____ nous aider?

    — Bien sûr. Vous (être) _____ les cousins de Michel, non?

13. — Quel autobus est-ce que nous (prendre) _____ pour aller au Louvre?

    — Je ne (savoir) _____ pas.

14. — Tu (s'amuser) _____ bien?

    — Oui. C'(être) _____ un concert extraordinaire!

> See the **Corrigés** at the back of this book for the answers to the **Repêchage** test. The total number of points is 29. If you received a score of 23 or better, you've passed the test. If you scored below 23, let your instructor know by placing an **X** in the box at the upper right-hand corner of the re-test. In either case, proceed to the **Perspectives culturelles** section on page 14.

Selon *Le Petit Larousse* (dictionnaire français), un stéréotype est une «formule banale» ou une «opinion dépourvue

Perspectives culturelles:
Stéréotypes

d'originalité». Les synonymes qu'on associe également au mot «stéréotype» sont «cliché» ou «généralité» et il est sous-entendu qu'une image stéréotypée est fondamentalement fausse. Elle est fausse, et même dangereuse, parce qu'elle est figée *(fixed, unchanging)* et qu'elle ne tient donc pas compte de l'individualité de chaque personne. Mais est-ce qu'il n'y a jamais de vrai dans les stéréotypes? Quand on dit que les Français conduisent comme des fous, est-ce que c'est une généralité qui ne tient pas debout ou est-ce que c'est une constatation basée sur l'observation, le nombre d'accidents sur la route, les limites de vitesse et ainsi de suite? Il y a ceux qui disent que dans tout stéréotype il y a une part de vérité mais qu'il faut toujours tenir compte des nombreuses exceptions. D'autres maintiennent qu'il faut éviter les stéréotypes à tout prix parce qu'ils sont dangereux et qu'ils font plus de mal que de bien. Et vous, qu'est-ce que vous en pensez?

III. Des stéréotypes qui caractérisent les Américains? Soulignez tous les mots que vous associez aux Américains. S'il y a des mots dans la liste que vous ne connaissez pas, cherchez-les dans un dictionnaire. En classe, vous allez vous mettre d'accord avec un groupe de camarades sur les mots qui vous semblent appropriés pour parler des Américains.

aimables	ambitieux	matérialistes	méchants
optimistes	pessimistes	idéalistes	réalistes
vaniteux	avares	généreux	individualistes
conformistes	heureux	conservateurs	libéraux
fiers	courageux	bien élevés	mal élevés
ouverts	tolérants	snobs	superficiels
pressés	paresseux	travailleurs	naïfs
obsédés	frivoles	sentimentaux	patriotes
sensuels	aventureux	créatifs	polis
charitables	prudents	imprudents	jaloux
fidèles	audacieux	ironiques	sarcastiques
sympathiques	intellectuels	rêveurs	croyants

IV. Et les valeurs? Maintenant, soulignez les *cinq* valeurs qui vous semblent refléter le mieux les valeurs américaines d'aujourd'hui.

la liberté	la réussite matérielle	la justice
la politesse	la compétitivité	l'honneur
le sens du beau	le respect du bien commun	l'esprit d'entreprise
l'esprit de famille	le respect de l'individu	l'autorité
le sens du devoir	le respect de la tradition	la solidarité
le sens de la fête	la responsabilité	l'égalité
l'hospitalité	le respect de la nature	le pardon

V. Valable ou pas? Préparez des arguments pour confirmer ou contester chacun des stéréotypes suivants à propos des Américains. Utilisez des exemples de votre vie ou de celle des gens que vous connaissez pour formuler vos arguments. Utilisez une autre feuille de papier.

> **MODÈLE:** Les Américains n'ont pas le sens des traditions.
> *Ce n'est pas du tout vrai. Nous avons des fêtes qui célèbrent des événements et des personnages de notre passé. Dans ma famille, nos grands-parents nous ont transmis les histoires et les expériences de nos ancêtres.* etc.

1. Les Américains sont riches.

2. Les Américains sont très conformistes.

3. Les Américains sont superficiels. Ils n'ont pas le sens de l'amitié profonde.

4. Les Américains ne comprennent pas le reste du monde.

5. La vie aux États-Unis est artificielle.

6. Les Américains n'apprécient pas la bonne cuisine.

7. Les Américains sont très dynamiques; ils sont en avance sur les autres pays du monde.

8. Les Américains ne font que travailler; ils ne savent pas se détendre.

9. Les Américains sont racistes.

À FAIRE! (CP–2)   Manuel de classe, pages 10–14

As a *follow-up* to the present tense of commonly used verbs, do Exercise VI.

As a *follow-up* to the conversations about stereotypes, do *Perspectives culturelles,* Exercise VII.

Rappel: Le présent de l'indicatif

✽ **VI. Une lycéenne aux États-Unis.** Utilisez les verbes de la liste suivante pour compléter la lettre que Nicole écrit à ses parents en France. Conjuguez tous les verbes au présent de l'indicatif. Vous pouvez utiliser un verbe plus d'une fois.

aller	entendre	frapper	passer	se retrouver
attendre	espérer	s'habiller	pleuvoir	(se) réveiller
avoir	être	se lever	pouvoir	rougir
commencer	faire	manquer	prendre	travailler
descendre	falloir	se mettre	quitter	se trouver
embrasser	finir	partir	rendre visite	vouloir

◈ ◈

       Chers Maman et Papa,

     Voilà huit jours que François et moi, nous _____ aux États-Unis. Me voilà bien installée chez les Flynn. Ils _____ deux enfants, un garçon âgé de sept ans et une fille qui _____ trois ans de plus. Quant à François, sa résidence universitaire _____ à trois ou quatre miles d'ici. C'_____ vraiment parfait. Si je _____ le voir, je _____ prendre l'autobus et en vingt minutes, je _____ à l'université.

     Il _____ que je vous raconte une matinée typique chez les Flynn. Madame Flynn _____ toujours la première, entre 6h30 et 7h. Moi, je _____ toujours vers 7h et je l'_____ faire du bruit dans la cuisine. C'est elle qui _____ le café et le petit déjeuner. Vers 7h15 elle _____ son mari et les enfants. Et elle _____ à ma porte. Elle _____ comme infirmière et elle _____ la maison à 7h45. Par conséquent, elle _____ avant les autres. D'habitude, ils _____ à manger vers 8h et ils _____ pour le travail et l'école vers 8h15. Et moi? J'_____ vraiment de la chance. Mes cours ne _____ pas avant 9h. Je _____ tranquillement mon petit déjeuner, je _____ et je _____ pour l'école vers 8h30. À l'école, mes amis et moi nous _____ pour bavarder un peu avant le premier cours.

     Les Flynn _____ tous très gentils, mais mon préféré, c'est le garçon. Il _____ très mignon. Il _____ chaque fois que je lui _____ un compliment. Quand son ami Alex lui _____, les deux garçons _____ devant la télé et _____ des heures à jouer au Nintendo.

     Vous me _____ beaucoup. J'_____ avec impatience de vos nouvelles. Mais à vrai dire, tout _____ très, très bien ici. Un seul problème! Il _____ beaucoup cet automne et François et moi, nous n'_____ ni imperméable ni parapluie. Samedi, je _____ aller nous en acheter.

     J'_____ que vous _____ tous bien et je vous _____ tous les deux, de ma part et de celle de François.

                                   Nicole

Perspectives culturelles:
Stéréotypes

VII. Chère Virginia... Dans ses discussions avec Jérôme sur les États-Unis, Marie-Noëlle a vite compris que Jérôme se fait une idée tout à fait stéréotypée de la société américaine. Elle écrit à son amie Virginia et lui demande d'écrire à Jérôme pour lui donner une idée plus précise des Américains.

1. Lisez la lettre et identifiez les stéréotypes que vous y trouvez.
2. Choisissez un des stéréotypes et écrivez une lettre à Jérôme pour lui expliquer comment et pourquoi ce stéréotype est faux.

Lettre de Marie-Noëlle à Virginia

Chère Virginia,

Voilà deux mois déjà que je suis rentrée en France et tu me manques beaucoup. Je pense souvent à toi et à tous mes amis aux États-Unis. Je t'écris aujourd'hui pour te demander un petit service. Tu sais que j'ai beaucoup appris pendant mon séjour et j'ai surtout appris que les stéréotypes que nous, les Français, avons à propos des Américains sont, pour la plupart, des exagérations et des généralités qui nous viennent des films, des publicités et de la télé. Maintenant que je suis de retour, je fais de mon mieux pour expliquer à mes amis que leurs idées sur les États-Unis sont aussi fausses que celles que vous vous faites souvent des Français.

Voilà le petit service que je te demande: j'aimerais que tu écrives une lettre à mon ami Jérôme qui, lui, est difficile à convaincre au sujet des Américains. Il vient d'une famille sympa mais très traditionnelle. Ses parents n'ont jamais visité les États-Unis mais son père affirme que c'est le pays de la décadence. Selon Jérôme, on ne peut pas se promener dans les rues sans se faire agresser. Il y a de la violence et de la délinquance partout et on risque à tout moment de se faire assassiner. Figure-toi qu'il conclut donc que vous avez tous des pistolets pour vous protéger. En plus, il est persuadé que vous feriez n'importe quoi pour de l'argent. Il s'imagine que vous travaillez tout le temps, que vous ne savez pas vous amuser, que vous ne faites que compter votre argent, que vous êtes tous riches et que vous êtes super-matérialistes. Et enfin, comme si ce n'était pas déjà assez, il maintient que vous êtes superficiels, que vous n'avez pas le sens des traditions et que, pour vous, l'égalité ne compte pas autant que la réussite matérielle.

Je te demande donc d'essayer de lui expliquer les choses, car tu peux mieux le faire que moi. Tu pourras lui donner des exemples et, de plus, ça lui fera plaisir d'avoir une lettre des États-Unis. Car, imagine-toi un peu ça, il prépare sa licence en littérature américaine! C'est le comble, n'est-ce pas? Enfin, j'aime bien Jérôme et je pense qu'il se laissera influencer par toi. Si, par ton intervention, il faisait un séjour aux États-Unis l'été prochain, ça ne lui ferait pas de mal non plus.

Je te remercie à l'avance et, comme toujours, je vous embrasse bien fort, toi et ta famille.

Marie-Noëlle

Lettre de Virginia à Jérôme

Utilisez une autre feuille de papier pour rédiger votre lettre à Jérôme. Recopiez les passages donnés ci-dessous.

PHRASES: Writing a letter

VOCABULARY: Studies, courses

GRAMMAR: Present tense

DICTIONARY: Individual verbs as necessary

➤ **Début de la lettre**

   Cher Jérôme,

   Je viens de recevoir une lettre de Marie-Noëlle dans laquelle elle m'explique que tu aimerais en savoir plus sur les États-Unis. Elle m'a donc demandé de t'écrire une lettre qui a pour but de me présenter à toi et de te donner des idées plus précises sur nous, les Américains.

   Je dois commencer par te dire qu'il n'y a pas <u>une</u> culture américaine, mais plusieurs cultures (comme c'est vrai, je suppose, en France). Je ne peux donc pas parler pour toutes les cultures, mais je peux te donner un aperçu de mon petit coin qui est [**mettez la région où vous habitez**].

➤ **Corps de la lettre**

   1. Vous vous présentez et parlez un peu de vos études.
   2. Vous contredisez un des stéréotypes de Jérôme.

➤ **Fin de la lettre**

   J'espère que mes quelques réflexions serviront à te faire mieux comprendre un aspect de la culture américaine. Si ça t'intéresse de continuer notre dialogue, n'hésite pas à m'envoyer une réponse. Moi aussi j'ai besoin d'en apprendre plus sur la France.

                                                   Cordialement,

                                                   [**votre signature**]

Pour préparer les examens

En préparant l'examen sur ce chapitre, vous pourrez consulter:

Pour mieux vous exprimer   MC, p. 8, p. 9, p. 12

Rappels   MP, p. 8

Allons voir les Français et les francophones...
chez eux!

À FAIRE! (1–1)   Manuel de classe, pages 20–26

In order to *review* adjective agreement and the comparative, read the *Rappels* (pages 22 and 23), then take the *Test*.
- If your score is less than 23, reread the *Rappel*, do the *Exercices de révision* (I and II), and then take the *Repêchage test*.
- If your score is 23 or more, proceed to the next part of the assignment.

In *preparation* for talking about your lodging and the surroundings in which you live, study the *Fiche lexicale* and do Exercise III.

If you wish to work again with the *Témoignages* you heard in class, listen to SEGMENT 1–1 of the **Audio CD** and do Exercise IV.

Contrôle des connaissances:
L'accord des adjectifs; le comparatif

Test

Maison à vendre. Complete the sentences with the appropriate forms of the adjectives to arrive at the statements made by a real estate agent.

À vendre: ferme en Bretagne

1. (idéal) La situation est ___idéale___ .
2. (grand / beau) La maison principale est ___grande___ et ___belle___ .
3. (vieux) C'est une ___vieille___ maison qui date du XVIIIᵉ siècle.
4. (blanc / énorme) Elle est ___blanche___ , elle a deux étages et il y a un jardin ___énorme___ .
5. (spacieux / ensoleillé / équipé) La maison est ___spacieuse___ avec quatre chambres à coucher ~~ensoleillée équipée~~ et une cuisine tout ___équipée___ .
6. (charmant) La ferme se trouve à deux kilomètres d'un village ___charmant___ .
7. (accueillant) Les habitants sont très ___accueillants___ .
8. (frais / délicieux / raisonnable) Le boulanger passe tous les matins dans son camion avec du pain ___frais___ et le boucher/charcutier du village vous offre des spécialités ___délicieuses___ à des prix ___raisonnables___ .
9. (sensationnel) Il y a des plages ___sensationnelles___ tout près.
10. (sportif) Pour les personnes ___sportives___ , il y a des centres de sport à dix kilomètres, dans la ville de Rennes.
11. (nouveau) Pour les enfants, il y a une ___nouvelle___ école primaire dans la banlieue de Rennes.

Si la ferme ne vous intéresse pas,...

Now complete the statements to compare the farm to other lodgings for sale in the region. The symbol "+" indicates superior, "−" indicates inferior, "=" indicates the same.

> **MODÈLE:**   La ferme est grande. (+ la maison)
> *La ferme est plus grande que la maison.*

1. La ferme est belle. (= la maison / + l'appartement)

   _____

   _____

2. La cuisine est bien équipée. (+ la cuisine de l'appartement / − la cuisine de la maison)

   _____

   _____

3. La ferme est loin de Rennes. (+ l'immeuble / − la maison / = le village)

   _____

   _____

4. Les chambres de la ferme sont grandes. (+ les chambres de l'appartement / = les chambres de la maison)

   _____

   _____

5. La ferme est vieille. (− l'immeuble / + la maison)

   _____

   _____

6. Pour les écoles, la situation de la ferme est bonne. (+ la situation de la maison / − la situation de l'appartement)

   _____

   _____

See the *Corrigés* at the back of this book for the answers to the *Test.* A perfect score is 29 (1 point for each correct adjective agreement and 1 point for each correct comparative). If your score is less than 23, reread the rules for adjective agreement and comparatives in the *Rappel* sections on pages 22 and 23; then do *Exercices de révision* I and II. After correcting these exercises (see the *Corrigés* for the answers), do the *Repêchage* test.

If your score is 23 or above, proceed to the *Pour parler* section on page 27.

Rappel: L'accord des adjectifs

Notre maison est **vieille**, mais nos meubles sont **neufs**.
*Our house is **old**, but our furniture is **new**.*

In French, adjectives agree in gender and number with the nouns they modify. In order to produce the appropriate form of the adjective, you must know the gender of the noun and then determine whether it's singular or plural. Then you can add the adjective, making sure of the correct agreement. The following is a summary of the principal ways to form feminine and plural adjectives.

1. Le féminin des adjectifs

The feminine of most adjectives is formed by adding **-e** to the masculine.

Le théâtre est **grand**.   La bibliothèque est **grande**.

If the masculine form ends in **-e**, the feminine form stays the same.

Le vélo est **rouge**.   La bicyclette est **rouge**.

A number of masculine endings have special feminine endings.

-er becomes **-ère**	**premier / première**
-n becomes **-nne**	**bon / bonne**
-eux becomes **-euse**	**délicieux / délicieuse**
-et becomes **-ette** or **-ète**	**violet / violette**
	discret / discrète (secret / secrète)
-el becomes **-elle**	**sensationnel / sensationnelle**
-f becomes **-ve**	**sportif / sportive**

Certain adjectives are irregular and must be learned as exceptions.

Le film est **beau**.	La cathédrale est **belle**.
Le jardin est **nouveau**.	La chambre est **nouvelle**.
Le quartier est **vieux**.	La maison est **vieille**.
L'immeuble est **blanc**.	La voiture est **blanche**.
Le livre est **long**.	La rue est **longue**.
Le pain est **frais**.	La tarte est **fraîche**.

2. Le pluriel des adjectifs

The plural form of most adjectives is formed by adding **-s** to the singular form.

Le stylo est **bleu**.   Les stylos sont **bleus**.
La tarte est **délicieuse**.   Les tartes sont **délicieuses**.

If the singular form ends in **-s** or **-x**, the plural form remains the same.

Ce film est **mauvais**.   Ces films sont **mauvais**.
Ce livre est **vieux**.   Ces livres sont **vieux**.

If the singular form ends in **-eau**, the plural form adds **-x**.

Ce livre est **beau**.   Ces livres sont **beaux**.
Ce film est **nouveau**.   Ces films sont **nouveaux**.

Rappel: Le comparatif

1. Le comparatif: comparaison des adjectifs et des adverbes

The comparative is used to compare two people, two things, or two groups. To make comparisons in English, you can use a comparison word *(more, less, as)* or add the suffix *-er* to a word *(less big, as big, bigger)*. In French, you always have to use comparison words.

- superiority: **plus** + *adjective or adverb* + **que**

  Il est **plus** beau **que** son frère.   Elle parle français **plus** couramment **que** moi.

- inferiority: **moins** + *adjective or adverb* + **que**

  Tu es **moins** patiente **que** ton ami.   Il a compris **moins** vite **que** toi.

- equality: **aussi** + *adjective or adverb* + **que**

  Je suis **aussi** fatigué **que** toi.   Vous parlez français **aussi** bien **que** moi.

2. Le comparatif: l'adjectif *bon* et l'adverbe *bien*

When you want to indicate superiority for the adjective **bon** and the adverb **bien**, use the words **meilleur(e)(s)** and **mieux**. The English equivalent of **meilleur** and **mieux** is *better*. Note that, just like **bon, meilleur** agrees in gender and number with the noun it modifies.

Un petit truc

- An adjective is a word that modifies a noun or a pronoun: *John is smart. He's smart.* In French, adjectives agree in gender and number with the noun they modify: **Marie est intelligente.**
- An adverb is a word that modifies a verb, an adjective, or another adverb: *Suzy sings well. John is very ambitious. Sheryl handles stress very well.* In French, adverbs have only one form, that is, there is no agreement with anything: **Suzy chante bien. Suzy chante mieux que Charles.**
- **Bon (bons, bonne, bonnes)** and **meilleur (meilleurs, meilleure, meilleures)** are adjectives.
- **Bien** and **mieux** are adverbs.

Mes vidéos sont **meilleures que** les vidéos de Suzanne.   My videos are *better than* Susan's videos.
Il chante **mieux que** moi.   He sings *better than* I (do).

When used to indicate inferiority and equality, the comparative forms of **bon** and **bien** are regular.

Cette pomme-ci est **aussi bonne que** celle-là.
Nous chantons **moins bien que** toi.

Exercices de révision

* *

❋ I. Give the correct form of the following adjectives.

A. **Au féminin.** Give the feminine form of each adjective.

1. facile	facile	15. beau	belle
2. actif	active	16. suisse	suisse
3. français	française	17. frais	fraîse
4. indiscret	indiscréte	18. petit	petite
5. naturel	naturelle	19. vert	verte
6. premier	première	20. secret	secrète
7. naïf	naïve	21. dernier	dernière
8. ambitieux	ambitieuse	22. bon	bonne
9. canadien	canadienne	23. cruel	cruelle
10. délicieux	délicieuse	24. sportif	sportive
11. ennuyeux	ennuyeuse	25. blanc	blanche
12. mauvais	mauvaise	26. vieux	vieille
13. nouveau	nouvelle	27. italien	italienne
14. violet	violette	28. long	longue

B. **Faisons des phrases.** Make sentences with the elements given. Follow the model.

MODÈLE: (grand / canadien) C'est un _grand_ hôtel _canadien_.

1. (joli / blanc) C'est une _jolie_ maison _blanche_.
2. (ouvert) C'est une porte _ouverte_.
3. (vieux / malade) C'est une _vieille_ personne _malade_.
4. (grand / italien) C'est une _grande_ ville _italienne_.
5. (jeune / studieux) Ce sont des _jeunes_ filles _studieuses_.
6. (jeune / sportif) Ce sont des _jeunes_ étudiants _sportives_.
7. (nouveau / américain) Ce sont des _nouvelles_ films _américaines_.
8. (beau / allemand) C'est un _beau_ vélomoteur _allemand_.
9. (nouveau / moderne) C'est une _nouvelle_ maison _moderne_.
10. (petit / énergique) C'est un _petit_ garçon _énergique_.

REMEMBER! An asterisk (❋) preceding an exercise number indicates that the exercise is self-correcting. You will find the answers in the *Corrigés* at the back of this **Manuel de préparation.**

✻ II. Des comparaisons. Make the following comparisons using the comparative. The symbol "+" indicates superiority, "−" indicates inferiority, "=" indicates equality.

MODÈLES: Simone parle vite. (+ moi)
Simone parle plus vite que moi.

Les pommes sont bonnes. (+ les poires)
Les pommes sont meilleures que les poires.

1. Nous aimons bien les films italiens. (+ les films français)

Nous aimons mieux les films français.

2. Ces pommes sont bonnes. (− ces poires)

Ces pommes sont moins bonnes que ces poires.

3. Simone est patiente. (= toi)

Simone est aussi patiente que moi.

4. Françoise chante bien. (+ toute la famille)

Françoise chante mieux

5. Ces posters sont jolis. (− ces tableaux)

Ces posters sont moins jolis que ces tableaux.

6. Cette tarte-ci est bonne. (= cette tarte-là)

Cette tarte est aussi bonne que cette tarte-là.

7. Philippe est toujours très élégant. (+ nous)

Philippe est toujours plus élégant que nous.

8. Annie est pessimiste. (− vous)

Annie est moins pessimiste que vous.

9. Yves est intelligent. (+ ses camarades)

Yves est plus intelligent que ses camarades.

10. Sylvie comprend vite. (= toi)

Sylvie comprend ~~plus~~ aussi vite que moi

Repêchage

Adjective agreement

Add the adjectives to the nouns. Pay attention to agreement.

MODÈLE: (ouvert) une porte _ouverte_

1. (fermé) une fenêtre _fermée_
2. (beau / norvégien) un _beau_ pull-over _norvégien_
3. (grand / spacieux) une _grande_ chambre _spacieuse_
4. (jeune / gentil) un _jeune_ homme _gentil_
5. (beau / intéressant) une _belle_ peinture _intéressante_
6. (nouveau / français) une _nouvelle_ étudiante _française_
7. (long / russe) des _longues_ films _russes_
8. (beau / traditionnel) des _beaus_ maisons _traditionnelles_
9. (mauvais) une _mauvaise_ note
10. (discret) une femme _discrète_
11. (grand / italien) une _grande_ famille _italienne_
12. (vieux / américaine) une _vieille_ voiture _américaine_

The comparative

Make the following comparisons using the comparative. The symbol "+" indicates superiority, "−" indicates inferiority, "=" indicates equality.

1. Suzanne est sportive. (+ Michel / − Jean / = toi)

   a. _Suzanne est plus sportive que Michel_
   b. _Suzanne est moins sportive que Jean_
   c. _Suzanne est aussi sportive que moi._

2. Marie-Jeanne est fatiguée. (− moi / + son frère / = ses parents)

   a. _____
   b. _____
   c. _____

3. Nancy parle bien le français. (+ sa mère / − son prof / = son amie)

   a. _____
   b. _____
   c. _____

4. Les tartes sont bonnes. (+ les éclairs / − le gâteau au chocolat / = bonbons)

   a. _____
   b. _____
   c. _____

Pour parler... de son environnement
Fiche lexicale

Les types de logements

un appartement
une ferme
une HLM (habitation à loyer modéré)
un immeuble
un logement
un logement collectif
une maison
une maison de campagne
un pavillon
une résidence secondaire
une résidence universitaire
un studio

Un petit truc

You're not expected to learn *all* of these words. Just use the ones that apply to you and to the people you want to talk and write about. Since the **Fiches lexicales** are organized thematically, you can always come back to them if you need particular words.

Décrire un logement

agréable
aménageable *(ready to be finished)*
beau
bien situé(e)
bruyant(e) *(noisy)*
calme
clair(e)
climatisé(e) *(air-conditioned)*
délabré(e) *(run-down)*
ensoleillé(e) *(sunny, light)*
facile à entretenir *(low-maintenance)*
grand(e)
de grand standing *(luxurious)*
haut *(tall)*
intime
isolé(e)

luxueux(se)
meublé(e) *(furnished)*
moderne
neuf(ve) *(brand new)*
petit(e)
pittoresque
privé(e)
propre *(clean)*
refait(e) *(redone)*
rénové(e)
sale *(dirty)*
solide
sombre
spacieux(se)
tranquille
vieux (vieille)

L'environnement

une agglomération
un arrondissement (division de Paris)
une avenue
un boulevard
la campagne
le centre-ville
une communauté
municipal(e)
une municipalité
un quartier
une route (nationale, départementale)
une rue
rural(e)
urbain(e)
un village
une ville
une ville (moyenne)
le voisinage (neighborhood)

Se situer

à côté de
à proximité de
(pas) loin de
près de
tout près de

Les endroits de la ville

un arrêt d'autobus
une boutique
un café
un centre commercial
un cinéma
un collège (junior high school)
une école
un fast-food
un jardin public (un parc)
un lycée (high school)
un magasin
le métro (une station de métro)
un musée
un petit commerce (small store)
un restaurant
les transports (m.pl.)

III. Chez nous. Choisissez un domicile que vous connaissez bien (le vôtre ou celui de votre famille ou d'amis) et répondez aux questions suivantes. Utilisez les mots et expressions de la *Fiche lexicale*.

1. Quel est le domicile que vous avez choisi pour cet exercice? Est-ce que c'est un appartement, une maison, une ferme, une résidence secondaire, une chambre dans une résidence universitaire?

   _____

2. Où se trouve-t-il? (dans quelle région du pays? dans une ville? à la campagne?)

   _____

3. Comment est ce logement? Décrivez-le.

   _____

   _____

   _____

   _____

4. Dans quel type d'environnement se trouve ce logement? Qu'est-ce qu'il y a dans la région, la ville ou le quartier?

   _____

   _____

   _____

Témoignages (facultatif)

Écoutez!  Audio CD: SEGMENT 1-1 CD 1, TRACK 5

> ☛ **VOCABULAIRE UTILE:**
>
> **Valérie Écobichon — épeler** (spell), **une ferme** (farm house), **une maison d'habitation** (main house), **en pleine nature** (out in nature), **dans la campagne** (in the countryside)
>
> **Nezha Le Brasseur — c'est majuscule?** (is it capitalized?), **ont été bâties** (were built), **on a été colonisé** (we were colonized), **«Roches Noires»** (literally, Black Rocks; name of the neighborhood), **malheureusement** (unfortunately), **usines** (factories), **en marchant** (on foot), **proche** (close)
>
> **Mireille Sarrazin — au bord de la Saône** (on the banks of the Saône River), **piétonnier** (pedestrian), **moyenâgeux** (of the Middle Ages), **étroites** (narrow), **dehors** (outside), **artisanales** (artisan, crafts), **la vie nocturne** (night life)
>
> **Philippe Heckly — banlieue** (suburbs), **cimetière aux chiens** (dog cemetery), **enterré** (buried), **immeuble** (apartment building), **années trente** (thirties), **ascenseur** (elevator), **coude à coude** (close together, literally: elbow to elbow), **escalier** (stairs)

✱ **IV. Où est-ce qu'ils habitent?** Écoutez encore une fois les quatre interviews. Puis identifiez la personne dont il s'agit dans chacune des phrases suivantes (**Valérie, Nezha, Mireille, Philippe**).

1. J'ai trente ans et je n'habite pas en France. *Nezha*
2. Ma maison se trouve en pleine nature à la campagne. *Valérie*
3. Moi, j'habite dans une petite ville pas loin de Paris. *Philippe*
4. Mon immeuble se trouve dans un quartier de la ville qui est réservé aux piétons. *Mireille*
5. J'habite dans un quartier qui s'appelle «les Roches Noires». *Nezha*
6. Mon nom est d'origine alsacienne ou peut-être suisse. *Philippe*
7. La ville où j'habite est bien connue à cause d'un film classique avec Humphrey Bogart et Ingrid Bergman. *Nezha*
8. Ma maison est à deux kilomètres d'un village. *Valérie*
9. La vie nocturne est très importante dans mon quartier. *Mireille*
10. Je suis marocaine. *Nezha*
11. J'ai un frère et deux sœurs. *Valérie*

À FAIRE! (1–2) Manuel de classe, pages 27–30

As a *follow-up* to the conversations about lodging, do Exercises V and VI.

In order to *learn* additional ways of describing things and people, read the explanations, and do Exercises VII, VIII, and IX.

Pour communiquer
Écrivez!

V. Sondage. Remplissez le formulaire de sondage pour vous préparer à écrire la lettre de l'Exercice VI.

Recensement sur le logement *(Housing Survey)*

Nom: _____

Adresse: _____

Type de logement: _____ maison   _____ appartement   _____ chambre

Type de bâtiment:

_____ maison individuelle (je suis propriétaire)

_____ chambre dans une maison individuelle (je suis locataire)

_____ appartement dans une maison individuelle (je suis locataire)

_____ appartement dans un immeuble (je suis locataire)

_____ appartement dans un immeuble (je suis propriétaire)

_____ chambre dans une résidence universitaire

_____ chambre chez mes parents

Situation du logement:

_____ au centre-ville   _____ dans la banlieue   _____ à la campagne

Résidence secondaire:

Est-ce que vous ou votre famille avez une résidence secondaire?   _____ oui   _____ non

Déménagements:

Depuis combien de temps est-ce que vous habitez dans ce logement? _____

Combien de fois est-ce que vous avez déménagé dans votre vie? _____

Pour vous, quels sont les critères les plus importants dans le choix de votre logement?

_____ le calme	_____ la proximité du lieu de travail
_____ le prix	_____ la proximité des commerces
_____ la proximité des écoles	_____ la proximité de la famille
_____ les espaces verts	_____ le voisinage
_____ la réputation du quartier	_____ la qualité et le bon entretien du logement
_____ la qualité des écoles	_____ la proximité des services de santé
_____ la proximité des cinémas	_____ la proximité des crèches *(day care centers)*
_____ le parking	_____ la proximité des centres de sports
_____ la proximité d'une piscine	_____ la proximité des transports
_____ le centre-ville	_____ la banlieue
_____ la ville	_____ la campagne

VI. Tu veux partager mon appartement? Un(e) étudiant(e) marocain(e) va arriver dans votre université. Vous pensez déménager et vous lui écrivez une lettre pour lui proposer de partager votre nouvel appartement avec vous. Utilisez une autre feuille de papier et suivez les indications ci-dessous.

PHRASES: Writing a letter

VOCABULARY: City; Direction and distance; House

GRAMMAR: Adjective agreement; Adjective position

[votre nom]
[votre addresse]

[la date]

Chère Magali (si c'est une femme) ou Cher Chaloub (si c'est un homme),

☛ Début de la lettre

Je viens d'apprendre au secrétariat du département que tu vas venir faire des études chez nous et que tu n'as pas encore trouvé de logement. Je me permets donc de me présenter et de te proposer de partager un appartement avec moi.

☛ Corps de la lettre

[Présentez-vous — nom, âge, études que vous faites, année à l'université, vos activités, ce qui vous intéresse, etc.]
[Expliquez que vous allez déménager et chercher un appartement. Dites pourquoi vous voulez changer de logement. Faites ensuite une description du type de logement que vous envisagez et du cadre dans lequel il se trouve. N'oubliez pas d'expliquer combien vous comptez payer de loyer. Consultez la liste des mots et expressions dans *Pour mieux vous exprimer* (**MC**) et *Pour parler* (**MP**).]

☛ Fin de la lettre

J'espère que mon offre t'intéressera et que tu pourras me faire parvenir tes intentions au plus tôt possible. Nous attendons tous ton arrivée et te souhaitons bon voyage.

Cordialement,

[votre signature]

Fonction: Comment décrire les choses et les personnes (1)

1. La place des adjectifs

Le professeur a préparé un examen **facile.**
Nous avons acheté des vidéos **intéressantes.**

Elle a une **nouvelle** auto.
C'est une **belle** maison.

In French, unlike English, an adjective is usually placed *after* the noun it modifies. However, the following adjectives are exceptions, as they are normally placed *before* the noun they modify: **grand, vieux, long, beau, autre, petit, nouveau, mauvais, court, joli, jeune.**

When two adjectives modify the same noun, each adjective occupies its normal position.

C'est une **jolie petite** maison.
C'est une **belle** cathédrale **gothique.**
C'est une étudiante **intelligente** et **studieuse.**
C'est un film **policier français.**

Un petit truc

- In the sentence **C'est une étudiante intelligente et studieuse,** both **intelligente** and **studieuse** refer to one noun (**étudiante**) and therefore require the conjunction **et.**
- In the sentence **C'est un film policier français,** there is no **et** between **policier** and **français** because **français** modifies the combination noun **film policier.**

Note that when the adjectives **beau, nouveau,** and **vieux** are used before a masculine singular noun beginning with a vowel or an unpronounced **h,** each has a special masculine singular form that allows for liaison.

un **bel** hôtel   un **nouvel** ami   un **vieil** arbre

❖ **VII. Précisons!** Faites une description de chaque élément indiqué en utilisant les adjectifs entre parenthèses. N'oubliez pas de faire attention à l'accord et à la place des adjectifs par rapport aux noms.

MODÈLES: une maison / vieux, petit
C'est une vieille petite maison.

B
A
G
S

un hôtel / français, beau
C'est un bel hôtel français.

1. une chambre / petit, meublé   C'est une petite chambre meublée.
2. des immeubles / beau, moderne   Ce sont des ~~belles~~ bels immeubles modernes.
3. une ville / calme, vieux   C'est une vieille ville calme.
4. une chambre / ensoleillé, beau   C'est une belle chambre ensoleillée.
5. des pièces / clair, spacieux   Ce sont des pièces clairs et spacieuse.

6. un escalier / vieux, dangereux _C'est un vieux escalier dangereux._

7. une porte / solide, grand _C'est une grande porte solide._

8. un ami / nouveau, chinois _C'est un nouvel ami chinois._

9. une amie / discret, fidèle _C'est une amie discrète et fidèle._

10. un appartement / beau, moderne _C'est un bel appartement moderne._

11. des films / nouveau, russe _Ce sont des nouvelles films russes._

12. une maison / blanc, joli _C'est une jolie maison blanche._

13. un pull-over / rouge, noir _C'est un pull-over rouge et noir._

14. un étudiant / jeune, sportif _C'est un jeune étudiante sportif._

15. une ferme / vieux, délabré _C'est une vieille ferme délabrée._

2. Le sens des adjectifs

Un bâtiment **ancien**.	An *old* building.
Un **ancien** étudiant.	A *former* student.
Une chambre **propre**.	A *clean* room.
Sa **propre** chambre.	His/Her *own* room.
Une femme **pauvre**.	A *poor* (not rich) woman.
Une **pauvre** femme.	An *unfortunate (unhappy)* woman.

A number of adjectives change meaning depending on whether they're placed after or before a noun. In general, an adjective placed *after* the noun retains its basic, concrete meaning. The same adjective placed *before* the noun is used in an abstract or figurative manner. The following is a list of some of the most commonly used adjectives that change meaning according to their placement.

	AFTER THE NOUN	BEFORE THE NOUN
ancien	old, ancient	former
cher	expensive	dear, well-loved
dernier	last (before this one)	last (in a series)
grand	tall, large	great
pauvre	poor (not rich)	poor (unfortunate)
prochain	next (after this one)	next (in a series)
propre	clean	own

✳ **VIII. Le sens des adjectifs.** Traduisez le(s) mot(s) entre parenthèses et ajoutez-le(s) à la phrase. Attention à l'accord et à la place des adjectifs.

> **MODÈLE:** C'est un appartement. (very expensive)
> *C'est un appartement très cher.*

1. C'est une maison. (very expensive)

_____

2. Mes enfants sont toujours prêts à m'aider. (dear)

_____

3. J'ai ma chambre. (own)

_____

4. C'est un bâtiment. (old, ancient)

_____

5. C'est une cuisine. (very clean)

_____

6. Nous avons aidé ce chat. (unfortunate)

_____

7. C'est un homme. (great)

_____

8. Thomas est un étudiant. (former)

_____

9. Les nouvelles que nous avons eues de lui n'étaient pas bonnes. (last)

_____

10. Ce sont des gens qui vivent dans la rue. (very poor)

_____

IX. Et vous? Pour chacun des sujets suivants, choisissez quelques adjectifs qui caractérisent votre expérience personnelle. Vous allez en parler à vos camarades quand vous retournerez en classe.

> **MODÈLE:** mon quartier
> _Mon quartier est très intéressant mais assez bruyant. C'est un nouveau quartier avec beaucoup de magasins et de boutiques._ etc.

1. ma maison / mon appartement (mon immeuble) / ma chambre (dans une maison ou dans une résidence universitaire)

_____

_____

_____

2. ma ville / mon village

_____

_____

_____

3. mon quartier

_____

_____

_____

4. un endroit que j'ai visité

_____

_____

_____

In order to *review* the placement of adjectives, do Exercise X.

In *preparation* for talking about the rooms in your lodging, study the *Fiche lexicale* and do Exercise XI.

In order to *learn* additional ways of describing things and people, read the explanations and do Exercises XII, XIII, XIV, XV, XVI.

If you wish to work again with the *Témoignages* you heard in class, listen to SEGMENT 1–3 of the **Audio CD** and do Exercise XVII.

Fonction: Comment décrire les choses et les personnes (2)

X. Portrait d'un(e) ami(e). Faites le portrait d'un(e) ami(e) en utilisant le plus d'adjectifs possibles. Décrivez d'abord cette personne. Ensuite, parlez de son logement, ce qu'elle aime faire et indiquez dans quelle partie de la maison elle passe la plupart de son temps. Si vous voulez, vous pouvez parler d'un membre de votre famille plutôt que d'un(e) ami(e). Utilisez une autre feuille de papier.

➤ Plan

Mon ami(e) s'appelle _____ . Je le/la connais depuis _____ an(s) [mois, semaine(s)]. [Quelques mots descriptifs généraux: Il/Elle est très gentil(le) (sympathique / intéressant[e] / intelligent[e], etc.)]

Description détaillée avec exemples: Il/Elle est... C'est une personne qui... Il/Elle aime faire, aller, etc....

Description du logement dans lequel habite votre ami(e).

Quelques phrases pour indiquer dans quelle partie de la maison votre ami(e) préfère passer son temps et ce qu'il/elle y fait (exemple: Il passe la plupart de son temps dans sa chambre parce qu'il étudie beaucoup et parce qu'il aime écouter de la musique. Mais il passe aussi beaucoup de temps avec les autres membres de sa famille dans la salle de séjour. Là, ils regardent la télévision, une vidéo, ou ils discutent ensemble. etc.)

Conclusion: Dites pourquoi vous vous entendez bien avec cette personne.

Pour parler... de la maison
Fiche lexicale

Les pièces de la maison

Dans la salle de séjour (le living), il y a...

une bibliothèque (6 tablettes) *(bookcase with 6 shelves)*
un canapé (un sofa)
une chaîne stéréo
un climatiseur *(air conditioner)*
un coussin *(cushion)*
un fauteuil *(armchair)*
une lampe
un magnétoscope
un meuble hi-fi, TV, vidéo
une plante verte
une platine laser *(CD player)*
un rideau *(curtain)*
une table basse (carrée, rectangulaire) *(coffee table)*
un tableau *(painting)*
un tapis
une tapisserie
un téléviseur (couleur)

Dans la cuisine, il y a...

un appareil ménager *(appliance)*
un congélateur *(freezer)*
une cuisinière *(stove)*
un évier *(sink)*
un four *(oven)*
un four à micro-ondes
un frigo (un réfrigérateur)
un grille-pain *(toaster)*
un lave-vaisselle *(dishwasher)*
une machine à laver *(washing machine)*
un mini-four, un four grille-pain *(toaster oven)*
un placard *(cupboard)*
une poubelle *(garbage can)*
un robot cuisine *(food processor)*
un séchoir (un sèche-linge) *([clothes] dryer)*
une table
un tabouret *(stool)*

Dans la salle à manger, il y a...

un buffet
une chaise
un lustre *(chandelier)*
une table
une table roulante *(serving cart)*

Dans le bureau, il y a...

un bureau *(desk)*
une calculatrice
une chaise de bureau *(typing chair)*
une étagère *(shelf)*
un fichier *(filing cabinet)*
des livres (des bouquins) *(m.)*
un meuble informatique *(computer table)*
un ordinateur

Dans la salle de bains, il y a...

une armoire de toilette *(medicine cabinet)*
une baignoire *(bathtub)*
une cabine de douche *(shower stall)*
une douche *(shower)*
un lavabo *(sink)*
un miroir
un rideau de douche
un sèche-cheveux *(hair dryer)*
une serviette de toilette *(bath towel)*
les toilettes *(f.pl.)*

Dans la chambre à coucher, il y a...

une armoire *(freestanding closet)*
une commode *(dresser)*
une couverture *(blanket)*
un couvre-lit *(bedspread)*
un drap *(sheet)*
une lampe
un lit *(bed)*
un oreiller *(pillow)*
un réveil (un radio-réveil)
une table de nuit (de chevet) *(bedside table, nightstand)*
un tapis *(rug, carpet)*
un tiroir *(drawer)*

Dans le placard, il y a...

un aspirateur *(vacuum cleaner)*
un balai *(broom)*
un balai-éponge *(sponge mop)*
un chiffon *(dust cloth)*
un fer à repasser *(iron)*
une planche à repasser *(ironing board)*

Dans le garage, il y a...

un barbecue (au gaz)
un établi *(workbench)*
des outils *(m.pl.) (tools)*
une tondeuse à gazon *(lawn mower)*
un vélo (une bicyclette)
un vélomoteur
une voiture (une auto, une bagnole)

Les activités

Dans la salle de séjour

se détendre *(to relax)*
écouter de la musique
faire la sieste
jouer aux cartes (aux échecs, etc.)
lire le journal (un magazine)
prendre un apéritif
regarder la télévision (une vidéo)
se reposer

Dans la cuisine

faire la cuisine
faire la vaisselle
préparer un repas
ranger la vaisselle *(to put dishes away)*

Dans la salle à manger

débarrasser la table
déjeuner
dîner
manger
mettre la table
prendre le petit déjeuner

Dans le bureau

écrire
étudier
faire ses devoirs
lire
travailler à l'ordinateur

Dans la salle de bains

aller aux toilettes
se brosser les dents (les cheveux)
se coiffer
se débarbouiller *(to wash up, to take a sponge bath)*
s'essuyer *(to dry oneself off)*
faire pipi *(to pee, used with children)*
se laver
se maquiller
se parfumer (mettre du parfum, de l'eau de toilette, de l'eau de cologne)
se peigner
prendre une douche (un bain)
se raser

Dans la chambre à coucher

se coucher
dormir
faire la sieste
se lever
se reposer
se réveiller

XI. Une maison que vous connaissez. Faites une description détaillée (y compris des meubles) de la maison (de l'appartement) où habite votre famille. Ensuite, expliquez dans quelle pièce les membres de votre famille préfèrent passer leur temps et pourquoi. Utilisez le vocabulaire de la *Fiche lexicale* pour faire votre description et n'oubliez pas d'ajouter quelques adjectifs. Utilisez une autre feuille de papier.

PHRASES: Comparing and contrasting; Describing objects

VOCABULARY: House; Rooms of a house (listed separately); Colors; Materials

GRAMMAR: Present tense; Adjective agreement; Adjective position

Fonction: Comment décrire les choses et les personnes (2)

Les pronoms relatifs

C'est le pull-over. Il est jaune.
C'est le pull-over jaune.
C'est le pull-over **qui** est jaune.
   It's the pullover *that*'s yellow.

Relative pronouns are another way to describe things and people and can be used to replace adjectives and other descriptive phrases.

J'ai parlé au prof **qui** m'a donné une mauvaise note.
   I talked to the prof *who* gave me a bad grade.

Relative pronouns are used to link two clauses into one complex sentence. The relative clause, introduced by a relative pronoun, characterizes (defines, describes) people and things by giving more information about them.

For example, in the sentence above, the relative clause gives more information about the professor in question:

J'ai vu le prof.   I saw the prof.
Quel prof?   Which prof?
Le prof **qui** m'a donné une mauvaise note.   The prof *who* gave me a bad grade.

1. Les pronoms relatifs *qui, que, où*

a. The relative pronoun **qui** *(who, that)* replaces the subject of the verb and can stand for people, animals, and things.

C'est Gabrielle. Elle est venue nous voir.
C'est Gabrielle **qui** est venue nous voir.
   It's Gabrielle *who* came to see us.

Nous avons trouvé le chat. Il a disparu il y a quinze jours.
Nous avons trouvé le chat **qui** a disparu il y a quinze jours.
> We found the cat *that* disappeared two weeks ago.

C'est la pharmacie. Elle est en face de la banque.
C'est la pharmacie **qui** est en face de la banque.
> It's the pharmacy *that*'s across from the bank.

b. The relative pronoun **que** (**qu'**) *(whom, that)* replaces the direct object of the verb and can stand for people, animals, and things. Note that, if the verb is in a compound tense, the past participle of the verb agrees in gender and number with the preceding direct object.

C'est la femme. J'ai rencontré la femme.
C'est la femme **que** j'ai rencontrée.
> That's the woman *(whom)* I met.

Voilà les chiens. Nous avons adopté les chiens.
Voilà les chiens **que** nous avons adoptés.
> Here are the dogs *(that)* we adopted.

Voilà la chambre. Il a loué la chambre.
Voilà la chambre **qu'**il a louée.
> Here's the room *(that)* he rented.

c. The relative pronoun **où** *(where, when)* replaces nouns that refer to place and time.

C'est le restaurant. J'ai rencontré ma fiancée dans ce restaurant.
C'est le restaurant **où** j'ai rencontré ma fiancée.
> It's the restaurant *where* I met my fiancée.

Je me rappelle l'année. J'ai eu mon doctorat.
Je me rappelle l'année **où** j'ai eu mon doctorat.
> I remember the year *(when)* I got my doctorate.

Un petit truc

Even though, in English, you can use *when* as a relative pronoun, you can never use the word **quand** as a relative pronoun in French. You must use **où**, even for time.

C'est l'époque <u>où</u> j'étais en France.

C'est maintenant le moment <u>où</u> il faut agir.

Le jour <u>où</u> il est venu, nous étions en vacances.

✻ **XII. Un poème.** Étudiez le poème de Jacques Prévert et répondez aux questions suivantes. La première question concerne le sens du poème. Les deux autres questions vous invitent à faire une analyse des pronoms relatifs.

«Le message»

1	La porte que quelqu'un a ouverte
2	La porte que quelqu'un a refermée
3	La chaise où quelqu'un s'est assis
4	Le chat que quelqu'un a caressé
5	Le fruit que quelqu'un a mordu
6	La lettre que quelqu'un a lue
7	La chaise que quelqu'un a renversée
8	La porte que quelqu'un a ouverte
9	La route où quelqu'un court encore
10	Le bois que quelqu'un traverse
11	La rivière où quelqu'un se jette
12	L'hôpital où quelqu'un est mort

Jacques Prévert

1. What do you think is the story of this poem? In your opinion, what happened?

_____

_____

_____

_____

2. What is the relative pronoun in each line and what word does it replace?

   MODÈLE: *line 1 — que (la porte)*

   _____   _____

   _____   _____

   _____   _____

   _____   _____

   _____   _____

3. Why are the past participles **ouverte, refermée, lue, renversée, ouverte** feminine?

_____

_____

※ **XIII. Qui, que, où?** Faites une seule phrase avec chaque paire de phrases en utilisant le pronom relatif **qui**, **que** ou **où**.

MODÈLES:
C'est Jean-Paul. Il m'a accompagné.
C'est Jean-Paul qui m'a accompagné.

Voilà la nouvelle maison. J'ai acheté cette maison.
Voilà la nouvelle maison que j'ai achetée.

Voici l'endroit. J'ai perdu mes clés dans cet endroit.
Voici l'endroit où j'ai perdu mes clés.

C'est le jour. J'ai trouvé un job ce jour.
C'est le jour où j'ai trouvé un job.

tu m'énerve   tu es chiant   bang   gens   court   s'assied

1. Tu as aimé le film? Tu as vu ce film.
   Tu as aimé le film que tu a vue.

2. Utilisez les chiffons. Ils sont dans le tiroir.
   Utilisez les chiffons qui sont dans le tiroir.

3. Tu as trouvé la librairie? Ils ont acheté ce joli livre dans cette librairie.
   Tu as trouvé la librarie où ils ont acheté ce jolie livre.

4. Est-ce que tu as compris le point de grammaire? Le prof l'a expliqué.
   Est-ce que tu as compris le point de grammaire que la prof a expliqué.

5. C'est le moment. Il faut se décider à ce moment.
   C'est le moment où il faut se décider

6. Voilà les jeunes. Nous avons engagé *(hired)* ces jeunes.
   Voilà les jeunes que nous avons engagés.

7. Combien coûte le pull-over? Il est dans la vitrine.
   Combien coûte le pull-over qui est dans la vitrine.

8. C'est le placard. J'ai mis les assiettes dans ce placard.
   C'est le placard où j'ai mis les assiettes

9. Tu as entendu le bruit? J'ai entendu ce bruit.
   Tu as entendu le bruit que j'ai entendu.

10. C'est la ville. Je suis née dans cette ville.
    C'est la ville où je suis née.

11. C'est la fille. J'ai rencontré cette fille chez toi.
    C'est la fille que j'ai rencontrée chez toi.

12. Tu vois les garçons? Ils sont assis à la terrasse du café.
    Tu vois les garçons qui est assis à la terasse du café.

13. C'est la nuit. Elle a eu un accident de voiture cette nuit.
    C'est la nuit où elle a eu un accident de voiture.

14. Où est la personne? Cette personne a perdu son portefeuille.
    Où est la personne qui a perdu son portefeuille

15. Où est la vidéo? Tu as acheté cette vidéo.
    Où est la vidéo que tu as achetée.

2. Le pronom relatif *qui* avec une préposition

When referring to people, the relative pronoun **qui** replaces the object of a preposition other than **de**.

C'est la femme. Je travaille **pour** cette personne.
C'est la femme **pour qui** je travaille.
    She's the woman *for whom* I work.

Tu as vu l'ami? J'ai parlé avec l'ami.
Tu as vu l'ami **avec qui** j'ai parlé?
    Did you see the friend *with whom*
    I spoke?

Un petit truc

- When the preposition is **de,** use the relative pronoun **dont** (*of whom, which*) instead of **de qui.**

    Tu as vu le prof? Je t'ai parlé de ce prof. →
    Tu as vu le prof <u>dont</u> je t'ai parlé?

- **Dont** can be used with both people and things.
- The two most common verbs that take **dont** as a relative pronoun are **parler de** and **avoir besoin de.**

    L'appartement dont je t'ai parlé est dans la rue Monge.
    Voilà le livre dont j'ai besoin pour mon cours sur l'art précolombien.

✻ **XIV. Faisons des phrases!** Faites une seule phrase avec chaque paire de phrases en utilisant le pronom relatif **qui** avec une préposition autre que **de** ou le pronom relatif **dont** pour remplacer **de.**

    MODÈLES: Je vais te présenter les amis. Nous avons dîné **chez** ces amis.
                       Je vais te présenter les amis chez qui nous avons dîné.

                       C'est la clé. Nous avons besoin **de** cette clé pour ouvrir la valise.
                       C'est la clé dont nous avons besoin pour ouvrir la valise.

1. Voilà l'ordinateur. J'ai besoin **de** cet ordinateur.

    _____

2. C'est l'étudiante. Elle a téléphoné **à** cette étudiante.

    _____

3. Ce sont les voisins. Nous sommes allés à la plage **avec** eux.

    _____

4. Elle a acheté la vidéo. Tu avais parlé **de** cette vidéo.

    _____

5. Ils aiment bien le patron. Ils travaillent **pour** ce patron.

    _____

6. Voici la cassette. Tu as besoin **de** cette cassette.

    _____

7. J'ai écrit une composition. Je suis satisfait **de** cette composition.

    _____

8. Je n'aime pas le garçon. Tu sors **avec** ce garçon.

    _____

3. Les pronoms relatifs qui remplacent une proposition (clause)

a. The relative pronoun **ce qui** replaces a clause (stated or unstated) that is the subject.

> Tu as tort. C'est évident.
> Tu as tort, **ce qui** est évident.
> > You're wrong, *that's (which is)* obvious.

> Je veux savoir. Quelque chose est arrivé.
> Je veux savoir **ce qui** est arrivé.
> > I want to know *what* happened.

b. The relative pronoun **ce que** (**ce qu'**) replaces a clause (stated or unstated) that is a direct object.

> Je ne comprends pas. Tu dis quelque chose.
> Je ne comprends pas **ce que** tu dis.
> > I don't understand *what* you're saying.

c. The relative pronoun **ce dont** replaces a clause (stated or unstated) that is the object of the preposition **de**.

> Il a réussi à l'examen. Il est content d'avoir réussi à l'examen.
> Il a réussi à l'examen, **ce dont** il est content.
> > He passed the exam, *about which* he's happy.

✳ **XV. Ce n'est pas compliqué, ce que vous faites!** Faites une seule phrase de chaque paire de phrases en utilisant les pronoms relatifs **ce qui**, **ce que** et **ce dont**.

MODÈLES: J'ai appris à faire des phrases complexes. C'est très intéressant.
J'ai appris à faire des phrases complexes, ce qui est très intéressant.

Je ne sais pas. Ils ont besoin de quelque chose.
Je ne sais pas ce dont ils ont besoin.

1. Elle ne comprend pas. Tu parles de quelque chose.
   Elle ne comprend pas ce que tu parles

2. Vous avez vu? Quelque chose est arrivé.
   Vous avez vu ce qui est arrivé. Vous avez vu ce qui est arrivé.

3. Nous ne savons pas. Ils ont fait quelque chose.
   Nous ne savons ce qu'ils ont fait.

4. Je n'ai pas pu finir mon travail. Ça m'irrite.
   Je n'ai pas pu finir mon travail, ce qui m'irrite.

5. Nous ne comprenons pas très bien. Elles veulent quelque chose.
   Nous ne comprenons pas très bien ce qu'elles veulent.

6. Elle a entendu. Vous avez dit quelque chose.
   Elle a entendu ce que vous avez dit quelque chose.

7. Ils doivent finir. Ils ont commencé quelque chose.
   Ils doivent finir ce qu'ils ont commencé.

8. Je sais. Tu as besoin de quelque chose.
   _____

9. Tu n'as pas aimé? J'ai préparé quelque chose à manger.
   Tu n'as pas aimé ce que j'ai ~~appréci~~ préparé à manger.

10. Vous n'avez pas mangé? Quelque chose est dans le frigo.
    Vous n'avez pas mangé ce qui est dans la frigo.

4. Résumé des pronoms relatifs

	PEOPLE / ANIMALS / THINGS	CLAUSE
SUBJECT	qui	ce qui
DIRECT OBJECT	que, qu'	ce que, ce qu'
OBJECT OF THE PREPOSITION **DE**	dont	ce dont
OBJECT OF A PREPOSITION OTHER THAN **DE**	qui *(for people only)*	
	The relative pronoun **où** replaces nouns that refer to place and time.	

XVI. À vous d'inventer des phrases! Faites des phrases avec les éléments suivants.

> **MODÈLE:** Est-ce que vous avez vu les clés... (qui, que)
> *Est-ce que vous avez vu les clés que j'ai laissées ici?*
> *Est-ce que vous avez vu les clés qui étaient sur la table?*

1. Est-ce que tu as vu la calculatrice... (qui, que)

   _____

   _____

2. J'ai vu un de mes amis... (qui)

   _____

3. Elle n'a pas compris... (ce que)

   _____

4. Voilà la maison... (dont, qui, que, où)

   _____

   _____

   _____

5. Je comprends... (ce qui, ce que, ce dont)

   _____

   _____

   _____

6. Voilà un exercice... (qui, que)

7. C'est l'étudiante... (qui, que, dont, à qui, avec qui)

8. C'est un appareil ménager... (qui, que, dont)

Témoignages (facultatif)

Écoutez!

Audio CD:
SEGMENT 1-3
CD 1, TRACK 7

VOCABULAIRE UTILE:

Dovi Abe — **une maison basse** *(single-story house)*, **niveau** *(level)*, **comprennent** *(include)*, **je précise** *(I am specifying, I am referring specifically to)*, **accueillir** *(to welcome)*, **lorsqu'ils** *(when they)*, **ça veut dire que** *(that means that)*, **propre** *(own)*, **se partagent** *(share)*, **c'est très courant** *(it's very common)*, **la cour** *(courtyard)*

Henri Gaubil — **Ajaccio** *(departmental capital city of Corsica)*, **Les Sanguinaires** *(name of Henri's neighborhood)*, **le Golfe** *(Gulf)*, **l'Île de Beauté** *(Island of Beauty, refers to Corsica)*, **côté montagne** *(on the mountain side)*, **du même côté** *(on the same side)*, **couloir** *(hallway)*, **épouse** *(wife)*

Djamal Taazibt — **les environs** *(surroundings)*, **la Cité des Annassers** *(name of Djamal's neighborhood)*, **source** *(spring [water])*, **locataires** *(tenants])*, **étendre le linge** *(to hang out the laundry)*, **des patates de salon** *("couch potatoes")*

Sophie Everaert — **le rez-de-chaussée** *(ground floor)*, **vitrée** *(with a window)*, **une baie vitrée** *(bay window)*, **lumière** *(light)*, **un rayon de soleil** *(a ray of sunlight)*, **s'y échauffer** *(to get warm there)*

✻ **XVII. Qu'est-ce qu'il y a dans leur logement?** Pour chaque phrase, identifiez la personne et la pièce (ou l'endroit) de la maison (de l'appartement) dont il s'agit.

1. C'est une pièce spacieuse et ensoleillée avec une baie vitrée.
   Personne: ____________ *Pièce/Endroit:* ____________
2. C'est là qu'ils accueillent les gens.
   Personne: ____________ *Pièce/Endroit:* ____________

3. C'est là qu'ils étendent le linge.

   Personne: _____ *Pièce/Endroit:* _____

4. Ces pièces se trouvent au premier et au deuxième étages.

   Personne: _____ *Pièce/Endroit:* _____

5. Ces pièces se trouvent côté montagne.

   Personne: _____ *Pièce/Endroit:* _____

6. Il y passe énormément de temps à regarder la télévision.

   Personne: _____ *Pièce/Endroit:* _____

7. C'est là que cette très grande famille passe la plupart de son temps.

   Personne: _____ *Pièce/Endroit:* _____

8. Parce qu'ils y ont vue sur la mer, ils y passent beaucoup de temps.

   Personne: _____ *Pièce/Endroit:* _____

À FAIRE! (1–4)   Manuel de classe, pages 34–38

As a *review* of relative pronouns, do Exercise XVIII.

In *preparation* for work in class, do Exercises XIX and XX.

Fonction: Comment décrire les choses et les personnes (2) (suite)

XVIII. Je connais quelqu'un qui... Faites la description d'une personne en utilisant des pronoms relatifs le plus souvent possible. Vous pouvez décrire un des témoins (Djamal, Valérie, Sophie, Dovi, etc.) si vous voulez (et vous pouvez inventer des détails sur leur vie). Utilisez une autre feuille de papier.

MODÈLE: *Je connais quelqu'un qui habite en Corse. Il s'appelle Henri Gaubil. Il habite dans un appartement qui est situé sur la baie d'Ajaccio. Henri et sa femme passent beaucoup de temps sur leur balcon d'où ils peuvent regarder la mer. Un autre endroit où ils passent beaucoup de temps, c'est le salon. C'est dans le salon qu'ils regardent la télévision. Ils ont une fille qui habite encore avec eux. La fille, dont le fiancé est étudiant, va se marier bientôt. Elle ne sait pas encore ce qu'elle va faire comme métier. Pour le moment, elle fait des études générales à l'université. Elle a beaucoup de camarades avec qui elle travaille. etc.*

Perspectives culturelles:
«La vie dans les HLM» (Christiane Rochefort)

XIX. Prélecture. Répondez aux questions suivantes avant de lire l'extrait de Christiane Rochefort aux pages 38 à 39 du **Manuel de classe**.

1. Quelles sont les différences entre le logement qu'habite votre famille maintenant et le logement que vous habitiez dans votre enfance? Si vous habitez toujours le même logement, décrivez-le.

   _____

   _____

   _____

   _____

   _____

2. Dans votre enfance, dans quelle pièce du logement est-ce que vous préfériez passer votre temps? Pourquoi?

   _____

   _____

   _____

3. Qui faisait quoi chez vous? Par exemple, qui faisait les courses, la lessive, la vaisselle, la cuisine?

   _____

   _____

   _____

XX. Lecture. Lisez le texte de Christiane Rochefort dans le **Manuel de classe** (pages 38 à 39). Ensuite, faites l'exercice ci-dessous.

Dans leur groupe d'études, quelques étudiants essaient de résumer le texte que vous venez de lire. Sur chaque point, pourtant, un(e) des étudiant(e)s se trompe. C'est à vous d'indiquer qui a raison et de justifier votre choix en citant la partie appropriée du texte.

1. CARL: La famille de Josyane a quitté le premier appartement parce que l'appartement était sale.
   MICHAEL: La famille de Josyane a déménagé parce que le premier appartement a été démoli.

   _____

   _____

2. SUSAN: Dans ce texte, le mot «Cité» veut dire «HLM».
   SYLVIA: Dans ce texte, le mot «Cité» veut dire «ville».

   _____

   _____

3. JENNY: Le nombre de pièces du nouvel appartement dépend du nombre de personnes dans la famille.
   JOHN: Le nombre de pièces du nouvel appartement dépend du nombre d'enfants dans la famille.

   _____

   _____

4. MICHAEL: Dans cet appartement, il y a quatre chambres à coucher.
   SYLVIA: Dans cet appartement, il y a trois chambres à coucher.

   _____

   _____

5. JOHN: La pièce préférée de Josyane est la cuisine-séjour.
   CARL: La pièce préférée de Josyane est sa chambre.

   _____

   _____

6. JENNY: Josyane apprécie surtout les fins de soirées. C'est après dix heures qu'elle entend beaucoup de choses intéressantes.
   SUSAN: C'est après dix heures du soir qu'elle apprécie le silence parce que tout le monde dans l'immeuble est couché.

   _____

   _____

   _____

7. CARL: Josyane n'aime pas tellement le silence quand elle fait ses devoirs. Elle préfère écouter de la musique.
   SYLVIA: Josyane aime être seule; elle aime le silence et la paix.

   _____

   _____

8. MICHAEL: Grâce à l'allocation familiale, la famille de Josyane a une machine à laver, une télé et un frigo.
   JOHN: Grâce à l'allocation familiale, la famille de Josyane a une machine à laver et une télé.

   _____

   _____

   _____

9. JENNY: Les parents de Josyane ont passé toute une soirée à discuter de la possibilité d'acheter une voiture.
   SYLVIA: Les parents de Josyane ont passé toute une soirée à discuter à propos du lit de Catherine.

   _____

   _____

10. CARL: Le problème du lit a été résolu: Chantal a un nouveau lit au premier étage et Catherine a un lit au rez-de-chaussée.
    SUSAN: Le problème du lit a été résolu: l'oncle Charles a construit des lits superposés (bunkbeds) pour Catherine et Chantal.

    _____

    _____

    _____

If you wish to work further with the *Témoignages* you heard in class, listen to SEGMENT 1–5 of the **Audio CD** and do Exercise XXI.

In order to *follow up* on the *Témoignages* you listened to in class, do Exercise XXII.

In order to *learn* more about describing things and people, read the explanations and do Exercises XXIII and XXIV.

Témoignages (facultatif)
Écoutez!

Audio CD:
SEGMENT 1-5
CD 1, TRACK 9

➤ **VOCABULAIRE UTILE:**

Véronica Zein — **un complexe** *(residential development/subdivision)*, **privé** *(private)*, **les mêmes** *(the same)*, **donne sur** *(overlooks)*, **bruyant** *(noisy)*, **on s'habitue à tout** *(you get used to everything)*, **c'est-à-dire** *(that is to say)*, **co-propriétaires** *(co-owners)*, **l'essence** *(gas)*, **il faudra** *(you will have to)*, **j'ai grandi** *(I grew up)*, **s'en vont** *(go/move away)*, **au milieu du** *(in the middle of)*, **au-dessus** *(further up)*, **un coiffeur** *(hairdresser)*

Alain Bazir — **en tant que** *(as)*, **neuf mètres carrés** *(nine square meters)*, **natale** *(native, where a person is born)*, **arbres fruitiers** *(fruit trees)*, **de la pelouse** *(lawn)*, **boîtes de nuit** *(nightclubs)*, **errent** *(wander aimlessly)*, **délinquance** *(delinquency)*, **vivre tout seul** *(live alone)*, **accueillir** *(welcome/invite)*, **du monde** *(people)*, **une salle de rencontre** *(meeting room/lounge)*, **on essaie** *(we try)*, **au niveau de** *(on the level of)*, **horaires** *(time/schedule)*, **bruit** *(noise)*, **puisqu'il faut** *(since you have to)*, **pour se dire** *(to feel)*, **en plein milieu du** *(in the middle of the)*

Anne Squire — **un carrefour** *(crossroads)*, **bruyant** *(noisy)*, **populaire** *(working class)*, **du genre** *(such as)*, **vivant** *(lively)*, **à part ça** *(besides that)*, **au fond de** *(at the back of)*, **en principe** *(in theory)*, **je m'entends très bien avec eux** *(I get along very well with them)*, **vraiment** *(really)*, **je ne circule qu'en** *(I get around only with)*

✳ **XXI. Là où j'habite...** Écoutez encore une fois les trois interviews, puis complétez le tableau. Si l'interview ne vous donne pas les renseignements nécessaires pour remplir une case, mettez un X.

	Véronica Zein	Alain Bazir	Anne Squire
pays d'origine			
type de logement			
adjectifs qui décrivent le quartier			
ce qu'il y a dans le quartier			
transports			
activités des personnes interrogées			

Écrivez!

XXII. Et vous? Vous allez maintenant avoir l'occasion de répondre aux questions qu'on a posées aux Français et aux francophones que vous avez entendus en classe. Répondez à chaque question par plusieurs phrases afin de donner les détails nécessaires. Utilisez une autre feuille de papier.

1. Où est-ce que vous habitez? Dans quel type de logement? Comment est-il à l'extérieur?
2. Comment est le quartier dans lequel se trouve votre logement? Qu'est-ce qu'on y trouve?
3. Comment est l'intérieur de votre logement? Dans quelle partie de ce logement est-ce que vous passez la plupart de votre temps et pourquoi?
4. Comment la situation de votre logement influence-t-elle vos relations avec les autres?
5. Comment la situation de votre logement influence-t-elle vos activités?
6. Comment la situation de votre logement influence-t-elle votre horaire?

Fonction: Comment décrire les choses et les personnes (3)

C'est (Ce sont), Il/Elle est (Ils/Elles sont)

Ça, **c'est** Janine. **C'est** ma meilleure amie. **C'est** elle qui habite à Rouen. **Elle est** très sympa, n'est-ce pas?	*That's* Janine. *She's* my best friend. *She's* the one who lives in Rouen. *She's* very nice, isn't she?
Tu as vu les portraits de François Ier? **Ils sont** dans le Salon Carré. **Ce sont** des exemples de l'art de la Renaissance.	Did you see the portraits of Francis I? *They're* in the Salon Carré. *They're* examples of Renaissance art.

Generally, the expressions **c'est** and **ce sont** are used before a noun (**C'est Janine; Ce sont des exemples**) or a pronoun (**C'est elle; C'est lui; C'est vous,** etc.). The expressions **il/elle est** and **ils/elles sont** are usually used before an adjective (**Elle est très sympa; ils sont malades**) or a preposition (**Ils sont dans le Salon Carré**).

There are, however, several exceptions:

1. Nouns of nationality, occupation, religion, social class

Elle est française. **C'est** une Française.	*She's* French. *She's* a French woman.
Il est journaliste. **C'est un** journaliste.	*He's* a journalist.
Ils sont catholiques. **Ce sont** des catholiques.	*They're* Catholic. *They're* Catholics.
Ils sont bourgeois. **Ce sont** des bourgeois.	*They're* middle-class. *They're* middle-class people.

Unmodified nouns (i.e., nouns *not* accompanied by an adjective or descriptive relative clause) of nationality, occupation, religion, and social class may be treated as adjectives or as nouns in French. When treated as an adjective, they're introduced by **il(s)** or **elle(s) est (sont)** and are *not* preceded by an article. When treated as a noun, they're introduced by **c'est** or **ce sont** and require the use of an article.

> **il/elle est**
> **ils/elles sont** } + adjective of nationality (not capitalized), occupation, religion, social class

> **c'est (ce sont)** + article + noun of nationality (capitalized), occupation, religion, social class

However, when nouns of nationality, occupation, religion, and social class are modified, they must be treated as nouns, i.e., they're introduced by **c'est** or **ce sont** and are preceded by an article. **C'est** and **ce sont** can also be followed by an indefinite expression (**quelqu'un, quelque chose**) instead of a noun.

C'est le jeune homme assis près de la porte.	*He's/It's* the young man sitting next to the door.
C'est un journaliste très connu.	*He's* a very well-known journalist.
C'est une personne qui est honnête.	*He/She is* an honest person.
C'est quelqu'un que tu connais.	*He/She/It* is someone you know.
Ce sont des enfants bien élevés.	*They're* well-behaved children.

2. Indefinite adjectives

C'est vrai.	*It's/That's* true.
Comment? Ils ne viennent pas? **C'est** impossible!	What? They're not coming? *That's* impossible!

Adjectives referring to an idea or to a previous sentence are introduced by **c'est**.

✳ **XXIII. Ce ou il/elle?** Complétez les phrases suivantes en y ajoutant **c'est (ce sont)** ou **il/elle est (ils/elles sont)**.

1. _____ une bonne idée!
2. _____ très intelligent, ce garçon!
3. _____ agent de voyage.
4. _____ elle qui nous a trouvé ce joli petit hôtel à Alger.
5. _____ de vrais aristocrates.
6. _____ américaine, mais _____ une Américaine qui est très différente de l'Américaine typique.
7. Le monsieur là-bas, _____ mon oncle.
8. _____ boulanger.
9. _____ une personne qui n'aime pas la nature.
10. Elle a fini? _____ formidable!
11. _____ moi qui m'occuperai de la maison pendant leur absence.
12. _____ un bel exemple de l'architecture de la région.
13. _____ quelqu'un à qui tu as parlé.
14. _____ avocate.
15. Tu as fait ça pour lui? _____ très généreux.
16. _____ protestants, n'est-ce pas?
17. _____ une personne que j'admire beaucoup.
18. _____ des Japonaises.
19. _____ très ambitieuses.
20. _____ un quartier populaire.

✻ **XXIV. Des tableaux.** Répondez aux questions sur les tableaux reproduits ci-dessous en faisant la distinction entre ce et il (elle, ils, elles).

**nature morte –
Paul Cézanne
(XIXᵉ siècle)**

Cézanne, Paul (1839–1906).
Still Life.
23 ⁷/₈ x 29 in. (60.6 x 73.7 cm).
The Metropolitan Museum of Art.
Bequest of Mrs. H.O. Havemeyer, 1929.
The H.O. Havemeyer Collection.
(29.100.66)

1. Qu'est-ce que c'est? _____

2. Qui est Cézanne? _____

3. Où est la tasse? _____

4. Quels fruits ce tableau représente-t-il? _____

5. Comparez la pomme à droite aux autres pommes. _____
   _____

**paysage –
Claude Monet
(impressionniste)**

Monet, Claude Oscar (1840–1926).
Garden at Sainte-Adresse.
Oil on canvas.
38 ⁵/₈ x 51 ¹/₈ in. (98.1 x 12.9 cm).
The Metropolitan Museum of Art.
Purchased with special contributions
and purchase funds given or bequeathed
by friends of the Museum, 1967. (67.241)

6. Qu'est-ce que c'est? _____

7. Qui est Monet? _____

8. Quels sont les objets noirs à l'arrière plan (*in the background*)? _____
   _____

9. Où est le monsieur au chapeau jaune? _____
   _____

10. Où est la femme par rapport au monsieur qui est debout? _____
    _____

**François 1er –
Clouet
(Renaissance)**

(? JEAN) CLOUET
(c. 1485–1540).
Equestrian Portrait of François I.
Panel, 10 4/8 x 8 4/5 in.
(27 x 22 cm).
Florence, Uffizi.

11. Quel est le thème de ce tableau? _____
_____

12. Qui est François Ier? _____
_____

13. Où est le roi? _____
_____

14. Quel est l'objet qui pend *(hangs)* à son côté
gauche? _____

15. Comment sont les vêtements que porte le
roi? _____
_____

16. Comment est le cheval? _____
_____
_____

À FAIRE! (1–6)   Manuel de classe, pages 43–47

In order to *review* the use of the structures **c'est** and **il est**, do Exercise XXV.

In *preparation* for work in class, do Exercise XXVI.

Fonction: Comment décrire les choses et les personnes (3) (suite)

XXV. Un membre de ma famille. Faites le portrait d'un membre de votre famille. Utilisez des adjectifs pour donner ses traits caractéristiques et des mots pour indiquer sa nationalité (s'il/si elle n'est pas américain[e]) et son occupation. N'oubliez pas de faire la distinction entre **c'est (ce sont)** et **il/elle est, ils/elles sont**. Pour vous aider, vous pouvez consulter le modèle de l'Exercice U à la page 44 du **Manuel de classe**.

PHRASES: Describing people; Describing objects

VOCABULARY: Nationality; Professions

GRAMMAR: Nouns after **c'est, il est**; Relative pronouns; Adjective agreement;
    Adjective position

C'est à vous maintenant!

XXVI. Une interview. En classe, vous allez interviewer quelqu'un—un(e) Français(e), un(e) francophone ou bien une personne qui a habité en France ou dans un pays francophone. Le sujet principal de l'interview sera le logement, le cadre dans lequel se trouve ce logement et l'influence du logement sur la vie de tous les jours de cette personne. Néanmoins, afin de connaître un peu mieux cette personne, vous pourrez aussi lui poser des questions sur des sujets plus généraux—son pays d'origine, sa famille, sa formation, ses voyages, etc. Pour vous préparer pour cette interview, rédigez *une vingtaine de questions* que vous pourrez poser. Utilisez une autre feuille de papier.

À FAIRE! (1–7)   Manuel de classe, page 48

As a *follow-up* to the interview conducted in class, do Exercise XXVII.

C'est à vous maintenant!
Écrivez!

XXVII. Un compte rendu d'interview. Rédigez un petit article qui résume quelques aspects de l'interview que vous avez faite en classe. Écrivez l'article à la troisième personne (**il/elle**) et n'essayez pas de rendre compte de toute l'interview; choisissez-en les parties que vous avez trouvées les plus intéressantes. Pour varier votre style, n'oubliez pas que vous avez plusieurs façons de décrire les choses et les personnes: les adjectifs (attention à l'accord, à la place et au sens), les pronoms relatifs (**qui, que, ce qui,** etc.) et les différentes formes des structures **c'est** et **il est** (**C'est quelqu'un qui...** , etc.). Utilisez une autre feuille de papier.

PHRASES: Describing people; Describing objects

VOCABULARY: Professions; Nationality; House; Furniture

GRAMMAR: Nouns after **c'est, il est;** Relative pronouns; Adjective agreement; Adjective position

Pour préparer les examens

En préparant l'examen sur ce chapitre, vous pourrez consulter:

Fiches lexicales	**MP, p. 27, p. 36**
Pour mieux vous exprimer	**MC, p. 30, p. 36**
Rappels et Fonctions	**MP, p. 22, p. 23, p. 32, p. 35, p. 38, p. 46, p. 50, p. 53**

1

Allons voir les Français et les francophones... chez eux!

MENU

Activité culturelle:
Le Cameroun

COLIN DOUMBA

« Mon pays, le Cameroun, est une région culturelle très intéressante de l'Afrique. J'y retourne assez souvent pour rendre visite à ma famille et revoir ma ville natale, Douala. Maintenant, je vais vous présenter un peu mon pays pour que vous puissiez apprécier les richesses de ma culture. **»**

Profil: Le Cameroun

Nom officiel: Cameroun

Devise: Paix, Travail, Patrie

Situation: En Afrique centrale, sur l'Océan Atlantique et sur le golfe de Guinée

Superficie: 475 442 km^2

Capitale: Yaoundé

Population: 15 400 000 habitants (1999)

Nom des habitants: Camerounais

Villes importantes: Douala, Edéa, Kribi, Lomié, Bafia, Maroua, Doumé, N'kongsamba

Langues officielles: Français et anglais

Autres langues: Environ 200 langues et dialectes: pidgin, bamiléké, fang, mbang, fouldé, béti, douala, bassa, ewondo, bantou, peul, sara, haoussa

Religions: Animistes (45%), catholiques (21%), musulmans (20%), protestants (14%)

Date d'indépendance: le 1er janvier 1960

Unité monétaire: Le franc CFA (Communauté Française d'Afrique)

Climat: Pluvieux dans les plaines et sur les bas plateaux du sud, longue saison sèche (5 à 7 mois) dans le centre, moins pluvieux dans le nord

Tourisme: Musée de l'Art Africain à Bamenda, réserve de Waza, village reconstruit de Chefferie, plages

Agriculture: Elle occupe 75% de la population active, contribue pour 35% au PIB *(Primary Inland Product)* et fournit 70% des recettes d'exportation. Cultures principales: cacao, café, coton, banane, tabac, thé, ananas, arachides, plantes médicinales.

Industries: Alimentation, textiles, chaussures, plastique, ciment

Histoire: Cinq périodes historiques:
(1) Au Ve siècle, le Carthaginois Hannon découvre le Mont Cameroun en éruption.
(2) De 1472 à 1919, le Cameroun est sous l'influence européenne; en 1919, le pays est placé sous la tutelle de la France et de la Grande-Bretagne.
(3) De 1921 à 1960, le pays marche vers l'indépendance (janvier 1960).
(4) Entre 1961 et 1972, la réunification du Cameroun s'effectue.
(5) 1995, le Cameroun devient membre du Commonwealth

C'EST COMMENT, LE CAMEROUN? Rédigez dix questions sur le Cameroun auxquelles vous pouvez trouver les réponses dans le *Profil*. Pour chaque question, donnez ensuite la réponse. Utilisez une autre feuille de papier.

Comment sont les logements au Cameroun?

Au Cameroun, les types de logement varient d'une région à l'autre. Dans les grandes villes, les habitants tendent à se loger dans des maisons, des villas et des appartements de style européen. Pour la plupart, ces logements sont modernes et bien aménagés. Ils sont bien adaptés au climat chaud du Cameroun.

À la campagne et dans les petits villages, le style des cases (mot pour «maison») varie selon la région. On voit, par exemple, des cases à murs ronds avec toit de chaume *(thatched roof)*. Ou bien, comme dans le village de Pouss, les cases sont construites entièrement avec de la boue séchée. L'intérieur varie, lui aussi, selon la taille de la case. Certaines ont plusieurs pièces tandis que d'autres, plus petites, n'ont qu'une ou deux pièces. À cause du climat, une grande partie des tâches domestiques se font à l'extérieur: on fait souvent la cuisine au feu devant la case, les artisans créent leurs œuvres d'art en plein air, on se repose sur un banc sous un palmier ou au soleil. La case, c'est le foyer, bien sûr, mais c'est un foyer entièrement intégré à l'environnement naturel.

⤙ LE LOGEMENT DE MA RÉGION. Imitez la description du logement au Cameroun pour parler du logement dans votre région. Est-ce qu'il y a un style qui caractérise votre région? Est-ce que les logements sont adaptés au climat (climat chaud? climat froid et neigeux en hiver?)? Utilisez une autre feuille de papier.

Soyez les bienvenus au Cameroun

Vos hôtes *(Your hosts)*

Le Camerounais est fier, aimable, accueillant et hospitalier.

Il sait répondre à un sourire, à un mot aimable.

Le français et l'anglais sont les deux langues officielles. Posez toujours des questions sur ce que vous voulez savoir, on vous répondra.

Dans les villages, vous serez accueillis par des nuées d'enfants tout souriants et souvent encombrants. Prenez patience.

Les traditions

Grâce à une diversité ethnique extraordinaire, le Cameroun possède une culture riche et variée qui se traduit dans l'art de vivre, les traditions, le folklore et l'artisanat de ses populations.

Le folklore

À chaque région correspond un type de folklore spécifique.

— Au Sud, ce sont par exemple les ballets «Bafia» ou «Bikutsi» et d'autres danses qu'anime le joueur de «Mvet» bantou, conteur et poète épique.

— À l'Ouest, ce sont des danseurs bamilékés avec leurs masques et leurs costumes pittoresques.

— Le Nord est le pays de la «Fantasia» avec ses cavaliers habillés de costumes chamarrés.

L'artisanat

L'artisanat demeure l'une des formes d'expression les plus traditionnelles chez la plupart des populations du Cameroun. Cependant, le touriste trouvera à l'Ouest et au Nord, de véritables hauts lieux de l'artisanat.

Bafoussam, Foumban et Bamenda sont des villes réputées pour leurs masques, costumes brodés, figurines, sièges, trônes, pipes, statuettes, en terre cuite, en bronze ou en bois.

Les Bamouns et les Bamilékés des hauts plateaux sont particulièrement connus pour leurs créations artistiques.

De la célèbre «case bamiléké» aux figurines et masques bamouns se dégage un type d'organisation sociale et une philosophie de l'existence.

Passeport touristique, pp. 28, 29

➤ **CE QUE JE VEUX VOIR.** Choisissez cinq choses que vous aimeriez faire ou voir si vous faisiez un séjour au Cameroun. Pour chaque activité, expliquez pourquoi elle vous intéresse. Utilisez une autre feuille de papier.

Lecture: «Fin de semaine en famille» (Suzanne Prou)

Suzanne Prou est romancière et membre du jury du prix Fémina. Elle a obtenu le prix Renaudot en 1973.

Anne et Simon, tous les deux âgés d'une quarantaine d'années, ont acheté une vieille maison de campagne non loin de Paris, et c'est là qu'ils viennent passer leurs week-ends.

La journée passait lentement, occupée par des tâches ménagères.° La soirée du samedi était la meilleure, Anne, Simon et Catherine la prolongeaient à plaisir. Un fermier voisin venait parfois pour une courte visite; il parlait fort avec un accent beauceron° prononcé, du temps, de ses travaux; on lui offrait un verre d'apéritif; à tout il préférait le vin rosé de Provence que Simon avait rapporté à la fin des dernières vacances dans le Midi.

Puis la famille dînait sous la lampe, retournait dans la chambre-salon pour une longue veillée.° Ils lisaient, écoutaient de la musique, causaient° de tout et de rien. De temps à autre, l'un d'entre eux se levait pour remettre une bûche° dans la cheminée, attiser le feu° qui éclatait° en myriades d'étincelles dorées.° Une branche noire tapait contre° une vitre, et on eût cru° l'arrivée d'un hôte° inattendu qui se fût annoncé° par un mystérieux signal. Ils étaient bien, à l'abri,° comme au creux d'un cocon.° Le dimanche restait entier, étalé devant eux. Ils songeraient plus tard au retour du lundi.

Le dimanche matin, Catherine paressait° au lit, tandis que Simon et Anne se rendaient à la messe, dans un des villages voisins. Il y avait plusieurs petites églises, simples et belles, desservies° chacune à son tour par un prêtre des environs. [...]

À la sortie de la messe ils échangeaient quelques propos° avec les habitants du village, contents de les voir assister aux offices et augmenter la maigre assistance. Puis ils retournaient vers leur maison où Anne s'activait pour préparer le repas dominical.°

Le dimanche soir ils se couchaient plus tôt: Catherine allait au lycée, Simon à son bureau, il leur faudrait repartir avant l'aube.° Le réveil du lundi était toujours pénible.° Catherine maugréait,° Anne s'activait pour tout ranger, Simon chargeait la voiture. Ils partaient dans l'obscurité, gênés souvent par une tempête qui les obligeait à rouler sans voir autre chose que la danse précipitée des flocons contre le parebrise.° Simon s'égara° parfois, les conduisit jusqu'à des villages inconnus dont ils eurent du mal à sortir° pour retrouver leur chemin. Catherine somnolait° à l'arrière. Anne se disait qu'elle et Simon avaient peut-être tort de l'emmener de force à la campagne, de lui faire subir cette contrainte.° Ils auraient pu rentrer à Paris le dimanche soir, mais Simon répugnait à se lancer sur la route au milieu de tous ceux qui revenaient de week-end. Il préférait se lever de bonne heure, et bon gré mal gré° la famille devait le suivre. Anne pensait aussi que Catherine changeait et qu'elle ne les accompagnerait plus longtemps. À ces moments elle regrettait de n'avoir pu donner naissance à l'enfant qu'elle avait désiré, pour qu'il lui restât encore un petit à mettre dans le jardin. Pour Catherine la maison avait été acquise trop tard, elle n'y avait pas de souvenirs d'enfance, rien ne l'y attachait, et elle restait insensible à la vanité de propriétaire.

Suzanne Prou, *La maison des champs*,
© Éditions Bernard Grasset, 1993, pp. 18–21

household chores

from the region of Beauce

late evening / talked
log
stir the fire / exploded / sparks knocked against / one might have thought / guest / announced himself
sheltered / in the hollow of a cocoon
lazed

served

words

Sunday

dawn / difficult
grumbled

windshield / got lost
had trouble getting out of
dozed

impose this restriction

whether they liked it or not

Le sens du texte. Répondez aux questions suivantes selon ce que vous avez compris du texte.

1. Où habitaient Anne, Simon et Catherine?

   _____

2. Qu'est-ce qu'ils faisaient tous les week-ends?

   _____

3. Qu'est-ce qu'ils faisaient pendant la journée du samedi?

   _____

4. Qu'est-ce qu'ils faisaient le samedi soir?

   _____

   _____

   _____

   _____

5. Et le dimanche matin?

   _____

   _____

6. Pourquoi est-ce qu'ils se couchaient plus tôt le dimanche soir?

   _____

   _____

7. Comment était le voyage de retour à Paris?

   _____

   _____

(Vous pouvez répondre aux questions suivantes en anglais.)

8. What's Catherine's attitude toward these weekends at the country house? Why is it unlikely that she'll be continuing for very long to go there with her parents?

   _____

   _____

   _____

9. Why do you think this family goes to so much trouble to spend every weekend at their country home? (One of the reasons for the parents is stated in the last sentence.)

   _____

   _____

   _____

   _____

Lecture: «Les SDF en France: entre 100 000 et 200 000 personnes» *(Le Journal Français)*

*Avant de lire l'article dans votre **Manuel de classe** (page 55), faites l'exercice de prélecture. Ensuite, lisez le texte une ou deux fois avant de procéder à l'exercice de lecture.*

Prélecture. Répondez aux questions suivantes avant de lire «Les SDF en France: entre 100 000 et 200 000 personnes».

1. Est-ce qu'il y a beaucoup de sans-abris *(homeless)* aux États-Unis? Dans quelle(s) région(s)?

_____

2. À votre avis, pourquoi les sans-abris se concentrent-ils dans certaines régions des États-Unis?

_____

3. Est-ce qu'il y a des sans-abris dans votre région? Pourquoi ou pourquoi pas?

_____

4. À votre avis, est-il facile de savoir combien il y a de sans-abris? Pourquoi ou pourquoi pas?

_____

5. Avez-vous l'impression que le nombre de sans-abris augmente ou diminue? Justifiez votre réponse.

_____

6. À votre avis, qui sont les sans-abris? Des hommes ou des femmes? Des jeunes ou des vieux? Des chômeurs ou des retraités ou des gens qui travaillent?

_____

Lecture. «Les SDF en France: entre 100 000 et 200 000 personnes» Après avoir lu l'article sur les SDF en France, répondez aux questions suivantes.

1. Pourquoi est-il difficile de savoir combien il y a de SDF en France?

_____

2. D'après l'abbé Pierre, combien de Français n'ont pas de domicile?

_____

3. Où et comment vivent les exclus de logement?

_____

4. Est-ce qu'il existe des statistiques récentes sur le nombre d'exclus du logement? De quand date l'étude qui fait toujours *(still)* référence?

_____

5. D'après l'article, qui sont les SDF?

_____

Activité d'écoute / Enregistrement:
Les voyelles

Audio CD
SEGMENT 1–7
CD 1, TRACK 11

Pour commencer, écoutez l'enregistrement de la première partie du texte de Christiane Rochefort que vous connaissez déjà:

«La vie dans les HLM»

Maintenant, notre appartement était bien. Avant, on habitait dans le treizième, une sale chambre avec l'eau sur le palier. Quand le coin avait été démoli, on nous avait mis ici; on était prioritaires; dans cette Cité, les familles nombreuses étaient prioritaires. On avait reçu le nombre de pièces auquel nous avions droit selon le nombre d'enfants. Les parents avaient une chambre, les garçons une autre, je couchais avec les bébés dans la troisième; on avait une salle d'eau, la machine à laver était arrivée quand les jumeaux étaient nés, et une cuisine-séjour où on mangeait; c'est dans la cuisine, où était la table, que je faisais mes devoirs. C'était mon bon moment: quel bonheur quand ils étaient tous garés, et que je me retrouvais seule dans la nuit et le silence! Le jour je n'entendais pas le bruit, je ne faisais pas attention; mais le soir j'entendais le silence.

As you already know, most French vowels differ in pronunciation from English vowels. Their pronunciation will also vary depending on the use of accents and on their combination with other sounds.

When you say the alphabet in French, there are five identified vowels: **a, e, i, o, u**. However, just like their English counterparts, when they're put into words they are not necessarily pronounced the way you find them in the alphabet. For example, while the alphabet **e** is pronounced as in **euh**, in the word **préfère** the e is now pronounced differently because of the accents. In English, the same thing happens. When you say the alphabet *i*, it's pronounced differently from the *i* in the word *sit*. And, like in English, vowels change in sound when they're found in combination with other vowels. In French, the **a** in combination with **u** is pronounced as an **o** (**auto**). In English, the vowel *o* in combination with another *o* is pronounced as *u (fool)*. All of this to say that, in French, like in English, the pronunciation of vowels depends on a variety of factors. By now, your pronunciation is accurate enough so that you can probably look at a French word and figure out how to pronounce it even if you've never seen it before. To refine your accuracy, you'll now be reading more about vowel pronunciation and you'll be doing some exercises for practice.

➤ The vowels *a* and *i*

In French, the letters **a** and **i**, when not combined with another vowel or with the consonants **m** or **n**, are pronounced as follows:

The French **a** sound is between the *a* sounds in the English words *fat* and *father*. It's pronounced with the mouth rounded. Note that **qua** (when not followed by an **n**), as in the word **quartier** is always pronounced /ka/.

The French **i** sound is similar to the *i* sound in the English word *machine*. It's pronounced with the lips spread wide, as in a smile. Note that **qui** (when not followed by an **n**), is always pronounced /ki/.

Now listen to and repeat the words and sentences that you hear on your CD.

la / Ça va? / gare / papa / ici / livre / dîne / quarante / ville / Paris / mari / Italie / pharmacie / capitale / politique / quartier / pessimiste / île / appartement / habiter / film / qualité / cinéma / jardin / balcon / quatre / vestibule / Philippe / favorite / majorité / arriver / retard / origine / mal / situation / population / fini

L'appartement des Chartier est bien aménagé: il a un balcon, un petit jardin, un vestibule et quatre chambres; il est près des cinémas et des boutiques; sa situation est idéale.

Le ministre de la culture est un personnage qui a la responsabilité de sauvegarder la qualité de la vie culturelle et artistique.

Est-ce que tu as visité la ville de Chartres? Il y a une très belle cathédrale.

~ The vowel *u*

In French, the letter **u** when not followed by another vowel or by the consonants **m** or **n** at the end of a word or before another consonant, is generally pronounced the same way. To refine your pronunciation of the sound represented by the letter **u**, first pronounce the letter **i** (remember to spread your lips in a smile). Then, keeping the interior of your mouth in the same tense position, move your lips forward as if to whistle. If this sounds too complicated for you, do your best to imitate the words and sentences you'll hear in the next segment of the CD.

une / tu / fume / autobus / bureau / portugais / salut / vue / russe / musique / musée / sur / architecture / d'habitude / mur / du / minute / plusieurs / plus / univers / devenu / revenu / rendu / tissu / urbain / surtout / régulièrement / rue

Le mur murant Namur rend Namur murmurant.
À cause de son revenu très faible, son univers est devenu plutôt restreint et il ne s'intègre plus dans le tissu urbain.

~ The vowels *é, è,* and *ê*

The letter **é** (as in the word **été**) is pronounced like the vowel sound in the English word *fail*; however, the French vowel is not a diphthong. In other words, it's a single, steady sound, whereas the English vowel tends to slide from one sound to another. Note that the combination **qué** is always pronounced /ke/ (**manqué**).

The letters **è** as in **mère** and **ê** as in **fête** are pronounced like the *e* in the English words *bed* and *belt*.

Now listen to and repeat the words and sentences you hear on your CD.

• The letter *é*

thé / café / église / métro / cathédrale / été / écouté / désiré / allé / hésité / acheté / étudié / stéréo / Hervé / téléphoné / préféré / pâté / université / aéroport / lycée / télévision / célébrer / épuisé / occupé / béton / isolé

Il a téléphoné à Hervé et lui a donné l'itinéraire pour les vacances d'été.
Cette année, j'ai acheté une stéréo, un téléviseur et des appareils ménagers. Maintenant je suis fauché.
À l'université, elle a étudié les sciences économiques, les mathématiques, la géographie, la géologie et la littérature. C'est une personne énormément douée.

• The letters *è* and *ê*

mère / frère / père / crème / achète / scène / bibliothèque / tête / êtes / fête / même

Elle se lève toujours la première, avant sa mère, son père et son frère.
J'espère qu'elle va être à la fête.
Tu préfères de la crème ou du lait?

~ The vowel *o*

The letter **o** represents two different sounds in French: [ɔ], which is similar to the vowel sound in the English word *lost* and [o], which is similar to the vowel sound in the English word *go* (without a diphthong). The sound [o] is used when **o** is the last sound of a word (**métro, gigot**), before **s** plus a vowel (**rose**), and when the letter **o** has a circumflex (**hôtel**). In other cases, the letter **o** is pronounced [ɔ].

Repeat each word, being careful to clearly pronounce [ɔ] of the first word and avoid making a diphthong with [o] in the second.

notre, nos / votre, vos / téléphoner, métro / sport, hôte / orage, chose / octobre, prose / soleil, exposé

Now listen to and repeat the words and sentences on your CD, being careful to distinguish between the two different sounds of **o**.

pomme / rôti / promenade / chocolat / kilo / trop / roquefort / gigot / Sorbonne / haricots / photo / monotone / chose / bonne / sport / écho / homme / nord / mot / vote / auto / porte / nôtre / poche / tôt / fort / hôtel / sommes / tort

C'est un sport trop monotone.
Il me faut une robe rose avec des poches.
Il vaut mieux manger une pomme que du chocolat.
Il fait du soleil; je n'ai pas besoin d'anorak.
Nicolas apporte les vidéos.
Simone a une auto de sport.

➤ The vowel combinations *ai, au, ou,* and *oi*

The combinations **ai, au,** and **ou** are pronounced as single vowel sounds in French. The letters **ai** sound like the *e* in the English word *melt*. The combination **au** (or **eau**) is usually pronounced like the *o* in the English word *hope*. And the combination **ou** is pronounced as in the English word *boot* (without a diphthong). However, when the **ou** combination is followed by another vowel sound, it's pronounced [w], as in the English word *will:* **oui**.

The combination **oi** in French is pronounced [wa], as in the English word *watt*. The one exception is the word **oignon**, in which **oi** is pronounced [ɔ], like **o** in the French word **octobre**.

Now listen to and repeat the words and sentences you hear on your CD.

aime / français / anglais / frais / vais / maître / semaine / fait / au / aussi / auto / autobus / de Gaulle / gauche / aujourd'hui / haut / rouge / beaucoup / oui / poulet / couvert / ouest / jouer / tour / cousin / silhouette / Louvre / août / souvent / pirouette / moutarde / toi / avoir / trois / oignon / froid / étoile / Antoine / noir / poires / loi / droit / roi / obligatoire / choisir

Je prends des cours de français parce que je vais trouver un poste au Louvre.
Et toi, qu'est-ce que tu fais en août? Tu vas passer quelques jours au Pérou?
Nous n'aimons pas jouer avec Antoine parce qu'il veut toujours avoir raison.

➤ The nasal vowels

When vowels are followed by the letters **m** or **n** in the same syllable, they are nasal vowels. To pronounce them, air has to go through the nose (that's why they're called *nasal)* and the lip position is tense. Since the purpose of the consonants is to nasalize the vowels, the consonants **m** and **n** are *not* pronounced when they're in the same syllable with a vowel.

am, an, em, en	are pronounced	[ã]
om, on	are pronounced	[õ]
im, in, aim, ain, un	are pronounced	[ɛ̃]

Now listen to and repeat the words and sentences you hear on your CD.

Londres / banque / oncle / tante / nombres / changer / important / intéressant / faim / entrer / commencer / bien entendu / attention / enfants / fin / sans / on / campagne / chance / ensemble / lapin / sont / violence / délinquance / gouvernement / conscience / ambitieux / urbain / gens / profond / montrer / grand / banlieue / construit / urgence / pourtant / habitants / sensationnel / tradition / confort / demander / emploi / contre / France / Japon / Nantes

Je joue du violon depuis l'âge de cinq ans.
Il montre une méfiance profonde à l'égard du gouvernement.
Pendant quatorze ans, François Mitterrand a été le président de la France.
Les grands ensembles des banlieues ont des problèmes de violence et de délinquance.
Nous n'avons pas demandé d'emploi à Nantes depuis cinq mois.
Je compte faire un long voyage l'an prochain.
Un de mes oncles est médecin dans la banlieue d'Avignon.
Vous avez l'intention de changer de profession? C'est incroyable!

Now listen to and then read the following poem by the Cameroonian poet René Philombe titled «L'homme qui te ressemble.»

«L'homme qui te ressemble»

J'ai frappé à ta porte
J'ai frappé à ton cœur
pour avoir bon lit
pour avoir bon feu
pourquoi me repousser?
Ouvre-moi mon frère!...

Pourquoi me demander
si je suis d'Afrique
si je suis d'Amérique
si je suis d'Asie
si je suis d'Europe?
Ouvre-moi mon frère!...

Pourquoi me demander
la longueur de mon nez
l'épaisseur de ma bouche
la couleur de ma peau
et le nom de mes dieux?
Ouvre-moi mon frère!...

Je ne suis pas un noir
je ne suis pas un rouge
je ne suis pas un jaune
je ne suis pas un blanc
mais je ne suis qu'un homme.
Ouvre-moi mon frère!...

Ouvre-moi ta porte
Ouvre-moi ton cœur
l'homme de tous les temps
l'homme de tous les cieux
l'homme qui te ressemble!...

René Philombe,
Petites gouttes de chant pour créer l'homme,
Éditions Nouvelles du Sud

Activité écrite: La vie dans les grands ensembles

> PHRASES: Writing an essay; Expressing an opinion; Comparing and contrasting
>
> VOCABULARY: House; City
>
> GRAMMAR: Adjective agreement; Adjective position; Relative pronouns; Nouns after **c'est, il est**

La vie dans les logements collectifs comme les HLM n'est pas toujours très agréable. Il y a souvent beaucoup de personnes qui ont des revenus assez faibles, on ne connaît pas ses voisins et il y a souvent un taux élevé *(high rate)* de violence et de délinquance. Rédigez une composition dans laquelle vous imaginez les conditions de vie dans ces logements collectifs. Vous pouvez vous inspirer du texte de Christiane Rochefort ou de celui sur les banlieues aussi bien que de la situation ici aux États-Unis. Avant de commencer, faites un petit plan en notant les idées principales, les idées complémentaires et des exemples. Par exemple, vous souhaiterez peut-être commencer à expliquer pourquoi ces logements collectifs existent et parler un peu de leurs habitants. Ensuite vous pourriez décrire le milieu et le type d'appartements qu'on y trouve, puis aborder les problèmes qui existent dans ces grands ensembles. Enfin, vous pourriez proposer des solutions pour l'avenir. Utilisez une autre feuille de papier.

Activité écrite: Ma maison idéale

> PHRASES: Writing an essay; Describing objects
>
> VOCABULARY: House; City; Furniture; Colors; Materials
>
> GRAMMAR: Adjective agreement; Adjective position; Relative pronouns; Nouns after **c'est, il est**

Écrivez d'abord quelques notes pour définir votre vision de la maison idéale. Comment est-elle? Dans quelle sorte de quartier est-elle? Combien de pièces a-t-elle? Qu'est-ce qu'il y a dans chaque pièce?, etc. Ensuite, rédigez une composition basée sur ces notes. Utilisez une autre feuille de papier.

Allons voir les Français et les francophones...
à table!

À FAIRE! (2–1)   Manuel de classe, pages 58–63

In order to *review* basic question forms, read the *Rappel* (page 69), then take the *Test*.
- If your score is less than 8, reread the *Rappel,* do the *Exercices de révision* (I, II, III), and then take the *Repêchage* test.
- If your score is 8 or more, proceed to the next part of the assignment.

In *preparation* for talking about things you eat, study the *Fiche lexicale* and do Exercise IV.

If you wish to work again with the *Témoignages* you heard in class, listen to SEGMENT 2–1 of the **Audio CD** and do Exercise V.

Contrôle des connaissances:
Les questions d'information

Test

Read the answer, then complete each question with an appropriate interrogative form or expression.

MODÈLE: _____Où_____ est-ce que tu habites?

1. —_____ frères est-ce que tu as?

   —J'ai un frère. Il s'appelle Antoine.

2. —_____ est-ce que vous partez à l'école le matin, Martin et toi?

   —On part entre 8h et 8h15.

3. —_____ vous déjeunez tous les deux à l'école?

   —Oui, d'habitude on mange à la cafétéria.

4. —_____ vous faites l'après-midi, après les cours?

   —Antoine rentre tout de suite pour faire ses devoirs. Moi, je m'amuse avec des copains.

5. —_____ réussit le mieux à l'école, toi ou Antoine?

   —Antoine, bien sûr. Moi, j'ai raté mon dernier examen de mathématiques.

6. —Tu l'as raté! _____ tu vas faire?

   —Je vais parler au professeur et si ça ne marche pas, je vais essayer de changer de cours.

7. —_____ est-ce que vous passez le week-end, Antoine et toi?

   —Nous allons souvent chez nos grands-parents. Ils habitent près de Deauville.

8. —_____ est-ce que vous partez?

   —Généralement, nous partons le samedi, à midi, après nos cours.

9. —_____ est-ce que vous y allez?

   —D'habitude, nous prenons le train.

10. —_____ est-ce que vous n'y allez pas en voiture?

    —C'est parce qu'il y a trop de circulation le dimanche soir, quand nous voulons rentrer. Mes parents préfèrent prendre le train.

See the **Corrigés** at the back of this book for the answers to the **Test**. A perfect score is 10. If your score is less than 8, reread the rules for forming questions in the **Rappel** section below; then do **Exercices de révision** I, II, and III. After correcting these exercises (see the **Corrigés** for the answers), do the **Repêchage** test.

If your score is 8 or above, proceed to the **Pour parler** section on page 73.

Rappel: Les questions d'information

When you ask someone a question, you already know, in a general way, what kind of answer you're expecting— for example, yes or no, a piece of information, the name of a person or a thing.

1. Questions that can be answered with *oui* or *non*

You can get a **oui** or **non** for an answer by:

a. raising your voice at the end of a declarative sentence;

> Tu vas au cinéma ce soir?
> Ils sont déjà partis?

b. placing **est-ce que** before the subject and the verb.

> **Est-ce que** tu vas au cinéma ce soir?
> **Est-ce qu'**ils sont déjà partis?

2. Information questions

You can get specific information—the name of a person or a thing, a time, a place, a reason, etc.—by using an interrogative pronoun.

a. If you wish to find the person who is performing (will perform, has performed) an action, use **qui** + verb.

> **Qui** est là?
> **Qui** parle?
> **Qui** a fait ce bruit?

b. If you wish to find other types of information, use one of the interrogative expressions listed below, followed by **est-ce que** + subject + verb.

où *(where)*	Où **est-ce que** tu habites?
quand *(when)*	Quand **est-ce qu'**elle va arriver?
à quelle heure *(what time)*	À quelle heure **est-ce que** le train part pour Madrid?
pourquoi *(why)*	Pourquoi **est-ce qu'**il n'a pas téléphoné?
comment *(how)*	Comment **est-ce que** vous allez faire le voyage?
combien de *(how many)*	Combien de cours **est-ce que** tu suis?
que *(what)*	Qu'**est-ce que** vous cherchez?

Exercices de révision

※ **I. Faisons connaissance!** Use the expressions provided to ask questions about your new friend and his/her family.

> **MODÈLE:**   comment / tu / s'appeler
> *Comment est-ce que tu t'appelles?*

Parlons d'abord de toi!

1. combien de frères et de sœurs / tu / avoir

   _____

2. tu / habiter près du centre-ville

   _____

3. quand / tu / commencer à apprendre le français (passé composé)

   _____

Maintenant, parlons de ta mère!

4. où / elle / travailler

   _____

5. comment / elle / aller à son travail

   _____

6. à quelle heure / elle / rentrer le soir

   _____

7. elle / avoir beaucoup de temps libre

   _____

Enfin, parlons de toute la famille!

8. qui / parler français dans ta famille

   _____

9. que / vous / aimer faire pendant les vacances

   _____

10. pourquoi / vous / ne pas voyager plus souvent

    _____

※ **II. Problèmes au cours de français.** The following exchanges were all heard in French class on a day when things weren't going well for the professor. On the basis of the information provided, choose the appropriate question word or expression to complete each question.

1. — _____ n'a pas fait les devoirs pour aujourd'hui?

   — Je ne les ai pas faits, Monsieur.

2. — _____ est-ce que vous ne les avez pas faits, Jean-Jacques?

   — Parce que j'ai dû amener mon ami Raymond à la gare.

3. — _____ est-ce que son train est parti?

   — À 9h27, Monsieur.

4. — Et _____ temps _____ il faut pour aller à la gare?

   — Une demi-heure au maximum, Monsieur. Mais j'ai eu un petit problème. J'ai enfermé les clés dans la voiture.

5. —Ah, bon. Et _____ est-ce que vous avez réussi à les récupérer?

—J'ai dû demander à un agent de police de m'aider.

6. —Et c'est pour ça que vous n'avez pas fait vos devoirs. Je vois. Eh bien, Marie-Claire,

_____ vous avez *(what's the matter)?* Vous êtes toute pâle.

—Je ne me sens pas très bien, Monsieur. Je dois sortir.

7. —Mais, Marie-Claire, _____ est-ce que vous allez?

—Je ne sais pas, Monsieur. Il faut que je parte tout de suite.

8. —Mais _____ est-ce que vous allez revenir?

—Je ne suis pas sûre, Monsieur. Dans deux ou trois jours, peut-être.

9. —Oh, là là. Alors, _____ quelqu'un a autre chose à me dire?

—Oui, Monsieur. Vos chaussettes ne sont pas bien assorties. Vous en portez une noire et une bleue!

❊ III. Raid en Nouvelle-Zélande. Complete the following interview with Nanou Gaimard, a young French woman who, at the age of 29, went on an endurance-type camping trip to New Zealand. Ask a question that would get the information in italics.

—Ça a vraiment été une aventure prodigieuse, ce raid en Nouvelle-Zélande.

1. — *Quand est-ce que vous avez fait ce raid?*

—Nous avons fait ce raid *en automne, 1988.* Mes compagnons et moi, nous avons quitté la France fin octobre.

2. — _____

—Il y avait *sept* personnes—six hommes et moi, la seule femme. Au départ, j'étais un peu triste.

3. — _____

—*Parce que je laissais derrière moi mon mari et notre petite fille, Kim.* Mais, à part ça, ça a vraiment été une aventure inoubliable.

4. — _____

—D'abord, nous sommes allés *à Wellington, la capitale fédérale.* C'est de là que nous avons commencé la partie la plus difficile du voyage.

5. — _____

—Nous avons voyagé *à cheval, en raft, en canoë et à pied.* Le terrain était vraiment beau, mais très dur. Nous n'avons pas eu de problèmes pourtant.

6. — _____

—Nous avions toujours dans nos sacs *nos sacs de couchage, nos tentes, des vêtements isolants et des rations alimentaires.*

7. — _____

—*Gérard Fusil,* notre caméraman, a filmé le voyage.

8. — _____

—Nous sommes rentrés en France *fin janvier.*

9. — _____

—*Ah, oui.* J'aimerais bien y retourner un jour—avec mon mari et ma fille!

Exercice inspiré d'un article dans *Vital,* no. 102

Repêchage

Read the answer, then complete each question with an appropriate interrogative form or expression.

> **MODÈLE:** —Allô, allô? __Qui__ est à l'appareil?
> —C'est moi, Gabrielle. Ça va?
> —Oui, ça va. Et toi?

1. —Ça va très bien. Dis donc, __Qu'est-ce que__ tu vas faire ce week-end?

   —J'espère aller au cinéma avec ma copine Dominique. Nous voulons voir *Le Colonel Chabert*.

2. —Ah, oui, j'en ai entendu parler. __Qui__ joue dans ce film?

   —Gérard Depardieu et Fanny Ardant.

3. —Fanny Ardant! Oh, je l'adore. __Comment__ est-ce qu'il s'appelle, le film de Truffaut dans lequel elle a joué?

   —*La Femme d'à côté.* C'est un très bon film.

4. —__Combien de__ fois est-ce que tu l'as vu?

   —Trois ou quatre fois. Ça m'a vraiment beaucoup plu.

5. —J'imagine! Dis-moi, __est-ce que__ tu peux aller voir *Le Colonel Chabert* avec nous?

6. —Oui, bien sûr. __Quand__ est-ce que tu voudrais y aller?

   —Moi, je préfère dimanche. Samedi, je ne peux pas.

7. —__Pourquoi__ est-ce que tu ne peux pas y aller samedi?

   —C'est parce que je dois voir mon cousin Robert. Il veut me montrer sa nouvelle voiture.

8. —Ah, __Qu'est-ce qu'__ il a acheté comme voiture?

   —Une Fiat Uno. Il aime beaucoup les voitures italiennes.

9. —Bon. Eh bien, allons voir le film dimanche après-midi, si tu veux.

   —Ça serait bien. __À quelle heure__ est-ce qu'on joue *Le Colonel Chabert*?

10. —La première séance est à 14h.

    —Parfait! __Où__ est-ce qu'on se retrouve?

    —Devant le cinéma. C'est le plus facile.

> See the **Corrigés** at the back of this book for the answers to the **Repêchage** test. The total number of points is 10. If you received a score of 8 or better, you have passed the test. If you scored below 8, let your instructor know by placing an **X** in the box at the upper right-hand corner of the re-test. In either case, proceed to the **Pour parler** section on page 73.

Pour parler... de ce qu'on mange
Fiche lexicale

De la viande
du bœuf
du mouton (de l'agneau)
du porc
du veau

De la volaille *(poultry)*
du canard (du caneton) *(duck) (duckling)*
de la dinde (du dindon) *(turkey)*
du poulet

Du poisson
un poisson d'eau douce / de rivière *(freshwater fish)*
un poisson de mer *(saltwater fish)*
du saumon *(salmon)*
de la sole
de la truite *(trout)*

Des crustacés *(m.) (shellfish)*
du crabe
des crevettes *(f.) (shrimp)*
du homard *(lobster)*
des langoustines *(f.) (prawns)*

Des pâtes *(f.)* **et du riz** *(rice)*
des macaronis *(m.)*
des nouilles *(f.) (noodles)*
du riz sauvage *(wild rice)*
des spaghettis *(m.)*

Des légumes *(m.)*
des artichauts *(m.) (artichokes)*
des aubergines *(f.) (eggplant)*
des brocolis *(m.)*
des carottes *(f.)*
du chou *(cabbage)*
du chou-fleur *(cauliflower)*
des concombres *(m.)*
des courgettes *(f.) (zucchini)*
des haricots verts *(m.)*
du maïs *(corn)*
des oignons *(m.)*
des petits pois *(m.)*
des poivrons verts *(m.) (green peppers)*
des pommes de terre *(f.)*
des radis *(m.)*
de la salade / de la laitue
des tomates *(f.)*

Des fruits *(m.)*
des abricots *(m.) (apricots)*
des ananas *(m.) (pineapple)*
des bananes *(f.)*
des cerises *(f.) (cherries)*
des citrons *(m.) (lemons)*
des fraises *(f.) (strawberries)*
des framboises *(f.) (raspberries)*
des oranges *(f.)*
des pamplemousses *(m.) (grapefruits)*
des pêches *(f.)*
des poires *(f.)*
des pommes *(f.)*
des pruneaux *(f.) (prunes)*
des prunes *(f.) (plums)*
du raisin *(grapes)*

Des produits laitiers *(m.) (dairy)*
du beurre
de la crème
du fromage (du brie, du camembert, du chèvre, du gruyère)
de la glace *(ice cream)*
du lait
de la margarine
du yaourt

Des assaisonnements *(m.) (seasonings)*
de l'ail *(m.) (garlic)*
de l'huile *(f.) (salad oil)*
du ketchup
de la mayonnaise
de la moutarde
du persil *(parsley)*
du poivre *(pepper)*
du sel
du vinaigre

Autres expressions
des produits *(m.)* en boîte *(canned)*
           en conserve *(canned)*
           frais *(fresh)*
           surgelés *(frozen)*
des plats *(m.)* préparés *(pre-cooked meals)*

IV. Les plaisirs (et les déplaisirs) de la table. Répondez aux questions suivantes au sujet de ce que vous aimez et n'aimez pas manger en consultant la *Fiche lexicale.* Si un mot qu'il vous faut ne se trouve pas dans cette liste, vous pouvez le chercher dans un dictionnaire anglais-français.

1. Qu'est-ce que vous mangez le plus souvent—de la viande, de la volaille, du poisson ou des crustacés?

   _____

   Et le moins souvent? _____

   Pourquoi? _____

2. Quelle viande et quel type de volaille est-ce que vous aimez le plus? _____

   _____

   Y en a-t-il que vous n'aimez pas? _____

3. Si vous mangez du poisson, lequel choisirez-vous? _____

   _____

4. Quels crustacés avez-vous déjà mangés? _____

   _____

   Y en a-t-il que vous n'avez jamais goûtés *(tasted)?* _____

5. Quels sont vos légumes préférés? _____

   _____

   Lesquels n'aimez-vous pas du tout? _____

6. Quels fruits est-ce qu'on mange chez vous? _____

   _____

7. Avec quoi est-ce que vous assaisonnez les plats que vous mangez? _____

   _____

AMINATA DIOP-LETOURNEUR

❮❮ Bien entendu, tout le monde ne mange pas de la même façon. Par exemple, au Sénégal on mange beaucoup de poulet, de poisson et de crustacés préparés avec de l'huile de palme ou d'arachide *(peanut)* et puis on y ajoute des légumes et du riz ou du mil *(millet).* Et comme dessert, on prend souvent des fruits—oranges et bananes, mais aussi papayes et mangues. ❯❯

«Moi, quand j'étais petit, on habitait à la campagne; ma mère préparait souvent des plats très spéciaux—par exemple, des rognons de veau *(veal kidneys)*, de la cervelle d'agneau *(lamb brains)*, des tripes *(calf or sheep stomach linings)*, du ris de veau *(calf sweetbreads)*. Je sais que tout cela peut vous sembler un peu étrange, mais il faut vraiment en goûter. Préparé en sauce, c'est vraiment délicieux.

Alors, si vous mangez des choses qui sortent de l'ordinaire, n'oubliez pas de consulter le dictionnaire. Comme ça, vous pourrez mieux répondre aux questions de vos camarades de classe. »

CLAUDE LETOURNEUR

Témoignages (facultatif)

Écoutez!
Audio CD:
Segment 2-1
CD 2, track 1

Hello

✳ **V. Les repas.** Écoutez encore une fois les cinq interviews, puis complétez le tableau suivant. Si l'interview ne vous donne pas les renseignements nécessaires pour remplir une case, mettez-y un X.

> ➥ **VOCABULAIRE UTILE:**
> Véronica Zein — **vers les alentours de** *(about)*, **léger** *(light)*, **on s'assoit** *(we sit [at the table])*, **soit... soit...** *(either. . .or. . .)*, **douée** *(talented)*
> Nezha Le Brasseur — **bonne** *(maid)*, **couscous** *(dish made with semolina, meat, and vegetables)*
> Dominique Clément — **le Midi** *(the South of France)*, **copine** *(girlfriend)*, **plutôt** *(rather)*
> Henri Gaubil — **c'est-à-dire** *(that is to say)*, **de bonne heure** *(early)*, **sauf** *(except)*, **en déplacement** *(traveling)*, **seul** *(alone)*, **potage** *(soup)*, **arrosé** *(washed down)*
> Robin Côté — **rôties** *(toast, French Canadian expression)*, **casse-croûte** *(snack)*, **boîte** *(nightclub)*, **morceau** *(bite)*

	Véronica Zein	Nezha Le Brasseur	Dominique Clément	Henri Gaubil	Robin Côté
Nombre de repas par jour	3	3 à 4	3 à 4	3	3 à 5
Petit déjeuner	café et la confiture	à sept heure ou sept heures et demie	à huit heure avec famille	au café	un café avec rôties
Déjeuner	mange au café	à midi ou midi et demie	maison ou l'exterieur		un sandwich
Dîner	mange avec sa famille	huit heure	au restaurant	avec sa famille	à restaurant
Autre(s) repas	à 3h30	elle mange de nourriture marocaine	X	X	il mange un casse-croûte

À FAIRE! (2–2)   Manuel de classe, pages 64–67

In *preparation* for talking about various types of food, study the *Fiche lexicale* and do Exercise VI.

In order to *learn* about additional ways of asking questions, read the explanations and do Exercises VII and VIII.

Pour parler... de la cuisine
Fiche lexicale

la cuisine française traditionnelle (classique)

la cuisine nouvelle

la cuisine végétarienne

la cuisine étrangère (exotique)

    des spécialités africaines (chinoises, vietnamiennes, grecques, indiennes,

    italiennes, japonaises, nord-africaines, etc.)

un plat...   savoureux *(tasty)* / appétissant *(tasty)*

        sucré *(sweet)* / salé *(with salt, savory)*

        copieux *(heavy, rich)* / léger *(light)*

        épicé *(spicy, hot)* / fade *(bland)*

        à base de riz (de tomates, etc.)

        fait avec du (de la, de l', des...)

VI. Où va-t-on manger? À Paris, on trouve des restaurants d'inspirations très variées. Vous pouvez en trouver une liste dans chaque numéro de *Pariscope* (petite revue hebdomadaire qui donne des renseignements sur le théâtre, le cinéma, les restaurants), par exemple. Imaginez que vous allez dîner à Paris avec de très bons amis. Pour faciliter le choix d'un restaurant, vous consultez *Pariscope* et vous faites une liste de cinq restaurants où vous aimeriez bien manger. Pour chaque restaurant, indiquez quel type de cuisine il propose et décrivez (si vous le pouvez) ses spécialités.

      MODÈLE: *Au Djarkata Bali on sert de la cuisine indonésienne. C'est une cuisine très épicée, mais elle est légère et très savoureuse. La spécialité, c'est le rijsttafel. On mange du riz et une grande quantité de petits plats variés.*

AFRIQUE

BAOBAB (LE), 7, rue de l'Université, 01.45.61.20.88. Vous découvrirez ici, toute la cuisine de l'Afrique : Couscous de mil aux arachides, yassah, maffé et buffle mariné. Ambiance musicale folklorique. Env. 200 F t.c.

ALLEMAGNE

BAYERN (LE), Place du Châtelet. 01.42.33.48.44. Tlj. Sce jsq 2h du mat. Huîtres, fruits de mer, spéc. bavaroises. Orchestre le soir. Env. 200 F t.c.

AMÉRIQUE

CHICAGO PIZZA PIE FACTORY, 5 rue de Berri, 01.45.62.50.23. Tlj. Sce continu de 12h à minuit. Dans une ambiance super-américaine, salades, deep-dish pizzas, gâteaux américains. Env. 180 F t.c.

FRONT PAGE, 56 et 58, rue de St-Denis, 01.42.36.98.69. Tlj. Sce continu de midi à 1h du mat. Les U.S. branchés au Forum des Halles, avec chili con carne, T-bone steak, spareribs et brownies. Env. 185 F t.c.

THE STUDIO, 41, rue du Temple (ds la cour), 01.42.74.10.38. Tlj. Dîner seul. Sce jsq minuit. Brunch le Dim. (56 et 80 F) de 12h30 à 15h30. Tacos, guacamole et grillades, illustrent la cuisine Tex-Mex qui est proposée ici. Env. 180 F t.c.

CHINE

CHAUMIERE DE CHINE (LA), 26, av. Pierre 1er de Serbie, 01.47.20.85.56. Tlj. Sce jsq 23h. Un élégant restaurant chinois, qui affiche parmi ses spécialités des dim-sum, un authentique canard laqué, et la fondue chinoise. Env. 205 F t.c.

PORTE BONHEUR (LE), 19, bd St-Martin (Le), 01.42.74.72.91. Tlj. Sce jsq 23h30. Un vaste et élégant restaurant avec spécialités multiples : Chinoises, Thaïlandaises et Vietnamiennes. Salle pour banquet. Env. 205 F t.c. Menu à 105 F.

CUISINE NOUVELLE

CHIBERTA, 3, rue A. Houssaye, 01.45.63.77.90. F. Sam. et Dim. Sce jsq 22h45. Joli restaurant au décor moderne et fleuri, avec un superbe cuisine inventive et raffinée. Carte env. 600 F.

FAUGERON, 52, rue de Longchamp, 01.47.04.24.53. F. Sam. midi et Dim. Sce jsq 22h. Tout est parfait dans le restaurant coquet d'Henri Faugeron, dont les sauces exquises soulignent la saveur de mets raffinés. Salon privé jsq 14 couv. Carte env 580 F. Excellent menu à 290 F au déj.

GUY SAVOY, 18, rue Troyon, 01.43.80.40.61. F Sam. midi et Dim. Sce jsq 22h30. Chaque repas dans cette élégante salle aux tons contrastés réserve la surprise des exquises innovations de Guy Savoy. Carte env. 700 F t.c. Menus à 250 et 420 au déjeuner. 520 et 720 F au dîner.

CUISINE TRADITIONNELLE

AU PETIT RICHE, 25, rue Le Peletier, 01.47.70.68.68. F. Dim. Sce jsq 0h15. Un bistrot 1880, avec une belle cuisine traditionnelle et de jolis vins de Loire. Salons particuliers. Carte env. 260 F t.c. Menu à 160 F. Forfait dîner/théâtre de 360F à 490F.

LA COURONNE, 5, rue de Berri, 01.45.63.14.11. F. Sam. midi et Dim. Sce jsq 22h30. La table raffinée et élégante de l'hôtel Warwick avec la superbe cuisine de Paul Van Gessel. Carte env. 450 F t.c. Joli menu à 270 F.

CUISINE VÉGÉTARIENNE

BOL EN BOIS, 35, rue Pascal, 01.47.07.27.24. F. Dim. Sce jsq 22h. Ce restaurant voué aux spécialités macrobiotiques, se complète d'une épicerie (en face) et d'une librairie spécialisée. Carte env. 160 F t.c. Menu «zen» à 95 F.

ENTRE CIEL ET TERRE, 5, rue Herold, 01.45.08.49.84. F. Sam. et Dim. Dans un cadre de galerie, une cuisine végétarienne originale et pleine de saveur. Carte env. 100 F t.c. Menus à 69 F au déjeuner et 87 F au dîner.

ESPAGNE

AMBASSADES (LES), 130, bd Malesherbes, 01.47.63.74.11. Tlj Sce jsq 23h. Un restaurant classique qui s'est fait une réputation grâce à ses nombreuses variantes de paëllas. Env. 165 F t.c. Menu-paëlla à 105 F.

RUDE (LE) AU PETIT DRAGON, 11 av. de la Gde-Armée. 01.45.00.13.21. Tlj. Sce jsq 23h. Spécial. franco-espagnoles. Paëlla, zarzuela, gambas à la plancha. Groupes et banquets. Ambiance musicale avec guitare. Env. 150 F. Menu à 98 F.

GRÈCE

ACROPOLE, 3 rue de l'École de Médecine, 01.43.26.88.90. F. Mer. Sce jsq 23h. Une grande et vivante brasserie façon grecque : brochettes d'agneau, kébab de bœuf. Carte 150 F. Menus à 85 et 179 F.

INDE-PAKISTAN

BANANI, 148 rue de la Croix Nivert, 01.48.28.73.92. F. Dim. Ouv. jsq 23h. Indien, bangladesh. Spécial. tandoori, curry et plats typiques végétariens. Menu exp. à midi 79 F et Carte env. 130F. Cadre agréable, accueil chaleureux.

SIMLA-HILL, 9 rue Lord Byron, 01.43.59.06.40. F. Lun. Sce jsq 23h. Une table agréable, avec un bon choix de curries et grillades tandoories. Env. 200 F t.c. Menu à 139 F.

INDONÉSIE

DJAKARTA BALI, 9, rue Vauvilliers, 01.45.08.83.11. F. lundi. Le décor est super élégant et la cuisine, agréablement originale : Rijsttafel (grande table de riz accompagnée d'une multitude de petits plats). Menus à 95, 160 et 220 F et 65 F au déjeuner.

ITALIE

PIZZA LATINA, 94, rue St-Denis, 01.42.33.75.69. Tlj. Sce jsq 0h30. À deux pas du Forum des Halles, on vous propose : pizzas, pâtes fraîches maison, de nombreux plats cuisinés et des glaces italiennes. Env. 165 F t.c.

VILLA POMPEIENNE, 125, Fg. St-Honoré (Pl. St-Philippe du Roule). 01.42.25.34.79. F. Dim. Le Chef G. Serra a composé une carte raffinée, avec des pâtes fraîches maison, carpaccio et plats cuisinés. Env. 220 F t.c. Menu à 115 F. Formule à 88 F.

JAPON

KATSURA, 63, rue du Clichy, 01.48.74.83.12. Tlj. Sce jsq minuit. Shashimis, Sushis, Tempuras, Sukiyakis, Yakitori, barbecue sur table. Baguettes d'or de la Gastronomie Japonaise. Carte : Env. 195 F t.c. Menus de 95 à 290 F.

NORD AFRIQUE

TIPAZA (LE), 56 bis, rue de Clichy, 01.42.81.52.33. Tlj. Sce jsq 23h. Spécial. de couscous, grillades au feu de bois, méchoui etc. dans un joli cadre oriental. Carte env. 150 F t.c. Formule à 75 F au déjeuner.

SUISSE

TAVERNE SUISSE, 45, rue de Ponthieu, 01.43.59.84.81. Tlj. Sce jsq 23 h. Quelques classiques de la cuisine suisse avec fondue et raclette. Env. 180 F t.c. Menu à 95 F.

1. _____

   _____

   _____

   _____

2. _____

   _____

   _____

   _____

3. _____

   _____

   _____

   _____

4. _____

   _____

   _____

   _____

5. _____

   _____

   _____

   _____

Fonction: Comment se renseigner (1)

L'inversion

The basic question forms that you reviewed in *À faire! (2–1)* involved, for the most part, a question word followed by **est-ce que** and a subject-verb combination. For example,

> **Quand est-ce que les Bianchi vont arriver?**
> **Pourquoi est-ce que Mathilde n'a rien dit?**

In certain circumstances, however, rather than using **est-ce que** and normal word order (i.e., subject + verb), it's possible to leave out the **est-ce que** and to invert the normal word order (i.e., verb + subject). In this *Fonction,* you will study two such circumstances.

1. question word + verb + noun ?

This interrogative pattern often occurs with short questions using very common verbs:

> Comment vont tes parents?
> À quelle heure commence le film?
> Où va ton frère?
> Comment s'appelle ta cousine?

This structure is required when the verb is **être**:

> Où sont tes bottes?
> Comment est leur nouvel appartement?
> Quel est son numéro de téléphone?
> Quelle est la capitale du Mali?

Un petit truc

Les équivalents français de l'expression interrogative *what?*

- Le pronom interrogatif **Que (Qu'est-ce que)** + sujet + verbe

  Que voulez-vous?

  Qu'est-ce que tu cherches?

- L'adjectif interrogatif **Quel(le)(s)** + le verbe **être**

  Quelle est la réponse?

  Quels sont les pays les plus peuplés du monde?

❋ **VII. Une jeune Sénégalaise aux États-Unis.** Votre famille va accueillir une jeune Sénégalaise qui fait partie d'un groupe d'élèves africains en voyage aux États-Unis. Vous préparez des questions que vous pourriez lui poser à son arrivée afin d'obtenir les renseignements suivants. Utilisez les expressions **où, quel** et **qu'est-ce que** et mettez le sujet et le verbe à la place convenable.

1. son nom de famille

   Quel est ton nom de famille?

2. son prénom

   _____

3. son adresse au Sénégal

   _____

4. la situation (*location*) de la ville de Ziguinchor

   _____

5. le numéro de téléphone de ses parents

   _____

6. la population du Sénégal

   _____

7. les principaux sports pratiqués au Sénégal

   _____

8. ce qu'elle aimerait faire aux États-Unis

   _____

2. question word + verb + pronoun ?

Inversion is another way to form a question. This type of inversion is found in some frequently used questions; notice that, when written, the verb is connected to the following subject pronoun by a hyphen.

Comment allez-vous?   Où vas-tu?
Quelle heure est-il?   Que faites-vous?
Quel temps fait-il?   Que veut-elle?

The most common use of inversion, however, is in more formal French—in writing, in speeches, in public interviews. Notice that when a pronoun that begins with a vowel follows a verb that ends in a vowel, a -t- is added, both in writing and in speaking.

Depuis combien de temps
    parlez-vous français?
Quand arriveront-ils?
À quelle heure vous levez-vous
    d'habitude?
Où va-t-elle?
Pourquoi mange-t-on à 5h de
    l'après-midi?

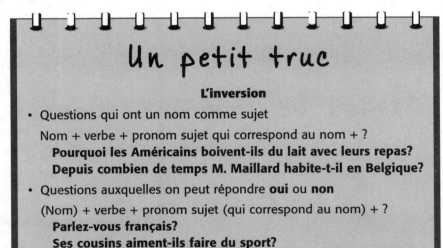

Un petit truc

L'inversion

- Questions qui ont un nom comme sujet

    Nom + verbe + pronom sujet qui correspond au nom + ?
    Pourquoi les Américains boivent-ils du lait avec leurs repas?
    Depuis combien de temps M. Maillard habite-t-il en Belgique?

- Questions auxquelles on peut répondre **oui** ou **non**

    (Nom) + verbe + pronom sujet (qui correspond au nom) + ?
    Parlez-vous français?
    Ses cousins aiment-ils faire du sport?

✳ **VIII. Un questionnaire.** La SNCF (Société Nationale des Chemins de Fer) organise de temps en temps des enquêtes pour mieux connaître les habitudes et les besoins de sa clientèle. Vous préparez un questionnaire destiné aux gens qui voyagent accompagnés (c'est-à-dire, qui ne voyagent pas seuls). Utilisez *l'inversion* pour poser des questions qui s'adressent au voyageur et à son compagnon de voyage.

> **MODÈLE:**   où ils habitent
> *Où habitez-vous?*
> *Où votre compagnon de voyage habite-t-il?*

1. leur âge (quel âge...)
   Quel âge avez-vous?
   Quel âge votre compagnon a-t-il?

2. le nombre de fois par an qu'ils prennent le train
   Combien de fois par an prenez-vous le train?
   Combien de fois par an votre comagnon prend-il?

3. s'ils sont de nationalité française
   Êtes-vous de nationalité française?
   Votre compagnon est-il de nationalité française?

4. à quelle heure ils sont montés dans le train où ils se trouvent
   à quelle heure êtes-vous montés le train?
   à quelle heure votre compagnon est-il dans le train.
                                                    monté

5. où ils vont
   Où allez-vous?
   Où votre compagnon de voyage va-t-il?

6. d'où ils viennent

D'où venez-vous?

D'où votre compagnon vient-il?

7. le titre de transport *(type of ticket)* qu'ils utilisent pour ce voyage (quel titre de transport...)

Quel titre de transport utilisez-vous pour ce voyage?

Quel titre votre compagnon utilise-il pour ce voyage?

8. où ils se sont procuré leur billet

Où avez-vous procuré vos billet?

Où votre compagnon a-t-il procuré son billet?

9. combien de temps ils ont été ou seront absents de leur domicile

combien de temps avez-vous été ou seront absents de ~~leur~~ vos domicile

Combien de temps votre compagnon a-t-il été ou

seront absents de son domicile

À FAIRE! (2–3)   Manuel de classe, pages 67–70

In order to *review* the use of inversion when asking questions, do Exercise IX;

As a *follow-up* to the discussion of food preferences, do Exercise X.

In order to *learn* additional ways of asking questions, do Exercises XI, XII, and XIII.

If you wish to work again with the *Témoignages* you heard in class, listen to SEGMENT 2–3 of the **Audio CD** and do Exercise XIV.

Fonction: Comment se renseigner (1)

IX. Encore un questionnaire! On vous a demandé cette fois de préparer un questionnaire sur les habitudes et les préférences alimentaires. Afin de multiplier le nombre de réponses, vous organisez le questionnaire de sorte qu'on y réponde à son propre sujet et aussi au sujet d'un(e) ami(e). QUELQUES SUGGESTIONS: renseignements personnels (nom, âge, où on habite) / nombre de repas par jour / heures des repas / où et avec qui on mange / ce qu'on (n')aime (pas) manger / ce qu'on boit avec les repas / nombre de fois par semaine (par mois, par an) qu'on mange de quelque chose / etc. Utilisez l'inversion pour poser un minimum de 10 questions au sujet de la personne interrogée et de son ami(e). (S'il vous faut un modèle, regardez l'Exercice VIII à la page 80.) Utilisez une autre feuille de papier.

Questions	Comment vous appelez-vous? Vos réponses	Comment s'appelle votre ami(e)? Les réponses de votre ami(e)
1.		

Écrivez!

X. Au restaurant universitaire. Voici le menu du restaurant de l'université du Mirail à Toulouse. Lisez-le, puis répondez aux questions qui suivent par de courts paragraphes. Utilisez une autre feuille de papier.

LUNDI

pâté de campagne
côtelette de porc / haricots
glaces

MARDI

carottes râpées avec demi-œuf dur
bœuf en daube / riz pilaf
compote de pommes

MERCREDI

œuf mayonnaise
cuisse de poulet / frites
yaourt

JEUDI

jambon de Parme
filet de sole / tomates grillées
choix de fruits

VENDREDI

crudités
coq au vin / nouilles
pâtisserie

- *piste traditionnelle* – 1 ticket (12F70)
  une entrée au choix, un plat principal, un dessert au choix

- *piste à suppléments* – 1 ticket + 6–12F
  1 plat principal amélioré + entrée, dessert, boisson

1. Quel jour aimeriez-vous le mieux déjeuner dans ce restaurant universitaire? Pourquoi?
2. Quel jour aimeriez-vous le moins y déjeuner? Pourquoi?
3. Comparez les repas qu'on sert au Mirail avec les repas qu'on sert dans votre université. Quelles sont les différences principales? Où trouve-t-on le plus de variété? les repas les plus sains *(healthy)*? les repas les moins chers?

Fonction: Comment se renseigner (2)

Les questions avec préposition

In English, when asking a question, there is a tendency to put prepositions at the end of the sentence. For example,

Who were you talking to?
What can I put the flowers in?

Where do they come from?
What courses did you register for?

In French, however, as you have probably already noticed in fixed question forms such as **à quelle heure?** and **de quelle couleur?,** a preposition cannot be separated from the interrogative expression it accompanies. Therefore, when a preposition is involved in a question, it is usually placed at the beginning of the sentence. For example,

À qui parlais-tu?
Dans quoi est-ce que je peux mettre les fleurs?

D'où viennent-ils?
À quels cours est-ce que vous vous êtes inscrits?

After an interrogative expression with a preposition you may use either **est-ce que** and normal word order or inversion:

preposition + { **qui** **quoi** **où** **quel(le)s…** } + **est-ce que** + subject + verb ?
+ verb + subject ?

Un petit truc

You may find it useful to memorize frequently used question forms:

- questions about people:

  à qui / avec qui / pour qui / chez qui

- questions about things:

  à quoi / dans quoi / avec quoi

- fixed expressions:

  à quelle heure / de quelle couleur / en quelle année

Un petit truc

Les verbes et les prépositions

- Verbs usually followed by a preposition and a *person:*

  parler à / téléphoner à / demander (qqch) à / donner (qqch) à / montrer (qqch) à / dire (qqch) à / écrire (qqch) à / envoyer (qqch) à

- Verbs usually followed by a preposition and a *thing:*

  avoir besoin de / il s'agit de / jouer à (sport) / jouer de (instrument) / discuter de

- Verbs usually followed by a preposition and either a *person* or a *thing:*

  parler de / avoir peur de / penser à / répondre à

- Verbs NOT followed by a preposition in French (but used with a preposition in English):

  regarder / chercher / écouter / attendre

✳ XI. Comment? À cause du bruit, vous avez du mal à entendre tout ce qu'on vous dit. Vous faites répéter votre interlocuteur en posant une question qui porte sur les mots en italiques. Vous pouvez utiliser **est-ce que** ou l'inversion.

> **MODÈLE:** Et puis elle a demandé à *Jean-Luc* de sortir.
> *Comment? À qui est-ce qu'elle a demandé de sortir?* OU
> *Comment? À qui a-t-elle demandé de sortir?*

1. Samedi dernier, je suis allée au cinéma avec *mon amie Sylvie*.

   _____

2. Mon frère est allé en ville. Il a besoin d'*une nouvelle montre*.

   _____

3. L'autre jour, j'ai parlé à *la cousine de Catherine*.

   _____

4. Leur avion doit arriver *à 15h45*.

   _____

5. Christian a trouvé un job. Il va travailler pour *le père d'Anne-Marie*.

   _____

6. Dans le film «La liste de Schindler», il s'agit *des efforts d'un industriel allemand pour sauver ses ouvriers juifs*.

   _____

7. Mon père vient d'acheter une voiture. C'est une Renault 25. Elle est *grise*.

   _____

8. Les enfants ne sont pas là. Ils passent la nuit chez *leur grand-mère*.

   _____

9. Oh, je m'excuse. Je ne t'écoutais pas. Je pensais à *tout le travail qui me reste*.

   _____

10. Oui, tous les enfants jouent d'un instrument de musique. Mireille joue du piano, Xavier joue *du trombone* et...

   _____

✳ XII. Vous devinez... *(You guess...)* Vous pensez pouvoir lire dans les pensées des gens simplement en les regardant. Par conséquent, vous n'hésitez pas à poser une question fondée sur ce que vous devinez. En posant des questions aux personnes décrites ci-dessous, faites attention aux prépositions et aux registres de langue (**tu** et **est-ce que / vous** et l'inversion).

> **MODÈLE:** Vous voyez une femme dans la rue. Vous devinez immédiatement qu'elle a peur de quelque chose.
> *Pardon, Madame. De quoi avez-vous peur?*

1. Vous voyez un homme dans la rue. Il vous semble qu'il a besoin de quelque chose.

   Pardon Monsieur, De quoi avez-vous besoin?

2. Vous parlez à une amie. Vous savez qu'elle pense à quelque chose.

   À quoi penses-tu?

3. Votre ami est en train de regarder le programme de télévision pour ce soir. Vous devinez qu'il s'intéresse à une émission particulière.

   A Quelle émission t'interesses toi?

4. Vous parlez avec votre camarade de chambre. Il vous semble qu'il/elle ne veut pas passer la soirée chez vous, mais chez quelqu'un d'autre.

Chez qui veux-tu passer la soirée?

5. Vous parlez avec votre petit(e) ami(e). Vous avez l'impression qu'il/elle a envie de téléphoner à quelqu'un.

A qui as-tu envie de téléphoner?

6. Vous regardez un camarade de classe qui ne fait rien du tout. Vous pensez qu'il voudrait être dans un autre cours.

Dans quel cours voudrais-tu être?

7. Vous voyez une femme dans la rue à l'extérieur d'un grand immeuble. Vous êtes sûr(e) qu'elle sait à quel étage se trouve l'appartement de vos amis, les Portier.

A quel étage se trouve l'appartement des Portier?

8. Vous voyez un monsieur très distingué à l'aéroport. Il vous semble qu'il va dans un pays étranger.

Dans quel pays étranger allez-vous, monsieur?

✳ **XIII. Questions.** Vous allez demander le même renseignement à deux personnes différentes: (a) à une personne plus âgée que vous et (b) à un(e) ami(e). Utilisez les verbes suggérés et adaptez la forme de la question pour tenir compte de la personne à qui vous vous adressez. ATTENTION! L'astérisque (*) signale que le verbe n'est pas suivi d'une préposition.

> **MODÈLES:**   montrer le cadeau
> a. *À qui avez-vous montré (allez-vous montrer) le cadeau?*
> b. *À qui est-ce que tu as montré (vas-tu montrer) le cadeau?*
>
> attendre*
> a. *Qui attendez-vous? OU Qu'attendez-vous?*
> b. *Qui est-ce que tu attends? OU Qu'est-ce que tu attends?*

1. téléphoner

   a. _____

   b. _____

2. avoir besoin

   a. _____

   b. _____

3. chercher*

   a. _____

   b. _____

4. jouer _____

   a. _____

   b. _____

5. parler

   a. _____

   b. _____

6. envoyer*

   a. _____

   b. _____

Témoignages (facultatif)

Écoutez!

 **Audio CD:**
Segment 2-3
CD 2, track 3

✹ **XIV. Ce qu'on mange.** Écoutez encore une fois les quatre interviews, puis complétez le tableau suivant. Si l'interview ne vous donne pas les renseignements nécessaires pour remplir une case, mettez un X.

VOCABULAIRE UTILE:

Mireille Sarrazin — **féculent** *(starchy food)*, **léger** *(light)*, **charcuterie** *(cold cuts)*. **quelconque** *(any)*

Alain Bazir — **actuellement** *(currently)*, **Antilles-Guyane** *(French university in the Caribbean)*, **en cours** *(in class)*, **se plaignait** *(complained)*, **nourrissant** *(nourishing)*, **locaux** *(local)*, **ignames** *(yams)*, **endroits** *(places)*, **boucané** *(smoked)*, **luxe** *(luxury)*, **on se fait plaisir** *(we treat ourselves)*, **langouste** *(lobster)*, **plantains** *(plantain bananas)*, **vu que** *(seeing that)*

Delphine Chartier — **en boîte** *(canned)*, **en conserve** *(in a carton)*, **digère** *(digest)*, **fait griller** *(toast, grill)*, **pain de mie** *(sliced white bread in a loaf)*, **miel** *(honey)*, **tartines** *(slices of bread and butter or jam)*, **disponibles** *(available)*, **salade composée** *(mixed salad)*, **en revanche** *(on the other hand)*, **réunie** *(together)*, **cuisine davantage** *(cook more)*, **concombres** *(cucumbers)*, **mélange** *(mixture)*, **compote de fruits** *(fruit salad)*, **noix** *(nuts)*, **goutte** *(a little bit; literally, a drop)*, **serré** *(pressed)*

Dovi Abe — **bouillie** *(hot cereal)*, **mil** *(millet, a grain)*, **lait caillé** *(milk with curds)*, **miel** *(honey)*, **emplois du temps des uns et des autres** *(everyone's daily schedule)*, **arachide** *(peanut)*, **feuilles de manioc** *(cassava leaves)*, **couscous** *(dish made with semolina, meat, and vegetables)*, **séché** *(dried)*, **épices** *(spices)*, **ail** *(garlic)*, **gingembre** *(ginger)*, **clous de girofle** *(cloves)*

	Mireille Sarrazin	**Alain Bazir**	**Delphine Chartier**	**Dovi Abe**
Qu'est-ce qu'on mange... **au petit déjeuner?**				
au déjeuner?				
au dîner				

À FAIRE! (2–4)   Manuel de classe, pages 71–73

As a *review* of interrogative expressions with prepositions, do Exercise XV.

In *preparation* for work in class, do Exercises XVI and XVII.

Fonction: Comment se renseigner (2)

✳ **XV. Renseignons-nous!** Posez des questions afin d'obtenir les renseignements suggérés. Faites attention aux différences entre le français et l'anglais en ce qui concerne les prépositions.

You've got a job at a summer camp. You're talking to one of the other counselors. Find out from her:

1. what college she goes to

   Où est-ce que tu fais tes etudes?

2. what dorm she lives in

   Dans quel residence habites-tu?

3. what clubs she belongs to (use: **être membre de**)

   De quel clubs es-tu membre?

You're at a job fair. You're talking to another participant. Find out from him:

4. where he comes from

   D'où ~~viens tu~~ venez-vous?

5. what company (**société**, *f.*) he'd like to work for

   Pour quelle société est-ce que ~~tu travailles~~ vous travaillez?

6. what state he'd like to live in

   Dans quel etat voudrais-~~vous~~ vous habiter?

You're talking to a friend about getting together with a group of people to build a carnival float. Find out from your friend:

7. whose house you're going to meet at (use: **on / se réunir**)

   Chez qui est-ce qu'on va se réunir?

8. what time you're going to meet

   A quelle heure est-ce qu'on va se reunir?

9. what you're going to make the float (**char de carnaval**, *m.*) with

   Avec quoi est-ce que tu vas faire le char de carnaval?

You're talking with a friend about plans for a camping trip to the Boundary Waters area of Minnesota. Find out from your friend:

10. who you'll be going with

    Avec qui est-ce qu tu y vas?

11. what you'll need

    De quoi auras-tu besoin?

12. how long you'll be there for

    Pour combien de temps est-ce que tu y sera?

Un petit truc

Les expressions *penser à* and *penser de*

- **penser à** = *to think about, in the sense of to have your mind on, to have in your thoughts*

    À qui est-ce que tu pensais?

    À quoi pensez-vous?

- **penser de** = *to think about, in the sense of to have an opinon about; usually used with* **que** *or* **qu'est-ce que**

    Que pensez-vous de la cuisine minceur?

    Qu'est-ce que tu penses du nouveau prof de maths?

You're talking to a friend. Find out from her:

13. what she was thinking about when you came into the room

    A quoi est-ce que tu pensais?

14. what she thinks about nuclear power plants (**centrales nucléaires**)

    Qu'est-ce que tu penses des centrales nucléaires?

15. who she thinks about when she feels (**se sentir**) sad and lonely (**seule**)

    A qui est-ce que tu penses lorsque tu te sens triste.

16. what she thinks about Elton John

    Qu'est-ce que tu pense de Elton John?

Perspectives culturelles:
«Les mythes, aujourd'hui—le vin et le lait, le bifteck et les frites» (Roland Barthes)

XVI. Pré-lecture. Répondez aux questions suivantes avant de lire le texte de Roland Barthes aux pages 74 à 75 de votre **Manuel de classe.**

1. D'après une enquête, le plat favori des Français est le traditionnel steak-frites (42%); loin derrière, en seconde place, vient la sole (15%). À votre avis, comment est-ce que les Américains répondraient à une pareille enquête? Quel serait leur plat préféré?

    _____

    _____

2. D'après la même enquête, la boisson favorite des Français n'est pas le vin rouge (seulement 16%), mais l'eau (49%). Est-ce que ce résultat vous surprend? Pourquoi (pas)?

_____

_____

_____

3. Dans la liste de noms et d'adjectifs donnés ci-dessous, indiquez ceux que vous associez au vin et ceux que vous associez au lait. (Dans certains cas, vous voudrez peut-être associer le même mot aux deux boissons.)

rouge / blanc / la force / l'innocence / l'ivresse / le plaisir / la pureté / la santé / la sociabilité / la transformation

le vin _rouge - la force - l'ivresse - le plaisir - la sociabilité - la transformation_

le lait _blanc - innocence - pureté - la santé_

Quelles autres qualités associez-vous à ces deux boissons?

_____

_____

✻ **XVII. Lecture.** Lisez le texte de Roland Barthes dans votre **Manuel de classe** (pages 74–75). Ensuite, faites l'exercice ci-dessous.

Deux étudiants américains, Cindy et Ralph, ont essayé de résumer le texte que vous venez de lire. Sur chaque point, pourtant, l'un(e) ou l'autre s'est trompé(e). C'est à vous d'indiquer lequel/laquelle a raison et de justifier votre choix en citant la partie appropriée du texte.

«Le vin et le lait» (1er paragraphe)

1. CINDY: En France, le vin est considéré comme un luxe, quelque chose d'agréable mais de superflu.
   RALPH: En France, le vin est considéré comme une ressource nationale.

_____

_____

«Le vin et le lait» (2e paragraphe)

2. CINDY: Le vin a le pouvoir de transformer la personnalité des gens.
   RALPH: Le vin met les gens dans un état de faiblesse et de mutisme.

_____

_____

3. CINDY: En France, on boit dans l'intention de devenir ivre.
   RALPH: En France, on s'enivre parfois, mais ce n'est pas la raison pour laquelle on boit.

_____

_____

«Le vin et le lait» (3e paragraphe)

4. CINDY: Les Français sont très compréhensifs au sujet des gens qui préfèrent ne pas boire du vin.
   RALPH: Les Français n'acceptent pas facilement les gens qui ne boivent pas de vin.

_____

_____

5. CINDY: Apprendre à boire du vin permet aux Français de bien s'intégrer dans leur société.
   RALPH: Les jeunes Français apprennent à boire à l'école.

   _____

   _____

«Le vin et le lait» (4e paragraphe)

6. CINDY: Le vin et le lait sont de nature différente.
   RALPH: Le lait parle au cœur; le vin, au corps.

   _____

   _____

7. CINDY: Le vin représente la force; le lait la faiblesse.
   RALPH: Le vin est associé au feu; le lait, au sommeil.

   _____

   _____

«Le bifteck et les frites» (1er paragraphe)

8. CINDY: Les Français préfèrent le bifteck moins cuit pour des raisons associatives et peut-être inconscientes.
   RALPH: Les Français préfèrent le bifteck moins cuit parce que c'est meilleur pour la santé.

   _____

   _____

9. CINDY: Quand on dit en français que le bifteck est à point, on veut dire que la cuisson est parfaite.
   RALPH: Quand on dit en français que le bifteck est à point, on veut dire qu'il est presque trop cuit.

   _____

   _____

«Le bifteck et les frites» (2e paragraphe)

10. CINDY: Dans le vieux film cité dans ce texte, la bonne en veut à *(bears a grudge against)* l'espion parce qu'il est un soldat allemand.
    RALPH: Dans le vieux film mentionné dans ce texte, la bonne en veut à l'espion parce qu'elle lui a fait confiance.

   _____

   _____

«Le bifteck et les frites» (3e paragraphe)

11. CINDY: Quand le général de Castries a commandé des frites, son geste symbolisait son retour à la France et à tout ce qu'elle représentait.
    RALPH: Quand le général de Castries a commandé des frites, son geste symbolisait son désir d'oublier la guerre et de reprendre son travail civil.

   _____

   _____

À FAIRE! (2–5)

If you wish to work further with the *Témoignages* you heard in class, listen to Segment 2–5 of the **Audio CD** and do Exercise **XVIII** in the **Manuel de préparation**.

In order to *follow up* on the *Témoignages* you have listened to in class, do Exercise **XIX**.

In order to *learn* to ask questions using different levels of language, do Exercise **XX**.

Témoignages (facultatif)

Écoutez!

Audio CD:
Segment 2-5
CD 2, track 5

✷ **XVIII. Ça change.** Écoutez encore une fois les cinq interviews, puis complétez le tableau. Si l'interview ne vous donne pas les renseignements nécessaires pour remplir une case, mettez un X.

> ➤ **VOCABULAIRE UTILE:**
>
> Xavier Jacquenet — **équilibré** *(balanced)*, **lourd** *(heavy)*
>
> Djamaal Taazibt — **culture** *(cultivation)*, **essor** *(rapid expansion)*, **hausse du niveau de vie** *(rise in standard of living)*, **se propage** *(spreads)*
>
> Sophie Everaert — **vous croyez** *(you believe)*, **ménages** *(households)*, **dernier chic** *(latest fad)*
>
> Philippe Heckly — **dehors** *(outside [the house])*, **choucroute** *(sauerkraut, pork, and sausage dish popular in Alsace)*
>
> Dovi Abe — **charbon de bois** *(charcoal)*, **cuisinières à gaz** *(gas stoves)*, **par rapport aux** *(in relationship to the)*, **mets** *(dishes)*, **au niveau des légumes** *(as far as vegetables are concerned)*, **Liban** *(Lebanon)*, **chawarma** *(local version of fast food, made with beef and pancake)*, **découpée** *(cut up)*, **galette** *(type of pancake)*, **libanais(e)** *(Lebanese)*, **taboulé** *(dish made with semolina, chopped herbs, and vegetables)*, **ont vécu** *(have lived)*

	Xavier Jacquenet	Djamaal Taazibt	Sophie Everaert	Philippe Heckly	Dovi Abe
Pays d'origine					
Principaux changements dans les habitudes alimentaires					
Attitude à l'égard de ces changements					

Écrivez!

XIX. Et vous? Vous allez avoir l'occasion de répondre aux questions qu'on a posées aux Français et aux francophones que vous avez écoutés en classe. Répondez à chaque question par plusieurs phrases afin de donner tous les détails nécessaires. Utilisez une autre feuille de papier.

1. Combien de fois par jour est-ce que vous prenez un repas normal? À quelle(s) heure(s)? Où? Avec qui?
2. Qui prépare les repas chez vous? Toujours? Quelles sont ses (leurs) spécialités?
3. Vous allez souvent au restaurant? En semaine? Le week-end? Quel(s) type(s) de restaurant(s) préférez-vous?
4. Qu'est-ce que vous mangez habituellement—le matin? à midi? le soir?
5. Est-ce que les habitudes culinaires et gastronomiques dans votre pays sont en train de changer? Dans quel sens? Pensez-vous que ces changements soient bénéfiques ou non? Pourquoi (pas)?

Fonction: Comment se renseigner (3)

L'interrogation (registres de langue)

> **Où êtes-vous né(e)?** (formal)
> **Où est-ce que vous êtes né(e)?** (informal)
> **Tu es né(e) où?** (familiar)

When asking questions, you need to be aware of differences between spoken and written French as well as between formal and informal levels of language.

1. Formal written or spoken French

When writing or speaking French in formal situations, the tendency is to use inversion.

> **À qui le président a-t-il envoyé une invitation?**
> **Habitez-vous à Lyon depuis longtemps?**

2. Informal written or spoken French

When speaking French in ordinary conversation or when writing informal letters, the tendency is to use **est-ce que** or normal word order with intonation, except in very short questions with simple verbs and noun subjects when inversion is common.

> **Est-ce que vous pourriez me dire l'heure qu'il est?**
>   (Vous pourriez me dire l'heure qu'il est?)
> **Qu'est-ce que tu comptes faire ce week-end?**
> **Où est-ce qu'ils sont allés?**
> BUT:
> **Où est la bibliothèque?**
> **Comment va ton père?**
> **Combien coûte ce chemisier?**

In third-person questions, the speaker or writer frequently uses both a pronoun and a noun or stress pronoun.

> Qu'est-ce qu'**elle** veut, **ta sœur**?
> Où est-ce qu'**ils** vont, **les autres**?
> Qu'est-ce que **tu** fais, **toi**?

Un petit truc

Les pronoms accentués ou disjoints *(stress pronouns)*

• Forms:

moi	nous
toi	vous
lui	eux
elle	elles

• Used to stress or accentuate another noun or pronoun:
  Moi, je veux bien y aller.
  Qu'est-ce qu'ils en pensent, eux?

• Used after prepositions:
  Je peux y aller avec toi?
  À quelle heure est-ce qu'on se réunit chez lui?

3. Familiar spoken French

In very informal spoken French, there is a tendency to avoid both inversion and **est-ce que** by putting the interrogative expression at the end of the sentence and sometimes using rising intonation to mark the question. Stress pronouns are also frequently used.

> **Tu vas où, toi?**
> **Elles parlent à qui?**
> **Tu as quel âge, toi?**
> **Ils cherchaient quoi?**

And, in some instances, very familiar French uses interrogative forms that disregard accepted grammatical rules.

> **Où tu vas?**
> **Comment elle s'appelle, ta cousine?**
> **Combien ils ont de voitures, eux?**

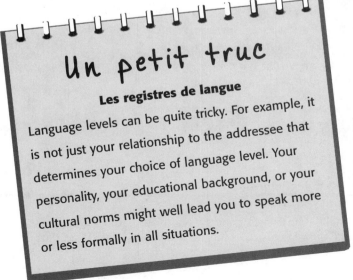

Un petit truc

Les registres de langue

Language levels can be quite tricky. For example, it is not just your relationship to the addressee that determines your choice of language level. Your personality, your educational background, or your cultural norms might well lead you to speak more or less formally in all situations.

✳ **XX. Trois registres de langue.** Vous allez demander les mêmes renseignements à trois personnes différentes: (a) au président de votre université, (b) à votre voisine, Mme... , (c) à un(e) très bon(ne) ami(e). Ajustez la forme de la question (et le vocabulaire, si vous le jugez nécessaire) pour tenir compte des différents registres de langue. Utilisez des pronoms accentués *(stress pronouns)* dans les cas appropriés. Vous voulez savoir:

1. s'il / si elle aime la musique moderne

   a. _____

   b. _____

   c. _____

2. où il/elle passe les vacances

   a. _____

   b. _____

   c. _____

3. le nombre de sœurs qu'il/elle a

   a. _____

   b. _____

   c. _____

4. les films qu'il/elle a vus récemment

   a. _____

   b. _____

   c. _____

5. avec qui il/elle va passer le jour de Noël

   a. _____

   b. _____

   c. _____

6. l'état de santé de son père (utilisez **comment** et **aller**)

   a. _____

   b. _____

   c. _____

À FAIRE! (2–6)   Manuel de classe, pages 80–83

In preparation for work in class, do Exercises XXI and XXII.

C'est à vous maintenant!
Lisez!

Une enquête a été menée auprès de consommateurs américains et de restaurateurs français pour déterminer l'influence qu'a la cuisine française aux États-Unis. Lisez l'article, puis faites l'exercice qui suit.

La cuisine française est-elle en vogue?

Une douceur française à sa table

Les Américains sont, semble-t-il, friands des produits français. Pourtant, ceux-ci sont plus considérés comme des produits de luxe, des gâteries du dimanche. Aussi, quand ils font leur *shopping,* ce n'est pas si souvent que les Américains incorporent dans leur caddie une douceur française. Avec une exception peut-être pour le fromage, le champion dans cette catégorie étant incontestablement le brie. Sans oublier le pain français ou plus exactement «à la française», qui fait souvent figure de mets quotidien.

Jeannie s'est découvert deux passions après un séjour en France: la confiture Bonne Maman et les crêpes. «J'ai été ravie de les retrouver au rayon de mon supermarché. Mais ce qui m'a déçue, c'est qu'on n'y trouve pas mes biscuits favoris: les Petits-Cœurs.» Nishie adore le pain français et le beurre Président, «qui n'a rien à voir avec le beurre américain, qui n'est vraiment pas du beurre».

Marcus, quant à lui, est converti au fromage français tout autant qu'il apprécie les vins de l'Hexagone. Il les associe bien souvent: «J'en achète régulièrement, environ une fois par semaine. Et il ne faut pas oublier la baguette, non plus.»

Ellen, Américaine francophile, a souvent à sa table une douceur française: vins et fromages, bien entendu, mais aussi la fameuse moutarde de Dijon, celle qui nous monte au nez. Ellen ajoute pourtant: «Il faut avouer que moi, j'ai des goûts particuliers. En général, les Américains n'apprécient pas tellement la moutarde forte.» Autre délice français: les petits-beurre nantais. «Je les adore, mais je préfère les acheter en France; les petits-beurre qu'on achète ici n'ont pas autant de beurre.» Et Ellen de conclure qu'il n'y a rien de plus authentique que la cuisine familiale française qui lui manque beaucoup ici...

Et quoi encore? Les frites françaises (French fries)? Les Français vous répondront qu'elles sont belges...

Le «must» de la cuisine française

Les restaurants français prospèrent aux États-Unis. La cuisine française est qualifiée de raffinée, de «chic» et de délicieuse. En bref, tout gastronome digne de ce nom ne dédaigne pas de s'offrir de temps en temps un restaurant français. Pas seulement parce que c'est chic mais surtout parce que c'est bon.

Michel Jean, du restaurant *Provence* à New York, constate une évolution dans le goût de sa clientèle: «Je trouve que les gens consomment de plus en plus de poissons. Ce qui ne veut pas dire qu'on ne mange pas de viande. Le lapin est un des plats favoris de mes clients américains et en hiver les gibiers—les faisans, les canards—sont très appréciés.» Pour les gourmands, selon Michel Jean, la crème brûlée est toujours un grand classique tout comme la fameuse tarte Tatin et les desserts au chocolat (mousse, gâteau).

Jean-Louis Gerin, restaurateur dans le Connecticut (du restaurant *Jean-Louis),* note un engouement récent pour tous les produits naturels, la volaille, le chevreuil, qui a l'avantage d'être beaucoup moins gras que le bœuf. Jean-Louis Gerin reconnaît que le style culinaire français est vraiment à la mode aux États-Unis.

Jean-Claude Martin, chef du restaurant le *Chardonnay,* note que les gens des grandes villes «ont tendance à préférer une cuisine plus moderne et plus sophistiquée» alors qu'«à la campagne, on reste attaché aux plats traditionnels». À Naples, en Floride, le poisson a également la cote mais les Américains apprécient aussi des plats plus typiquement français comme les rognons, le carré d'agneau ou, pour les desserts, les mousses de fruits.

En conclusion, nulle inquiétude pour l'avenir de la cuisine française aux États-Unis.

Adapté d'un article paru dans *Le Journal Français,* vol. 16, no. 24, 25 novembre–8 décembre 1994, p. 11

Dico

aussi *consequently*
chevreuil *deer*
a la cote *is very popular*
crème brûlée *dessert made with fresh cream*
déçue *disappointed*
dédaigne *is adverse or opposed to*
délice *delight*
douceur *sweet (or other food delicacy)*
engouement *fancy, craze*
friands *partial to (fond of)*

gâteries *treats*
gibiers *game*
lapin *rabbit*
mets quotidien *daily dish*
nulle inquiétude *no worry*
petits-beurre nantais *butter cookies (originally made in Nantes)*
quant à lui *as far as he's concerned*
qui lui manque *that she misses*
rognons *kidneys*
tarte Tatin *caramelized apple pie*

✳ **XXI. Questions pour une interview.** Après avoir lu l'article sur la cuisine française aux États-Unis, essayez d'imaginer les questions que l'auteur de cet article a dû poser aux personnes qu'il a interrogées. Utilisez une autre feuille de papier.

Parlez!

XXII. Une interview. En classe, vous allez interviewer quelqu'un—un(e) Français(e), un(e) francophone ou bien une personne qui a passé du temps en France ou dans un pays francophone. Le sujet principal de l'interview sera les habitudes et les attitudes de cette personne à l'égard de la nourriture, de la cuisine, de la gastronomie, etc. Néanmoins, afin de connaître un peu mieux cette personne, vous pourrez lui poser aussi des questions sur des sujets plus généraux—son pays d'origine, sa famille, sa formation, ses voyages, etc. Pour vous préparer à cette interview, pensez à *une vingtaine de questions* que vous pourriez poser. Utilisez une autre feuille de papier.

À FAIRE! (2–7)   Manuel de classe, page 84

As a *follow-up* to the work done in class, do Exercise XXIII.

C'est à vous maintenant!
Écrivez!

XXIII. Compte rendu d'interview. Écrivez un article qui résume quelques aspects de l'interview que vous avez faite en classe. Imitez le style de l'article à la page 95. SUGGESTION: N'essayez pas de rendre compte de toute l'interview; choisissez-en les parties que vous avez trouvées les plus intéressantes.

PHRASES: Asking for information

VOCABULARY: Food

GRAMMAR: Information questions

Pour préparer les examens

En préparant l'examen sur ce chapitre, vous pourrez consulter:

Fiches lexicales   **MP, p. 73, p. 76**

Pour mieux vous exprimer   **MC, p. 66, p. 73**

Rappels et Fonctions   **MP, p. 69, p. 78, p. 80, p. 81, p. 83, p. 87, p. 92**

CHAPITRE

2

Allons voir les Français et les francophones... à table!

MENU

Activité culturelle: La gastronomie

Bien que leurs habitudes alimentaires soient en voie de transformation, les Français restent très fiers de leurs traditions culinaires. En particulier, chaque région a ses propres spécialités—des plats et des produits connus dans le pays entier. Étudiez la carte gastronomique de la France présentée ci-dessous, puis faites les exercices qui la suivent.

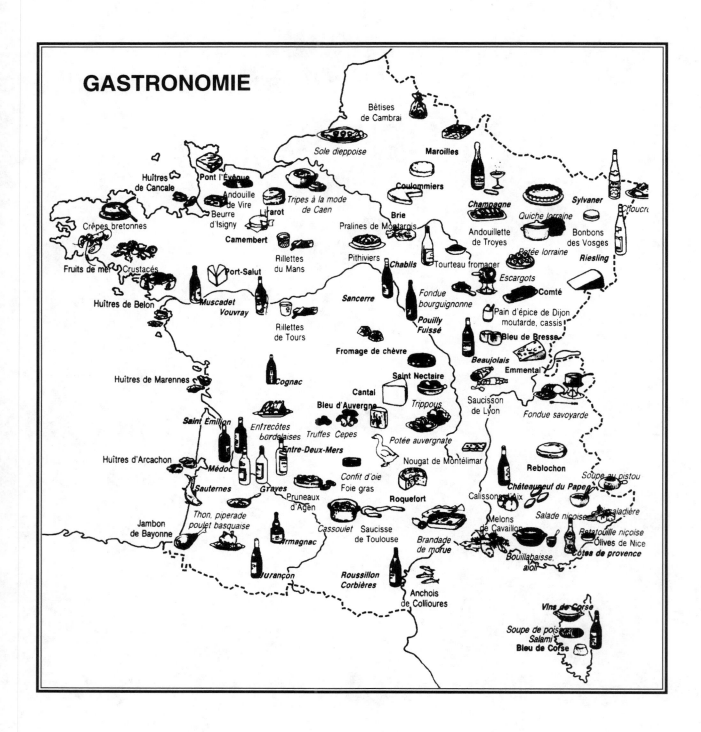

A. Plats et produits. Trouvez sur la carte des exemples de chaque catégorie.

1. fromages (8) _____

_____

2. vins (8) _____

_____

3. plats à base de produits de la mer (4) _____

_____

4. plats qui utilisent des produits qu'on achète à la charcuterie (4) _____

_____

B. Les spécialités régionales. Trouvez sur la carte trois ou quatre spécialités de chacune des régions suivantes. Vous pouvez réutiliser des réponses déjà données dans la partie A de cet exercice. (Consultez la carte de France à la page 377, s'il le faut.)

1. la Bretagne _____

_____

2. l'Alsace _____

_____

4. le sud-ouest de la France _____

_____

5. le Midi _____

_____

6. la Bourgogne _____

_____

C. Les meilleures tables de la France. Les bons restaurants—les restaurants une et deux étoiles—proposent souvent des spécialités régionales. En consultant la carte gastronomique de la France (et la carte de France, s'il le faut), associez le restaurant à la spécialité régionale qu'on devrait y goûter.

1. (☆) Le Chardonnay (à Reims, en Champagne)

2. (☆) Chez Camille (à Arnay-le-Duc, en Bourgogne)

3. (☆) Le Galion (à Concarneau, sur la côte bretonne)

4. (☆☆) Le Petit Nice (à Marseille)

5. (☆) La Plage (à Ste-Anne-le Palud, en Bretagne)

6. (☆) Pujol (à Toulouse)

7. (☆) Rôtisserie de St-Pancrace (près de Nice)

8. (☆) Zimmer (près de Strasbourg, en Alsace)

a. Bouillabaisse

b. Cassoulet

c. Crêpes farcies

d. Crevettes vapeur au vinaigre de Champagne

e. Fricassée de langoustines homardine

f. Lasagnettes d'escargots aux champignons

g. Poisson du pays rôti à l'huile d'olive

h. Saumon et lotte au Riesling

Activité culturelle: Le Sénégal et sa cuisine

Centre politique et intellectuel de l'Afrique francophone, le Sénégal se trouve à l'extrémité occidentale du continent africain. Lisez *Profil: Le Sénégal,* puis faites les exercices qui suivent.

Profil: Le Sénégal

Nom officiel: république du Sénégal

Devise: «Un Peuple—Un But—Une Foi»

Capitale: Dakar

Superficie: 196 722 km^2

Villes importantes: Dakar, Diourbel, Saint-Louis, Thiès, Ziguinchor

Population: 8 530 000

Nom des habitants: les Sénégalais

Langue officielle: français

Ethnies: les Ouolofs, les Peuls, les Toucouleurs, les Sarakollés, les Bassaris, les Mandingues, les Maures, les Sérères

Religions: musulmans (80–90%), chrétiens, animistes

Monnaie: le franc CFA

Date d'indépendance: 1960

Climat: tropical—sec de novembre à mai, pluvieux de juin à octobre; le long de la côte—relativement frais grâce aux vents de la mer

Produits agricoles: arachides, canne à sucre, coton, maïs, manioc, mil, riz

Industries: pêche, usines agro-alimentaires, huileries, mines de fer, industries chimiques

AFRIQUE

Le Sénégal: sa géographie

En vous servant des renseignements donnés ci-dessous, situez les endroits suivants sur la carte du Sénégal.

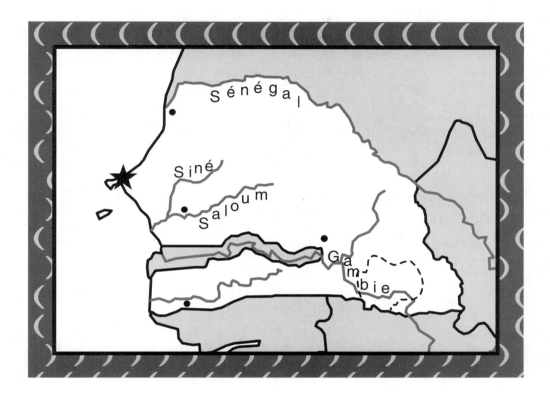

le CAP VERT: presqu'île *(peninsula)* sur laquelle se trouve la ville de Dakar

la CASAMANCE: région tropicale du Sénégal, située au sud du pays et traversée par le fleuve du même nom

DAKAR: capitale et ville principale du Sénégal

la GAMBIE: pays de l'Afrique occidentale qui coupe la Casamance du reste du Sénégal; forme avec le Sénégal la Fédération Sénégambie; le fleuve du même nom traverse la Gambie et le Sénégal

l'île de GORÉE: petite île dans l'Atlantique, tout près de Dakar; ancien centre de la traite des esclaves *(slave trade)*

la GUINÉE: pays francophone de l'Afrique occidentale, situé au sud-est du Sénégal

la GUINÉE-BISSAU: pays de l'Afrique équatoriale, situé au sud du Sénégal; ancienne colonie portugaise

KAOLACK: ville principale de la région du Siné-Saloum; capitale de l'arachide *(peanut)*

le MALI: pays francophone de l'Afrique occidentale, situé à l'est du Sénégal; ancien Soudan français

la MAURITANIE: pays francophone de l'Afrique occidentale, situé au nord du Sénégal

le parc de NIOKOLO-KOBA: parc national de 800 000 hectares (1 hectare = 2.47 acres), situé dans la région sud-est du Sénégal, où vivent de nombreux animaux sauvages protégés

SAINT-LOUIS: ville située à l'embouchure du fleuve appelé le Sénégal et tout près de la frontière mauritanienne; ancienne capitale du pays

TAMBACOUNDA: ville principale du Sénégal oriental

ZIGUINCHOR: ville principale du sud du Sénégal, située sur la Casamance

Le Sénégal: sa cuisine

Lisez les descriptions suivantes de la cuisine et des habitudes alimentaires des Sénégalais, puis faites les exercices qui suivent.

Ce que mangent les Sénégalais

La cuisine sénégalaise est constituée principalement de poulet, de poisson et de crustacés. Les plats sont élaborés à base d'huile de palme ou d'arachide. On ajoute aux éléments de base des légumes (carottes, oignons, navets, choux, aubergines, poireaux, manioc *[cassava]*), du riz ou du mil, de l'ail et du piment *(pepper)*. Parmi les plats les plus connus, il faut citer le poulet au Yassa (préparé avec du jus de citron vert), le tiéboudienne (riz au poisson) et le dem à la Saint-Louisienne (mulet farci).

Comme dessert, on prend souvent des fruits: oranges, bananes, papayes, mangues. Après le repas, on prend du thé à la menthe, qui se boit d'habitude en trois étapes: le premier verre est un peu amer *(bitter),* le deuxième un peu plus sucré et le troisième très sucré.

À table au Sénégal

Chez les jeunes cadres qui habitent et travaillent à Dakar, on sert un mélange de spécialités sénégalaises et européennes. Dans un appartement typique à Dakar, on peut voir une cuisinière servir un poulet au Yassa ou bien une sole meunière à un couple bien habillé, assis à table dans une salle à manger simple mais confortable.

Dans les villages à la campagne, pourtant, on trouve une ambiance très différente. Là, les gens s'assoient par terre ou sur des tabourets pour manger. Vu la pauvreté générale et la sécheresse du climat, les repas sont très simples et très peu variés: un ou deux plats (des boulettes de mil, du riz, des fruits) que l'on mange avec les doigts ou avec des cuillers. Il arrive souvent que les hommes mangent les premiers; les femmes et les enfants se servent après.

Une recette du Sénégal

Une des vedettes de la cuisine sénégalaise est le poulet au Yassa, spécialité du sud du pays. En voici la recette, tirée d'un livre de cuisine sénégalais; en France, on dirait ingrédients et préparation plutôt que matière d'œuvre et méthode de fabrication.

Le poulet au Yassa

Matière d'œuvre:

un poulet	sel
3 citrons verts	poivre
3 gros oignons	1 piment frais
25 cl (centilitres) d'huile d'arachide	ail

Méthode de fabrication:

1. Couper le poulet en morceaux.
2. Émincer les oignons et couper le piment en morceaux.
3. Mariner le poulet pendant plusieurs heures avec l'huile d'arachide, le jus et le zeste des citrons, les oignons émincés, le piment, de l'ail, du sel et du poivre.
4. Égoutter les morceaux du poulet et les faire sauter *(brown)* de tous les côtés.
5. Faire revenir les oignons égouttés dans de l'huile d'arachide, laisser cuire doucement.
6. Rajouter la marinade, les morceaux du poulet et ajouter un verre d'eau. Laisser mijoter *(simmer)* 30 mn.
7. Servir avec du riz.

On peut aussi faire ce plat avec d'autres viandes ou du poisson. Dans ce cas, les Sénégalais aiment griller la viande ou le poisson avant de les faire revenir dans de l'huile.

Rémy, *Le Sénégal aujourd'hui,* Paris: Les Éditions du Jaguar, p. 226

1. À quelle(s) autre(s) cuisine(s) ressemble la cuisine sénégalaise? En quoi?

   _____

   _____

   _____

   _____

2. Si on vous invitait à prendre un repas avec une famille habitant dans un petit village sénégalais, accepteriez-vous? Pourquoi (pas)?

   _____

   _____

   _____

   _____

3. Si vous acceptiez, quelles habitudes seriez-vous obligé(e) de modifier afin de vous conduire en bon(ne) invité(e)?

   _____

   _____

   _____

   _____

4. Quelles difficultés les Sénégalais rencontreraient-ils à table avec votre famille?

   _____

   _____

   _____

   _____

5. Comment prépare-t-on le poulet chez vous?

   _____

   _____

   _____

   _____

6. Quelles différences y a-t-il entre un plat au poulet typiquement américain et le poulet au Yassa?

   _____

   _____

   _____

   _____

Lecture: «Les jeunes d'Ouagadougou» (Planète Jeunes)

À Ouaga, la capitale du Burkina-Faso («pays des hommes intègres» en dioula), la moitié de la population a moins de 15 ans. Là-bas, même si c'est pas facile, la volonté de croquer la vie à pleines dents est bien présente.

Ouaga, royaume des deux roues

À la sortie du lycée Marien N'Gouabi, à l'heure de la «descente», il vaut mieux se garer à côté des échoppes de livres pour laisser passer les élèves qui sortent sur leurs vélos et leur mobylettes. C'est qu'ils sont 3 050 élèves là-dedans! Alors, les carrefours se remplissent du vrombissement des «chars». Les jeunes rêvent de ces mobylettes dans lesquelles il suffit de mettre un demi-litre d'essence pour être libre de ses mouvements. Et une fois qu'ils les ont achetées avec l'aide de leur parent ou grâce à de patientes économies, ils les nettoient avec amour et reconnaissance, se les prêtent, sillonnent la ville dans tous les sens...

LE BURKINA-FASO

L'ex Haute-Volta a été rebaptisée Burkina-Faso au lendemain d'une révolution «démocratique et populaire» en 1984.

Capitale: Ouagadougou

Nombre d'habitants: 10 millions. 91% de la population active travaille dans l'agriculture et dans l'élevage.

Langue(s): français, dioula notamment dans les échanges commerciaux. Une soixantaine de peuples qui ont presque tous leur propre langue.

Religions: 53% de la population pratique des religions traditionnelles, 36% de musulmans et 11% de catholiques.

Les hommes se réunissent autour du thé pour discuter, plaisanter ou commenter l'actualité

Jardinier pour financer ses études

Boukary, lui va à pied. Lycéen de 21 ans, il a pour autre activité la culture d'un jardin près du fleuve afin de payer ses études. «Je travaille le matin de 7 à 8 heures et aussi le soir. Le reste du temps je suis à l'école pour avoir une bonne carrière. Je compte devenir professeur, parce que l'école, ça me plaît. J'aimerais enseigner à mon tour» dit-il avec conviction.

C'est son père jardinier et éleveur qui lui a tout appris avant de lui offrir ce bout de terrain de 40 m² assorti de deux puits. C'est ici que chaque jour, ces clientes du quartier viennent lui acheter carottes, salade, menthe et oignons qu'elles revendront au détail au marché. En tant que fils aîné, Boukary assume avec bonne humeur le devoir de se prendre en charge pour que ses parents puissent continuer à envoyer son frère et sa sœur à l'école.

Les rues de Ouaga sont pleines de «débrouillards» comme Boukary. Chacun commence à prendre conscience qu'au delà des petits jobs, seule l'instruction peut donner une chance d'avoir un jour «un bon métier».

L'heure du thé où l'on refait le monde entre hommes

Chaque après-midi après le repas, les jeunes du quartier Gounghin se réunissent pour prendre le thé sous l'arbre d'une concession. Un rituel hérité de la tradition qui est devenu l'occasion de se retrouver pour discuter et... d'échapper au soleil de plomb (35 à 40 degrés!). Il y a chaque jour dix ou quinze «tchatcheurs», de Mounir le commercial, à Sékou vendeur sur le grand marché, en passant par Ky le policier, Issouf employé dans un ministère, Eugène qui est encore étudiant, Diarra le jeune cinéaste, Évariste le businessman et encore plein d'autres... Bien qu'ils aient grandi ensemble dans le quartier, aucun n'a le même parcours, et encore moins les mêmes idées. Mais le plaisir de se retrouver pousse aux conver-

sations animées où les plus passionnés finissent en se frappant les paumes de la main les unes contre les autres, un sourire complice aux lèvres. Dans la cour, allongé sur une natte ou assis sur un banc, on discute de la vie et des projets, on commente l'actualité, un journal à la main et on rigole. À l'approche de 15 heures, chacun reprend sa mobylette pour retourner au travail ou aux études. Les filles elles, ne viennent pas car «elles ne s'entendent pas forcément bien».

Mais Issouf sait bien qu'en réalité, les jeunes filles et les femmes burkinabées ont bien d'autres choses à faire!

Pour les femmes, encore des libertés à conquérir

Célèbre journaliste et enseignante à la fac de droit et de sciences politiques, Monique Ilboudo s'opposait déjà très jeune au principe de répartition des tâches ménagères qui mettent les filles à la cuisine pendant que les garçons jouent dehors. «Dès ma plus tendre enfance, déclare-t-elle, j'ai été choquée par certaines inégalités et certaines discriminations à l'égard des femmes. Cela a aiguisé mon sens de la justice»

Aujourd'hui, si les choses changent encore peu dans les campagnes, elles évoluent en revanche beaucoup dans les villes. Dans les campagnes, les mariages de jeunes filles de moins de quinze ans sont courants. À Ouaga, 38% des jeunes filles de moins de vingt ans ne sont pas encore mariées pour cause... d'études! Ministres, femmes d'affaires, médecins ou chanteuses, les femmes burkinabées se forment et intègrent ainsi peu à peu tous les échelons de la population urbaine active. Mais même si on peut les voir nombreuses chevaucher leurs motos ou leurs mobylettes, jeunes filles et épouses demeurent les responsables des tâches ménagères et de «la sauce». Un emploi du temps qui ne laisse pas vraiment le temps de faire la sieste ou de partager le thé en commentant l'actualité!

Planète Jeunes, n° 32,
avril–mai 1998, pp. 4–7

35 à 40 *95 to 105 degrees Fahrenheit*
a aiguisé *sharpened*
assorti *accompanied*
au delà de *beyond*
au détail *retail*
bien que *even though*
carrefours *crossroads, intersections*
«chars» *Ouagadougou slang for mobylettes*
chevaucher *to ride (as on horseback)*
concession *store*
courants *common*
culture *cultivation*
«débrouillards» *resourceful people*
deux roues *two-wheelers*
échelons *rungs*
échoppes *stalls*
éleveur *cattle farmer*
en revanche *on the other hand*
en tant que *in his role of*
forcément *inevitably*
se garer *to park*
grâce à *thanks to*
natte *grass mat*
parcours *path*
partager *to share*
paumes *palms*
plomb *lead*
se les prêtent *lend them to each other*
puits *wells*
reconnaissance *gratitude*
répartition *division*
rigole *laughs*
«sauce» *here, meals*
sens *directions*
sillonnent *ride across*
sourire complice *knowing smile*
suffit *is sufficient, enough*
vrombissement *roar of engines revving up*

Marché Road Wooko

Le sens du texte. Répondez aux questions suivantes (en français ou en anglais, selon les indications de votre professeur) sur ce que vous avez lu au sujet des jeunes d'Ouagadougou.

1. Qu'est-ce que vous saviez au sujet du Burkina-Faso avant de lire cet article? Quels renseignements pourriez-vous donner maintenant à quelqu'un qui vous demandait: «C'est quoi, le Burkina-Faso?»

_____

_____

_____

_____

_____

_____

2. En quoi la vie de Boukary ressemble-t-elle à la vôtre? En quoi est-elle différente?

_____

_____

_____

_____

_____

_____

3. Quelles différences voyez-vous entre la vie des jeunes hommes et la vie des jeunes femmes au Burkina-Faso? Ces mêmes différences existent-elles aux États-Unis? Expliquez.

_____

_____

_____

_____

_____

_____

_____

Des expressions pittoresques. Il y a beaucoup d'expressions idiomatiques en français qui utilisent des mots associés à la nourriture. Avec l'aide d'un dictionnaire, essayez de comprendre le sens des expressions suivantes. Pour chaque expression, faites une traduction littérale, puis donnez son équivalent anglais.

1. croquer la vie à pleines dents

   _____

   _____

2. avoir la pêche

   _____

   _____

3. avoir du pain sur la planche

   _____

   _____

4. mettre de l'eau dans son vin

   _____

   _____

5. se trouver un bon fromage

   _____

   _____

6. tomber dans les pommes

   _____

   _____

7. manger son blé en herbe

   _____

   _____

8. s'occuper de ses oignons

   _____

   _____

Activité d'écoute / Enregistrement: Les consonnes

Audio CD
SEGMENT 2–7
CD 2, TRACK 7

Pour commencer, écoutez l'enregistrement de l'anecdote suivante:

L'ours et les deux chasseurs

Deux chasseurs ayant besoin d'argent allèrent trouver un marchand de fourrures et lui dirent: «Dans la montagne voisine, il y a un ours énorme dont nous avons trouvé la piste. Nous sommes certains de le tuer. Si vous voulez nous donner cent francs, nous vous apporterons bientôt sa peau.»

Le marchand leur donna les cent francs et les deux chasseurs partirent pour la montagne. À peine y étaient-ils arrivés que l'ours s'avança vers eux en poussant des grognements effrayants. Lorsque les chasseurs l'aperçurent, ils furent saisis de terreur et cherchèrent les moyens d'échapper au terrible animal. L'un d'eux grimpa sur un arbre; l'autre se coucha par terre, retint son souffle et fit le mort. L'ours vint le flairer de tous les côtés, mais voyant qu'il ne bougeait pas et qu'il ne respirait pas, il le crut mort et s'éloigna sans lui faire de mal, car les ours n'aiment pas les cadavres.

Quand l'ours eut disparu, le chasseur qui était sur l'arbre descendit, s'approcha de son compagnon et lui demanda, pour se moquer de lui: «Qu'est-ce que l'ours t'a dit à l'oreille?»

«Il m'a dit», répondit l'autre, «qu'il ne faut pas vendre la peau de l'ours avant de l'avoir tué.»

Vous avez sans doute remarqué que la prononciation de la plupart des consonnes françaises est pareille à celle des consonnes en anglais. Il y a pourtant deux différences: la consonne **r** et les consonnes finales.

➤ La consonne *r*

La consonne **r** en français est très importante, non seulement parce qu'elle ne se prononce pas comme le **r** en anglais mais surtout à cause de l'influence qu'elle a sur les voyelles qui l'entourent. Écoutez le début de l'anecdote lu par une personne qui prononce le **r** à l'américaine:

Deux chasseurs ayant besoin d'argent allèrent trouver un marchand de fourrures et lui dirent...

Maintenant écoutez la même phrase lue par une personne qui utilise le **r** français:

Deux chasseurs ayant besoin d'argent allèrent trouver un marchand de fourrures et lui dirent...

Pour articuler le **r** français, mettez le bout de la langue contre les dents inférieures (ce qui fait bomber [*arch*] le dos de la langue), puis imitez le **j** du mot **jalapeño** (ou bien, si cela ne marche pas, essayez de produire un «gargarisme» léger au fond de la gorge). Maintenant, pous vous entraîner, écoutez et puis répétez les mots et les phrases qui suivent:

part / fort / pour / gare / faire / mari / carottes / orage / sortir / servir / ferveur / auberge / prends / première / trop / vrai / rouge / rapide / rêver / rôti

Les trains pour Marseille ne partent pas de la gare du Nord.
Marie sera ravie de vous voir au musée de la gare d'Orsay.
Ils n'ont pas retrouvé la serviette qu'elle avait perdue à l'opéra.
Le mur murant Paris rend Paris murmurant.

❧ Les consonnes finales

Vous avez sans doute appris dans votre premier cours de français que les consonnes finales en français *ne se prononcent pas* sauf dans les mots qui se terminent par une des consonnes du mot anglais **CaReFuL**. Il est vrai que cette «règle» peut vous servir de guide général, mais il existe des exceptions—par exemple, dans l'anecdote que vous avez écoutée, le mot **un ours**.

Il y a en fait un assez grand nombre d'exceptions. En voici quelques-unes que vous pourriez rencontrer:

1. le **r** ne se prononce pas dans la terminaison -**er** de l'infinitif ni dans la terminaison -(i)**er** de noms et d'adjectifs ayant deux ou plusieurs syllabes: **parler, acheter, le papier, particulier**;
2. le **c** ne se prononce pas dans la terminaison -**nc**: **blanc, franc**, mais (exception à l'exception) le **c** de **donc** est prononcé;
3. la consonne finale *est prononcée* dans les mots suivants: les directions (**est, ouest, sud**, mais le **d** de **nord** ne se prononce pas), **l'autobus, le bifteck, le fils, net, le tennis**;
4. la consonne finale *ne se prononce pas* dans les mots suivants: **l'estomac, le tabac, le porc, la clef, gentil, l'outil**.

Pour vous aider à vous rappeler la «règle» et les exceptions, écoutez et répétez les phrases suivantes:

Est-ce qu'il y a un restaurant dans l'hôtel? J'ai très faim et je voudrais manger du bœuf.
Il faut regarder là, derrière le banc; il y a un loup et un ours.
Il fait très froid au nord des États-Unis et sur la côte est; il fait plutôt chaud au sud et sur la côte ouest.
Nous cherchons un vin blanc, assez sec, qui ne coûte pas trop cher.
C'est donc vous, le premier à traverser l'océan tout seul?
Mon époux s'est fait mal au dos en descendant l'escalier.

Pour terminer, lisez le poème suivant, en faisant particulièrement attention au **r** et aux consonnes finales. Après l'avoir répété deux ou trois fois, enregistrez le poème sur une cassette que vous donnerez à votre professeur.

«Il pleure dans mon cœur»

Il pleure dans mon cœur
Comme il pleut sur la ville.
Quelle est cette langueur
Qui pénètre mon cœur?

O bruit doux de la pluie
Par terre et sur les toits!
Pour un cœur qui s'ennuie,
O le chant de la pluie!

Il pleure sans raison
Dans ce cœur qui s'écœure.
Quoi! Nulle trahison?
Ce deuil est sans raison.

C'est bien la pire peine
De ne savoir pourquoi,
Sans amour et sans haine
Mon cœur a tant de peine.

Paul Verlaine,
Romances sans paroles (1874)

Activité écrite: Un (Des) repas inoubliable(s)

Il y a des moments dans l'année (les jours de fête, les occasions spéciales—comme les anniversaires, les mariages, les premières communions, etc.) où les membres de la famille ou les amis se réunissent et mangent dans une ambiance généralement gaie et agréable. À travers les exercices suivants, vous allez décrire un (ou plusieurs) de ces repas.

À la recherche d'idées. Pensez à un repas (par exemple, le mariage de votre sœur/frère, votre première communion ou votre dix-huitième anniversaire) ou à une série de repas (par exemple, les dîners de Thanksgiving ou de Noël quand vous étiez petit[e]). Choisissez un (des) repas dont vous vous souvenez avec plaisir ou, si vous préférez, un (des) repas dont vous gardez un mauvais souvenir. Commencez l'exploration de votre sujet en essayant de répondre aux questions suivantes. (Il n'est pas nécessaire d'écrire des phrases complètes.)

1. Quand? _____
   _____

2. Où? _____

3. Qui? _____

4. Qu'est-ce qu'on a mangé (mangeait)? _____
   _____

5. Qui a préparé (préparait) et a servi (servait) le(s) repas? _____
   _____

6. Qu'est-ce qu'on a fait (faisait) pendant le(s) repas? _____
   _____

7. De quoi est-ce qu'on a parlé (parlait)? _____
   _____

8. Pourquoi est-ce que vous vous souvenez de ce(s) repas? _____
   _____

Un modèle: Un repas de mariage. Lisez ce texte dans lequel une Belge se souvient d'un repas de sa jeunesse. Puis faites les deux exercices qui suivent.

Je me souviens très bien du jour du mariage de ma plus jeune tante. J'avais huit ans et l'éblouissement *(bedazzlement)* de la fête m'est resté gravé *(imprinted)* au fond des yeux et du cœur.

Après la cérémonie religieuse à l'église, tout le monde est revenu dans la maison de mes grands-parents. La famille, les voisins, les amis ont entouré les mariés et les ont félicités et embrassés. Puis les adultes ont pris l'apéritif—du champagne brut bien frappé *(cooled)*—tandis que nous, les enfants, nous avons reçu de la limonade pétillante *(bubbly)* dans un petit verre. Tout le monde s'est dispersé en petits groupes dans la cour et le jardin derrière la maison pour bavarder *(to chat)*.

Après l'apéritif, nous sommes rentrés dans la maison pour le repas de mariage. La famille seule y a assisté, c'est-à-dire, les parents, grands-parents, oncles, tantes, cousins, cousines des mariés et nous, les neveux et nièces. On avait mis les enfants ensemble à une petite table tandis que *(while)* les grands étaient autour de la longue table qui remplissait toute la longueur du salon et de la salle à manger. Il y avait de grandes nappes blanches sur les tables et, pour chaque convive *(guest)*, une série de trois verres: le verre à vin rouge, le verre à vin blanc et le verre à eau. Trois assiettes l'une sur l'autre: une assiette profonde pour le potage, une assiette plate pour l'entrée et une autre pour le plat principal. Il y avait aussi deux fourchettes et deux couteaux de chaque côté des assiettes, plus une grande cuillère pour la soupe. Des fleurs garnissaient le milieu de la table. C'était vraiment joli.

Quand nous nous sommes installés à table, on a d'abord servi un potage aux tomates avec du madère *(Madeira wine)*, puis une entrée de vol-au-vent *(puff pastry shell filled with meat or fish)*, très appréciée par tout le monde. Ensuite, on a apporté un plat de cailles au porto *(quails cooked in port wine)* accompagné de haricots verts et de pommes persillées *(sprinkled with parsley)*. C'était, paraît-il, délicieux. Nous, les enfants, n'avons pas eu la patience de rester tranquillement assis à table pendant tout ce temps. Mes cousins et moi sommes allés jouer dehors. La salade, qui a suivi le plat principal, ne nous intéressait pas beaucoup plus, mais, par contre, nous guettions *(were watching and waiting for)* avec impatience l'apparition du dessert. Quand le gâteau est arrivé, nous nous sommes précipités à nos places et nous avons réclamé nos parts. Que c'était bon!

Après cela, nous avons regardé les adultes qui ont commencé à raconter des histoires tout en buvant leur café et en sirotant *(while sipping)* leur cognac ou leur liqueur. Mon oncle Félix, toujours drôle, a raconté la blague du pêcheur *(joke about the fisherman)*, celle qu'il racontait à chaque réunion de famille. Papa et mon oncle Fernand ont chanté leur petite chanson traditionnelle et tout le monde a repris le refrain en chœur. Pour nous, c'était la partie la plus intéressante de l'après-midi. Quand les grands se sont mis à parler politique et économie, nous sommes retournés jouer dehors sur la pelouse *(lawn)* où, de temps en temps, les adultes sont venus nous rejoindre pour prendre l'air et fumer leurs cigares ou leurs cigarettes. Ils se plaignaient d'avoir trop mangé. Comment expliquer alors qu'ils se soient remis à table pour manger la tarte à 8 heures du soir?

A. Les mots. Retrouvez dans le texte l'équivalent des mots en italique.

1. une expression qui veut dire *boire quelque chose avant de manger* _____

   _____

2. un adjectif qu'on utilise pour décrire un vin qui est bien *froid* _____

3. un verbe qui veut dire *parler beaucoup* _____

4. un synonyme de *adultes* _____

5. un synonyme de *chaque invité* _____

6. un synonyme de *décoraient* _____

7. un synonyme de *que tout le monde aimait beaucoup* _____

8. une expression qui veut dire *on dit que* _____

9. un verbe qui a le sens de *se dépêcher* _____

10. un verbe qui veut dire *demander avec insistance* _____

11. un nom qui veut dire *une histoire amusante* _____

12. un synonyme de *ils ont commencé à* _____

13. un verbe qui veut dire *exprimaient leur mécontentement* _____

14. une expression qui veut dire *s'installer à table de nouveau* _____

B. Le style. Imitez les phrases en remplaçant les mots en italique par des mots ou des expressions qui conviennent à *votre* sujet.

> **MODÈLE:** Je me souviens très bien *du jour de mariage de ma plus jeune tante.*
> Je me souviens très bien des dîners de Thanksgiving chez mes grands-parents (de la première communion de ma cousine, etc.).

1. Je me souviens très bien *du jour de mariage de ma plus jeune tante.*

_____

2. Les adultes *ont pris l'apéritif* tandis que nous, les enfants, *nous avons reçu de la limonade pétillante.*

_____

3. Tout le monde *s'est alors dispersé en petits groupes pour bavarder.*

_____

4. *La famille seule* a assisté (assistait) *au repas de mariage,* c'est-à-dire, *les parents, grands-parents, oncles, tantes, cousins, cousines des mariés* et nous, *les neveux et nièces.*

_____

_____

5. Il y avait *de grandes nappes blanches* sur les tables et pour chaque convive, *trois verres et trois assiettes.*

_____

6. Quand nous nous sommes installés (nous installions) à table, on a d'abord servi (servait d'abord) *un potage aux tomates,* puis *une entrée de vol-au-vent.* Ensuite, on a apporté (apportait) *un plat de cailles au porto.*

_____

_____

7. Après le repas, nous *avons regardé les adultes* qui *ont commencé à raconter des histoires* tout en *buvant leur café* et *en sirotant leur cognac.*

_____

_____

8. Quand les grands se sont mis (se mettaient) *à parler politique et économie,* nous *sommes retournés jouer dehors sur la pelouse.*

_____

_____

_____

Enfin, rédigez deux ou trois paragraphes dans lesquels vous raconterez le(s) repas dont vous vous souvenez. Inspirez-vous des exercices que vous venez de faire. Utilisez une autre feuille de papier.

PHRASES: Sequencing events

VOCABULARY: Food

GRAMMAR: Compound past tense; past imperfect

Lecture: «Un dîner de seize couverts» (Marguerite Duras)

Avant de lire le texte de Marguerite Duras dans votre **Manuel de classe,** pages 91 à 92, faites l'exercice de pré-lecture. Ensuite, lisez le texte une ou deux fois avant de procéder à l'exercice de lecture.

Pré-lecture. Répondez aux questions avant de lire «Un dîner de seize couverts».

1. Un dîner pour seize personnes, servi par un valet portant des gants blancs. Les invités habillés en smoking *(tuxedo)* et robes décolletées *(with low-cut necklines)*. Le menu: saumon glacé, canard à l'orange, vin blanc, glace au moka.

   a. À quel milieu social associez-vous un tel dîner? _____
   _____

   b. Comment imaginez-vous l'ambiance *(atmosphere)*? Comment sont les gens—sérieux, gais, décontractés *(relaxed)*, affectés? _____
   _____

   De quoi parlent-ils? _____
   _____

2. Une invitée qui préférerait ne pas être obligée d'assister à ce dîner. Comment l'imaginez-vous pendant le dîner? Que fait-elle? Que ne fait-elle pas? _____
   _____

3. Un trio traditionnel: une femme mariée, son mari riche et plus âgé qu'elle, un jeune homme. Imaginez un scénario de roman possible. _____
   _____
   _____
   _____
   _____
   _____

Lecture: «Un dîner de seize couverts». Après avoir lu le texte de Marguerite Duras, essayez de répondre aux questions suivantes.

1. L'action alterne entre trois décors—la salle à manger, la cuisine, l'extérieur de la maison. Racontez brièvement ce qui se passe dans chaque décor.

   a. dans la salle à manger _____
   _____
   _____

   b. à la cuisine _____
   _____

   c. à l'extérieur _____
   _____

2. Choisissez les adjectifs qui décrivent les éléments ou les personnages suivants. Pour chaque adjectif choisi, trouvez dans le texte au moins deux détails qui justifient votre choix.

   a. le dîner: simple / élégant / organisé / décontracté

   _____

   _____

   b. Anne Desbaresdes: soignée *(well-groomed)* / aimable / distraite / bavarde / désordonnée / asociale

   _____

   _____

   _____

   c. l'homme: perdu / indécis / heureux / obsédé _____

   _____

   _____

   _____

Activité écrite: Les Américains à table

Rédigez une courte composition dans laquelle vous exposerez certaines attitudes des Américains à l'égard des repas, de la nourriture, de la cuisine. Utilisez une autre feuille de papier.

SUGGESTIONS: Comparez les habitudes alimentaires des Américains et celles d'autres pays—la France, le Sénégal (si vous vous rappelez bien les témoignages de Dovi Abe), etc. Vous voudrez peut-être utiliser une des idées suivantes comme point de départ (mais ce n'est pas obligatoire).

- Il n'existe pas une véritable tradition culinaire américaine.
- Les Américains mangent tout simplement pour vivre; la cuisine ne joue pas un rôle très important dans leur vie.
- Les habitudes alimentaires des Américains sont en pleine évolution.

PHRASES: Writing an essay; Comparing and contrasting

VOCABULARY: Food

GRAMMAR: Comparison

Allons voir les Français et les francophones...
aux heures de loisirs!

In order to *review* the conjugation of the **passé composé** and the **imparfait**, read the *Rappel* (page 117), then take the *Test*.
- If your score is less than 32, reread the *Rappel*, do the *Exercices de révision* (I and II), and then take the *Repêchage test*.
- If your score is 32 or more, proceed to the next part of the assignment.

In *preparation* for talking about holidays, study the *Fiche lexicale* and do Exercise III.

If you wish to work again with the *Témoignages* you heard in class, listen to SEGMENT 3–1 of the **Audio CD** and do Exercise IV.

Contrôle des connaissances:
Le passé composé et l'imparfait

Test

A. Complete the following conversations, conjugating the verbs in parentheses in the **passé composé**.

1. — Est-ce que Chantal (finir) _____ ses devoirs?

   — Non, elle (se coucher) _____ avant de les finir.

2. — Tu (prendre) _____ l'autobus pour aller en ville?

   — Non, mon frère m(e) (prêter) _____ sa voiture.

3. — Toi et Jacques, vous (aller) _____ au cinéma hier soir?

   — Non, nous (ne rien faire) _____ hier soir.

4. — Gérard, tu (bien se reposer) _____ pendant le week-end?

   — Oui, j(e) (regarder) _____ des films à la télé.

5. — Jean-Pierre et toi, vous (se perdre) _____ en allant chez Cécile?

   — Oui, mais enfin, nous (demander) _____ notre chemin.

6. — Où est-ce qu'ils (laisser) _____ leurs clés?

   — Je ne sais pas. Je (ne pas voir) _____ les clés ce matin.

7. — Jeannette et Martine (pouvoir) _____ venir à la soirée?

   — Oui, mais Martine (arriver) _____ en retard.

8. — Chantal, pourquoi est-ce que tu (se lever) _____ si tôt ce matin?

   — Parce que j(e) (avoir) _____ peur d'être en retard.

9. — Est-ce que vous et vos amis (s'amuser) _____ au match de football?

   — Oui, mais notre équipe (perdre) _____ le match, 2 contre 1.

10. — Est-ce que votre frère et vous (rentrer) _____ ensemble?

    — Oui, nous (se dépêcher) _____ pour attraper le dernier train.

B. Now complete the following narration, conjugating the verbs in parentheses in the **imparfait**.

Quand j(e) (être) _____ jeune, toute ma famille (aller) _____

aux sports d'hiver pendant les vacances de Noël. Mes grands-parents (avoir) _____ un

chalet tout près de Chamonix. Alors, le 26 décembre, nous (se diriger) _____ tous vers

les Alpes. Mon oncle, ma tante et mes cousins (prendre) _____ toujours le train; mes

parents et moi, nous (faire) _____ souvent le voyage en voiture. À Chamonix, pendant

des heures et des heures, mes cousins (descendre) _____ les pistes à toute vitesse. Pas moi!

Je (ne pas vouloir) _____ me casser la jambe. Puis on (finir) _____

la journée en prenant quelque chose dans un café du village. Et vous, est-ce que vous (s'amuser)

_____ aussi pendant les vacances de Noël?

See the ***Corrigés*** at the back of this book for the answers to the ***Test***. A perfect score is
40. If your score is less than 32, reread the rules for conjugating verbs in the **passé
composé** and the **imparfait** in the ***Rappel*** section below; then do ***Exercices de révision***
I and II. After correcting these exercises (see the ***Corrigés*** for the answers), do the
Repêchage test.

If your score is 32 or above, proceed to the ***Pour parler*** section on page 122.

Rappel: Le passé composé et l'imparfait
• •

1. The *passé composé*

The **passé composé** is a compound tense—that is, it is formed by conjugating an auxiliary verb (either **avoir** or **être**) and adding a past participle.

The past participle of most verbs is formed by dropping the infinitive ending and adding é, **i,** or **u:**

-er verbs	**parler**	**parl + é**	**parlé**
-ir verbs	**finir**	**fin + i**	**fini**
-re verbs	**descendre**	**descend + u**	**descendu**

Verbs with irregular past participles include:

avoir	**eu**
être	**été**
faire	**fait**
pouvoir	**pu**
prendre	**pris**
venir	**venu**
voir	**vu**

The use of **avoir** or **être** as the auxiliary verb follows these basic guidelines:

The majority of verbs in French are conjugated with **avoir**.

j'ai travaillé	**nous avons pris**
tu as fini	**vous avez vu**
il a regardé	**ils ont entendu**
elle a perdu	**elles ont fait**

All pronominal verbs are conjugated with **être**.

je me suis couché(e)	**nous nous sommes dépêché(e)s**
tu t'es amusé(e)	**vous vous êtes trompé(e)(s)**
il s'est perdu	**ils se sont retrouvés**
elle s'est levée	**elles se sont disputées**

A limited number of non-pronominal verbs are also conjugated with **être**. Among the most frequently used are: **aller, arriver, descendre, entrer, monter, partir, rentrer, rester, retourner, sortir, venir.**

je suis allé(e)	**nous sommes arrivé(e)s**
tu es parti(e)	**vous êtes resté(e)(s)**
il est entré	**ils sont rentrés**
elle est sortie	**elles sont venues**

Note that when a verb is conjugated with **être**, the past participle usually agrees in gender and number with the subject.

> **Elle** n'est pas encore **arrivée.**
> **Nous** nous sommes **trompés** de route.
> **Ils** sont **montés** dans l'autobus.

To make a verb in the **passé composé** negative, place **ne... pas** (**ne... rien, ne... jamais**) around the auxiliary verb (and the object pronoun):

> Elle **n'est pas** allée en Afrique.
> Il **n'a rien** répondu.
> Ils **ne se sont jamais** rencontrés.

2. The *imparfait*

To form the **imparfait**, begin with the **nous** form of the present tense, drop the **-ons**, and add the following endings: **-ais, -ais, -ait, -ions, -iez, -aient.**

parler nous parlons	sortir nous sortons	descendre nous descendons
je parlais	je sortais	je descendais
tu parlais	tu sortais	tu descendais
il/elle/on parlait	il/elle/on sortait	il/elle/on descendait
nous parlions	nous sortions	nous descendions
vous parliez	vous sortiez	vous descendiez
ils/elles parlaient	ils/elles sortaient	ils/elles descendaient

This rule for the formation of the **imparfait** applies to all verbs in French, except **être.**

INFINITIVE	PRESENT	IMPARFAIT
avoir	nous avons	**j'avais, tu avais,** etc.
faire	nous faisons	**je faisais, tu faisais,** etc.
prendre	nous prenons	**je prenais, tu prenais,** etc.
voir	nous voyons	**je voyais, tu voyais,** etc.
vouloir	nous voulons	**je voulais, tu voulais,** etc.

The stem of the **imparfait** for **être** is **ét-**:

j'étais, tu étais, il/elle/on était, nous étions, vous étiez, ils/elles étaient

Exercices de révision

❊ **I. Monologues.** Complete the following monologues, giving the appropriate form of the **passé composé** of the verbs in parentheses.

1. Mon cousin René (ne pas aller) ______________________________ au match de football. Il (attendre) ______________________________ le dernier moment pour partir, il (se tromper) ______________________________ d'autobus et il (décider) ______________________________ de rentrer chez lui.
2. *(C'est Chantal qui parle.)* Ma sœur et moi, nous (rentrer) ______________________________ vers 9h hier soir. Nous (regarder) ______________________________ un film à la télé. Nous (téléphoner) ______________________________ à des amies, puis nous (se coucher) ______________________________ . Mais je (ne pas pouvoir) ______________________________ m'endormir.
3. *(C'est Jean-Pierre qui parle.)* J(e) (dormir) ______________________________ très tard ce matin. Je (ne pas déjeuner) ______________________________ . Je (se dépêcher) ______________________________ pour aller en classe, mais je (arriver) ______________________________ en retard tout de même.

REMEMBER! An asterisk (❊) preceding an exercise number indicates that the exercise is self-correcting. You will find the answers in the *Corrigés* at the back of this **Manuel de préparation.**

4. Je ne te comprends pas, Martine. Tu (ne pas finir) _____ tes devoirs.

   Tu (ne pas venir) _____ à la soirée chez moi. Tu (ne pas répondre)

   _____ à mes coups de téléphone. Et tu (se disputer) _____

   avec ta meilleure amie lundi! Qu'est-ce qu'il y a?

5. Samedi soir, Yvette (prendre) _____ une douche, elle (s'habiller)

   _____ et elle (sortir) _____ avec Laurent. Ils (aller)

   _____ au restaurant, ils (bien s'amuser) _____ , mais elle

   (ne rien manger) _____ .

6. Michel et Louis, qu'est-ce que vous (faire) _____ hier soir? Pourquoi est-ce que

   vous (ne pas venir) _____ au concert avec nous? Vous (perdre)

   _____ l'occasion d'écouter le meilleur groupe de rock français. J'espère que vous

   (s'amuser) _____ tout de même.

7. *(C'est Jean-François qui parle.)* Hier après-midi, mon frère et moi, nous (prendre) _____

   l'autobus pour aller en ville. Nous (descendre) _____ au centre-ville et nous

   (entrer) _____ dans le premier magasin. Mon frère y (acheter)

   _____ un jean. Puis j(e) (voir) _____ des amies qui

   parlaient à la terrasse d'un café. Nous y (rester) _____ pendant une demi-heure puis

   elles (retourner) _____ au magasin avec nous.

❋ **II. Interrogatoires.** Complete the following questions and answers, using the appropriate form of the **imparfait** of the verbs in parentheses.

1. —Quand tu (être) _____ petite, est-ce que tu (écouter) _____ tes

   parents? Est-ce que tu (se disputer) _____ avec tes frères? Est-ce que tu (répondre)

   _____ aux questions des grandes personnes?

   —Quand j(e) (avoir) _____ 5 ou 6 ans, j(e) (être) _____ toujours très

   sage. Je (s'entendre) _____ bien avec mes frères et je (parler) _____

   très poliment aux grandes personnes.

2. —Quand vous (être) _____ à Paris, est-ce que vous (séjourner) _____

   dans un hôtel? Est-ce que vous (sortir) _____ souvent avec des amis français? Est-ce

   que vous (s'amuser) _____ toujours?

   —J(e) (avoir) _____ un appartement dans le 6ᵉ arrondissement. J(e) (aller)

   _____ souvent au cinéma ou au théâtre avec mes amis français. J(e) (aimer)

   _____ beaucoup la vie parisienne.

3. —Quand Anne-Marie (être) _____ jeune, où est-ce qu'elle (faire) _____

   ses études? Est-ce qu'elle (prendre) _____ l'autobus pour aller à l'école? Est-ce qu'elle

   (réussir) _____ bien à l'école?

   —Anne-Marie et ses frères (faire) _____ leurs études au lycée Champollion. Ils y (aller)

   _____ à pied. Anne (faire) _____ toujours attention en classe,

   mais ses frères (être) _____ souvent distraits.

Repêchage

A. Complete the following conversations, conjugating the verbs in parentheses in the **passé composé.**

1. —Alfred, tu (acheter) _____ quelque chose en ville?

   —Non, mais j(e) (choisir) _____ un bon restaurant pour notre dîner de gala.

2. —Martine, tu (ne pas aller) _____ à ton premier cours ce matin?

   —Non, je (rester) _____ au lit jusqu'à 10h.

3. —Elle (venir) _____ à la soirée?

   —Non, elle (regarder) _____ des vidéos avec des amis.

4. —Vous (voir) _____ les Duvallier?

   —Non, ils (rentrer) _____ après nous.

5. —Sylvie, qu'est-ce que ton mari (faire) _____ pendant ton absence?

   —Rien. C'est pourquoi je (se fâcher) _____ contre lui.

6. —Ils (faire) _____ du ski le week-end dernier?

   —Non, ils (jouer) _____ au hockey.

7. —Pourquoi est-ce que François (ne pas déjeuner) _____ ce matin?

   —Il (se lever) _____ trop tard.

8. —Tu (parler) _____ à Jacqueline et à sa mère?

   —Non, elles (se coucher) _____ avant notre arrivée.

9. —Vous (attendre) _____ l'autobus pour aller à la gare?

   —Non, nous (prendre) _____ un taxi.

10. —Annick, tu (retrouver) _____ tes amis au centre commercial.

    —Non, je (se tromper) _____ d'heure.

B. Now complete the following narration, conjugating the verbs in parentheses in the **imparfait.**

Je me souviens bien des dîners qu'on (prendre) _____ chez ma grand-mère. Elle et mon grand-père (habiter) _____ près de Lausanne. Il y (avoir) _____ toujours de bonnes choses à manger chez elle. Mon frère et moi, nous (attendre) _____ avec impatience l'heure du dîner. Et moi, je (finir) _____ toujours tout dans mon assiette. Après le repas, mon père et mon grand-père (se promener) _____ dans le bois près de la maison. Ma mère (faire) _____ la vaisselle avec ma grand-mère. Mon frère et moi, nous (s'amuser) _____ à jouer avec les animaux. J(e) (être) _____ triste de rentrer chez nous. Surtout parce qu'on (prendre) _____ toujours le car pour rentrer. Et vous, est-ce que vous (aller) _____ souvent chez vos grands-parents dans votre enfance?

> See the *Corrigés* at the back of this book for the answers to the *Repêchage* test. The total number of points is 40. If you received a score of 32 or better, you have passed the test. If you scored below 32, let your instructor know by placing an **X** in the box at the upper right-hand corner of the re-test. In either case, proceed to the *Pour parler* section on page 122.

Pour parler... des fêtes
Fiche lexicale

une fête (religieuse, civile)
un jour de fête
un jour férié (un jour de fête où on ne travaille pas)

célébrer une fête
fêter (Noël, la Toussaint, etc.)

le Jour de l'An
    se souhaiter une bonne et heureuse année
    s'embrasser à minuit
    donner des étrennes (petits cadeaux ou sommes d'argent)
       aux enfants, au facteur, au concierge, etc.
    envoyer une carte à ses amis lointains

Pâques *(f.pl.)*
    offrir aux enfants des œufs en sucre ou
      en chocolat
    aller à l'église
    le vendredi saint
    le dimanche de Pâques

la Pâque juive *(Passover)*

le 14 juillet
    décorer les maisons de drapeaux et
      de lampions *(Chinese lanterns)*
    danser dans les bals populaires
    regarder les feux d'artifice *(fireworks)*
    regarder le défilé
    les anciens combattants *(veterans)*
    les militaires
    les scouts
    la fanfare *(brass band)* municipale

la fête d'Halloween
    une citrouille *(pumpkin)*
    creuser *(hollow out)*
    découper
    éclairer de l'intérieur
    se déguiser / mettre un costume
    demander des bonbons
    menacer de jouer un tour à quelqu'un
      (threaten to play a trick on)

le Ramadan
    jeûner *(to fast)* depuis le lever jusqu'au
      coucher du soleil
    étudier le Coran
    donner à manger aux gens qui ont faim

la Toussaint / le Jour des Morts
    aller au cimetière
    mettre/déposer des fleurs sur la tombe de
      quelqu'un

la fête de Thanksgiving
    se retrouver en famille
    manger de la dinde

Hanoukka
    garder allumée la Menora
    échanger des cadeaux

Noël
    offrir (donner) des cadeaux *(m.pl.)*
    mettre des chaussures (des chaussettes) pour
      le père Noël
    décorer un sapin (un arbre) de Noël
    aller à la messe de minuit
    le réveillon (grand repas)

✤ **III. Quelques fêtes françaises.** Utilisez le vocabulaire donné ci-dessus pour compléter les descriptions de ces fêtes françaises.

1. Les fêtes en France comprennent des fêtes _____ (Pâques, Pentecôte, Assomption, Toussaint, Noël) issues de la tradition catholique et des fêtes _____ (Jour de l'An, fête du travail, le 14 juillet).

2. À Noël, les familles se réunissent autour du _____ traditionnel pour échanger des _____ . Dans la nuit du 24 au 25, on va souvent à la _____ , puis on rentre à la maison pour le _____ . Les enfants mettent des _____ devant la cheminée dans l'attente de l'arrivée du _____ .

3. Une semaine plus tard, on accueille le Nouvel An en se souhaitant _____ et en s'embrassant à _____ sous une branche de gui (*mistletoe*). On appelle cette fête en France le _____ et on _____ des petits cadeaux (des _____) aux enfants et aux gens qui travaillent pour vous.

4. À la fin du mois de mars ou au début d'avril, on _____ la fête de _____ . C'est l'anniversaire de la résurrection du Christ. Le _____ , les cloches (*bells*) de toutes les églises se taisent (*fall silent*) mais elles recommencent à sonner le _____ . Le _____ matin on cache des _____ dans le jardin ou la maison et c'est aux enfants de les retrouver.

5. La fête populaire par excellence, c'est la fête du _____ , qui commémore la prise de la Bastille à l'époque de la Révolution. On voit partout des _____ tricolores et des _____ . Dans la nuit du 13 on _____ dans les rues. Le matin du 14, à Paris, on va voir passer la revue (un grand _____ militaire qui descend les Champs-Élysées devant le président de la République). Et le soir du 14, dans beaucoup de villes, on peut admirer des _____ .

6. Ce n'est que dans les pays anglo-saxons qu'on célèbre la fête d'Halloween, la nuit du 31 octobre. Mais en France le 1ᵉʳ novembre, c'est la _____ et le 2 novembre, c'est le _____ . Ce jour-là, beaucoup de gens vont au _____ pour fleurir les _____ de leurs parents et amis morts.

Témoignages (facultatif)

Écoutez!  **Audio CD:** Segment 3-1 CD 2, track 8

✱ **IV. Comment passez-vous votre temps?** Écoutez encore une fois les quatre interviews, puis complétez le tableau suivant. Si l'interview ne donne pas les renseignements nécessaires pour remplir une case, mettez-y un X.

> ➤ **VOCABULAIRE UTILE:**
>
> Valérie Écobichon — **Dinan** *(small city in Brittany)*, **horaires** *(time schedules)*, **gros travaux** *(heavy work)*, **ramasser le foin** *(to gather the hay)*, **bétail** *(livestock)*, **nourrir** *(feed)*
>
> Anne Squire — **matinées** *(mornings)*, **répétitions** *(rehearsals)*, **quotidien** *(daily)*, **autre part** *(elsewhere)*, **à plein temps** *(full time)*, **Fac** *(short for Faculté, part of the university)*, **quatuor** *(quartet)*
>
> Henri Gaubil — **se rendre** *(to go)*, **tantôt** *(sometimes)*, **de bonne heure** *(early)*, **étant donné** *(given)*, **règne** *(reigns)*, **d'ailleurs** *(moreover)*, **effectivement** *(in fact)*, **climatisation** *(air conditioning)*
>
> Robin Côté — **chercheur en physique** *(researcher in physics)*, **de sorte que** *(that way)*, **malgré tout** *(in spite of everything)*, **calculs** *(calculations)*, **m'entraîner** *(to work out)*, **bouquins** *(books)*, **le lever** *(getting up)*, **spectacles** *(shows)*, **Mont Royal** *(suburb of Montreal)*, **tam-tam** *(type of drum)*, **amène** *(brings along)*, **aux alentours de** *(around, about)*

	le travail	le temps libre
Valérie Écobichon		
Anne Squire		
Henri Gaubil		
Robin Côté		

À FAIRE! (3—2)   Manuel de classe, pages 104–108

In *preparation* for talking about various leisure-time activities, study the *Fiche lexicale* and do Exercise V.

In order to *learn* the uses of the **passé composé** and the **imparfait**, read the explanation and do Exercises VI and VII.

Pour parler... des loisirs
Fiche lexicale

Les activités culturelles

aller au cinéma / voir un film

aller au théâtre / voir une pièce (de théâtre)

aller à l'opéra / voir un opéra

aller au ballet / voir un spectacle de danse (classique, moderne)

aller au musée / voir une exposition de peinture (de sculpture, d'eaux-fortes [engravings])

aller à un concert (de musique classique, de musique moderne, de jazz)

Les sports d'été

jouer au tennis (faire du tennis) / faire une partie de tennis (to play a game of tennis)

jouer au golf / faire une partie de golf

nager / se baigner / faire de la natation

faire de la voile (to go sailing)

faire de la planche à voile (to go windsurfing)

faire du ski nautique

faire du canoë-kayak

faire de l'équitation (f.) / monter à cheval (to go horseback riding)

faire du jogging (du footing)

faire du vélo

faire une (des) randonnée(s) (to go hiking, to go on a hike)

se promener / faire une promenade / se balader / faire une balade (à pied, à vélo, en voiture)

faire du camping

Les sports d'hiver

faire du ski de piste (du ski alpin) (to go downhill skiing)

faire du ski de fond (to go cross-country skiing)

faire du patinage (to go ice skating) / faire du patin à glace

faire de la luge (to go sledding)

jouer au basket (au hockey sur glace, au football [soccer])

Les activités qui se pratiquent à la maison

lire un livre (le journal, une revue, un magazine)

jouer aux cartes (f.pl.) (au bridge, au poker) / faire un jeu de patience (to play solitaire)

jouer aux échecs (m.pl.) (to play chess)

jouer aux dames (f.pl.) (to play checkers)

écouter la radio / écouter un programme de musique (la météo / les informations [news])

regarder la télé(vision) / regarder les actualités (f.pl.) (news) (une émission de variétés, un feuilleton [soap opera], une série, un match de football)

collectionner les timbres (m.pl.)

Les distractions

aller au cirque

aller au zoo

aller à un concert de rock (de musique populaire)

aller dans un club de jazz

aller en discothèque (au cabaret)

Les autres divertissements/activités de loisir

faire du jardinage / jardiner

faire du bricolage / bricoler (to putter, do home repairs and projects)

aller à la chasse (to hunt) / chasser

aller à la pêche (to fish) / pêcher

faire de l'aérobic (m.)

faire de la gymnastique

faire de la danse (classique, moderne)

faire du yoga

faire du judo (du karaté)

faire de la musculation (to lift weights)

faire de l'exercice (m.)

Chose 4

V. Pour profiter de son temps libre. Vos amis se plaignent *(complain)* souvent qu'ils n'ont rien à faire. En consultant la *Fiche lexicale,* suggérez au moins *trois* activités qui correspondent aux intérêts de chaque personne.

1. une amie qui est très sportive (c'est l'hiver)

   Tu peux _faire de la luge, faire du ski du fond, ou faire du ski du piste._

2. un ami qui aime beaucoup la nature, mais qui n'est pas très sportif

   Tu peux _monter à cheval, faire du camping, ou faire un promenade._

3. deux amis qui ont besoin de maigrir

   Vous pouvez _____

   _____

4. un ami qui est malade et qui doit garder le lit pendant huit jours

   Tu peux _regarder la télé, lire un livre, ou jouer aux dames._

5. deux amies qui vont bientôt partir en vacances d'été

   Vous pourrez _____

   _____

6. deux amis qui n'aiment pas rester à la maison le soir

   Pourquoi ne pas _aller à un concert de rock, aller en discothèque, ou aller dans un club de jazz?_

7. un ami (un monsieur plus âgé) qui vient de prendre sa retraite *(to retire)*

   Maintenant tu auras le temps de (d') _____

   _____

8. un couple qui a des enfants de moins de dix ans

   Toute la famille peut _____

   _____

Fonction: Comment parler du passé (1)

L'emploi du passé composé et de l'imparfait

You are probably already familiar with the basic uses of the **passé composé** and the **imparfait.** In general, the difference between the two tenses turns on the distinction between states and actions that are treated as *limited to a specific moment, period of time, or number of repetitions* (**passé composé**) as opposed to states and actions that are presented as *unfinished or habitual.* The chart below gives you a detailed look at some specific uses of the two tenses.

Outline of specific uses of the *passé composé* and the *imparfait*

A SINGLE ACTION OR STATE

1. Use the *passé composé:*

    - if the action or state is presented as finished at a *specific moment* and *complete* within itself, *whether or not the moment is expressed.*

      Nous sommes allés à la bibliothèque.
      Il a fini ses devoirs à 11 h.
      J'ai eu du mal à trouver ton adresse.
      Hier **il a fait** très froid.

    - if the action or state is presented as completed in a *specific period of time.*

      Elle a travaillé pendant huit heures.
      Nous avons vécu trois ans au Maroc.

    - if the action or state is presented as repeated a *definite number of times* or within a *limited period of time.*

      Nous avons vu quatre ou cinq films le mois dernier.
      Je lui **ai téléphoné** plusieurs fois, sans l'avoir.

2. Use the *imparfait:*

    - if the action or state is presented as *unfinished* and as the *background* for other actions, *even if a specific moment is expressed.*

      Nous allions à la bibliothèque. (En route, nous avons vu...)
      Mardi dernier, **j'étais** assise à la terrasse d'un café. (Tout à coup j'ai remarqué...)
      Il faisait très froid. (Par conséquent, j'ai mis...)

    - if the action or state is presented as *habitual* or repeated an *indefinite number of times.*

      Quand j'étais petit, **j'aimais** dormir avec mes parents.
      Au lycée, **nous jouions** souvent des tours à nos profs.
      J'avais toujours du mal à comprendre mon prof d'espagnol.

TWO OR MORE ACTIONS OR STATES

3. Use the *passé composé:*

    - if the actions or states occurred *consecutively.*

      Elles se sont levées, elles ont dit au revoir et **elles sont parties.**
      D'abord, **j'ai été** surpris; ensuite, **je me suis fâché.**

- if the actions or states occurred *at the same moment*.

    Quand **nous sommes entrés**, personne ne s'est levé.
    Lorsque le chien **a commencé** à aboyer, moi, **j'ai eu** peur.

- if the actions or states continued together for a *limited period of time* and the emphasis is on that period of time.

    Elle a regardé la télévision pendant que **nous avons préparé** le dîner.
    Pendant que **mon mari a fait** sa toilette, **je suis restée** au lit.

4. Use the *imparfait*:

    - if the actions or states *continued* together for a period of time *(limited or not)* and you want to emphasize that they *were going on* at the same time.

        Quel triste spectacle! **La terre était** recouverte de blessés; **les uns criaient; les autres gémissaient;**
        les infirmiers couraient ça et là.
        Pendant que **je faisais** la vaisselle, **ma femme aidait** mon fils à faire ses devoirs et **ma fille s'amusait**
        à faire des dessins.

5. Use the *imparfait* and the *passé composé*:

    - if one action or state served as the *background* or the *context* (**imparfait**) for the other (**passé composé**).

        Pendant que **nous étions** en ville, **nous avons rencontré** M. et Mme Queffelec.
        Elle lisait au moment où **la bombe a explosé**.
        J'ai remarqué un vieil homme qui **traversait** la rue à l'aide d'une canne.

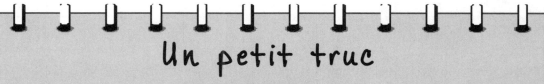

Un petit truc

L'ACCORD DU PARTICIPE PASSÉ

Verbes conjugués avec *être*: past participle agrees in number and gender with the subject

    Sophie est retournée en Martinique.

    Les deux garçons sont partis sans nous.

Verbes conjugués avec *avoir*: past participle agrees in number and gender with the direct object IF it *precedes* the verb

- direct object pronoun:

    Sophie? Je ne l'ai pas vue récemment. (l' = la = Sophie)

- relative pronoun **que**:

    Où sont les outils que nous avons achetés? (que = outils)

Verbes pronominaux: conjugated with **être**, but the past participle agrees NOT with the subject, BUT with a preceding direct object

- pronoun = direct object:

    Micheline et moi, nous nous sommes embrassées. (agreement)

- pronoun = indirect object:

    Micheline et moi, nous nous sommes parlé au téléphone. [parler à] (no agreement)

✳ VI. Un séjour à la Martinique. Utilisez les verbes et les expressions suggérés pour raconter votre séjour à la Martinique. Mettez les verbes au(x) temps indiqué(s).

1. *le récit de quelques actions consécutives (**passé composé**)*
   Il y a trois ans mes parents et moi, nous sommes allés à la Martinique. (nous) y arriver vers dix heures du soir / (mon père) louer une voiture / (nous) aller directement à notre hôtel

   nous sommes y arrivés
   mon père a loué
   nous sommes allés

2. *le récit de quelques notations générales dans le temps (**imparfait**)*
   Nous sommes descendus à l'hôtel Malmaison. (notre hôtel) être très confortable / (il) se trouver au centre de Fort-de-France / (nous) avoir une vue panoramique sur la Savane et sur la Baie

   Notre hôtel était
   Il se trouvait
   nous avions

3. *le récit de quelques actions limitées dans le temps (**passé composé**)*
   Le lendemain matin, pendant trois heures (nous) se promener dans Fort-de-France / de 14h à 16h (ma mère et mon père) visiter le musée du Rhum à Sainte-Marie / (nous) passer la soirée au casino de l'hôtel Méridien

   Nous nous sommes promené
   Ils sont visités
   Nous avons sommes passés

4. *la description de quelques actions en cours (**imparfait**)*
   Le deuxième jour, nous avons visité l'île. Quand nous sommes arrivés à Grande-Rivière, à l'extrémité nord de l'île, (les pêcheurs) rapporter la pêche au port / (les femmes) faire la lessive au bord de l'eau / (les jeunes) s'amuser à faire du surfing

   les pêcheurs rapportaient
   les femmes faisaient
   les jeunes s'amusaient

5. *l'évocation de quelques états limités dans le temps (**passé composé**)*
   Un jour nous avons fait du parachute ascensionnel dans la baie de Fort-de-France. (ma mère) avoir très peur / (mon père) se sentir malade en regardant l'eau de si haut / mais moi, (je) être ravi de voler au-dessus de la mer

   Ma mère a eu
   mon père s'a sentit
   j'ai été

6. *le récit de quelques actions répétées mais limitées dans le temps (**passé composé**)*
   Pendant notre semaine à la Martinique (nous) prendre un repas excellent tous les soirs / ma mère et moi, (nous) faire du shopping presque tous les jours / et (mon père) gagner trois fois à la roulette

   Nous ~~e~~ avons pris
   nous avons finit
   Mon père a gagné

7. *le récit de quelques actions et l'évocation de leur contexte (**imparfait et passé composé**)*
   Le jour de notre départ, pendant que (nous) aller à l'aéroport, (je) voir deux enfants sales et mal habillés (qui) jouer dans la boue à l'extérieur de l'aérodrome. À ce moment (je) penser que ça, (c') être l'image de la Martinique: la pauvreté traditionnelle et la technologie moderne, l'une à côté de l'autre.

   ~~Je~~ nous ~~sommes~~ allions
   j'ai ~~te~~ vu; qui ~~xxxxx~~ jouait
   je pensait; c'était.

VII. Hier et autrefois. Parlez de votre passé récent et plus lointain en suivant les indications données.

1. D'abord, écrivez *cinq* phrases pour parler de vos activités d'hier. Employez le **passé composé** des verbes suivants: **se lever / (ne pas) prendre / aller / rentrer / se coucher.**

   a. _____

   b. _____

   c. _____

   d. _____

   e. _____

2. Ensuite, écrivez *cinq* phrases pour raconter une journée typique quand vous étiez au lycée. Employez l'**imparfait** des mêmes verbes.

   a. _____

   b. _____

   c. _____

   d. _____

   e. _____

3. Maintenant, écrivez *une* phrase dans laquelle vous mentionnez *trois* actions consécutives que vous avez accomplies hier. Mettez les verbes au **passé composé.**

   _____

   _____

4. Ensuite, écrivez *une* phrase dans laquelle vous mentionnez *trois* choses qui se passaient au moment où vous êtes arrivé(e) à votre dernier cours de français. Mettez les verbes à l'**imparfait.**

   _____

   _____

5. Maintenant, écrivez *une* phrase dans laquelle vous mentionnez *trois* choses que vous avez faites pendant votre dernière année au lycée. Mettez les verbes au **passé composé.**

_____

_____

_____

6. Enfin, écrivez *trois* phrases dans lesquelles vous parlez d'une action et du contexte de cette action. Employez l'**imparfait** et le **passé composé.** Vous pouvez situer les actions à n'importe quel moment du passé (hier, la semaine dernière, en 1992, etc.).

a. _____

_____

b. _____

_____

c. _____

_____

À FAIRE! (3–3)   Manuel de classe, pages 108–111

In order to *review* the vocabulary associated with holidays and the basic uses of the **passé composé** and the **imparfait,** do Exercise VIII.

In order to *learn* additional distinctions between the **passé composé** and the **imparfait,** read the explanation and do Exercises IX and X.

If you wish to work again with the *Témoignages* you heard in class, listen to SEGMENT 3–3 of the **Audio CD** and do Exercise XI.

Pour communiquer
Écrivez!

VIII. Mon journal. Vous tenez un journal intime dans lequel vous notez tous les soirs les événements de la journée. Choisissez *deux* jours de fête dont vous vous souvenez bien et rédigez ce que vous auriez pu écrire dans votre journal au sujet de votre façon de célébrer ces deux fêtes. Utilisez une autre feuille de papier.

PHRASES: Sequencing events; Linking ideas

VOCABULARY: Leisure

GRAMMAR: Compound past tense; Past imperfect

Fonction: Comment parler du passé (2)

Le verbe auxiliaire: avoir *ou* être

Ils sont montés dans la voiture.	*They got in* the car.
La voiture a monté le boulevard à toute vitesse.	*The car went up* the boulevard at full speed.

Certain verbs—in particular, **descendre, monter, passer, sortir, retourner**, and **rentrer**—can be conjugated with either **avoir** or **être**.

• When *used alone* or when *followed by a preposition*, they use **être**.

Elle est sortie. **Ils sont descendus de l'autobus.**

• When *followed by a direct object*, they require **avoir**.

Elle a sorti un revolver de son sac. **Ils ont descendu l'escalier ensemble.**

• These verbs often have a different meaning when used with **avoir**.

Il *est* descendu du train. *(got off)*
Il *a* descendu l'escalier. *(went down)*

Nous *sommes* passés devant la maison. *(passed)*
Nous *avons* passé deux heures ensemble. *(spent)*

Ils *sont* sortis avant toi. *(went out, came out)*
Ils *ont* sorti leurs mouchoirs. *(took out)*

Pourquoi *est*-elle retournée en Afrique? *(did . . . go back)*
Pourquoi *as*-tu retourné sa photo? *(did . . . turn around)*

À quelle heure *es*-tu rentrée hier soir? *(got home)*
As-tu rentré la voiture au garage? *(put back)*

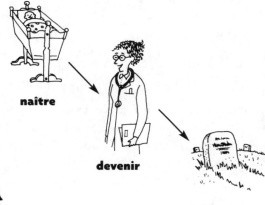

naître

devenir

mourir

rester

descendre

tomber

sortir

aller
venir

entrer

monter

revenir
rentrer
retourner

arriver

passer

partir

✱ **IX. Paragraphes.** Complétez les paragraphes suivants en conjuguant les verbes au **passé composé**. Faites attention au choix de l'auxiliaire (**avoir** ou **être**) et à l'accord du participe passé. Utilisez chaque verbe une seule fois.

1. **s'amuser / mourir / naître / passer / vivre (vécu,** *to live***) / voir**

   Ma grand-mère _____ en 1910 et elle _____ l'année dernière.

   C'est-à-dire qu'elle _____ plus de quatre-vingts ans. La dernière fois que je

   _____ , elle était toujours très alerte. Nous _____ deux heures

   ensemble et nous _____ bien _____ .

2. **avoir / demander / descendre / dire / disparaître (disparu,** *to disappear***) / engager / monter / ouvrir (ouvert,** *to open***) / se regarder / retourner / se retourner** *(to turn around)* **/ sortir**

   Mon partenaire et moi, nous sommes détectives et hier nous _____ une expérience très

   bizarre. Notre client, un monsieur très riche, nous _____ de suivre *(to follow)* sa femme.

   Elle _____ de la maison vers 10h du matin, elle _____ l'avenue

   Champollion et elle _____ la portière d'une voiture qui attendait au coin.

   Tout à coup, elle _____ et elle nous _____ très poliment:

   «Messieurs, je voudrais vous présenter mon ami, Charles Lécuyer; Charles, voici les hommes que mon mari

   _____ pour nous suivre.» Puis elle _____ dans la voiture et

   elle et son ami _____ . Mon partenaire et moi, nous _____ pendant

   un moment, puis nous _____ au bureau.

3. **avoir (eu) / apprendre / arriver / s'asseoir (assis) / dire (dit) / embrasser / entrer / lire (lu) / se parler / rendre visite / rester / retrouver / sortir**

   Ma mère avait une vieille amie qui habitait de l'autre côté de la ville. Un jour elle _____

   que son amie était malade. Donc, Maman et moi, nous lui _____ . Quand nous

   _____ chez la vieille dame, j(e) _____ à l'extérieur. Maman

   _____ et elle _____ près du lit de la malade. Les deux vieilles amies

   _____ pendant un quart d'heure, puis l'amie de Maman _____ une

   lettre de son sac à main. Maman l' _____ , puis elle _____ sa vieille

   amie et m' _____ à l'extérieur. Pendant le voyage de retour, Maman _____

   l'air très triste et elle n' _____ rien _____ . Je ne sais toujours pas ce

   qu'il y avait dans la lettre.

4. **s'amuser / se casser / être (été) / faire / falloir (fallu,** *to be necessary***) / monter / passer / recevoir (reçu,** *to receive***) / tomber**

   Il y a quelques années mon oncle et ma tante _____ leurs vacances en Allemagne.

   Malheureusement, ils ne _____ pas bien _____ . Pendant les trois

   premiers jours, il _____ très mauvais temps et ils _____ obligés de

   rester dans leur hôtel. Le quatrième jour, ils _____ en haut d'une tour pour avoir une

   meilleure vue sur le paysage, mais ma tante _____ et elle _____ la

   jambe. Enfin, ils _____ un télégramme disant que leur maison avait été détruite dans un

   incendie. Il _____ qu'ils rentrent avant la fin prévue de leur séjour. Quelles tristes

   vacances!

La narration: les événements principaux et le contexte de l'action

Learning to use the **passé composé** and the **imparfait** appropriately requires both patience and practice. While some of the distinctions in meaning between the two tenses are reflected in English (**Je suis allé en ville hier** [*I went downtown*] vs. **Hier j'allais en ville quand j'ai vu un accident horrible** [*I was going downtown*]), others are not (**J'ai eu un petit problème** [*I had*] vs. **J'avais beaucoup de temps libre** [*I had*]). It is important to take into account the *function* a verb is playing in what you're talking about. For example, read this mini-narrative:

> *Mardi dernier, quand Marc et moi, **nous sommes allés** voir Anne-Marie, **elle n'est pas descendue** tout de suite. **Elle était** en train de coucher les enfants. Elle leur **lisait** un conte de fées et **ils voulaient** entendre la fin avant de s'endormir. **Nous avons** donc **attendu** dans le salon pendant une demi-heure avant de lui parler.*

The **passé composé** is used to:

- situate the narration in time (**mardi dernier nous sommes allés**);
- enumerate the main actions or events (**elle n'est pas descendue, nous avons attendu**)

The **imparfait** is used to:

- give background information (**elle était en train de... , elle lisait**)
- offer explanations (**ils voulaient**)

Now read the beginning of this more developed narrative:

> *Il faut que je te raconte ce qui **m'est arrivé** le week-end dernier. **Je faisais** du camping avec ma femme et mes beaux-parents. **Il faisait** très froid et **il y avait** très peu de gens dans notre camping. Vers 11h du soir, **nous étions** assis autour du feu quand tout à coup, **j'ai entendu** un bruit. **Je me suis retourné** et là, à trois mètres du feu, **j'ai vu** un ours. **Il était** énorme! **Son pelage** épais **ne cachait pas** ses longues griffes. **Il nous regardait** d'un air curieux. **J'ai dit** à mes compagnons...*

The **passé composé** is used to:

- situate the narration in time (**ce qui m'est arrivé le week-end dernier**)
- recount the events that make the story go forward (i.e., the verbs that respond to the question: **Qu'est-ce qui s'est passé?**) (**j'ai entendu, je me suis retourné, j'ai vu, j'ai dit**)

The **imparfait** is used to:

- set the scene, describe the situation or context in which the story took place (**je faisais, il faisait, il y avait, nous étions**)
- describe situations and recount events that do *not* advance the story (i.e., verbs that respond to questions such as: **Quelle était la situation? Comment étaient les personnages? Pourquoi est-ce qu'ils étaient là?**, etc.) (**Il était, son pelage ne cachait pas, il regardait**)
- suggest to the listener that there is more to come: **Par beau temps, mes amis et moi, nous nous promenions à vélo à la campagne ou nous faisions de la voile sur le lac. En hiver, je passais des heures à discuter dans le Rathskeller, bien abritée du vent et du froid.** The listener anticipates the beginning of a more specific anecdote. For example, **Mais un jour (une fois) (un hiver)...**

✳ **X. Le combat du serpent et de la mangouste** *(mongoose).* Complétez le récit suivant, inspiré de l'autobiographie de l'écrivain d'origine martiniquaise Mayotte Capécia *(Je suis Martiniquaise)*, en mettant les verbes à la forme convenable du **passé composé** ou de l'**imparfait**.

Quand Mayotte Capécia (être) _____ petite, son père l'(inviter) _____ quelquefois à l'accompagner aux combats. Le père (aimer) _____ surtout les combats de coqs, mais sa fille (préférer) _____ les combats de serpents et de mangoustes. Elle se rappelle bien le premier combat de serpent et de mangouste qu'elle (voir) _____ .

Quand Mayotte et son père (arriver) _____ à l'endroit où (se passer) _____ généralement les combats, le serpent (être) _____ dans sa cage. Il (se jeter) _____ à droite et à gauche pour se réfugier dans un coin. Tout à coup on (ouvrir) _____ la porte de la cage et on y (précipiter *[to push in]*) _____ une mangouste. Au début, la bête (sembler) _____ avoir peur, elle aussi, car elle (se blottir *[to huddle]*) _____ à l'autre extrémité de la cage. Mais, après quelques instants, la mangouste (s'avancer) _____ vers le serpent et (essayer) _____ de lui tirer la queue *(tail)*. Celui-ci (se retourner) _____ brusquement et (faire) _____ un bond en avant pour mordre *(to bite)* son adversaire. La mangouste (esquiver *[to elude]*) _____ le serpent, (se reposer) _____ un moment, puis elle (revenir) _____ à la charge. Cette fois, elle (réussir) _____ à mordre le serpent sur la tête. Furieux, le serpent (s'échapper) _____ , mais la petite bête, avec une rapidité incroyable, (saisir) _____ une seconde fois son adversaire.

Cette danse violente mais gracieuse (continuer) _____ pendant plusieurs minutes. Les spectateurs (crier) _____ , le propriétaire de la mangouste (encourager) _____ son animal et Mayotte et son père (suivre *[to follow]*) _____ attentivement ce combat du bien et du mal.

Les combattants (se lâcher *[to let go]*) _____ et (se reprendre *[to grab on to each other]*) _____ une dizaine de fois. Enfin, comme toujours, la mangouste (remporter) _____ la victoire; le serpent (cesser) _____ de se défendre. Cependant, quand son propriétaire l'(retirer) _____ de la cage, la mangouste (être) _____ en sang et (sembler) _____ morte de fatigue. Néanmoins, Mayotte, elle, (se sentir) _____ heureuse de la victoire de la bonne mangouste sur le méchant serpent.

Témoignages (facultatif)

Écoutez!
Audio CD:
Segment 3-3
CD 2, track 10

✳ **XI. Comment passez-vous votre temps libre?** Écoutez encore une fois les interviews, puis complétez le tableau suivant. Si l'interview ne donne pas les renseignements nécessaires pour remplir une case, mettez-y un X.

> ➦ **VOCABULAIRE UTILE:**
> Florence Boisse-Kilgo — **tours en vélo** *(bike rides),* **du cheval** *(horseback riding),* **trucs** *(here: jobs),* **ranger** *(to pick up),* **paperasserie** *(paperwork),* **cochon d'Inde** *(guinea pig)*
> Xavier Jacquenet — **ciné = cinéma, boire un pot** *(to go out for a drink),* **flâner** *(to go for a stroll),* **quasiment** *(almost),* **examens de rattrapage** *(make-up exams),* **de par** *(because of),* **reçoivent** *(host),* **tarot** *(card game),* **sauf** *(except),* **prennent une location** *(rent a place),* **contraintes d'horaires** *(time constraints)*
> Sophie Everaert — **course à pied** *(running),* **courir** *(to run),* **soit... soit...** *(either. . . or. . .),* **menez** *(lead)*
> Robin Côté — **patine** *(skate),* **au grand air** *(outdoors),* **à tout le moins** *(at least),* **sinon** *(if not),* **taille** *(size),* **avouer** *(to admit),* **fleuve** *(river),* **endroit** *(spot, place),* **salée** *(salt),* **marées** *(tides),* **pistes cyclables aménagées** *(prepared bicycle trails),* **moyens financiers** *(financial means),* **saucette** *(little trip or stop-over, Québécois expression)*

	à la maison	en dehors de la maison	en vacances
Florence Boisse-Kilgo			
Xavier Jacquenet			
Sophie Everaert			
Robin Côté			

À FAIRE! (3—4)　　　Manuel de classe, pages 112–115

As a *review* of the passé composé and the **imparfait,** do Exercise XII.

In *preparation* for work in class, do Exercises XIII and XIV.

Fonction: Comment parler du passé (2) (suite)

✻ **XII. Une partie de voile** *(A sailing party).* Vous allez raconter ce qui s'est passé le jour où quatre amis ont décidé de faire un tour en bateau à voile. Vous pourrez vous inspirer des dessins pour le début de votre récit, mais ce sera à vous d'en inventer la fin. Faites attention à l'emploi du **passé composé** et de l'**imparfait**.

VOCABULAIRE UTILE: **faire un temps splendide, avant de prendre la mer** *(before setting sail)*, **charger** *(to load)*, **des cannes à pêche** *(fishing poles)*, **des provisions, hisser la voile** *(to raise the sail)*

Le week-end dernier quatre amis ont décidé de faire une partie de voile. Samedi, vers 9h du matin, ils se sont retrouvés sur le quai. _____

_____

_____

_____

_____

VOCABULAIRE UTILE: **jeter l'ancre en pleine mer** *(to anchor in the open sea)*, **avoir chaud, avoir faim**

Ils sont partis à 10 heures. Vers midi, _____

_____

_____

_____

_____

VOCABULAIRE UTILE: **(le ciel) se couvrir de nuages / se mettre à** *(to begin to)* **/ chavirer** *(to capsize)* **/ s'accrocher à** *(to hold on to)* **/ se retrouver dans l'eau**

Mais, vers 3h de l'après-midi, tout à coup, le temps s'est gâté *(took a turn for the worse)*. _____

_____

_____

_____

VOCABULAIRE UTILE: **au tomber du jour** *(at nightfall)* **/ se réveiller sur la plage d'une petite île / être épuisé** *(exhausted)*

_____

_____

_____

_____

_____

_____

_____

_____

Perspectives culturelles: «Le cinéma à Fort-de-France» (Joseph Zobel)

XIII. Pré-lecture. Répondez aux questions suivantes avant de lire le texte de Joseph Zobel sur le cinéma en Martinique.

1. Dans une salle de cinéma aux États-Unis, que font généralement les spectateurs en attendant le commencement de la séance? _____

   _____

   _____

2. Pendant le film, que font les spectateurs? _____

   _____

   _____

3. Après avoir vu un film, est-ce que vous en parlez avec les gens qui vous ont accompagné(e)?

   Si oui, de quels aspects du film parlez-vous? _____

   _____

   _____

   Si non, pourquoi pas? _____

   _____

4. Qu'est-ce qui, dans un film, peut vous irriter, vous indigner? _____

   _____

   _____

   _____

✷ **XIV. Lecture.** Lisez le texte de Joseph Zobel dans votre **Manuel de classe** (pages 116 à 117). Ensuite, répondez aux questions suivantes.

1. Quand est-ce que José et ses amis allaient au cinéma? Pourquoi choisissaient-ils ces jours-là?

   Ils allaient au cinéma le mardi et le vendredi soir. Ils choisissaient ces jours parce que il serait moins cher

2. Dans quelle partie de la salle est-ce que José et ses amis s'installaient? Pourquoi?

   _____

   _____

   _____

3. Faites une liste de ce que faisaient les spectateurs en attendant que le film commence.

crier, rire, parler avec des autres, aller et venir dans tous les sens'

4. Pendant le film est-ce que tout le monde se taisait *(was silent)*? Expliquez.

Non, ils parleraient de le film.

5. Comment le narrateur réagissait-il à tout ce qui se passait dans la salle? Pourquoi?

6. Que faisaient José et ses amis en rentrant du film?

7. Décrivez l'image des Noirs telle que les présentaient les films et les pièces de théâtre.

Pas intelligent, pauvre, ils sont l'inférieur de les blancs, victimes, parler un langue different

8. Quelle est la réaction du narrateur à l'égard de cette image?

Il ne comprende pas pourquoi les blancs a des images de Noirs.

À FAIRE! (3–5)   Manuel de classe, pages 116–121

If you wish to work further with the *Témoignages* you heard in class, listen to SEGMENT 3–5 of the **Audio CD** and do Exercise XV.

In order to *follow up* on all the *Témoignages* you have listened to during this chapter, do Exercise XVI.

In order to *learn* expressions used to deal with certain past actions, read the explanations and do Exercises XVII, XVIII, XIX, and XX.

Témoignages (facultatif)
Écoutez!

Audio CD:
SEGMENT 3-5
CD 3, TRACK 2

✳ **XV. Est-on en train d'évoluer vers une civilisation des loisirs?** Écoutez encore une fois les six interviews, puis complétez le tableau suivant.

> **VOCABULAIRE UTILE:**
>
> Valérie Écobichon — **valeur** *(value)*, **tout à fait** *(absolutely)*, **tant mieux** *(so much the better)*, **consacrer** *(to devote)*, **grâce à** *(thanks to)*, **agricole** *(agricultural)*
>
> Xavier Jacquenet — **à long terme** *(in the long view)*, **notamment** *(especially)*, **peu élevées** *(lower)*, **usines** *(factories)*, **durée de travail** *(length of workday)*, **a énormément baissé** *(has greatly gone down)*, **tout de même** *(all the same)*, **assurée** *(certain, assured)*, **inquiétudes** *(worries)*, **garanties par l'État** *(guarantees from the government)*, **pas mal de** *(quite a bit)*, **prenant** *(time consuming)*, **en retraite** *(retired)*, **casaniers** *(homebodies)*, **par contre** *(on the other hand)*, **détente** *(relaxation)*, **se détendre** *(to relax)*, **en ayant l'esprit** *(having their minds)*
>
> Mireille Sarrazin — **actuel** *(current)*, **taux de chômage** *(unemployment rate)*
>
> Henri Gaubil — **s'aperçoit** *(notices)*, **chômage** *(unemployment)*, **se greffer** *(to crop up in connection with each other)*
>
> Dovi Abe — **pays en voie de développement** *(developing countries)*, **moyens** *(financial means)*
>
> Robin Côté — **en principe** *(in theory)*, **grandir** *(to grow)*, **combler** *(to satisfy)*

	D'accord: oui? non? oui et non?	Pourquoi?
Valérie Écobichon		
Xavier Jacquenet		
Mireille Sarrazin		
Henri Gaubil		
Dovi Abe		
Robin Côté		

Écrivez!

XVI. Et vous? Vous allez avoir l'occasion de répondre aux questions qu'on a posées aux Français et aux francophones que vous avez écoutés en classe. Écrivez plusieurs phrases afin de donner tous les détails nécessaires. Utilisez une autre feuille de papier.

1. Quel est votre emploi du temps en semaine? Est-il plus ou moins le même tous les jours?
2. Quel est votre emploi du temps le week-end? Est-ce que le dimanche est très différent du samedi?
3. Comment occupez-vous votre temps libre? Dans quelle mesure vos activités dépendent-elles de la saison? de l'endroit où vous vous trouvez (à l'université, à la maison, en voyage, etc.)?
4. On dit que «de nos jours, on a de plus en plus de temps libre, que le travail a moins de valeur qu'autrefois et que nous évoluons vers une civilisation des loisirs». Êtes-vous d'accord? Dans quelle mesure cette idée correspond-elle à votre propre expérience? à celle de vos parents et d'autres personnes que vous connaissez?

> **PHRASES:** Expressing an opinion; Linking ideas
>
> **VOCABULARY:** Leisure
>
> **GRAMMAR:** Present tense

Fonction: Comment parler du passé (3)

In order to clarify more precisely the relationship between actions in the past (or between actions in the past and the present moment), it is sometimes necessary to use an additional past tense—the **plus-que-parfait**—as well as the expressions **depuis** and **venir de**.

1. Le plus-que-parfait

Quand nous sommes arrivés, ils signaient le contrat.
(When we arrived, they were signing the contract.)

Quand nous sommes arrivés, ils avaient déjà signé le contrat.
(When we arrived, they had already signed the contract.)

In the first sentence, the **imparfait** (**ils signaient**) indicates that the first (i.e., earlier) action was *in process* at the moment the second (i.e., later) action occurred. In the second sentence, the **plus-que-parfait** (**ils avaient signé**) indicates that the first (earlier) action had *completely ended* before the start of the later action.

Un petit truc

LE PLUS-QUE-PARFAIT

- **Conjugation:** the imperfect of **avoir** or **être** + past participle
- **English equivalent:** *had* + past participle *(had taken, had gone, had hurried up)*

prendre	sortir	se dépêcher
j'avais pris	j'étais sorti(e)	je m'étais dépêché(e)
tu avais pris	tu étais sorti(e)	tu t'étais dépêché(e)
il avait pris	il était sorti	il s'était dépêché
elle avait pris	elle était sortie	elle s'était dépêchée
nous avions pris	nous étions sorti(e)s	nous nous étions dépêché(e)s
vous aviez pris	vous étiez sorti(e)(s)	vous vous étiez dépêché(e)(s)
ils avaient pris	ils étaient sortis	ils s'étaient dépêchés
elles avaient pris	elles étaient sorties	elles s'étaient dépêchées

The **plus-que-parfait** is used to:

- express an action or a state that occurred *before* another past action or state.

  Elle nous a lu la lettre que son frère lui **avait envoyée.**
  (Obviously he had sent the letter *before* she could read it.)
  Quand je suis arrivé, elles **étaient déjà parties.**
  (They *had already left* by the time I got there.)

- alert the listener that the speaker is not following a strict chronological order (i.e., when telling stories, one often goes *back in time* to recount circumstances that *preceded* the moment when the actual story began).

  Il m'est arrivé quelque chose de très amusant hier après-midi aux Galeries Lafayette. Mon frère et moi, nous **avions décidé** de passer l'après-midi en ville. Vers 11h, il **était passé** me chercher dans sa voiture et nous **avions trouvé** une place dans le parking juste en face des Galeries... (The main action of the story began at the Galeries Lafayette. The actions recounted here—deciding to go there, picking someone up, and finding a parking place—had all taken place *before* the moment when something funny happened.)

❊ **XVII. Pourquoi (pas)?** Utilisez le **plus-que-parfait** des verbes suggérés pour expliquer les actions des personnes suivantes.

> **MODÈLE:** Pourquoi est-ce que Jeanne ne t'a pas accompagnée en ville hier après-midi?
> (aller en ville avec ses parents le matin)
> *(Parce qu')elle était allée en ville avec ses parents le matin.*

1. Pourquoi Jean était-il de si mauvaise humeur hier soir? (faire une grosse faute à son examen de chimie)

   Il avait fait une grosse faute à son examen.

2. Tu n'as pas vu les filles de Marc et d'Isabelle? (non / déjà monter se coucher)

   Non, elles étaient déjà montées se coucher.

3. Laura n'est pas venue avec vous? (ne pas finir ses devoirs)

   Elle n'~~était~~ avait pas fini ses devoirs

4. Pourquoi est-ce que vous n'êtes pas allés à Beaubourg avec les autres? (nous / déjà visiter Beaubourg)

   Nous avions déjà visité Beaubourg

5. Pourquoi est-ce que Julie a décidé de retourner à la Guadeloupe? (s'amuser bien pendant sa première visite en 1990)

   Elle s'était amusée bien pendant sa première visite en 1990.

6. Pourquoi est-ce que Thomas s'est fait resservir plusieurs fois au dîner hier soir? (ne rien manger depuis le matin)

   Il n'avait ~~pas~~ rien mangé depuis le matin.

7. Pourquoi est-ce que Julien t'a envoyé des roses? (nous / se disputer la semaine dernière)

   Nous nous étions disputés la semaine dernière

8. Comment? Tu n'avais pas la voiture pour y aller? (non / mes parents / prendre la voiture pour aller à Cahors)

   Non, mes parents avaient pris la voiture pour aller à Cahors.

9. Pourquoi est-ce que le prof s'est fâché quand David lui a posé une question? (il / répondre à la même question deux minutes avant)

   Il avait répondu à la même question deux minutes avant.

10. Les frères d'Aurélie n'étaient pas là quand tu es arrivée? (non / aller au cinéma avec des copains)

    Non, ils étaient allés au cinéma avec des copains.

2. *L'expression* venir de + *infinitif*

> **Je viens de recevoir** un coup de téléphone de Stéphanie. Elle veut sortir ce soir.
> Hervé? Non, il n'est pas là. **Il vient de partir.**

The *present* tense of the expression **venir de** is used to connect an activity to the *immediate past* by indicating that the action *has just* been completed. English uses a past tense: *I just had... He just left.* or *I've just had... He's just left.* However, French requires the present tense.

> Quand ils sont arrivés, **je venais de faire** la vaisselle.
> Quand je l'ai vue, **elle venait d'apprendre** la nouvelle.

The *imperfect* tense of the expression **venir de** is used to connect a past activity to the *immediate past of another activity* by indicating that the action *had just* been completed. English uses the equivalent of the **plus-que-parfait**: *I had just done... She had just learned.* However, French requires the imperfect tense.

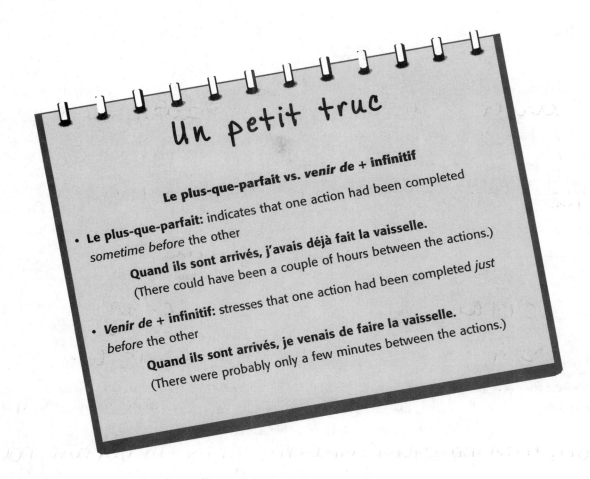

Un petit truc

Le plus-que-parfait vs. *venir de* + infinitif

- **Le plus-que-parfait:** indicates that one action had been completed sometime *before* the other

  Quand ils sont arrivés, j'avais déjà fait la vaisselle.
  (There could have been a couple of hours between the actions.)

- **Venir de + infinitif:** stresses that one action had been completed *just* before the other

  Quand ils sont arrivés, je venais de faire la vaisselle.
  (There were probably only a few minutes between the actions.)

✻ **XVIII. Notre arrivée chez les Matheron.** Vos amis Michel et Caroline Matheron vous invitent à dîner chez eux un samedi soir. Ils ont deux enfants—Thierry (3 ans) et Cécile (15 mois). Ils ont aussi un chat. En vous inspirant des images et des mots suggérés, utilisez le **présent** de l'expression **venir de + infinitif** pour compléter le monologue de Caroline.

> **MODÈLE:** le plombier / partir
> *Ah, bonsoir, mes amis. Entrez. Oh... je m'excuse... tout est en désordre.*
> *Vous n'allez pas croire! Le plombier vient de partir. Il a réparé le lave-vaisselle.*

MODÈLE

1. se couper le doigt en préparant le dîner

2. renverser un vase / la nouvelle nappe
(tablecloth)

3. attraper le chat par la queue *(tail)*

4. casser sa poupée préférée

5. ma sœur / téléphoner pour dire que...

Maintenant utilisez l'**imparfait** de l'expression **venir de + infinitif** pour raconter à quelqu'un d'autre votre arrivée chez les Matheron.

> **MODÈLE:** *Quand nous sommes arrivés chez les Matheron, la pauvre Caroline était complètement bouleversée. Tout était en désordre. Le plombier venait de partir; il avait réparé le lave-vaisselle. Caroline, elle...*

3. L'expression depuis

> **Nous habitons** ici **depuis** plus de 50 ans.
> **Mon grand-père travaille** chez Renault **depuis** 1955.

The expression **depuis** is also used to connect an activity to the past. However, this is not necessarily the immediate past (**50 ans, 1955**) and, most importantly, the activity, although begun in the past, *is not yet finished*—i.e., it is still going on. In English, a progressive past tense is used to express this idea: *We have been living..., My grandfather has been working (has worked)....* However, French uses the *present* to insist on the fact that the action or state is continuing in the present. The time expression following **depuis** can indicate either:

- duration (i.e., length of time): **plus de 50 ans;** in this case, **depuis** is the equivalent of *for;* or
- moment (i.e., a point in time): **1955;** in this case, **depuis** is the equivalent of *since.*

When asking a question, use either:

- **depuis combien de temps** (if you want a *length* of time), or
- **depuis quand** (if you want a *moment* in time).

> **Depuis combien de temps es-tu** à l'université? *(How long have you been...?)*
> **Depuis deux ans.** *(For two years.)*
>
> **Depuis quand es-tu** à l'université? *(Since when have you been...?)*
> **Depuis 1993.** *(Since 1993.)*

When asking and answering these questions, you normally use the present tense with **depuis** even though the action began in the past. However, when the verb is *negative* (i.e., the action has ended and is *no longer occurring,* you then use the **passé composé**.

> **Je ne les ai pas vus depuis longtemps.**
> **Nous n'avons pas été en France depuis 1991.**

Un petit truc

Pendant vs. *depuis*

Elle a été à Paris pendant deux mois.
She was in Paris for two months but *is no longer there.* **(passé composé)**

Elle est à Paris depuis deux mois.
She got to Paris two months ago and *is still there.* **(présent)**

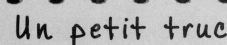

Un petit truc

Autres expressions qui fontionnent comme *depuis*

Il y a... que
Voilà... que } = equivalents of **depuis**
Ça fait... que

Il y a une heure que nous attendons.
We've been waiting for an hour.

Voilà trois mois que je cherche un appartement.
I've been looking for an apartment for three months.

Ça fait dix ans qu'ils sont mariés.
They've been married for ten years.

These expressions can only be used with duration (amount of time), must be placed at the beginning of the sentence, and only **Ça fait... que** can be used in a question.

Ça fait combien de temps que nous attendons?

Quand je t'ai vu, **je courais depuis** 40 minutes.
Depuis quand est-ce que tu étais en France quand tu as fait la connaissance de Monique?

The expression **depuis** can also be used to connect one past activity to another past activity when you wish to indicate that the earlier activity *was still going on* (i.e., was not completed) when the later activity began. In English this idea is expressed with *had been + ing: I had been running, She had been stretching.* In French, however, you use the **imparfait** to stress the notion of continuation. When indicating duration (length of time), the expressions **il y avait... que,** and **ça faisait... que** are the equivalents of **depuis.** And if the verb is negative, you can use the **plus-que-parfait.**

Il y avait une heure que nous attendions quand l'autobus est finalement arrivé.
Ça faisait plus de dix ans qu'ils étaient mariés. Pourtant, c'était la première fois qu'ils se disputaient.
Il n'avait pas fumé depuis plus de dix ans quand je l'ai vu acheter un paquet de Gauloises.

✳ **XIX. Bandes dessinées.** Complétez la description de ce qui se passe dans les bandes dessinées suivantes en utilisant **depuis** ou un synonyme (**il y a... que / voilà... que / ça fait... que**) et en vous inspirant des deux premières images de chaque série.

MODÈLE: Il est maintenant 10h. Jacques / faire la vaisselle
Jacques fait la vaisselle depuis plus d'une heure. (Voilà plus d'une heure que Jacques fait la vaisselle. Il y a plus d'une heure que Jacques fait la vaisselle. Ça fait plus d'une heure que Jacques fait la vaisselle.)

1. Il est 9h. François et sa fiancée / attendre leur dîner

_____

_____

2. Il est 7h30. M. et Mme Beaudoin / préparer le dîner

_____

_____

3. C'est le 19 octobre. Mathilde / ne pas se sentir bien

_____

_____

4. Il est 8h. Thierry / s'amuser à poursuivre le chien

_____

_____

5. Il est 7h. Le bébé / pleurer

_____

_____

6. Il est 2h10. La petite fille / appeler sa mère

_____

_____

Maintenant refaites l'exercice en tenant compte de la troisième image de chaque série. N'oubliez pas que **voilà...
que** ne s'emploie pas au passé.

> **MODÈLE:** ... quand Anne-Marie est venue l'aider.
> _Jacques faisait la vaisselle depuis plus d'une heure et demie quand Anne-Marie est venue
> l'aider. (Il y avait plus d'une heure et demie que Jacques faisait la vaisselle quand... Ça
> faisait plus d'une heure et demie que Jacques faisait la vaisselle quand...)_

7. ... quand le garçon les a enfin servis.

_____

_____

8. ... quand leurs invités sont arrivés.

_____

_____

9. ... quand son mari a téléphoné au médecin.

_____

_____

10. ... quand le chien l'a mordu.

_____

_____

11. ... quand son papa est venu le calmer.

_____

_____

12. ... quand sa mère l'a retrouvée avec l'aide d'une vendeuse.

_____

_____

✳ **XX. Une histoire de la Martinique.** «Le Retour de Mamzelle Annette» est un conte de l'écrivain martiniquais Joseph Zobel. Complétez le résumé de ce conte en mettant les infinitifs à la forme convenable du **passé composé,** de l'**imparfait** ou du **plus-que-parfait.**

M. Ernest (être) _était_ le coiffeur du bourg *(village)* où (habiter) _habitait_ la petite fille qui raconte l'histoire. Les parents de la petite fille (travailler) _travaillaient_ tous les deux sur la plantation, et ils (ne pas aimer) _n'aimaient pas_ l'idée de laisser la petite fille toute seule pendant la journée. Par conséquent, quand M. Ernest, qui (faire) _avait fait_ une chute de cheval *(fallen off a horse)* quelques jours auparavant *(earlier)*, (venir) _était venu_ leur demander l'aide de la petite fille, ils (donner) _ont donné_ tout de suite leur approbation *(approval)*.

M. Ernest (vivre) _vivait_ dans une baraque *(hut)* dans la rue principale du bourg. Le salon de coiffure, où il (tailler *[to cut]*) _taillait_ les cheveux des hommes du bourg et des environs, (communiquer) _communiquait_ par le fond avec l'arrière-boutique qui elle-même (donner *[to look out on]*) _donnait_ , sur un côté, sur la chambre de M. Ernest. Tous les matins, la petite fille (balayer *[to sweep]*) _balayait_ et (ranger *[to pick up]*) _rangeait_ le salon de coiffure et l'arrière-boutique, (laver) _lavait_ et (rapporter) _rapportait_ la vaisselle à la femme qui (préparer) _préparait_ les repas de M. Ernest. Mais elle (ne jamais entrer) _n'entrait jamais_ dans la chambre, dont M. Ernest (garder *[to keep]*) _gardait_ la porte fermée.

Un jour, la petite fille (venir) _est venue_ faire son travail comme tous les matins. Elle (balayer) _balayait_ le salon de coiffure, elle (venir de) _venait de_ laver les verres et de balayer l'arrière-boutique quand tout à coup, une femme (sortir) _est sortie_ de la chambre. La femme (sembler) _semblait_ surprise de voir la petite fille et celle-ci (être) _était_ si troublée qu'elle (oublier *[to forget]*) _a oublié_ de dire bonjour à la femme. M. Ernest (dire) _a dit_ «C'est la petite à Stéphanise. Elle vient, comme ça, me rendre de petits services... Petite, dis bonjour à Mamzelle Annette.» Puis il (ajouter *[to add]*) _a ajouté_ : «Mamzelle Annette (être) _était_ en ville. Elle (arriver) _est arrivée_ hier soir.»

Après avoir balayé rapidement l'arrière-boutique, la petite fille (retourner) _est retournée_ dans le salon de coiffure où elle (se mettre) _s'est mise_ à penser à ce qui (venir de) _____ se passer. Elle (connaître) _connaissait_ bien l'histoire qu'on (raconter) _racontait_ dans le bourg au sujet de M. Ernest, Mamzelle Annette et la Mission. Quelques années plus tôt, deux prêtres *(priests)* (arriver) _étaient arrivés_ de France et ils (aller) _étaient allé_ prêcher dans toutes les paroisses *(parishes)*. À l'époque, Mamzelle Annette (vivre) _vivait_ avec M. Ernest depuis des années. Les deux missionnaires (venir) _étaient venues_ pour donner la première communion et pour marier tous ceux qui (être) _étaient_ dans le péché _(sin)_. À la suite de leurs prêches, une grande peur du péché

(se développer) _s'était développée_ dans tout le pays. Beaucoup de couples (se marier)

s'étaient marié , mais M. Ernest (refuser) _____ et Mamzelle Annette

(partir) _____ à la ville, se mettre en condition _(to get work as a servant)_ chez les

Blancs. C'est pourquoi M. Ernest (rester) _____ sans femme pendant toutes ces années.

Après avoir rangé le salon de coiffure, la petite fille (rentrer) _____ dans

l'arrière-boutique. M. Ernest et Mamzelle Annette (se regarder) _____ toujours au

fond des yeux. La petite fille (dire) _____ : «Monsieur Ernest, j'ai fini. S'il n'y a plus

rien, je m'en vais chercher de l'eau pour Maman.» Mamzelle Annette (répondre) _____ :

«Non, non... Plus besoin de rien, merci.» Depuis ce jour, la petite fille (ne jamais remettre)

_____ le pied chez Monsieur Ernest.

À FAIRE! (3–6) Manuel de classe, pages 121–123

In _preparation_ for work in class, do Exercises XXI, XXII, and XXIII.

C'est à vous maintenant!
Écrivez!

XXI. Une interview. En classe, vous allez interviewer quelqu'un—un(e) Français(e), un(e) francophone ou bien une personne qui a passé du temps en France ou dans un pays francophone. Le sujet principal de l'interview sera les habitudes et les attitudes de cette personne en ce qui concerne les loisirs. Toutefois, si vous ne connaissez rien de cette personne, vous pourrez lui poser des questions sur son pays d'origine, sa famille, sa formation, ses voyages, etc. Pour vous préparer à cette interview, pensez à une _vingtaine de questions_ que vous pourriez poser. Utilisez une autre feuille de papier.

PHRASES: Asking for information
VOCABULARY: Leisure; Family members; Nationality; Traveling; Studies, courses
GRAMMAR: Interrogatives (Adjectives, Pronouns, Adverbs)

Lisez!

Perspectives culturelles: «Civilisation des loisirs—mentalités» (Gérard Mermet)

XXII. Pré-lecture. Répondez aux questions suivantes *avant de* lire le texte de Gérard Mermet aux pages 118 à 120 de votre **Manuel de classe**.

1. Qu'est-ce qui joue le rôle le plus important dans votre vie—votre famille? votre formation (education)? votre pays? votre religion? vous-même? (Organisez les cinq choix par ordre décroissant—c'est-à-dire que le numéro 1 est le plus important et le numéro 5, le moins important.)

   _____

   _____

   _____

2. À votre avis, est-ce que la plupart des gens de votre âge répondraient de la même façon? Sinon, comment répondraient-ils?

   _____

   _____

   Et les gens plus (ou moins) âgés que vous?

   _____

   _____

3. Laquelle des opinions suivantes est la plus proche de vos idées? Pourquoi?
   a. À travers les siècles, on a peu à peu—et avec difficulté—progressé vers une société qui favorise la liberté individuelle.
   b. L'époque actuelle représente le commencement d'une nouvelle décadence où l'individualisme risque de mener à l'égoïsme et aux conflits entre différents groupes.

   _____

   _____

   _____

   _____

   _____

   _____

   _____

   _____

4. Qu'est-ce que vous recherchez quand vous choisissez vos activités de loisirs? (Vous pouvez faire plus d'un choix.)
   a. un moyen de faire la connaissance de gens qui ont les mêmes centres d'intérêt que vous
   b. un moyen de maintenir ou d'améliorer votre forme physique
   c. un moyen d'échapper à la réalité de tous les jours
   d. un moyen de vous reposer
   e. un moyen d'apprendre quelque chose
   f. autre raison? ____

❊ **XXIII. Lecture.** Lisez le texte de Gérard Mermet dans votre **Manuel de classe** (pages 124 à 125). Ensuite, faites l'exercice suivant.

Dans l'article, l'auteur présente deux conceptions opposées du loisir: «la première est optimiste et athée... la seconde vision est à la fois pessimiste et mystique.» Pour chaque valeur, attitude ou habitude mentionnées ci-dessous, indiquez si elle est plus proche de la première (1) ou de la seconde (2) conception du loisir, puis indiquez le passage du texte qui justifie votre interprétation.

_____ une journée de travail qui dure 10 ou 12 heures

_____ un long week-end

_____ le désir de voyager avant de finir ses études

_____ le désir d'aider ses parents et ses grands-parents à la ferme

_____ aller à la messe tous les matins

_____ croire au progrès technologique

_____ mettre l'accent sur le rôle de l'individu

_____ regretter «le bon vieux temps»

_____ croire en Dieu

_____ vouloir aider les autres

_____ aller dans les Alpes pour faire du ski pendant les vacances d'hiver

_____ regarder la *Roue de la fortune* à la télévision

_____ aimer beaucoup les films de Disney

_____ préférer la musique classique à la musique punk

_____ acheter un billet de loterie

_____ trouver un second travail à mi-temps

_____ prendre de la drogue

_____ vouloir gagner à tout prix en jouant au tennis avec un(e) ami(e)

À FAIRE! (3–7)   Manuel de classe, pages 123–126

As a *follow-up* to the work done in class, do Exercise XXIV.

C'est à vous maintenant!
Écrivez!

XXIV. La civilisation des loisirs—un mythe ou une réalité? Écrivez un article dans lequel vous essayerez de répondre à cette question sur le rôle des loisirs dans la vie des gens en choisissant comme *exemple principal* la vie de la personne interviewée en classe *ou* celle d'une personne que vous connaissez *ou*, si vous préférez, votre propre vie. Suggestion: vous pourrez utiliser aussi, si vous voulez, ce que vous avez entendu (**les témoignages**) et ce que vous avez lu (**les textes de Joseph Zobel et de Gérard Mermet**).

PHRASES: Expressing an opinion; Writing an essay; Linking ideas

VOCABULARY: Leisure

GRAMMAR: Present tense; Compound past tenses; Past imperfect

Pour préparer les examens

En préparant l'examen sur ce chapitre, vous pourrez consulter:

CHAPITRE

3

Allons voir les Français et les francophones...

aux heures de loisirs!

MENU

Activité culturelle: La Martinique

*Ancienne colonie française devenue en 1946 département de la France, la Martinique fait partie des Petites Antilles, nom donné aux îles qui séparent la mer des Caraïbes de l'océan Atlantique. Lisez **Profil: La Martinique**, puis faites les exercices qui suivent.*

Profil: La Martinique

Situation: île des Petites Antilles

Superficie: 1 102 km²

Population: 360 000 habitants

Gouvernement: département français d'outre-mer, envoie quatre députés et deux sénateurs à l'Assemblée nationale et au Sénat en France

Chef-lieu: Fort-de-France

Autres villes importantes: Le Lamentin, Schœlcher, Le Robert, Le François, St-Pierre, St-Joseph, La Trinité, Sainte-Marie, Le Marin

Habitants: Noirs et mulâtres (90%), Indiens (Hindous) (5%), Blancs (5%)

Langues: français, créole

Religion: catholique

Géographie: massif volcanique dominé par la montagne Pelée (1 400m)

Agriculture: canne à sucre, banane, ananas, rhum

Industrie: tourisme (150 000 visiteurs par an)

Histoire: habitée d'abord par les Arawaks, puis par les Caraïbes; arrivée de Christophe Colomb en 1502; colonisée par la France à partir de 1635; repeuplée d'esclaves importés d'Afrique; transmuée en département français en 1946

La Martinique: sa géographie

Lisez le texte suivant, puis situez sur la carte les endroits en italiques:

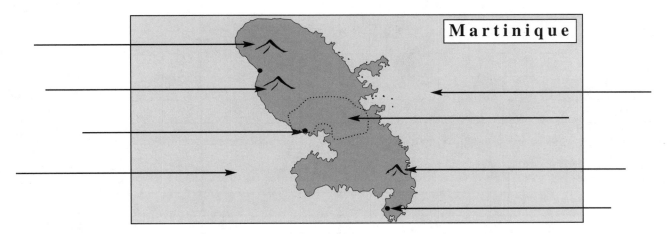

La Martinique fait partie des Petites Antilles, nommées aussi les «îles du Vent». Baignée à l'ouest par la *mer des Caraïbes* et à l'est par l'*océan Atlantique*, elle se trouve à 7 000 km environ de la France et à 440 km environ de la Floride. Du point de vue géographique, on peut diviser l'île, qui mesure 75 km dans sa plus grande longueur et 35 km dans sa plus grande largeur, en trois régions distinctes.

Le nord de l'île comprend un massif volcanique qui s'étend du point culminant de l'île, la *montagne Pelée*, jusqu'aux *Pitons du Carbet*, le massif le plus ancien, qui est raviné par des milliers d'années d'érosion. Comme cette région abrite une grande forêt tropicale, la plupart des habitants du nord habitent le long des côtes, où le sable est noir à cause de son origine volcanique, comme par exemple, à *Saint-Pierre*, petite ville de la côte ouest entièrement détruite en 1902 par l'éruption de la montagne Pelée.

Au centre de l'île s'étend la *plaine du Lamentin*, où se trouve la ville principale, *Fort-de-France* (130 000 habitants), ainsi qu'un grand nombre d'exploitations agricoles.

Le sud de l'île est vallonné par des mornes, collines aux pentes abruptes qui sont des résidus de l'ancienne activité volcanique. La *montagne du Vauclin* constitue la partie la plus élevée de cette région, dont la richesse se trouve surtout le long de la côte sud. Le sable fin et doré de ses nombreuses plages en a fait un centre touristique, comme à *Sainte-Anne* où le Club Méditerranée a installé un de ses plus beaux villages.

Le week-end à la Martinique

Le week-end à Fort-de-France est comme celui de toute grande ville. Du vendredi soir au dimanche soir, on sort dîner dans les restaurants, danser dans les discothèques, regarder des films américains et européens. Les boîtes de nuit affichent leurs attractions: vendredi—Soirée Ladies Night; samedi—Concours de jeunes orchestres; samedi et dimanche—Nouveau Show du chanteur José Versol. Les amateurs d'activités culturelles ont à leur disposition toutes sortes de concerts, pièces de théâtre, expositions et conférences. Si on préfère, on peut rester à la maison regarder la télé—il y a cinq chaînes: RFO, ATV et CC1 (dont les émissions émanent de Fort-de-France) et TF1 et France 2 (captées directement de France par satellite).

Dans les petits villages ruraux, pourtant, le week-end est beaucoup plus court. Les paysans et les pêcheurs travaillent le samedi. Pour eux, le week-end, ce n'est que le dimanche. Le matin, on va à l'église ou au bar. L'après-midi, les enfants jouent, les hommes assistent aux combats de coq. Plusieurs fois par an, il y a des fêtes à célébrer—le 14 juillet, la Toussaint, le Carnaval, la fête de la patronne du village. Les activités comprennent souvent courses, concours agricoles, cinéma de plein air, feux d'artifice, bals populaires.

En ville et à la campagne, on pratique beaucoup de sports: football, tennis, natation, athlétisme, basket, cyclisme. Pourtant, étant donné la situation géographique de l'île, on a une grande prédilection pour les sports de mer. Les Martiniquais sont d'excellents marins et ils aiment beaucoup les courses de bateaux. Autrefois, ils utilisaient des canoës appelés *gommiers*, d'après le nom de l'arbre dont on utilisait le bois pour les construire. De nos jours, étant donné la rareté du gommier et la difficulté du travail pour en faire un canöe, on utilise de plus en plus des embarcations à voile appelées *yoles*. Les équipages vont de village en village pour participer aux festivals en l'honneur des saints patrons. Les meilleurs marins viennent de la côte Atlantique de l'île, où ils ont la possibilité de s'habituer aux mers agitées.

♦ Questions

1. Le week-end américain varie-t-il selon la région où on habite? (Passe-t-on le week-end de la même façon dans une grande ville et dans un petit village? sur les côtes est/ouest et dans le centre du pays?)

_____

_____

_____

_____

2. Quels sont les avantages et les inconvénients de la télévision, telle qu'on peut la regarder à la Martinique?

_____

_____

_____

3. Y a-t-il des sports favorisés par la situation géographique de votre région? Lesquels?

_____

_____

_____

Activité d'écoute / Enregistrement: La liaison

Audio CD
Segment 3–7
CD 3, track 4

Écoutez la prononciation des mots suivants:

   vous   petit   deux   très   prend

Vous avez sans doute remarqué que la consonne finale ne se prononce pas. Mais écoutez maintenant les mêmes mots dans une phrase où ils sont suivis d'une voyelle:

> Vous avez tort.
> C'est son petit ami.
> Sa sœur a vingt-deux ans.
> Elle est très intelligente.
> Que prend-il?

Cette fois, on a prononcé la consonne finale de **vous,** de **petit,** de **deux,** de **très** et de **prend,** mais on a prononcé cette consonne comme si elle était le _premier son de la syllabe suivante_: c'est-à-dire, **vous avez** = [vu za ve]; **petit ami** = [pe ti ta mi]; **vingt-deux ans** = [vɛ̃t dœ zɑ̃]; **très intelligente** = [trɛ zɛ̃ te li ʒɑ̃t]; **prend-il** = [prɑ̃ til]. C'est ce qu'on appelle la _liaison._ En liaison, **s** se prononce [z], **f** se prononce [v] et **d** se prononce [t].

Il y a des liaisons qui se font toujours (on les appelle les _liaisons obligatoires_), des liaisons qui ne se font jamais (les _liaisons interdites)_ et d'autres liaisons qui peuvent se faire ou non selon le style _(les liaisons facultatives)._

➤ Les liaisons obligatoires

La liaison se fait surtout en passant d'un mot moins important à un mot plus important. Voici quelques situations où la liaison se fait toujours. (Écoutez et répétez chaque fois les exemples.)

Entre un déterminant (article défini ou indéfini, adjectif démonstratif, possessif ou interrogatif) et un substantif:

les_hommes / un_accident / ces_exercices / mon_oncle / quels_autres

Entre un déterminant et un adjectif, et entre un adjectif et un substantif:

ses_anciens_amis / trois_autres / à neuf_heures / de grands_arbres / un petit_enfant

Entre un ou deux pronoms et le verbe qui les suit:

elles_en_ont trouvé / nous_y arriverons / je ne les_ai pas vus

Entre un verbe et son pronom sujet ou entre un verbe et un pronom objet qui le suit:

Comprend-elle bien? / Où vont-ils? / Allons-y! / Prends-en!

Après un court adverbe ou une courte préposition:

très_important / bien_aimable / dans_un an / depuis_une éternité / sans_arrêt

➤ Les liaisons interdites

Voici quelques situations où la liaison ne se fait jamais. (Écoutez et répétez chaque fois.)

Après un substantif au singulier:

un plat intéressant / notre maison est blanche / le train a du retard / un effort exceptionnel

Après un nom propre:

Jacques et Marie / Les Dupont ont quitté le pays / Paris est la capitale de la France

Après la conjonction **et** et devant les mots **onze** et **oui**:

une orange et une pomme / grand et très joli / les onze premiers / mais oui

Devant un *h aspiré* (il faut apprendre si le **h** au début d'un mot est aspiré ou non):

en haut / les haricots verts / mes huit enfants / en Hollande / les héros

Dans les mots composés au pluriel:

les salles à manger / les machines à laver la vaisselle / nos brosses à dents

Entre **ils, elles** ou **on** et un infinitif ou un participe passé:

Ont-ils acheté quelque chose?
Quand vont-elles arriver?
A-t-on entendu quelque chose?

❧ Les liaisons facultatives

En général, plus le style est soigné (par exemple, la lecture d'un poème, une conférence, une conversation entre personnes âgées qui ne se connaissent pas), plus on fait de liaisons. Par contre, plus le style est familier (par exemple, une conversation entre amis ou collègues ou membres de la famille), moins on fait de liaisons. Voici quelques situations où la liaison peut se faire ou ne pas se faire. (Écoutez et répétez chaque fois.)

Après un nom au pluriel (cette liaison se fait en poésie, mais rarement dans la conversation):

«Et des peuples‿errants demandaient leur chemin» / les hommes ont peur / des rues étroites

Après un verbe

ils sont‿arrivés en retard *ou* ils sont arrivés en retard / elle fait‿une promenade *ou* elle fait une promenade /

il est‿évident *ou* il est évident / ils sont‿allemands *ou* ils sont allemands

Après les adverbes et les prépositions de deux ou plusieurs syllabes:

j'ai beaucoup‿appris *ou* j'ai beaucoup appris / pendant‿un mois *ou* pendant un mois /

depuis‿une éternité *ou* depuis une éternité

Exercice. Écoutez le texte suivant en notant chaque fois si une liaison se fait (⌣) ou ne se fait pas (/).

Il y a plusieurs années, un ethnologue américain rentrant de France où il avait passé l'été, à son retour d'Afrique, me dit que ce qui l'avait beaucoup impressionné en France, c'était la méfiance des gens qui gardaient toujours leurs persiennes fermées. L'idée même de persiennes [...] c'était comme si tous ces villages étaient inhabités, ou comme si on vous épiait de derrière ces volets.

Quand ma mère est venue me rendre visite aux États-Unis, elle a beaucoup aimé le style «villa» ou «pavillon» des maisons, les grandes pelouses, la diversité, l'espace. Puis, nous étions tranquillement assis au salon, quand elle a brusquement pris conscience de la grande baie vitrée et m'a dit, visiblement choquée: «Mais tu vis dans la rue!» Et je comprenais exactement ce qu'elle ressentait. Il m'a fallu des années pour m'habituer à «vivre dans la rue». [...]

Les pelouses, autour des maisons américaines, montrent ce même refus de séparation entre la maison et la rue. Dans certaines villes américaines, le trottoir lui-même disparaît, la pelouse ne s'arrête qu'à la chaussée, et le (la) propriétaire de la maison est responsable de son entretien (comme d'ailleurs de l'entretien du trottoir). L'espace prend la place des murs, barrières ou palissades, dont le rôle est rempli parfois par des buissons ou des arbres. Mais la ligne de démarcation n'est pas vraiment nette. Ainsi au printemps, ou en été, il est fréquent de voir des promeneurs s'asseoir quelque temps sur votre pelouse pour se reposer, sans toutefois qu'ils aillent jamais au-delà d'une limite implicite. Les jardins et pelouses à l'arrière des maisons se fondent l'un dans l'autre dans certaines petites villes américaines, mais sont plus souvent séparés par des haies pas bien hautes, par-dessus lesquelles les voisins s'offrent réciproquement les produits de leurs jardins, ou bavardent tout simplement.

Raymonde Carroll, *Évidences invisibles*,
Paris: Seuil, 1987, pp. 31, 32

Enfin, répétez deux ou trois fois ce texte, puis enregistrez-le sur une cassette que vous donnerez à votre professeur.

Activité culturelle: Paris—musées et artistes

Paris reçoit plus de 12 000 000 de visiteurs par an. Un grand nombre des Français et des étrangers qui viennent dans la capitale se dirigent vers ses nombreux musées d'art. Les plus connus sont sans doute le *Louvre* (antiquités orientales, égyptiennes, grecques et romaines; sculptures et peintures du Moyen Age jusqu'au XIXe siècle) et le *musée d'Orsay* (peintures impressionnistes et post-impressionnistes). Les amateurs d'art moderne peuvent visiter le *musée national d'Art moderne* au Centre Georges-Pompidou (appelé aussi Beaubourg). Et il ne faut pas oublier les petits musées consacrés aux œuvres d'un seul artiste, tels que le *musée Rodin* et le *musée Picasso*.

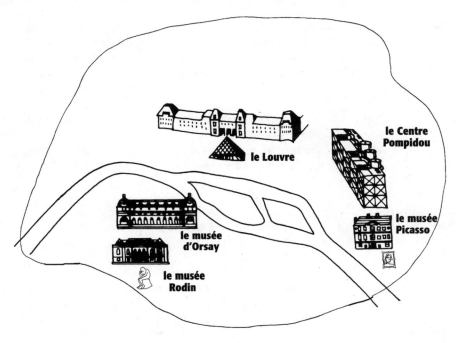

Avec la littérature, les arts plastiques ont toujours joué un rôle très important dans la vie culturelle des Français. En vous basant sur les renseignements donnés dans ces petits portraits de quelques peintres et sculpteurs français et en regardant les reproductions aux pages 163 à 165, essayez d'associer l'artiste à l'œuvre qu'il a créée.

Les artistes

POUSSIN, Nicolas (1594–1665) Il a passé la majeure partie de sa vie en Italie. Sa peinture reflète l'influence de l'Antiquité. Il est connu pour ses tableaux qui montrent des personnages mythologiques dans des décors naturels. Il a annoncé le classicisme par la composition équilibrée et symétrique de ses toiles.

WATTEAU, Antoine (1684–1721) Sa peinture est caractérisée par la grâce et la poésie. Elle reflète l'ambiance de bonheur qui dominait le début du XVIIIe siècle. Il est connu pour ses scènes de comédie et pour ses «fêtes galantes» qui montrent des comédiens ou des aristocrates dans des décors naturels.

DAVID, Jacques Louis (1748–1825) Chef de l'école néo-classique et peintre officiel de Napoléon Ier, David a maintenu la tradition classique tout en s'intéressant parfois à des sujets d'actualité. C'est ainsi qu'il est connu pour ses tableaux inspirés de l'histoire romaine ainsi que par la Révolution et les grands moments de la vie de l'Empereur des Français.

DELACROIX, Eugène (1798–1863) Chef de l'école romantique de peinture, il a cultivé l'imagination et la liberté d'expression. Sa peinture est d'une grande puissance, par les couleurs employées et par les scènes dramatiques sinon violentes qu'il a peintes. Il est connu pour ses tableaux inspirés de l'actualité (la Révolution de 1830, par exemple) et des pays exotiques (le monde arabe, en particulier).

MONET, Claude (1840–1926) Chef de l'école impressionniste, il voulait peindre le monde exactement comme il le voyait. Dans sa peinture, il a cherché à traduire l'impression produite, parce qu'il voyait sur son œil, son regard. Il est connu pour ses séries de tableaux qui montrent des paysages (la campagne, le bord de la mer) ou des bâtiments (cathédrales, gares) observés sous des lumières différentes à différents moments de la journée.

RENOIR, Auguste (1841–1919) Impressionniste aussi, il s'est intéressé moins au paysage et aux édifices qu'à la figure humaine et à la vie de son époque. Ses peintures essaient de saisir sur la toile un moment fugitif en rendant l'impression qu'il crée dans l'œil de l'observateur. Il est connu pour ses tableaux qui montrent des gens heureux en train de s'amuser.

CÉZANNE, Paul (1839–1906) Il a passé toute sa vie dans sa Provence natale. Ami des impressionnistes, il a cependant cherché à aller au-delà de l'impression pour saisir l'essence de la réalité. Ce faisant, il a réduit les formes naturelles aux constructions géométriques (la sphère, le prisme, le cône). Il est connu pour ses paysages, ses natures mortes et ses portraits.

RODIN, Auguste (1840–1917) Ce maître sculpteur a passé la fin de sa vie à Paris dans l'hôtel Biron, devenu aujourd'hui le musée Rodin. Ses œuvres en bronze et en marbre blanc frappent par leur puissance et leur vitalité. Ses sculptures sont connues dans le monde entier.

GAUGUIN, Paul (1848–1903) Abandonnant à l'âge de 35 ans son métier d'agent de change *(stockbroker)*, il s'est consacré entièrement à la peinture. Issue de l'impressionnisme, sa peinture cherche pourtant à saisir le monde du mythe et des valeurs spirituelles qui se trouve au-delà de la surface des choses. Il est connu surtout pour les tableaux qu'il a peints à Tahiti.

MATISSE, Henri (1869–1954) Il a été un des premiers peintres révolutionnaires français du début de notre siècle à se libérer de la tyrannie du réalisme. Son œuvre comprend dessins, gravures, collages de papier découpés de couleur, vitraux et peintures. Il est connu pour ses tableaux où les formes et les couleurs s'unissent pour exprimer une harmonie qui ne dépend pas du réalisme de la représentation.

PICASSO, Pablo Ruiz (1881–1973) Né en Espagne, il a passé la plus grande partie de sa vie en France. Créateur (avec Braque) du cubisme, il a cherché à saisir une réalité essentielle en représentant les choses et les figures décomposées en éléments géométriques et en multipliant les points de vue. Son œuvre passe par plusieurs périodes (époques bleue et rose, cubisme, néo-classicisme, surréalisme et art abstrait) et incarne l'esprit révolutionnaire de l'art moderne.

DUBUFFET, Jean (1901–1985) Théoricien de l'art brut, il a puisé son inspiration dans deux sources— d'une part, les dessins des aliénés et les graffiti; d'autre part, les matières variées et leurs textures. Il a appliqué ses théories dans des tableaux faits de sable, de goudron, de feuilles et de plastique peint. C'est ainsi qu'il a essayé d'établir un rapport direct entre son art et la réalité.

Les œuvres

_____ ,
LE SERMENT DES HORACES

_____ ,
LA DESSERTE—HARMONIE ROUGE

_____ ,
LES BOURGEOIS DE CALAIS

_____ ,
LES BERGERS D'ARCADIE

_____ ,
LE MOULIN DE LA GALETTE

PORTRAIT DE MARIE-THÉRÈSE ,

LE PÈLERINAGE À L'ÎLE DE CYTHÈRE ,

FOUGÈRE AU CHAPEAU ,

TA MATETE ,

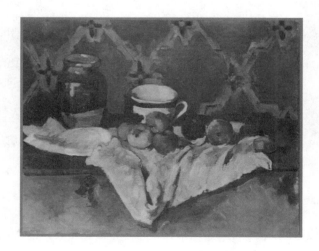

NATURE MORTE ,

LA CATHÉDRALE DE ROUEN

LA LIBERTÉ GUIDANT LE PEUPLE

Activité écrite: Les Américains aux heures de loisirs

Rédigez une courte composition dans laquelle vous exposerez certaines attitudes des Américains concernant le temps libre et les loisirs. Vous pouvez, si vous le voulez, vous inspirer des questions suggérées ci-dessous. Vous pourrez aussi, si vous le souhaitez, vous concentrer sur un groupe particulier—les jeunes, les étudiants, la génération de vos parents—et établir des comparaisons entre les Américains et les gens d'autres nationalités (les Français ou les Martiniquais, par exemple). N'oubliez pas d'appuyer vos idées sur des exemples précis. Utilisez une autre feuille de papier.

SUGGESTIONS
- Pour les gens dont vous parlez, à quoi sert généralement le temps libre—à se reposer? à se distraire? à s'instruire? à entrer en contact avec les autres? à échapper à la réalité? à autre chose?
- Pour ces gens, le temps libre s'oppose-t-il irrémédiablement au travail ou bien arrivent-ils à prendre plaisir à leur travail ou à profiter de leur temps libre?
- Pour ces gens, les loisirs contribuent-ils à enrichir leur vie? Pourquoi (pas)?

PHRASES: Writing an essay; Comparing and contrasting

VOCABULARY: Leisure

GRAMMAR: Present tense; Comparison

Activité écrite: Le troisième âge

La vieille femme de «L'Ironie» (**Manuel de classe**, page 133) passe la plupart de son temps à ne rien faire. L'auteur de «Civilisation des loisirs—mentalités» (**Manuel de classe**, page 124), dans un autre article, constate: «Parmi les très nombreuses activités existantes, deux seulement augmentent avec l'âge: la lecture des journaux et le temps passé devant la télévision. Les autres (sports, spectacles, activités de plein air, activités culturelles, etc.) diminuent rapidement avec l'âge.» Par contre, il s'est créé en France (comme aux États-Unis, d'ailleurs) un grand nombre de clubs du troisième âge *(senior citizens' clubs)* qui organisent des activités de toutes sortes pour les personnes âgées.

Vous allez donc rédiger une courte composition en répondant à la question suivante: *Le troisième âge représente une seconde vie. Du point de vue des loisirs, cette nouvelle vie est-elle une période agréable ou pénible? Représente-t-elle un nouveau commencement ou une fin douloureuse?*

SUGGESTION
Choisissez une personne âgée que vous connaissez. Faites allusion à sa vie et racontez une ou plusieurs anecdotes à son sujet pour illustrer les arguments que vous exposez.

Vocabulaire utile
l'espérance *(f.)* de vie / s'allonger
faire des efforts pour...   se maintenir en bonne santé
                            retarder le vieillissement
                            rester en contact avec sa famille et ses amis

avoir le temps de...   faire des projets (à long terme)
                       voyager (lire, aller au spectacle)
                       bricoler (cultiver le jardin / effectuer les travaux d'entretien)
bénéficier de réductions (de prix / de tarifs)

souffrir de handicaps physiques
être atteint d'une maladie
avoir des ennuis financiers

PHRASES: Writing an essay

VOCABULARY: Leisure

GRAMMAR: Present tense; Compound past tense; Past imperfect

Allons voir les Français et les francophones...

au travail!

In order to *review* the future tense, read the *Rappel* (page 169), then take the *Test*.
- If your score is less than 18, reread the *Rappel*, do the *Exercices de révision* (I and II), and then take the *Repêchage* test.
- If your score is 18 or more, proceed to the next part of the assignment.

In *preparation* for talking about work and professions, study the *Fiche lexicale* and do Exercises III and IV.

If you wish to work again with the *Témoignages* you heard in class, listen to SEGMENT 4–1 of the **Audio CD** and do Exercise V.

Contrôle des connaissances:
Le futur

Test

Une interview. Complete the sentences with the appropriate form of the future tense of the verbs in parentheses to arrive at a complete version of the following job interview.

1. Est-ce que vous (être) _serez_ prêt à déménager?

2. Oui, tout à fait. Ma femme et moi, nous (aller) _irons_ dans n'importe quelle partie de la France si c'est nécessaire.

3. Est-ce que vous (pouvoir) _pourrez_ commencer dans quinze jours?

4. Oui, absolument. Ma femme (rester) _restera_ ici pour s'occuper de nos affaires et moi, je (partir) _partirai_ quand vous (vouloir) _voudrez_.

5. Est-ce que vous (prendre) _prendrez_ vos vacances en été?

6. Oui. Ça vous (arranger) _arrangera_? Ma femme et mes enfants (aller) _iront_ au bord de la mer et moi, je les y (retrouver) _retrouverai_ pour quinze jours. Les enfants (voir) _verront_ leurs grands-parents et moi, j' (avoir) _avrai_ le temps de me reposer un peu.

7. Quinze jours, oui, ça (aller) _ira_ très bien pour nous. Moi aussi, je (être) _serai_ en vacances à ce moment-là. Ma fille ne cesse de me répéter: «Tu (prendre) _prendras_ des vacances cette année?» Elle (être) _sera_ très contente quand je vais lui dire qu'on (visiter) _visitera_ la Grèce cette année. Ça (être) _sera_ un belle surprise pour elle.

8. En effet! Elle a quel âge, votre fille? Elle (avoir) _aura_ douze ans le mois prochain. Bon, alors, on est d'accord. Vous (commencer) _commencerez_ dans quinze jours et je vous (voir) _verrai_ donc à ce moment-là. Et si vous avez d'autres questions, vous (pouvoir) _pourrez_ me téléphoner.

9. D'accord. Et merci, madame. Je (faire) _ferai_ de mon mieux pour remplir les responsabilités du poste.

> See the **Corrigés** at the back of this book for the answers to the **Test.** A perfect score is 23 (1 point for each correct verb). If your score is less than 18, reread the rules for the formation of the future tense in the **Rappel** section below; then do **Exercices de révision** I and II. After correcting these exercises (see the **Corrigés** for the answers), do the **Repêchage** test.
>
> If your score is 18 or above, proceed to the **Pour parler** section on page 172.

Rappel: Le futur

1. Regular Forms

The future tense of most verbs is formed by adding the endings -ai, -as, -a, -ons, -ez, -ont to the infinitive.

passer	partir	prendre
je passerai	je partirai	je prendrai
tu passeras	tu partiras	tu prendras
il/elle/on passera	il/elle/on partira	il/elle/on prendra
nous passerons	nous partirons	nous prendrons
vous passerez	vous partirez	vous prendrez
ils/elles passeront	ils/elles partiront	ils/elles prendront

Note that the **-e** of the infinitive of **-re** verbs is dropped before adding the endings.

2. Irregular Forms

Other verbs have irregular stems to which the endings are added. The following are some of the more common verbs whose future stems are irregular:

avoir	j'aurai	voir	je verrai
être	je serai	vouloir	je voudrai
aller	j'irai	pouvoir	je pourrai
faire	je ferai		

Exercices de révision

● ●

✱ **I. L'avenir.** Complete the sentences with the appropriate future form of the infinitives in parentheses.

1. Nous (prendre) _____ tous le métro pour visiter Paris. On (monter) _____ tous ensemble à la place d'Italie. Jean et Patrice nous (quitter) _____ à Jussieu. Chantal (descendre) _____ à Châtelet. Dominique et Claudine, vous (continuer) _____ avec nous jusqu'au Palais Royal. Martine, tu (changer) _____ à l'Opéra. Et moi, j' (aller) _____ jusqu'à la gare de l'Est où je (prendre) _____ les billets pour notre excursion de demain. À 6 h 30, on se (retrouver) _____ ici, nous (manger) _____ quelque chose et puis nous (rentrer) _____ à l'hôtel.

2. — Qui nous (accompagner) _____ ce week-end?

    — Moi, je ne (pouvoir) _____ pas. Je (être) _____ à la campagne avec ma famille.

    — Jeanne et sa cousine (aller) _____ en Angleterre. Et Max (faire) _____ du camping avec des amis.

    — Alors il ne reste que toi. Tu (avoir) _____ le temps de nous accompagner?

3. Est-ce que tu (voir) _____ ta cousine ce week-end? Tu (pouvoir) _____ lui dire de me téléphoner? Mon ami Robert Étienne me (rendre) _____ visite et je suis sûr qu'elle (vouloir) _____ lui parler. Dis-lui qu'elle (pouvoir) _____ nous voir samedi soir. Nous (aller) _____ sans doute en ville, mais nous ne (sortir) _____ pas avant 9 h. Robert (être) _____ ravi d'avoir l'occasion de lui parler.

✱ **II. Pas encore, mais...** Answer the questions, saying that the indicated actions will take place later.

> **MODÈLE:**   Tu as fini tes devoirs? (ce soir)
> *Non, pas encore, mais je les finirai ce soir.*

1. Tu as vu ton frère aujourd'hui? (cet après-midi)

    _____

2. Vous êtes déjà allés à l'exposition? (ce week-end)

    _____

3. Janine a déjà pris ce cours? (l'année prochaine)

    _____

4. Marc est déjà arrivé? (dans quelques instants)

    _____

5. Il y a déjà eu une annonce? (à 6h)

    _____

> **REMEMBER!** An asterisk (✱) preceding an exercise number indicates that the exercise is self-correcting. You will find the answers in the *Corrigés* at the back of this **Manuel de préparation.**

6. Elles sont à Bruxelles? (lundi prochain)

_____

7. Il a déjà pris son train? (le train de 17h30)

_____

8. Elle s'est déjà couchée? (après le film)

_____

9. Ils sont déjà partis en Europe? (le 19)

_____

10. Vous avez fini les devoirs? (bientôt)

_____

11. Tu as appris à utiliser ton ordinateur? (avant la rentrée)

_____

Repêchage

• •

Complete the sentences with the appropriate future form of the infinitives in parentheses.

1. — Est-ce que vous (accompagner) _____ vos parents en Suisse?

   — Non, nous (aller) _____ au Portugal.

2. — Est-ce que les Bayrou (prendre) _____ le train avec Henri?

   — Non, ils (rentrer) _____ avant eux.

3. — Est-ce qu'on (pouvoir) _____ visiter la cathédrale?

   — Non, les portes (être) _____ fermées aujourd'hui.

4. — Est-ce que tu (pouvoir) _____ aller au cinéma avec nous?

   — Non, je (être) _____ à la maison pour fêter l'anniversaire de ma grand-mère.

5. — Est-ce qu'ils (voir) _____ Michèle à Lyon?

   — Oh, oui. Je suis sûr qu'elle les (inviter) _____ chez elle.

6. — Qu'est-ce que vous (faire) _____ après la soirée?

   — Moi, je (se coucher) _____ tout de suite, mais Thierry (regarder) _____ certainement la télé.

7. — Est-ce que Chantal (sortir) _____ avec nous?

   — Probablement pas. Elle (vouloir) _____ rester chez elle avec sa fille.

See the ***Corrigés*** at the back of this book for the answers to the ***Repêchage*** test. The total number of points is 15. If you received a score of 12 or better, you have passed the test. If you scored below 12, let your instructor know by placing an **X** in the box at the upper right-hand corner of the re-test. In either case, proceed to the ***Pour parler*** section on page 172.

Pour parler... du travail
Fiche lexicale

Noms généraux

un boulot *(fam.)* *(work)*
une carrière
un emploi *(job)*
un job
un métier *(trade, occupation)*
un poste *(job)*
une profession
une profession libérale
un travail

Métiers et professions

un acteur / une actrice
un agent de voyage
un agent de change *(stockbroker)*
un agent immobilier *(real estate agent)*
un agriculteur (un cultivateur, un fermier)
un artisan
un(e) artiste / un peintre (une femme peintre)
un(e) astronaute
un(e) avocat(e) *(lawyer, attorney)*
un(e) banquier(ère) *(banker)*
un(e) caissier(ère) *(cashier, teller)*
un(e) chanteur(euse)
un chargeur *(shipper)*
un chauffeur *(driver)*
un chef de cuisine
un(e) cinéaste *(film producer)*
un(e) commerçant(e) *(merchant* or *traveling salesperson)*
un(e) comptable *(accountant)*
un(e) concessionnaire *(car dealer)*
un contremaître *(foreman)*
un courtier *(stockbroker)*
un(e) couturier(ère) *(fashion designer)*
une dactylo *(typist)*
un(e) dentiste
un détaillant *(retailer)*
un éboueur *(garbage collector)*
un écrivain *(writer)* / une femme écrivain
un(e) employé(e) de bureau *(office worker, clerical personnel)*

un(e) employé(e) de maison *(housekeeper)*
un(e) fabricant(e) *(manufacturer)*
un facteur (une factrice) *(mail carrier)*
un(e) facturier(ère) *(billing clerk)*
un fournisseur *(supplier)*
un(e) gérant(e) *(manager)*
un(e) grossiste *(wholesaler)*
un(e) infirmier(ère) *(nurse)*
un ingénieur / une femme ingénieur
un(e) journaliste
un juge / une femme juge
un livreur *(delivery person)*
un médecin / une femme médecin
un(e) militaire / un soldat
un(e) musicien(ne)
un(e) pharmacien(ne)
un policier / un agent de police
un pompier *(firefighter)*
un(e) postier(ère) *(postal worker)*
un professeur
un(e) programmeur(se)
un(e) psychologue
un(e) rédacteur(trice) *(editor)*
un(e) secrétaire
le travail à la chaîne *(assembly-line work)*
une vedette *(inv.)* *(star)*
un(e) vendeur(euse)
un(e) viticulteur(trice) *(wine producer)*

Les lieux de travail

une agence
un atelier *(workshop)*
une boîte *(fam.)* *(office, shop)*
un bureau *(office)*
un cabinet d'affaires *(business office)*
le chantier *(construction site)*
le commerce *(business)*
une compagnie
une entreprise *(company, business)*
une filiale *(subsidiary)*
une firme
une maison *(company)*
une société *(company, business)*
une succursale *(branch office, branch)*
une usine *(factory)*

Catégories d'emplois

un(e) apprenti(e) *(apprentice)*
un cadre *(executive)*
un cadre supérieur *(high-level executive)*
un(e) employé(e) *(employee)*
un employeur
un(e) fonctionnaire *(civil servant)*
la main-d'œuvre *(workforce)*
un(e) ouvrier(ère) *(worker)*
un(e) partenaire
un(e) patron(ne) *(boss)*
le personnel / l'effectif
un P.D.G. (président-directeur général)
   (C.E.O. [chief executive officer])
un(e) propriétaire *(owner)*
un(e) salarié(e)

Verbes utiles

être dans (la vente, les achats, l'informatique, les
   affaires, l'agriculture, la chimie, etc.)
être spécialiste en...
travailler pour + nom de l'employeur ou de
   l'entreprise

III. Que font les gens que vous connaissez? Donnez la profession de dix personnes que vous connaissez. Identifiez d'abord la catégorie générale de leur emploi (si possible), puis mentionnez leur métier ou leur profession et enfin indiquez pour qui ils travaillent. Utilisez une autre feuille de papier.

> **MODÈLE:**   *Ma mère est fonctionnaire. Elle est interprète. Elle travaille pour*
> *une organisation gouvernementale.*

IV. Si je pouvais faire ce que je veux... Donnez les dix métiers, professions ou situations (en ordre de priorité) qui vous intéressent le plus. Utilisez une autre feuille de papier.

> **MODÈLES:**   *Je voudrais être actrice.*
> *Je veux être dans les affaires.*
> *J'ai l'intention de travailler pour une société internationale.*

Témoignages (facultatif)

Écoutez!

Audio CD:
SEGMENT 4-1
CD 3, TRACK 5

✳ **V. Vrai / Faux.** Déterminez si les phrases suivantes sont vraies ou fausses selon ce que vous avez appris sur Djamal, Valérie, Alain et Robin. Si la phrase est vraie, mettez un V. Si la phrase est fausse, mettez un F et corrigez la phrase.

> ➤ **VOCABULAIRE UTILE:**
>
> **Djamal Taazibt — maître assistant** (*assistant professor*), **chargé de** (*in charge of*), **j'ai obtenu** (*I obtained, I got*), **licence** (*degree received after three or four years of college*), **parmi les premiers** (*among the best*), **bourse d'études** (*scholarship*), **enseignant-chercheur** (*teacher-researcher*), **cours magistraux** (*large lecture courses*), **travaux dirigés** (*lab work*), **fâcheuse** (*unfortunate*), **but** (*goal*), **escompté** (*anticipated*), **c'est-à-dire** (*that is to say*), **je suis aussi tenu de...** (*I'm also obligated to . . .*), **les contrats qui me lient** (*my binding contracts*), **recherche appliquée** (*applied research*), **étatiques** (*state-run*), **gérées** (*managed*), **ministère** (*ministry [of education]*), **ce qui dénote** (*which shows*), **l'enseignement supérieur** (*higher education*)

1. _____ Djamal est prof de psychologie de l'enfant.

   _____

2. _____ Il enseigne la théorie et la pratique.

   _____

3. _____ Il a fait toutes ses études en Tunisie.

   _____

4. _____ Il ne fait pas de recherche.

   _____

5. _____ En Algérie, les universités sont gérées par l'État.

   _____

> ➤ **VOCABULAIRE UTILE:**
>
> **Valérie Écobichon — Dinan** (*small city in Brittany*), **prêts** (*lending*), **lecteurs** (*readers*), **des commandes d'ouvrages** (*book orders*), **classe** (*classify*), **traire les vaches** (*to milk the cows*), **amener aux champs** (*take out to the fields*), **terre** (*land*), **blé** (*wheat*), **betteraves** (*beets*), **maintenir en état le tracteur** (*to keep the tractor running*), **ça ne me plaisait pas du tout** (*I didn't like it at all*), **corvée** (*chore*), **pénible** (*hard*)

6. _____ Maintenant que Valérie travaille dans une bibliothèque, elle aime bien travailler de temps en temps dans les champs.

   _____

7. _____ Dans son job, elle n'a pas de contact avec les lecteurs.

   _____

8. _____ Le métier d'agriculteur est un travail très varié mais aussi assez difficile.

   _____

9. _____ Quand elle était petite, Valérie adorait travailler avec ses parents.

   _____

10. _____ La famille de Valérie cultive surtout des fruits.

   _____

11. _____ Alain n'a pas l'intention de travailler en Guadeloupe.

_____

12. _____ Il va bientôt faire un deuxième stage.

_____

13. _____ Pendant son premier stage il a fait un job qui ne demandait pas beaucoup de connaissances techniques.

_____

14. _____ Pour le moment, Alain prépare son DEUG en biologie.

_____

15. _____ Beaucoup de crevettes ont disparu à cause des effluents dans les rivières.

_____

16. _____ Robin travaille dans une université.

_____

17. _____ Dans son travail, il n'utilise presque jamais d'ordinateurs.

_____

18. _____ Il a une sœur qui est actrice.

_____

19. _____ Aucun des neuf enfants ne s'intéresse à la ferme de ses parents.

_____

20. _____ Le mot «allophone» désigne une personne qui ne sait pas lire *(to read)*.

_____

À FAIRE! (4–2)   Manuel de classe, pages 144–149

In *preparation* for talking about dreams and aspirations, study the *Fiche lexicale* and do Exercise VI.

In order to *learn* additional ways to express time, read the explanations and do Exercises VII and VIII.

Pour parler... de ses rêves et de ses aspirations

Fiche lexicale

Noms et adjectifs utiles

une alternative
ambitieux(se)
une ambition
les aspirations *(f.pl.)*
un avantage
l'avenir *(m.)* (incertain, heureux, intéressant, etc.)
un but *(goal)*
la chance *(luck)*
un désir
un empêchement *(obstacle)*
un espoir
un idéal
un inconvénient *(disadvantage)*
l'indépendance *(f.)*
indépendant
un intérêt
libre
nécessaire
une nécessité
un objectif

une obligation
un obstacle
l'occasion *(f.) (chance)*
l'opportunité *(f.)*
optimiste
la persévérance
une perspective
pessimiste
possible
une possibilité
une préférence
un pronostic (sûr, effrayant)
un projet
la réalité
réaliste
la routine
un rêve
la satisfaction
la sécurité
une vie (heureuse, tranquille, paisible, etc.)

Expressions utiles

Dans l'avenir, je...
À long terme *(In the long run)*, je...
Je doute que + subjonctif
Il est douteux que + subjonctif
Il est possible que + subjonctif

Il est probable que + subjonctif
Un de ces jours,... *(One of these days,...)*
Un jour, je...
Plus tard, je...
Si seulement je + imparfait

Verbes utiles

aimer mieux

s'amuser

aller + infinitif

améliorer *(to improve)*

anticiper

attendre avec impatience *(to anticipate eagerly,*
    to look forward to)

s'attendre à (ce que + subjonctif)

avancer (rapidement, dans son travail, dans sa carrière)

avoir (des enfants, une famille, une carrière)

avoir l'intention de + infinitif

changer de (job, travail, situation, carrière, maison)

chercher

compter + infinitif

envisager *(to envisage)*

espérer + infinitif

être obligé(e) de

faire

faire de son mieux *(to do one's best)*

faire des projets

gagner sa vie *(to earn a living)*

habiter

s'intéresser à

se marier

mener (sa vie, sa carrière)

oser *(to dare)*

partager sa vie avec *(to share one's life with)*

penser + infinitif

poursuivre (un rêve, une carrière)

préférer

prévoir *(to foresee)*

réussir

vivre

vouloir + infinitif

Quelques idées concrètes

acheter une grande maison, etc.

apprendre beaucoup de choses

avoir un appartement à Paris

vivre au Japon, etc.

habiter une villa sur la Côte d'Azur *(Riviera)*

se marier (avoir des enfants ou pas)

rester célibataire *(single)* / ne pas se marier

faire le tour du monde

voyager partout

prendre sa retraite à l'âge de... *(to retire at the age of...)*

aider les autres

continuer ses études

vivre dans un climat tropical

être propriétaire d'un petit commerce
    (d'une boutique, d'un magasin, etc.)

être (devenir) célèbre

VI. L'avenir est à vous. Dressez une liste pour définir comment vous envisagez votre avenir. Consultez la *Fiche lexicale* pour vous aider.

_____

_____

_____

_____

_____

_____

_____

_____

_____

_____

Fonction: Comment parler de l'avenir (1)

1. *The use of the present tense to express future actions*

Je **pars** dans quinze jours.
Qu'est-ce que tu **fais** ce week-end?
Demain, je **me repose.** Dimanche je **travaille.**

I'*m leaving* in two weeks.
What *are* you *doing* this week-end?
Tomorrow I'*m relaxing.* Sunday I'*m working.*

In everyday French, the present tense is often used to refer to events in the future. The words that refer to the future therefore are not the verbs, but rather the time expressions that accompany the verbs (**dans quinze jours, ce week-end, demain, dimanche**).

2. *Future time expressed by the present tense of verbs that indicate the future*

Future time is also expressed using the present tense of a number of verbs that also indicate that something has not yet happened (therefore, it will happen in the future). Each of these verbs expresses more or less definite plans and tends to show the attitude of the speaker (or writer). For example, there is a big difference between what you *hope to do, are going to do, count on doing, intend to do,* etc.

Used with infinitives, the following verbs all express future time, progressing from the least certain to the most certain:

avoir envie de + infinitive
> **J'ai envie de faire une promenade.**
> *I feel like taking a walk.*

vouloir + infinitive
> **Elle veut nous accompagner.**
> *She wants to go with us.*

penser + infinitive
> **Nous pensons aller en Espagne.**
> *We're thinking about going to Spain.*

espérer + infinitive
> **J'espère avoir un salaire élevé.**
> *I hope to have a high salary.*

compter + infinitive
> **Elle compte reprendre ses études.**
> *She's counting on going back to school.*
> *She's expecting to go back to school.*

avoir l'intention de + infinitive
> **J'ai l'intention de sortir ce soir.**
> *I intend to go out tonight.*

aller + infinitive
> **Ils vont déjeuner avec nous.**
> *They're going to have lunch with us.*

To make the sentences negative, put **ne... pas** around the conjugated verb.

Je **ne** veux **pas** voir ce film.   Il **n'** a **pas** l'intention de suivre ce cours.

Note that both **avoir l'intention** and **avoir envie** are followed by the preposition **de.**

✳ VII. Quels sont leurs projets? Indiquez comment chaque personne envisage les perspectives suivantes.

> **MODÈLE:**   voyager en Europe
> votre père (he has no desire to do so)   *Il ne veut pas voyager en Europe.*
> votre mère (she hopes to do so)   *Elle espère voyager en Europe.*
> vous (you're counting on it)   *Je compte voyager en Europe.*

1. aller à Paris

   vos amis (they intend to) _____

   votre sœur (she's going to) _____

   vous (you hope to) _____

   votre ami (he wants to) _____

2. prendre le cours de statistiques

   vous (you don't want to) _____

   votre amie (she intends to) _____

   votre frère (he feels like it) _____

3. acheter une voiture de sport

   vos parents (they count on it) _____

   votre ami (he's not going to buy one) _____

   vous (you're thinking about it) _____

4. réussir à l'examen de français

   vous (you're hoping) _____

   vos amis (they're going to pass) _____

   votre amie (she expects to pass) _____

VIII. Ce que je vais faire et ne pas faire. Réfléchissez aux vacances prochaines et rédigez un paragraphe sur ce que vous allez faire et ne pas faire. Utilisez le présent des verbes **penser, compter, avoir l'intention de, espérer, vouloir, préférer, aimer mieux,** etc. Utilisez une autre feuille de papier.

À FAIRE! (4–3)   Manuel de classe, pages 150–154

In order to *learn* additional ways to talk about the future, read the explanations and do Exercises IX, X, and XI.

If you wish to work again with the *Témoignages* you heard in class, listen to SEGMENT 4–3 of the **Audio CD** and do Exercise XII.

Fonction: Comment parler de l'avenir (2)

1. The use of the future tense

J'irai en Espagne dans deux ans.	*I'll* go to Spain in two years.
Il **sera** en cours demain?	*Will* he *be* in class tomorrow?

As a reminder, the first and most basic use of the future tense is to designate an action that is to take place in the future. In French, like in English, the future tense tends to be a more formal way to express future time, while the immediate future (**aller** + infinitive) and other verbs that indicate future (**compter, vouloir, espérer, avoir l'intention de, avoir envie de, penser**) tend to be more common in everyday speech.

Vous **ferez** cet exercice pour demain.	You'll *do* this exercise for tomorrow.
Tu **mettras** ton anorak si tu sors.	You'll *put on* your jacket if you go out.

The future tense is often used in place of the imperative to tell someone to do something. It is generally used by the person who has some authority over the person who is being addressed and it is a more indirect way than the imperative of giving someone an order.

Tu **iras** à la boulangerie pour moi?	*Will (Would)* you *go* to the bakery for me?
Tu **feras** la vaisselle ce soir?	*Will (Would)* you *do* the dishes tonight?

The future tense is also used in polite requests with people we know quite well. The tone is friendly and suggests that you're asking for a favor rather than ordering someone to do something.

Tu **parleras** à ton prof, n'est-ce pas?	You'll *talk* to your prof, right?
Tu **feras** attention aux voitures.	You'll *pay attention* to the cars.

With people you know well, you can also use the future tense to give someone some friendly advice in the form of a suggestion.

Vous me **donnerez** un rôti de porc, assez pour six personnes.	I'll *take* (You'll *give* me) a pork roast, enough for six people.
Vous **aurez** ce pull en rouge?	*Would* you *have* this sweater in red?

The future tense is often used in formal exchanges with salespeople or someone who works in a service capacity. This is a polite way to request something or to express a wish.

Quand elle **ira** en France, elle **contactera** ses cousins.	*When* she *goes* to France, she'll *contact* her cousins.
Je les **verrai dès qu'**ils **arriveront**.	I'll *see* them *as soon as* they *arrive*.
Elle vous **écrira lorsqu'**elle le **pourra**.	She'll *write* to you *when* she *can*.
Vous **mangerez aussitôt que** le dîner **sera** prêt.	You'll *eat as soon as* the dinner *is* ready.

The expressions **quand, dès que, lorsque,** and **aussitôt que** are usually followed by a future tense in French. Note that, in English, these expressions are followed by the present tense.

✣ IX. Qui fera quoi? Vous organisez une «journée française» pour les étudiants de votre campus. C'est à vous de distribuer les tâches aux membres de votre comité qui vont faire le travail. Donnez vos ordres en remplaçant l'impératif par le futur.

> **MODÈLE:** George et Annie, achetez les décorations.
> *George et Annie, vous achèterez les décorations.*

1. Philip, envoie les invitations aux administrateurs.

   _____

2. John, Susan et moi, faisons la publicité.

   _____

3. Mark et Jean, demandez de l'argent au chef du département de français.

   _____

4. Hilary, contacte le journal.

   _____

5. Michael, réserve les salles.

   _____

6. Sylvia et Mary, louez les vidéos.

   _____

7. Alex, Kim et moi, préparons les affiches.

   _____

8. Jerry et Frank, allez chercher les amuse-gueule *(snacks)*.

   _____

9. Tony, fais des copies des cassettes.

   _____

10. Mary et moi, finissons l'article pour le journal français.

    _____

11. Jennifer, sois l'hôtesse.

    _____

12. Tom, vends les drapeaux des pays francophones.

    _____

ALGÉRIE

CAMEROUN

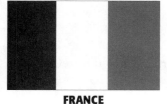

FRANCE

CANADA

2. The future perfect (Le futur antérieur)

Est-ce que tu **auras fini** de nettoyer
  la maison quand les invités arriveront?

Will you *have finished* cleaning
  the house when the guests arrive?

Quand vous **aurez terminé** cet exercice,
  vous ferez le suivant.

When you'*ve finished* this exercise,
  you'll do the next one.

The future perfect (**le futur antérieur**) is a compound tense that is formed by combining the future tense of the helping verbs **être** or **avoir** with the past participle of the main verb. All of the rules for compound tenses that you've learned already also apply to the future perfect.

LE FUTUR ANTÉRIEUR

faire	**aller**	**se lever**
j'aurai fait	je serai allé(e)	je me serai levé(e)
tu auras fait	tu seras allé(e)	tu te seras levé(e)
il aura fait	il sera allé	il se sera levé
elle aura fait	elle sera allée	elle se sera levée
on aura fait	on sera allé	on se sera levé
nous aurons fait	nous serons allé(e)s	nous nous serons levé(e)s
vous aurez fait	vous serez allé(e)(s)(es)	vous vous serez levé(e)(s)(es)
ils auront fait	ils seront allés	ils se seront levés
elles auront fait	elles seront allées	elles se seront levées

When you're dealing with future events, you use the future perfect to show that one event *will have* occurred before another. This is the equivalent, in the future, of the **plus-que-parfait** tense that precedes the **passé composé**. Study the following timeline to understand the relationships between events in the future with the parallel construction in the past.

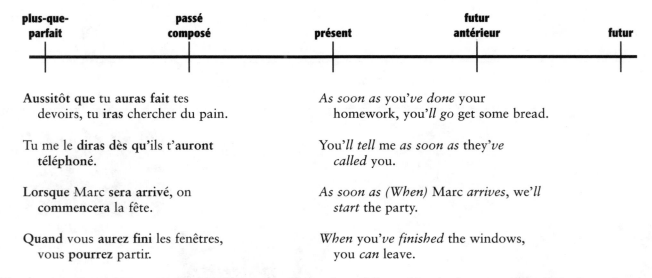

Aussitôt que tu **auras fait** tes
  devoirs, tu **iras** chercher du pain.

As soon as you'*ve done* your
  homework, you'*ll go* get some bread.

Tu me le **diras dès qu'**ils t'**auront
  téléphoné.**

You'll *tell* me *as soon as* they'*ve
  called* you.

Lorsque Marc **sera arrivé**, on
  commencera la fête.

As soon as (When) Marc *arrives*, we'*ll
  start* the party.

Quand vous **aurez fini** les fenêtres,
  vous **pourrez** partir.

When you'*ve finished* the windows,
  you *can* leave.

The expressions **aussitôt que, dès que, lorsque,** and **quand** are followed by the future perfect when they refer to an event that will have occurred before something else will occur. In that case, the **futur antérieur** is accompanied by the future tense.

✣ **X. Chaque chose en son temps.** Complétez les phrases suivantes en utilisant le futur antérieur des verbes entre parenthèses.

        MODÈLE: (parler) Dès que je lui _____ , je prendrai ma décision.

1. (partir)   Dès qu'elle _____ , je vous avertirai.

2. (finir)   Je suis sûr que vous _____ vos devoirs avant le dîner.

3. (apprendre) Ils _____ suffisamment de grammaire avant l'examen final.

4. (faire)   Nous _____ les valises la veille *(the night before)*.

5. (prendre)   Aussitôt que tu _____ de l'aspirine, tu te coucheras.

6. (faire)   Elle _____ les réservations avant de partir.

7. (aller)   Je ne _____ pas encore _____ au marché quand tu arriveras.

8. (se laver)   Dès que tu _____ les mains, nous nous mettrons à table.

✣ **XI. Futur ou futur antérieur?** Utilisez le futur ou le futur antérieur pour refaire les phrases suivantes.

      MODÈLES: Il va faire ses valises et il va partir tout de suite.
                  Il fera ses valises et il partira tout de suite.

                  Nous parlons au prof. Ensuite nous allons à la bibliothèque. (dès que)
                  Dès que nous aurons parlé au prof, nous irons à la bibliothèque.

1. Elle va laver la voiture. Ensuite elle va faire un tour en ville. (quand)

    _____

2. Je vais acheter le gâteau, je vais aller chercher les enfants à l'école et on va aller directement à la fête.

    _____

    _____

3. Tu prends ta décision. Ensuite tu nous téléphones. (lorsque)

    _____

4. Vous pouvez aller à la plage. Mais avant ça, vous rangez votre chambre. (aussitôt que)

    _____

5. Le prof va corriger les devoirs et il va les rendre tout de suite.

    _____

6. Tu vas déménager. Tes parents vont te rendre visite. (quand)

    _____

Témoignages (facultatif)

Écoutez et écrivez!

 **Audio CD:**
SEGMENT 4-3
CD 3, TRACK 7

◆ VOCABULAIRE UTILE:

Mireille Sarrazin — **étant** *(being)*, **on joue** *(we perform)*, **répétitions** *(rehearsals)*, **on répète** *(we rehearse)*, **metteurs en scène** *(directors in theater)*, **ils ont chacun** *(they each have)*, **se maquiller** *(put on makeup)*, **se rhabille** *(change clothes)*, **c'est-à-dire** *(that is to say)*, **l'inconnu** *(the unknown)*, **ça ne nuit pas** *(it's not detrimental)*, **revenus** *(income)*

Valérie Écobichon — **au milieu des** *(in the middle of the)*, **fait** *(fact)*, **enrichissant** *(enriching)*, **tâches** *(tasks)*, **ranger** *(put away)*, **étagères** *(shelves)*, **fiches** *(cards)*, **taper à la machine** *(type)*, **un fonds** *(collection)*, **laitière** *(dairy)*, **ouvrages** *(books, works)*, **nouveautés** *(most recent books)*, **approfondi** *(thorough)*

Sophie Everaert — **ne s'entendent pas** *(don't get along)*, **d'équipe** *(team)*, **j'interviens** *(I intervene)*, **cardiologue** *(cardiologist / heart specialist)*, **la recherche** *(research)*, **médicaments** *(medications)*, **crises cardiaques** *(heart attacks)*, **il est de garde** *(he's on call)*, **malgré le fait** *(despite the fact)*

Robin Côté — **me tiennent à cœur** *(close to my heart)*, **bien entendu** *(of course)*, **financement** *(financing)*, **se battre** *(to fight)*, **fonds** *(funds, funding)*, **équipe** *(team)*, **un combat de tous les jours** *(a daily battle)*, **rentable** *(profitable)*, **dépenses** *(expenditures)*, **bris** *(damage)*, **récoltes** *(harvests)*, **des hauts et des bas** *(ups and downs)*, **dur** *(difficult)*, **boulot** *(slang: work)*

XII. Avantages et inconvénients. Mettez-vous à la place d'un des témoins. Faites d'abord une brève description de votre activité, puis parlez des avantages et des inconvénients de ce travail. Inventez des détails s'il le faut et écrivez à la première personne (**je**). Utilisez une autre feuille de papier.

PHRASES: Describing people; Writing an essay; Expressing an opinion; Comparing and contrasting

VOCABULARY: Trades, occupations; Professions

GRAMMAR: Relative pronouns; Adjective agreement; Adjective position

---

À FAIRE! (4–4)   Manuel de classe, pages 154–156

As a *review* of the future perfect, do Exercise XIII.

In *preparation* for work in class, do Exercises XIV and XV.

Fonction: Comment parler de l'avenir (2) (suite)

XIII. Les quinze jours à venir. Remplissez d'abord le calendrier pour les quinze jours à venir: indiquez le mois, les jours, les dates et notez au moins une chose que vous pensez faire chaque jour. Par exemple, vous pouvez indiquer que vous allez étudier pour un certain examen un jour et que l'examen aura lieu le jour après. Ou bien vous pouvez noter que vous allez acheter des vêtements un jour et indiquer qu'il y a une fête un autre jour. Ou encore vous pouvez indiquer que quelqu'un viendra vous rendre visite. etc.

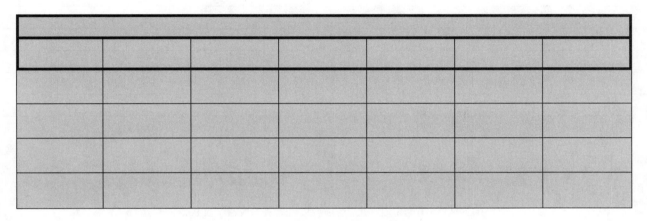

Maintenant utilisez le futur antérieur et le futur pour lier les activités dans votre calendrier. N'oubliez pas les expressions **dès que, lorsque, aussitôt que** et **quand**, surtout quand il s'agit de deux activités qui auront lieu l'une après l'autre, le même jour. Utilisez une autre feuille de papier.

> **MODÈLES:** *Jeudi j'ai l'intention d'étudier pour mon examen de chimie. L'examen aura lieu vendredi. J'aurai bien étudié pour mon examen quand l'examen aura lieu.*
>
> *Mardi, aussitôt que je serai sortie du dernier cours, je partirai pour un long week-end dans ma famille.*

Perspectives culturelles: «Madame Moreau, chef d'entreprise» (Georges Perec)

XIV. «Madame Moreau, chef d'entreprise». Imaginez que vous avez hérité *(inherited)* d'une petite entreprise qui a des problèmes financiers. Vous ne voulez pas vendre l'entreprise et votre but est de la rendre rentable *(profitable)*. Faites une liste de mots et d'idées pour suggérer comment améliorer la situation. Exemples: **faire des études de marché, diversifier, introduire la robotique, faire de la publicité,** etc. Inspirez-vous du vocabulaire des fiches lexicales.

_____

_____

_____

_____

_____

_____

_____

XV. Lecture: «Madame Moreau, chef d'entreprise». Lisez les extraits du roman *La Vie, mode d'emploi* à la page 157 du **Manuel de classe.** En lisant, dégagez quelques différences dans la vie de Madame Moreau entre la période qui a précédé la mort de son mari et celle qui l'a succédé. Quelles étaient ses responsabilités? Utilisez des infinitifs dans vos phrases descriptives.

Avant la mort de M. Moreau

_____

_____

_____

_____

_____

_____

_____

Après la mort de M. Moreau

_____

_____

_____

_____

_____

_____

_____

À FAIRE! (4–5)   Manuel de classe, pages 157–161

If you wish to work further with the *Témoignages* you heard in class, listen to SEGMENT 4–5 of the **Audio CD** and do Exercise XV.

In order to *learn* more about how to talk about the future, read the explanations and do Exercises XVII, XVIII, XIX, and XX.

Témoignages (facultatif)

Écoutez!
Audio CD:
SEGMENT 4-5
CD 3, TRACK 9

> **VOCABULAIRE UTILE POUR LES SEPT PERSONNES:**
> **droit** *(law)*, **but** *(goal)*, **rêve** *(dream)*, **la mienne** *(mine)*, **grandissent** *(grow up)*, **chiffre d'affaires** *(sales)*, **bénéfices** *(profits)*,
> **l'emporte sur** *(wins out over)*, **se sentir heureux** *(to feel [be] happy)*, **défi** *(challenges)*, **attirée par** *(attracted by)*, **enseigner** *(teaching)*,
> **je souhaiterais** *(I would like, wish)*, **profiter** *(benefit)*, **ça veut dire** *(that means)*, **suffisamment** *(enough)*, **pouvoir** *(power)*, **niveau** *(level)*,
> **à tout le moins** *(at the very least)*, **sinon** *(if not)*, **paraître** *(seem)*, **pompeux** *(pompous)*, **boulot** *(slang: work)*, **de le créer** *(to create it)*,
> **déménager** *(move)*

✱ **XVI. Qui veut quoi?** Identifiez la personne qui a exprimé chacune des aspirations suivantes (dans le premier cas, vous trouverez plus d'une seule personne).

1. fonder une famille (2 personnes)

_____

2. changer la société

_____

3. voir ses enfants heureux

_____

4. avoir beaucoup de loisirs

_____

5. enseigner l'anglais

_____

6. avoir un logement plus grand

_____

7. se sentir heureux et satisfait

_____

8. trouver un emploi avec un salaire plus élevé

_____

9. passer plus de temps à la maison

_____

10. jouer dans un orchestre

_____

Fonction: Comment parler de l'avenir (3)

Le présent du conditionnel

1. Regular forms

The present conditional in French is the equivalent of the English structure *would* + verb. To form the conditional, simply add the imperfect endings **-ais, -ais, -ait, -ions, -iez, -aient** to the infinitive of the verb. Notice that the final **-e** of a verb ending in **-re** is dropped before the conditional ending is added.

arriver	**partir**	**prendre**
arriver-	**partir-**	**prendr-**
j'arriverais	je partirais	je prendrais
tu arriverais	tu partirais	tu prendrais
il/elle/on arriverait	il/elle/on partirait	il/elle/on prendrait
nous arriverions	nous partirions	nous prendrions
vous arriveriez	vous partiriez	vous prendriez
ils/elles arriveraient	ils/elles partiraient	ils/elles prendraient

2. Irregular forms

Some verbs have irregular stems in the present conditional. Since these stems are the same as the ones used for the future tense, you've learned them already and this section serves as a review. Some of the irregular stem verbs are new.

aller	ir-	j'irais
avoir	aur-	tu aurais
envoyer	enverr-	il enverrait
être	ser-	elle serait
faire	fer-	on ferait
falloir	faudr-	il faudrait
pouvoir	pourr-	nous pourrions
savoir	saur-	vous sauriez
voir	verr-	ils verraient
vouloir	voudr-	elles voudraient

✻ **XVII. Soyons plus polis!** Utilisez le présent du conditionnel pour récrire les phrases suivantes sous une forme plus polie.

1. Je veux parler à M. Imbert.

   _____

2. Pouvez-vous m'indiquer son adresse?

   _____

3. Savez-vous où il est allé?

   _____

4. Nous voulons vous demander un service.

   _____

5. Avez-vous le temps de me parler?

   _____

6. Je suis content de lui téléphoner.

   _____

7. Peux-tu dîner avec nous ce soir?

   _____

8. Françoise et moi, nous voulons bien y aller avec vous.

   _____

9. Tu fais la vaisselle pour moi?

   _____

10. Vous allez à la bibliothèque déposer ces livres?

    _____

11. Ils nous prêtent leurs vidéos?

    _____

12. Elle prépare le dîner?

    _____

3. Uses of the present conditional

The present conditional tense has a variety of uses:

a. Expression of politeness

Je **serais** contente de vous aider.	I *would be* happy to help you.
Voudriez-vous m'accompagner?	*Would* you *like* to come with me?
Auriez-vous l'heure?	*Would* you *have* the time?

The present conditional is often used as an expression of politeness or formality.

b. Expression of possibility or eventuality

Un jour, je **voudrais** être avocate.	One day, I'*d like* to be an attorney.
Il **aimerait** sortir avec toi.	He'*d like* to go out with you.
Nous **ferions bien** un voyage au Maroc.	We *wouldn't mind taking* a trip to Morocco.

The present conditional is also used to express an action or event that could eventually take place in the future. It also expresses a feeling one can have about a possible future event. The English equivalent is *would* + verb.

c. Advice

À ta place, je **changerais** de travail.	If I were you, I'*d change* jobs.
À votre place, j'**irais** en Norvège.	If I were you, I'*d go* to Norway.

d. Doubt

Elle **serait** malade.	She'*s supposed to be* sick (but there is some doubt about it).
À votre avis, **serions**-nous plus heureux sans argent?	In your opinion, *would* we *be* happier without money? (I doubt that!)

Un petit truc

Conditional sentences

A conditional sentence is one that has an *if* clause in it. It means that something will happen *if* another condition is met. So far, you've learned two types of conditional sentences.

- The first pattern involves the present tense in the *if* clause, with the present tense, the future tense, or a command in the resulting clause.

present / present:	**Si tu *vas* à la boulangerie, tu m'*achètes* du pain.**
present / future:	**Si tu *vas* à la boulangerie, tu m'*achèteras* du pain.**
present / command:	**Si tu *vas* à la boulangerie, *achète*-moi du pain.**

  Also note that the *if* clause can usually be reversed with the resulting clause.

  Tu m'achèteras du pain *si* tu vas à la boulangerie.

- In the second pattern, the *if* clause contains the imperfect tense and the resulting clause takes the present conditional. This kind of sentence indicates that *if a certain condition **were** met, something else **would** happen:*

  Si elle *étudiait* davantage, elle *réussirait* mieux.
  Tu *pourrais* peut-être gagner plus d'argent *si* tu *changeais* de travail.

✳ XVIII. Que feriez-vous à leur place? Donnez un conseil pour résoudre chacun des problèmes suivants. Utilisez le présent du conditionnel et suivez le modèle.

> **MODÈLE:** Mon frère s'ennuie à son travail. (chercher un autre travail)
> *À sa place, je chercherais un autre travail.*

1. Je suis toujours fatigué. (se coucher plus tôt)

   _____

2. Depuis quelques semaines, je grossis énormément. (ne pas manger de pizza)

   _____

3. Je n'ai jamais assez d'argent. (ne pas aller dans les grands magasins)

   _____

4. Elle n'a pas assez d'argent pour téléphoner à ses parents. (leur envoyer une lettre)

   _____

5. La femme d'Hervé Villot ne sait pas parler français. (prendre des leçons de français)

   _____

6. J'ai la grippe *(flu)* depuis cinq jours. (consulter un médecin)

   _____

7. Nous n'avons pas envie de faire la cuisine ce soir. (dîner au restaurant)

   _____

8. Mes parents n'aiment pas l'appartement où nous habitons. (acheter une maison)

   _____

9. J'ai mal à la tête. (m'arrêter de travailler à l'ordinateur)

   _____

10. Mon frère a des difficultés en cours de chimie. (aller voir le prof)

    _____

11. Nous ne savons pas qui inviter. (inviter mes meilleurs amis)

    _____

12. Ma sœur a encore besoin d'argent. (ne plus lui donner d'argent)

    _____

✳ XIX. Si vous pouviez choisir? Indiquez les choix que vous feriez dans les situations suivantes.

> **MODÈLE:** Si vous sortiez manger avec votre famille, est-ce que vous iriez dans un fast-food ou un restaurant chic?
> *Si je sortais manger avec ma famille, nous irions dans un restaurant chic.*

1. Si vous pouviez choisir, est-ce que vous dîneriez au Macdo ou dans un restaurant français?

   _____

2. Si vous payiez le repas, est-ce que vous choisiriez le menu à 85F ou le menu à 120F?

   _____

3. Et si vos amis vous invitaient à dîner, qu'est-ce que vous leur apporteriez?

   _____

4. Si vous vouliez maigrir, qu'est-ce que vous prendriez comme hors-d'œuvre — l'assiette de crudités ou les œufs à la mayonnaise?

   _____

5. Si vous n'aimiez pas le poisson, est-ce que vous commanderiez le filet de sole ou le bœuf bourguignon?

_____

6. Si vous aviez très faim, est-ce que vous mangeriez une salade ou du rôti de bœuf?

_____

7. Si vous vouliez grossir, qu'est-ce que vous choisiriez comme dessert — une glace ou un fruit?

_____

8. Si vous aviez le choix, qu'est-ce que vous prendriez comme boisson?

_____

9. Si le service n'était pas compris, combien est-ce que vous laisseriez de pourboire *(tip)* — 15% ou 20%?

_____

XX. Si j'avais très peu d'argent... Rédigez une petite composition sur ce que vous feriez si vous étiez très pauvre. Par exemple, où est-ce que vous habiteriez et avec qui? Qu'est-ce que vous mangeriez? Qu'est-ce que vous achèteriez comme vêtements? Que feriez-vous d'autre pour dépenser le moins d'argent possible? Utilisez une autre feuille de papier.

> **PHRASES:** Hypothesizing; Weighing alternatives
> **VOCABULARY:** House; Clothing; Food
> **GRAMMAR:** Conditional

À FAIRE! (4–6)   Manuel de classe, pages 162–163

In order to *review* the present conditonal, do Exercise XXI.

In *preparation* for work in class, do Exercise XXII.

Fonction: Comment parler de l'avenir (3) (suite)

XXI. Ce que je voudrais faire. Faites une liste (au présent du conditionnel) de ce que vous et les membres de votre famille feriez dans l'avenir si vous pouviez faire tout ce que vous désirez. Utilisez une autre feuille de papier.

     MODÈLE: *Si je pouvais faire n'importe quoi, je ferais au moins un voyage dans un pays francophone. Je visiterais l'Afrique francophone, j'irais au Québec et dans les Antilles et j'habiterais au moins un an en France. Je trouverais peut-être même un poste dans un pays de langue française.*
                          Mes parents déménageraient en Floride.
                          Ma sœur voudrait devenir danseuse, mais moi, à sa place, je continuerais mes études de langue.
                          Si mon frère pouvait faire ce qu'il veut, il deviendrait policier. Si j'étais lui, je ne ferais pas ça; c'est trop dangereux. etc.

C'est à vous maintenant!

XXII. Une interview. En classe, vous allez interviewer quelqu'un — un(e) Français(e), un(e) francophone ou bien une personne qui parle français. Le sujet principal de l'interview sera le métier de cette personne. Néanmoins, afin de la connaître un peu mieux, vous pourrez lui poser d'abord des questions sur d'autres sujets — son pays d'origine, sa famille, sa formation, ses voyages, etc. Pour vous préparer pour cette interview, rédigez *une vingtaine de questions* que vous pourriez poser. Utilisez une autre feuille de papier.

À FAIRE! (4–7)   Manuel de classe, pages 163–166

As a *follow-up* to the interview conducted in class, do Exercise XXIII.

C'est à vous maintenant!
Écrivez!

PHRASES: Describing a person; Expressing an opinion; Comparing and contrasting; Linking ideas

VOCABULARY: Trades, occupations; Professions; Leisure

GRAMMAR: Present tense; Future tense; Conditional; Relative pronouns; Adjective position; Adjective agreement

---

XXIII. Compte rendu d'interview. Rédigez un petit article qui résume quelques aspects de l'interview que vous avez faite en classe. Écrivez l'article à la troisième personne (**il/elle**) et n'essayez pas de rendre compte de toute l'interview; choisissez-en les éléments que vous avez trouvés les plus intéressants et concentrez-vous surtout sur le travail que fait la personne interviewée. Utilisez une autre feuille de papier.

Pour préparer les examens

En préparant l'examen sur ce chapitre, vous pourrez consulter:

Fiches lexicales   MP, p. 172, p. 176

Pour mieux vous exprimer   MC, p. 148, p. 156

Rappels et Fonctions   MP, p. 169 p. 178, p. 180, p. 182, p. 187, p. 189

Allons voir les Français et les francophones...

au travail!

EXPANSION

MENU

Activité culturelle: Le Maghreb

Habib Smar

«« Mon pays d'origine, la Tunisie, se trouve dans la partie de l'Afrique du Nord qui s'appelle le Maghreb. Le Maghreb (mot arabe pour «le couchant») est une région qui comprend le Maroc, l'Algérie et la Tunisie. C'est une région très variée et très intéressante, que je vais vous présenter maintenant. »»

Profil: Le Maghreb

LE MAROC

Devise: Dieu, la Patrie, le Roi

Gouvernement: Monarchie constitutionnelle

Roi: Mohammed IV (devenu roi en 1999)

Capitale: Rabat

Superficie: 710 000 km^2

Villes importantes: Casablanca, Marrakech, Safi, Mohammedia, Agadir, Tanger, Essaouira, Fès

Population: 27 560 000 habitants

Nom des habitants: Marocains

Langue officielle: Arabe

Autres langues: Berbère, français, hassania, espagnol

Religion: Islam (95,95%)

Date d'indépendance: 1956

Climat: Sec du côté méditerranéen, étés tempérés et hivers doux du côté atlantique, très sec dans les régions présaharienne et saharienne.

L'ALGÉRIE

Devise: La révolution par le peuple et pour le peuple

Gouvernement: République démocratique et populaire. Régime présidentiel.

Président: Abdelaziz Bouteflika

Capitale: Alger

Superficie: 2 380 000 km^2

Villes importantes: Oran, Constantine, Annaba, Tizi-Ouzou, Blida, Stif, Sidi-bel-Abbès, Skikda, Batna, Tilimsen

Population: 28 600 000 habitants

Nom des habitants: Algériens

Langue officielle: Arabe

Autres langues: Français (langue administrative), berbère

Religion: Islam

Date d'indépendance: 1962

Climat: Méditerranéen. Au nord, hivers pluvieux et froids, étés chauds et secs. Au sud, climat sec et tropical.

LA TUNISIE

Devise: Liberté, Ordre, Justice

Gouvernement: République islamique. Régime présidentiel.

Président: Général Zine el-Abadine ben Ali

Capitale: Tunis

Superficie: 164 000 km^2

Villes importantes: Sfax, Ariano, Bizerte, Djerba, Gabès, Sousse, Kairouan

Population: 9 060 000 habitants

Nom des habitants: Tunisiens

Langue officielle: Arabe

Autres langues: Français, berbère

Religion: Islam

Date d'indépendance: 1956

Climat: Climat méditerranéen au nord, climat continental chaud au centre, climat saharien au sud.

✎ **C'EST COMMENT, LE MAGHREB?** Rédigez sur chaque pays du Maghreb cinq questions auxquelles vous pouvez trouver les réponses dans le *Profil*. Pour chaque question, donnez ensuite la réponse. Utilisez une autre feuille de papier.

Les travailleurs immigrés en France

LE NOMBRE DES TRAVAILLEURS ÉTRANGERS EST À PEU PRÈS STABLE DEPUIS 1975.

Beaucoup d'étrangers sont arrivés en France pendant les années 60, attirés par la perspective de trouver un emploi dans des postes généralement délaissés par les Français. Leur nombre a augmenté depuis, sous l'effet des nouvelles vagues d'immigration. Il s'est stabilisé depuis quelques années à environ 1,5 million, soit environ 7% de la population active totale, niveau comparable à celui du début des années 30.

En général, les travailleurs immigrés occupent les postes les moins qualifiés et les moins bien rémunérés (57% sont ouvriers) et sont plus touchés par le chômage. On les trouve surtout concentrés en Île-de-France (région parisienne), en Corse, dans la vallée du Rhône et la région Provence-Côte d'Azur.

Le nombre des travailleurs étrangers est stable à environ 1,6 million

	Nombre
• Portugais	342 000
• Algériens	246 000
• Marocains	205 000
• Ressortissants d'Afrique noire	120 000
• Espagnols	91 000
• Tunisiens	85 000
• Turcs	66 000
• Italiens	66 000
• Yougoslaves	23 000
• Polonais	14 000
• Ressortissants d'autres pays	217 000
• Ressortissants d'autres pays de l'Union européenne	96 000
TOTAL	**1 571 000**

Gérard Mermet, *Francoscopie 1999,*
© Larousse, 1998, p. 254

 **QU'EN PENSEZ-VOUS?** Est-ce qu'il y a des comparaisons à faire entre les travailleurs immigrés en France et les travailleurs immigrés aux États-Unis? À votre avis, pourquoi est-ce qu'il y a beaucoup de travailleurs des pays africains en France? À votre avis, pourquoi est-ce que le plus grand nombre de travailleurs immigrés viennent du Portugal?

Lecture: «Le cousin Achour» (Michel Tournier)

Prélecture: «Le cousin Achour». Utilisez les *Fiches lexicales* de ce chapitre pour faire le bilan de la situation des travailleurs immigrés aux États-Unis. Quelles sortes d'emplois est-ce qu'ils occupent? Quelles sont leurs conditions de travail et de logement? Utilisez une autre feuille de papier.

Lecture: «Le cousin Achour». Lisez l'extrait du roman de Michel Tournier à la page 171 du **Manuel de classe**. Répondez ensuite aux questions suivantes pour vérifier votre compréhension du texte.

1. D'où viennent Achour et Idriss? _____

2. Depuis combien de temps est-ce qu'Achour habite à Paris? _____

3. Comment est le logement d'Achour?
   _____
   _____
   _____

4. Quels sont les douze emplois qu'Achour a déjà occupés?
   _____
   _____
   _____

5. Pourquoi est-ce qu'il a quitté son premier emploi chez Renault?
   _____
   _____

Lecture: «Les femmes actives»

47% des femmes de 15 ans ou plus sont actives.

11 millions de femmes sont actives, dont 2,7 millions à temps partiel. 1,4 million sont au chômage. L'accroissement du travail féminin est l'une des données majeures de l'évolution sociale de ces trente dernières années; le nombre des femmes actives a augmenté de 3 millions, contre moins d'un million pour les hommes. [...]

Si les femmes ont, depuis 1968, «repris le travail», c'est en partie sous l'impulsion du grand mouvement féministe des années 70, dont l'une des revendications majeures était le droit au travail rémunéré, condition première de l'émancipation.

Dans le même temps, on constate que l'arrêt de l'activité est moins fréquent dans le cas de l'arrivée d'un second enfant: plus des deux tiers des femmes ayant deux enfants travaillent. Leurs carrières sont moins souvent interrompues que par le passé. La vie professionnelle des femmes tend à se rapprocher de celle des hommes.

Entre 25 et 49 ans, plus de trois femmes sur quatre sont actives, contre moins de la moitié en 1968.

Depuis 1990, le taux d'activité des femmes de 25 à 49 ans s'accroît d'un point par an; il dépassait 77% en 1993. On constate qu'il augmente avec le niveau de formation. Les femmes non mariées (célibataires, veuves ou divorcées) travaillent plus fréquemment que les autres (70% sont actives). Ce sont les femmes d'ouvriers, mais aussi de cadres ou de «professions intellectuelles supérieures» (enseignants, professions scientifiques, etc.) qui ont les taux d'activité les plus faibles.

C'est entre 25 et 29 ans que l'activité féminine atteint son maximum. Les taux décroissent ensuite avec l'âge, du fait des contraintes familiales (maternités, éducation des enfants) et de la moindre volonté d'exercer une activité rémunérée parmi les femmes des anciennes générations. Plus les femmes ont d'enfants et moins elles exercent une activité rémunérée. Entre 25 et 39 ans, neuf femmes sur dix n'ayant pas d'enfants à charge travaillent. Elles ne sont plus que 83% lorsqu'elles ont un enfant, 73% avec deux, 47% avec trois.

On constate depuis quelques années une féminisation accrue de certains secteurs, notamment dans le tertiaire, où la rotation de l'emploi est forte et le niveau de rémunération souvent peu élevé.

"En ce moment, tout le monde a des problèmes, ce n'est pas une raison pour qu'une banque vous traite comme n'importe qui."

Les femmes très présentes dans les services

La nouvelle norme

Pour un nombre croissant des femmes, travailler est la condition de l'autonomie et de l'épanouissement personnel. Les femmes qui n'ont jamais travaillé sont d'ailleurs trois fois moins nombreuses avant l'âge de 30 ans qu'après: moins de 4% contre 12%. La diminution du nombre des mariages, l'accroissement du nombre des femmes seules, avec ou sans enfants, la sécurité (parfois la nécessité) pour un couple de disposer de deux salaires sont autant de raisons qui expliquent la croissance du travail féminin.

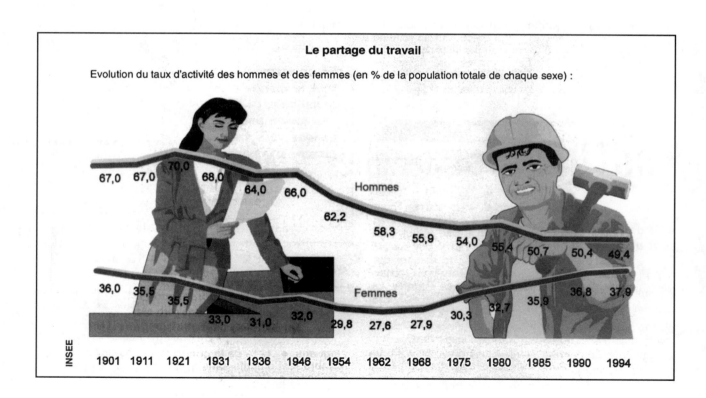

Le partage du travail

Evolution du taux d'activité des hommes et des femmes (en % de la population totale de chaque sexe) :

Hommes : 67,0 67,0 70,0 68,0 64,0 66,0 62,2 58,3 55,9 54,0 55,4 50,7 50,4 49,4

Femmes : 36,0 35,5 35,5 33,0 31,0 32,0 29,8 27,6 27,9 30,3 32,7 35,9 36,8 37,9

INSEE

1901 1911 1921 1931 1936 1946 1954 1962 1968 1975 1980 1985 1990 1994

L'évolution de la nature des emplois a été favorable à l'insertion des femmes.

Le très fort développement des activités de service et la diminution du nombre d'emplois nécessitant la force masculine ont beaucoup favorisé l'arrivée des femmes sur le marché du travail; elles occupent aujourd'hui plus de la moitié des emplois du secteur tertiaire. À ces deux raisons liées au progrès économique et technique s'en sont ajoutées d'autres, moins avouables. À travail égal, les femmes étaient souvent moins bien payées que les hommes; une bonne aubaine pour un certain nombre d'employeurs...

Mais c'est peut-être le développement du travail à temps partiel qui a le plus contribué à celui du travail féminin. On constate d'ailleurs que c'est dans les pays où les possibilités de travail à temps partiel sont les plus développées que les femmes sont les plus nombreuses à travailler.

➥ 63% des Français ne sont pas choqués du projet d'inciter les femmes actives à revenir au foyer; 35% sont de l'avis contraire.

[...] On peut raisonnablement penser que les femmes prendront une place croissante dans la vie professionnelle, du fait de leur formation, de leur volonté de jouer un rôle actif et de l'apport qu'elles représentent dans une entreprise. L'émergence des valeurs féminines dans la société devrait trouver son application dans la vie économique, comme dans la vie politique ou culturelle.

Grand Emprunt d'État
6%

INVESTISSONS DANS NOTRE AVENIR

L'avenir des femmes est professionnel

• •

Faisons parler les chiffres! Faites une étude détaillée du texte sur les femmes actives et essayez de trouver une façon de présenter les statistiques sous une forme qui soit facile à lire (par exemple, un tableau *[chart]* qui groupe les différents âges et les statistiques qui les accompagnent). Utilisez une autre feuille de papier.

Quelles sont vos conclusions? Rédigez des phrases qui, à votre avis, résument les points principaux du texte sur les femmes actives. Essayez de comparer vos propres phrases plutôt que de les copier simplement. Utilisez une autre feuille de papier.

PHRASES: Writing an essay; Describing people; Describing objects

VOCABULARY: House; Trades, occupations; Professions; Leisure; Family members

GRAMMAR: Present tense; Adjective agreement; Adjective position; Relative pronouns

Activité écrite: Le travail en France

Rédigez une composition dans laquelle vous imaginerez la vie quotidienne d'une des personnes suivantes. Parlez des conditions de travail, du logement, des loisirs, de la famille, etc. Utilisez une autre feuille de papier.

1. un travailleur tunisien en France
2. un représentant pour IBM
3. une femme médecin (elle est mariée, avec trois enfants)
4. une femme cadre dans une entreprise multinationale
5. un cadre français qui travaille au Maroc

Activité d'écoute / Enregistrement:
Le e caduc et autres lettres muettes

Audio CD
SEGMENT 4–7
CD 3, TRACK 11

To begin, listen to the following conversation without looking at the text. Then listen to the conversation again while you follow along with the text. As you do so, draw a line through all the vowels that are *not* pronounced.

Conversation entre une femme et son mari

—Qu'est-ce qu'il y a, chérie? Tu n'as pas l'air très heureuse.

—Eh ben, non, ça ne va pas du tout. Tu sais, nos vacances...

—Oui, mais tout est arrangé. Rendez-vous dans deux jours avec les Mercier à Avignon.

—Ben... oui... je sais. Mais c'est pour ça que je te téléphone. C'est que mon patron vient de me dire que je dois négocier un contrat important vendredi...

—Mais il n'y a qu'à lui dire que ce n'est pas possible. Nos projets sont faits et puis c'est tout!

—Je lui ai déjà dit tout ça. Mais tu le connais. Il ne veut rien entendre, celui-là!

—Et Véronique, elle ne peut pas prendre ta place?

—Elle est partie en vacances hier...

—Alors, si je comprends bien, elle peut s'en aller et toi, comme toujours... Et qu'est-ce qui est si important dans ce contrat, qu'il ne peut pas attendre ton retour?

—Je ne sais pas. Mais j'ai pensé que tu pourrais partir mercredi avec les enfants et moi, je pourrais vous rejoindre vendredi. Je prendrais le train. S'il te plaît, chéri, comprends un peu ma situation.

—Tout ce que je sais c'est que ton boulot passe toujours en premier. Je comprends ta situation mais cette fois-ci c'est un peu trop, tout de même.

—Qu'est-ce que tu veux que je fasse?

—Bon, on s'arrangera comme tu veux. Mais je te demande aussi de t'arranger autrement la prochaine fois.

—D'accord. Et je dirai au patron que je ne suis pas du tout contente de cette situation et que ça sera la dernière fois que je me laisserai manipuler.

As you already know, in French it happens quite frequently that written letters are not pronounced in the spoken language. You've learned about final written consonants that tend to drop (unless they're pronounced for liaison reasons) and that a written **e** at the end of a word is not pronounced. As a general rule, the more informal the spoken language, the more letters are dropped and the more formal the spoken language (poetry, plays, very formal interactions), the fewer letters are dropped. One of the reasons it's very important for you to be aware of this is not only for your own pronunciation but to help you understand others when they speak in an everyday context. For example, in the conversation you just heard, would you have known that **"yaka"** stands for **il n'y a qu'à**, that **"sui-là"** represents **celui-là**, or that **"dja"** can be the pronunciation of **déjà**?

Now you're going to learn about some of the rules that govern the dropping of sounds. Keep in mind that the dropping of sounds (or not) is intended to make speech more smooth, more connected, more fluent-sounding, and, usually, facilitates pronunciation of individual words.

Le e caduc (The mute e)

Le e caduc et la loi des trois consonnes

An unaccented e can occur at the end of a syllable in the middle of a word (pétit). The vowel is called le e caduc (the *falling* or *dropped* e) or le e instable (the *unstable* e) because there are certain cases when it's not pronounced at all.

As a general rule, the e is not pronounced in the middle of a word so long as dropping it does not result in three consecutive consonant sounds. Therefore, in samédi, dropping the e is okay because it leaves only two consonants together: md. However, if the second e of vendredi were to be dropped, the combination drd would remain, which is difficult to pronounce. This general rule is called la loi des trois consonnes *(the three-consonant rule)*. Double letters are considered one sound, so the e in chaufférons can be dropped.

Now listen to and repeat the words you hear on your tape. Remember that some mute e's will be pronounced and some not, according to the rule you just read about.

samédi / mercredi / omélette / médécin / achéter / appartement / bouchérie / tartelette / boulangérie / entreprise / sérieusément / vendredi / férais / séra / montreront / sincèrément / probablement / lentément / tendrement / vaguément

Le e caduc et les groupes figés

The loi des trois consonnes is a descriptive guideline, not a hard and fast rule. There are many special cases involving the deletion or retention of the e caduc. Among these are the following, which you've probably already noticed.

est-cé que	qu'est-cé que	parcé que	je né	je mé	pas dé	n'est-cé pas?

jé veux	jé pense	jé connais	jé suis	jé vais	jé mange

Each of these word combinations represents a groupe figé *(fixed group)* that is always pronounced in the same manner no matter what sounds follow. Notice that, in the second group of words, the e of je when used with the present tense of non-reflexive verbs tends to be dropped.

Now listen to and repeat the phrases that you hear on your tape:

je mé couche	qu'est-cé que vous voulez
je mé dépêche	pas dé pain
je né vais pas	pas dé légumes
où est-cé qu'il va	pas dé problème
parcé que je né travaille pas	je né suis pas
jé viens	jé parle
jé comprends	jé sais

Awareness of the tendency to drop the unaccented e whenever possible will help you understand spoken French. In your own speaking, you need only try to drop the e in frequently used expressions.

Now listen to and repeat the following sentences, dropping the e caduc when necessary:

1. Tu désires quelque chose?
2. Moi, je voudrais travailler dans une petite entreprise.
3. Est-ce qu'il y a une boulangerie près d'ici?
4. Je vais lui demander de m'accompagner vendredi.
5. Je ne sais pas où il se trouve.
6. Est-ce que tu veux aller en ville?
7. Ça ne me prend pas beaucoup de temps.
8. Son appartement est très petit.

D'autres lettres muettes

In everyday language, sounds other than the mute e are often dropped. In some instances, entire words are dropped. However, keep in mind that when you write, you always have to spell words with *all* the letters (no matter how they may be pronounced).

Here are some common expressions whose correct written forms are very different from the commonly pronounced forms. Knowing about the pronunciation and dropped words will help you understand what others are saying.

il n'y a qu'à = «yaka»   *one only has to*
déjà = «dja»
et puis = «et pis»
celui-là = «sui-là»   *that one (usually referring to a person)*
je ne sais pas = «ch'saipa»

In addition to these expressions, the **ne** in negative phases is often dropped in informal speech:

je ne veux pas = «j'veux pas»
je ne peux pas = «j'peux pas»
il ne va pas = «il va pas»
elle ne travaille pas = «elle travaille pas»
ils ne font rien = «ils font rien»
tu n'as pas fait = «t'as pas fait»

Now listen to the sentences on your tape and write down the correctly spelled form of each sentence:

1. Tu n'a pas fais attention que tu a traverser la rue?
2.
3. Je vais manger, et puis je vais me coucher.
4. Je ne sais pas pourquoi elle ne travailler pas?
5. Il n'y a que lui dire la vérité.
6. Tu as déjà vu ce film?
7. Moi, je ne mange jamais de viande que des légumes pour moi.
8. Tu ne sors pas si tu n'a pas fait les devoirs.
9. Je ne comprend pas normalment il est toujours à l'heure.
10. Tu as faim? Tu n'a ça euvr une sandwiche.

Now read the following conversation, making sure to drop (or retain) the sounds according to what you've just learned. As you do so, draw a line through the dropped sounds. Then listen to the recorded conversation and verify what you've done.

—Jean m'a dit que tu as changé de job. C'est vrai?
—Oui, je travaille maintenant dans la boulangerie du quartier. Je suis très contente. J'ai moins de stress dans ma vie et mon patron est formidable. Je le connais depuis très longtemps.
—Mais il est assez vieux, n'est-ce pas?
—Oui, justement. Il pense prendre sa retraite dans un an ou deux et il m'a déjà parlé de cette affaire. Je pourrais peut-être gérer la boulangerie et donc, dans un sens, je serais la patronne. Ça m'intéresse mais ça me fait aussi un peu peur.
—Mais pourquoi? Tu as pas mal d'expérience et il n'y a qu'à travailler dur et bien apprendre les particularités de ce commerce. Et puis tu auras des employés, je suppose.
—Oui, bien sûr. Mais il y a un vendeur que je n'aime pas du tout. Il est paresseux, celui-là, et il ne traite pas très bien les clients.
—Eh bien, comme gérante, tu auras le droit de le mettre à la porte.
—Ce n'est pas si facile que ça. C'est le petit-fils du patron!

DEUXIÈME PARTIE

Récits et portraits

As a *follow-up* to work done in class, do Exercise I.

In order to *expand* your ability to write about movies, do Exercises II and III.

Texte-modèle: «L'Appât»

Lisez!

✻ **I. Compte rendu de film: «L'Appât».** Lisez le compte rendu de film à la page 185 de votre **Manuel de classe**, puis répondez aux questions suivantes sur le contenu et l'organisation du compte rendu.

1. De quel genre de film s'agit-il? D'un film policier? D'un film d'aventure? D'une comédie dramatique?

   D'un film historique? Expliquez votre choix. _____

   _____

   _____

2. Où et à quelle époque se déroule l'action du film? _____

   _____

3. Quels sont les personnages principaux du film? _____

   _____

   _____

4. Le compte rendu est divisé en quatre paragraphes. Quel est le contenu de chaque paragraphe?

   a. PREMIER PARAGRAPHE _____

   _____

   b. DEUXIÈME PARAGRAPHE _____

   _____

   c. TROISIÈME PARAGRAPHE _____

   _____

   d. QUATRIÈME PARAGRAPHE _____

   _____

5. Dans quel paragraphe apprend-on ce qui se passe à la fin du film? _____

> **REMEMBER!** An asterisk (✻) preceding an exercise number indicates that the exercise is self-correcting. You will find the answers in the *Corrigés* at the back of this **Manuel de préparation**.

Pour écrire

Trouver des structures

Quand on écrit dans une langue étrangère, on a tendance à essayer de combiner les mots de cette nouvelle langue dans des structures syntaxiques qui viennent de sa langue natale—c'est-à-dire qu'on écrit des phrases «anglaises» («allemandes», «japonaises», etc.) avec des mots français!

Si on veut éviter ce problème, il faut commencer par trouver des modèles. Puis, en étudiant ces modèles—l'ordre des mots, les structures utilisées pour relier les mots—et en les imitant, on peut écrire des phrases «françaises». Par exemple, vous pouvez imiter quelques phrases du compte rendu de «L'Appât» pour parler d'un film que vous avez vu.

II. Le style. Imitez les phrases suivantes en remplaçant les mots en italique par des mots ou des expressions qui conviennent à un film que vous avez vu (par exemple, celui dont vous avez écrit un mini-compte rendu en classe ou un autre film de votre choix).

> **MODÈLE:** *Les années 90, à Paris, dans la banlieue.*
> *Au mois de juin, à New York, dans un petit restaurant italien.*

1. *Les années 90, à Paris, dans la banlieue.*

   _____

   _____

2. *Trois jeunes de 20 ans: Éric, le fils à papa rebelle (Olivier Sitruk); Bruno, son copain un peu débile (Bruno Putzulu); et la petite amie d'Éric, Nathalie (Marie Gillain).*

   _____

   _____

3. Tout se complique pourtant lorsque *l'homme choisi comme leur première victime déclare n'avoir rien de valeur chez lui.*

   _____

   _____

4. *Ce crime* déclenche une série d'actions *meurtrières commises par ces jeunes devenus des assassins par hasard et pourtant sans remords.*

   _____

   _____

5. «L'Appât» est un film *français,* tourné *à Paris* par le cinéaste *Bertrand Tavernier,* sur un thème *d'actualité: l'inconscience morale d'une génération de jeunes asservis au culte de l'argent et de la réussite.*

   _____

   _____

   _____

6. Il y a des moments de *violence,* d'*émotion* et de *terreur.* Un film à voir (à éviter *[to avoid]*).

   _____

   _____

Écrivez!

III. Un compte rendu de film. Rédigez le compte rendu d'un film de votre choix en utilisant le compte rendu de «L'Appât» comme modèle. Imitez-en l'organisation (la division en quatre paragraphes) et les phrases (le travail que vous avez fait pour l'Exercice II). Utilisez une autre feuille de papier.

À FAIRE! (5–2) Manuel de classe, pages 185–190

In order to *learn* how to express time relationships, do Exercises IV, V, VI, and VII.

In *preparation* for an in-class writing activity, do Exercises VIII and IX.

Fonction: Comment exprimer les rapports temporels

In class, you worked with several adverbial expressions (**la veille, le lendemain, l'année précédente,** etc.) that can be used to relate events to a particular moment in time. Now you will learn how to use prepositions and conjunctions to relate events to each other—i.e., to indicate whether two events occur simultaneously or whether one precedes or follows the other. The chart below summarizes these temporal relationships; the explanations and exercises that follow offer details and practice.

RÉSUMÉ: PRÉPOSITIONS ET CONJONCTIONS TEMPORELLES		
	DEUX SUJETS	UN SUJET
SIMULTANÉITÉ	**pendant que** + *indicatif*	**en** + *participe présent*
ANTÉRIORITÉ	**avant que** + *subjonctif*	**avant de** + *infinitif*
POSTÉRIORITÉ	**après que** + *indicatif*	**après** + *passé de l'infinitif*

1. Relationships of simultaneity

Pendant qu'elle est au travail, ses enfants sont à la garderie.
Le téléphone a sonné **pendant que** nous regardions les photos de mon voyage.

While she's at work, her children are at day care.
The phone rang *while* we were looking at my travel photos.

When each verb has a *different* subject, you use **pendant que** to indicate that the actions occur (will occur, did occur) at the same time. **Pendant que** is followed by a verb in the indicative.

Elle s'est fait mal à la cheville **en dansant**.	She hurt her ankle *while dancing*.
En sortant du parking, nous avons eu un petit accident.	*While leaving* the parking lot, we had a little accident.

When both verbs have the same subject, you can use the preposition **en** *(while)* and a *present participle* (**participe présent**) to indicate that the actions occur (did occur, will occur) at the same time.

Un petit truc

To form the present participle of a verb, take the **nous** form of the present tense, drop the **-ons,** and add **-ant.** For example:

regarder	nous regardons	en regardant
choisir	nous choisissons	en choisissant
partir	nous partons	en partant
attendre	nous attendons	en attendant
faire	nous faisons	en faisant
lire	nous lisons	en lisant

There are three exceptions:

avoir / en ayant   **être / en étant**   **savoir / en sachant**

Un petit truc

Les équivalents en français de *-ing*

The present participle in English ends in *-ing*. However, English uses the *-ing* form of the verb in many instances where French requires a different construction.

present tense	*I am watching*	**je regarde**
imperfect tense	*they were waiting*	**ils attendaient**
infinitive	*Seeing is believing.*	**Voir, c'est croire.**

The present participle in French is used mainly to indicate simultaneity or the way by which something is done.

simultaneity	**En écoutant la radio, j'ai lu le journal.**
	While listening...
way something is done	**En prenant cinq ou six cours par semestre, on peut avoir son diplôme en trois ans et demi.**
	By taking...

✳ IV. Le participe présent. Complétez les phrases suivantes en y ajoutant le participe présent des verbes entre parenthèses.

1. (arriver) En _____ à la gare, nous avons été surpris de voir le nombre de gens qui attendaient.

2. (faire) Elle a perdu cinq kilos en _____ du jogging.

3. (attendre) En _____ l'arrivée de leur avion, il s'est amusé à regarder les gens.

4. (se dépêcher) En _____ , nous pourrons y être avant les autres.

5. (aller) Elle a eu un accident en _____ chez son grand-père.

6. (rougir) Il a répondu en _____ .

7. (lire) En _____ des livres au sujet des autres pays, on apprend beaucoup.

8. (se réveiller) En _____ , j'ai parfois du mal à savoir où je suis.

9. (partir) Je ne les ai pas vus en _____ .

10. (prendre) Il s'est coupé la moustache tout en _____ son café au lait matinal.

2. *Relationships of anteriority*

Téléphone-lui **avant que** ce ne soit trop tard.   Call him *before* it's too late.
Il est parti **avant que** nous prenions le dessert.   He left *before* we had dessert.

When each verb has a *different* subject, use **avant que** *(before)* to indicate that one action precedes (will precede, did precede) the other. **Avant que** is followed by a verb in the *present subjunctive* (even if the main action is in the past).

Je ferai la vaisselle **avant de** sortir.   I'll do the dishes *before* I go out (going out).

When both verbs have the same subject, you must use **avant de** instead of **avant que;** the preposition **avant de** is followed by an *infinitive*.

✳ V. Et puis... Combinez les deux phrases en utilisant **avant de** ou **avant que** et en faisant les changements nécessaires.

> **MODÈLES:**   Georges a téléphoné à sa sœur. Et puis il est sorti.
> *Georges a téléphoné à sa sœur avant de sortir.*
>
> Georges est sorti. Et puis sa sœur lui a téléphoné.
> *Georges est sorti avant que sa sœur (lui) téléphone.*

1. M. Delaudin a fait la vaisselle. Ensuite sa femme est rentrée.

_____

2. M. Delaudin fera la vaisselle. Ensuite sa femme rentrera.

_____

3. Tous les matins Rosine fait sa toilette. Et puis elle s'habille.

_____

4. Le candidat socialiste a téléphoné à son rival. Et puis on a annoncé les résultats.

_____

5. Jean-Pierre a fait ses valises. Ensuite il est descendu dire au revoir à sa famille.

_____

_____

6. J'espère qu'ils arriveront. Et puis tu partiras.

_____

_____

3. *Relationships of posteriority*

Tu pourras sortir **après avoir fait** la vaisselle.
Après m'être levée, j'ai pris une douche.

You can go out *after you do* the dishes.
After I got up (getting up), I took a shower.

When both verbs have the same subject, use the preposition **après** and a *past infinitive* (**passé de l'infinitif,** see page 208), to indicate that one action follows (will follow, followed) the other.

Après le départ de Jeanne, les autres se sont
   mis à raconter des histoires à son sujet.
Nous avons dîné **après leur arrivée.**
Je suis partie **après lui.**

After Jeanne left, the others started
   telling stories about her.
We ate *after they arrived.*
I left *after he did.*

When the verbs have different subjects, use the preposition **après** and a *noun* or a *pronoun* (**moi, toi, lui, elle, nous, vous, eux, elles**).

✳ **VI. Et puis...** Combinez les deux phrases en utilisant **après** suivi du passé de l'infinitif ou bien d'un nom ou d'un pronom. Faites les changements nécessaires.

   MODÈLES: Georges a téléphoné à sa sœur. Et puis il est sorti.
                Georges est sorti après avoir téléphoné à sa sœur.

                La sœur de Georges lui a téléphoné. Puis, il est sorti.
                Georges est sorti après le coup de téléphone de sa sœur.

après + passé de l'infinitif

1. Tous les matins Rosine fait sa toilette. Et puis elle s'habille.

_____

_____

2. Jean-Pierre rentrera du travail. Et puis il préparera quelque chose à manger.

_____

_____

3. D'habitude, je me couche. Et puis je lis pendant une heure ou deux.

_____

_____

après + *nom ou pronom*

4. J'espère que son ex-mari partira et puis qu'elle arrivera.

_____

_____

5. Ils ont dîné à la Tour d'Argent. Mais je ne les ai pas vus après.

_____.

_____

6. J'ai parlé au directeur. Ensuite elle lui a parlé.

_____

_____

❋ **VII. Les voyageurs.** On appelle les premiers explorateurs français qui partaient à la découverte du Nouveau Monde les «voyageurs». Vous êtes en train d'expliquer à vos camarades de classe ce que vous savez au sujet de ces explorateurs—Cartier, Champlain, Joliet, Marquette et La Salle. Combinez les phrases données en utilisant l'expression entre parenthèses et en faisant tous les changements nécessaires.

*D'abord, indiquez des rapports de **simultanéité**.*

1. Cartier est arrivé à Gaspé en 1534. Il y a trouvé des Amérindiens qui y habitaient depuis longtemps. (en)

_____

_____

2. En 1541, lors de son troisième voyage au Nouveau Monde, Cartier s'est attiré la défaveur du roi François Ier. Cartier a désobéi aux ordres du nouveau gouverneur du «Canada». (en)

_____

_____

3. En 1615 Champlain a remonté l'Ottawa. Il a découvert le lac Huron. (en)

_____

_____

4. La Salle a été tué en 1684. Il explorait le delta du Mississippi. (en)

_____

_____

*Indiquez ensuite des rapports d'**antériorité**.*

5. Cartier a pris possession du nouveau pays au nom de la France. Puis il est rentré à Saint-Malo. (avant de)

   _____

   _____

6. Cartier a remonté le Saint-Laurent jusqu'à l'emplacement actuel de Montréal en 1535. Champlain a fondé la ville de Québec en 1608. (plus de 70 ans avant que)

   _____

   _____

7. La femme de Champlain a passé dix années seule en France. Enfin, son mari l'a emmenée à Québec. (avant que)

   _____

   _____

8. Champlain a fait la paix avec les Iroquois. Puis il est mort. (avant de)

   _____

   _____

*Indiquez enfin des rapports de **postériorité**.*

9. Champlain a visité la Nouvelle-France pour la première fois en 1603. En 1608 il y est retourné pour fonder la ville de Québec. (cinq ans après)

   _____

   _____

10. Champlain s'est marié en 1610. L'année suivante il est rentré en Nouvelle-France. (après)

    _____

    _____

11. Champlain a découvert le lac Ontario en 1615. Ensuite il a été blessé par les Iroquois. (après)

    _____

    _____

12. Joliet et Marquette ont découvert le Mississippi en 1673. La Salle est descendu jusqu'au golfe du Mexique en 1682. (neuf ans après)

    _____

    _____

Jacques CARTIER

Samuel de CHAMPLAIN

Texte-modèle: «Un Français à Yosemite»

Lisez!

✻ **VIII. Avez-vous compris?** Lisez l'anecdote racontée par Philippe Heckly à la page 192 de votre **Manuel de classe,** puis répondez aux questions suivantes.

1. Pourquoi Philippe et son ami se croyaient-ils supérieurs aux Américains?

   _____

   _____

2. Quand est-ce qu'ils ont vu l'ours? Où?

   _____

   _____

3. Comment le comportement de l'ours a-t-il changé quand Philippe s'est approché de lui?

   _____

   _____

4. Quel a été le rôle de Didier dans toute cette histoire?

   _____

5. Comment Philippe se sentait-il après avoir pris la photo? Pourquoi?

   _____

   _____

6. Quelle a été la réaction de sa famille en voyant la photo? Pourquoi?

   _____

   _____

IX. L'organisation du récit. L'anecdote de Philippe se divise en quatre paragraphes. Relisez le texte et précisez le sujet de chaque partie du récit.

PREMIER PARAGRAPHE _____

DEUXIÈME PARAGRAPHE _____

_____

TROISIÈME PARAGRAPHE _____

_____

QUATRIÈME PARAGRAPHE _____

_____

Quels sont les temps des verbes employés dans chaque partie? Pourquoi?

PREMIER PARAGRAPHE _____

_____

DEUXIÈME PARAGRAPHE _____

_____

TROISIÈME PARAGRAPHE _____

_____

QUATRIÈME PARAGRAPHE _____

_____

À FAIRE! (5–3) Manuel de classe, pages 190–193

As a *follow-up* to work begun in class, do Exercise X.

In order to *learn* about the passive voice, do Exercises XI, XII, XIII, and XIV.

Texte-modèle: «Un Français à Yosemite»

Écrivez!

X. Une anecdote personnelle. En vous inspirant du schéma que vous avez complété en classe (Exercice K dans le **Manuel de classe**), rédigez une anecdote personnelle. Utilisez une autre feuille de papier.

PHRASES: Describing people; Sequencing events; Linking ideas

VOCABULARY: Time expressions

GRAMMAR: Compound past tense; Past imperfect; Prepositions with times and dates

Fonction: Comment mettre l'accent sur l'objet de l'action

In most sentences, the noun or pronoun in the subject position designates the person or thing that carries out the action of the verb. This is called the active voice. For example:

sujet + verbe

Jacques nous a préparé un bon dîner.   (Jacques = the person who prepared dinner)
Évelyne veut sortir ce soir.   (Évelyne = the person who wants to go out)
L'inondation a détruit plus de 200 maisons.   (the flood = what destroyed the houses)

However, in some circumstances, you may wish to talk about an action whose subject you don't know or perhaps don't need or want to reveal. In such cases, you need to construct a sentence using the pronoun **on** or a structure called the passive voice.

1. Le pronom **on**

On annoncera les résultats demain après-midi.
On parle français dans une partie de la Suisse.
Chez nous **on sert** le déjeuner à midi.

The results *will be announced* tomorrow afternoon.
French *is spoken* in one part of Switzerland.
At our house lunch *is served* at noon.

In each of these cases, the person doing the action of the verb is either unknown (someone will make the announcement) or very general (lots of people in Switzerland speak French) or unimportant (what matters about lunch is when it's served, not by whom).

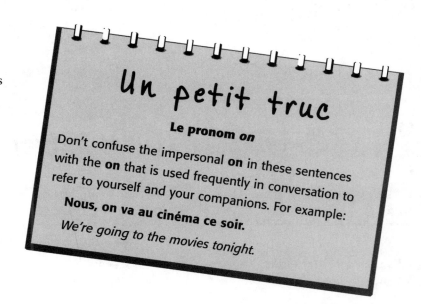

Un petit truc

Le pronom *on*

Don't confuse the impersonal **on** in these sentences with the **on** that is used frequently in conversation to refer to yourself and your companions. For example:

Nous, on va au cinéma ce soir.

We're going to the movies tonight.

✻ **XI. Équivalences.** Donnez l'équivalent français des phrases suivantes en utilisant le pronom **on**.

> **MODÈLE:**   French is spoken in class.
> *On parle français en classe.*

1. French and English are spoken in Cameroon (**au Cameroun**).

_____

2. Salad will be served after the main course.

_____

3. This film was shot (**tourner**) in England.

_____

4. My question was not answered (**répondre à**).

_____

5. This castle was built in the 18th century.

_____

6. Three million francs were found in an abandoned house.

_____

2. *La voix passive*

Each of the preceding example sentences can be rewritten by putting the object of the verb into the subject position: **Les résultats seront annoncés demain après-midi. Le français est parlé dans une partie de la Suisse. Chez nous, le déjeuner est servi à midi.** This structure is called the *passive voice,* in which the subject of the verb *undergoes* rather than *carries out* the action (i.e., the results don't announce, French doesn't speak, and lunch doesn't serve). The passive voice allows you to emphasize (put at the beginning of the sentence) the object of the action whether or not you know the doer.

sujet + verbe

Ce manuel **a été publié** en 1996.	This book *was published* in 1996.
Le dîner **est servi** à 8h.	Dinner *is served* at 8:00.
Ces cours **seront enseignés** par Mme Richard.	These courses *will be taught* by Mme Richard.
Cette maison **a été construite** par la municipalité.	This house *was built* by the municipality.

To form the passive voice, use the verb **être** and the *past participle* of the action verb. **Être** can be conjugated in any tense according to the meaning you wish to convey. The past participle functions as an adjective and agrees with the noun or pronoun at the beginning of the sentence.

a. La voix passive sans agent

Mitterrand **a été élu** président pour la première fois en 1981.	Mitterrand *was* first *elected* president in 1981.
Le magasin **a été cambriolé.**	The store *was robbed.*

In the passive voice, the doer of the action does not have to be indicated if it is clear from the context (it's not necessary to state that Mitterrand was elected by the French people) or if it is not known (the identity of the thieves may not as yet have been discovered).

❊ **XII. Encore des équivalences.** Donnez l'équivalent français des phrases suivantes en utilisant **être** et un participe passé.

> **MODÈLE:** Three million francs were found in an abandoned house.
> *Trois millions de francs ont été trouvés dans une maison abandonnée.*

1. The castle was built in the 18th century.

_____

2. Dinner will be served at 8:30.

_____

3. The mirror (**la glace**) was broken yesterday.

_____

4. The new director was chosen unanimously (**choisir à l'unanimité**).

_____

5. President Kennedy (**le président Kennedy**) was assassinated in Dallas in 1963.

_____

6. The paintings will be restored to their original condition (**remettre dans leur état d'origine**).

_____

_____

b. La voix passive avec agent

Ils **seront accueillis par** le président de l'université.	They _will be welcomed by_ the president of the university.
Tous ses frais **ont été payés par** ses parents.	All his expenses _were paid by_ his parents.

When the doer of the action is known, you can still use a passive construction by employing the preposition **par** _(by)_ to introduce the doer (agent).

c. La voix passive à valeur descriptive

Ce professeur **est respecté de** tous ses étudiants.	This teacher _is respected by_ all her students.
L'école **est entourée d'**arbres.	The school _is surrounded by_ trees.
Bientôt ces montagnes **seront couvertes de** neige.	Soon these mountains _will be covered with_ snow.

When the verb of a passive voice sentence describes a static situation (i.e., one that is not likely to change without the intervention of another action), the notion of _by_ is expressed by the preposition **de**.

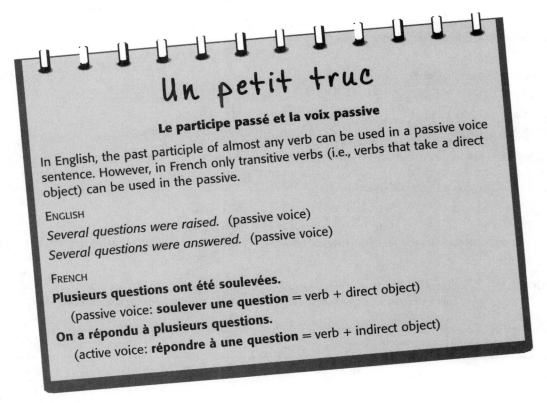

Un petit truc

Le participe passé et la voix passive

In English, the past participle of almost any verb can be used in a passive voice sentence. However, in French only transitive verbs (i.e., verbs that take a direct object) can be used in the passive.

ENGLISH
Several questions were raised. (passive voice)
Several questions were answered. (passive voice)

FRENCH
Plusieurs questions ont été soulevées.
   (passive voice: **soulever une question** = verb + direct object)
On a répondu à plusieurs questions.
   (active voice: **répondre à une question** = verb + indirect object)

✱ **XIII.** *Par* **ou** *de?* Complétez les phrases suivantes avec la préposition **par** ou **de**.

1. Ces magnétoscopes sont fabriqués _____ Sony.

2. Cette chanson a été composée _____ un chanteur québécois.

3. Le château est entouré _____ eau.

4. Le professeur est très admiré _____ ses élèves.

5. Ce manuel est publié _____ Heinle & Heinle.

6. La route était bordée _____ grands arbres.

7. Navratilova a été battue trois fois _____ Evert à Roland Garros.

8. Il est important que les examens soient corrigés _____ le professeur.

✱ **XIV. Dans mon université.** Un étudiant américain est en train de décrire son université à des amis francophones. Récrivez ses phrases afin de mettre l'accent sur l'objet de l'action ou de la description.

> **MODÈLE:** Généralement les assistants corrigent les devoirs.
> *Généralement les devoirs sont corrigés par les assistants.*

1. Tous les étudiants aiment et respectent le président de l'université.

   _____

   _____

2. Les vice-présidents supervisent la création de nouveaux programmes.

   _____

   _____

3. Au milieu du campus quatre bâtiments entourent une grande fontaine.

   _____

   _____

4. On a engagé beaucoup de professeurs pendant les années 1970.

   _____

   _____

5. Autrefois, les professeurs corrigeaient tous les examens.

   _____

   _____

6. Aujourd'hui les assistants font souvent ce travail.

   _____

   _____

7. Dans mon cours d'anglais, on rend les devoirs le vendredi.

   _____

   _____

8. On remettra les diplômes lors d'une cérémonie en juin.

   _____

   _____

À FAIRE! (5–4)　Manuel de classe, pages 194–198

In *preparation* for your next writing assignment, do Exercise XV.

In *preparation* for work in class, do Exercise XVI.

Texte-modèle: Une lettre personnelle

Lisez!

✷ **XV. Une lettre à Régis.** Lisez la lettre aux pages 199 à 200 de votre **Manuel de classe,** puis répondez aux questions suivantes. Utilisez une autre feuille de papier.

1. Jean-Christophe est-il content de sa vie aux États-Unis? Comment le savez-vous?
2. Qu'est-ce qui lui est arrivé de surprenant?
3. Pourquoi raconte-t-il cet incident à Régis?
4. Quel film a-t-il vu? De quel genre de film s'agit-il?
5. Recommande-t-il ce film à son ami? Pourquoi?
6. Quelles formules, quelles expressions utilise-t-il pour commencer et pour terminer sa lettre?

Écrivez!

XVI. Une lettre personnelle. Écrivez une lettre à un(e) ami(e) français(e) ou francophone en imitant la lettre de Jean-Christophe. Dans votre lettre, vous devez (1) décrire brièvement vos activités récentes, (2) raconter une anecdote de votre passé (si vous voulez, vous pouvez utiliser celle de l'Exercice X) et (3) parler d'un film que vous avez vu. C'est à vous de trouver un moyen de relier ces trois sujets. Utilisez une autre feuille de papier.

Un petit truc

Expressions utiles

POUR COMMENCER LA LETTRE	POUR TERMINER LA LETTRE
Mon cher ami / Ma chère amie	Bien amicalement
Mon cher (Vincent) / Ma chère (Mathilde)	Bien à vous (à toi)
Cher ami / Chère amie	Je t'embrasse (Je vous embrasse)
Cher (Jean-Pierre) / Chère (Simone)	Grosses bises
	Amitiés

PHRASES: Writing a letter (informal); Sequencing events

VOCABULARY: Time expressions; Leisure (movies)

GRAMMAR: Compound past tense; Imperfect tense

À FAIRE! (5–5)

Manuel de classe, pages 199–207

If you wish to work again with the *Témoignages* you heard in class, listen to SEGMENT 5–3 of the **Audio CD** and do Exercise XVII.

As a *follow-up* to the descriptions done in class, study the *Fiche lexicale* and do Exercise XVIII.

In *preparation* for work in class, do Exercise XIX.

Témoignages (facultatif)

Écoutez!
Audio CD:
SEGMENT 5-3
CD 4, TRACK 3

✻ **XVII. Qui est-ce qu'ils voudraient connaître?** Écoutez encore une fois les neuf réponses, puis complétez le tableau suivant. Si on ne donne pas les renseignements nécessaires pour remplir une case, mettez-y un **X**.

◄ VOCABULAIRE UTILE:

Anne Squire – **le Maine** (state of Maine, USA), **l'Académie française** (group of French writers whose goal is to preserve the French language), **piédestal** (pedestal), **les asseoir** (to sit them down)

Dovi Abe – **réalisateur** (movie director), **en dehors de** (outside of), **présentatrice** (TV anchorwoman), **assister à** (to attend), **chaînes** (channels), **a acquis** (has acquired), **maîtrise** (control, mastery)

Florence Boisse-Kilgo – **vient à l'esprit** (comes to mind), **sourd** (deaf), **étant** (being), **ça serait dommage** (that would be a shame)

Robin Côté – **physiciste** (physicist), **mécanique quantique** (quantum mechanics)

Mireille Sarrazin – **sur le plan humain** (on the human level), **en tête-à-tête** (in a one-to-one conversation)

Alain Bazir – **porte-parole** (spokesperson), **Antillais** (inhabitants of the Caribbean), **négritude** (movement designed to restore the importance of black culture and values), **politique** (political figure), **député** (representative), **îles** (islands), **à mi-chemin** (halfway between)

Philippe Heckly – **louange** (praise), **niveaux** (levels), **Astérix, Lucky Luke** (French comic book series), **Le Petit Nicolas** (French children's book series)

Henri Gaubil – **serrer la main** (to shake hands)

	Nom de la célébrité	**Pourquoi on voudrait faire sa connaissance**
Anne Squire		
Dovi Abe		
Florence Boisse-Kilgo		
Robin Côté		
Mireille Sarrazin		
Sophie Everaert		
Alain Bazir		
Philippe Heckly		
Henri Gaubil		

Fiche lexicale... pour décrire une personne

Les caractéristiques physiques

- l'âge
    il/elle est jeune (d'un certain âge, assez âgé[e], vieux [vieille])
    c'est... un(e) enfant
            une jeune personne (un jeune garçon, une jeune fille, un[e] adolescent[e])
            un homme/une femme d'un certain âge
            une personne âgée (un vieillard, une vieille femme)

- la taille
    il/elle est... grand(e) (petit[e], de taille moyenne)
            mince (maigre, costaud, gros[se])

- le visage
    il/elle a le visage rond (long, ovale, carré *[square]*)

- les yeux
    il/elle a les yeux bleus (marron, verts, noirs)

- le nez
    il/elle a le nez droit (aquilin *[curved],* pointu, retroussé *[turned up]*)

- la bouche
    il/elle a une grande (petite) bouche

- les lèvres *[lips]*
    il/elle a... les lèvres fines *[thin]*
            des grosses *[thick]* lèvres

- les cheveux
    il/elle a les cheveux noirs (bruns, châtains *[chestnut],* blonds, gris, blancs)
    il/elle a les cheveux longs (courts, raides *[straight],* ondulés *[wavy],* frisés *[curly],* crépus *[wooly],*
        en brosse *[crewcut],* en queue de cheval *[ponytail]*)
    il/elle est chauve

Le caractère

gentil(le), sympathique — méchant(e), désagréable
marrant(e), amusant(e), drôle — triste
intelligent(e), intellectuel(le), doué(e) — nul(le)
dynamique, actif(ve), sportif(ve) — passif(ve), antisportif(ve)
optimiste — pessimiste
discret(ète) — indiscret(ète)
travailleur(se) — paresseux(se)
souriant(e), heureux(se) — maussade *[sullen],* grincheux(se) *[grumpy]*
ambitieux(se), audacieux(se) — timide, hésitant(e)
modeste — égoïste, prétentieux(se)
honnête, sincère — malhonnête, hypocrite
sérieux(se) — frivole

On peut qualifier ces adjectifs en utilisant les expressions suivantes:
    toujours, souvent, d'habitude — quelquefois, de temps en temps — rarement, ne... jamais
    très, trop, assez, plutôt, un peu

XVIII. Une personne que je connais. Choisissez quelqu'un (un[e] ami[e], un membre de votre famille, un professeur, un[e] camarade de classe, etc.) que vous connaissez assez bien pour en faire la description. À l'aide du vocabulaire de la *Fiche lexicale*, complétez le schéma suivant à propos de la personne que vous avez choisie.

➤**Nom:** _____

➤**Âge:** _____

➤**Taille:** _____

➤**Yeux:** _____

➤**Cheveux:** _____

➤**Visage:** _____

➤**Nez:** _____

➤**Bouche:** _____

➤**Quelques adjectifs pour décrire ses principales qualités:**

_____

➤**Quelques adjectifs pour décrire ses principaux défauts:**

_____

Pour communiquer
Écrivez!

XIX. Un mini-portrait. Rédigez un paragraphe dans lequel vous ferez la description de la personne que vous avez choisie pour l'Exercice XVIII. Parlez de son physique et de son caractère. Utilisez une autre feuille de papier.

PHRASES: Describing people

VOCABULARY: Hair color; Personality

À FAIRE! (5—6)   Manuel de classe, pages 207–211

As a *follow-up* to work done in class, do Exercises XX and XXI.

In order to *practice* your writing, read the *Pour écrire* section and do Exercise XXII.

In *preparation* for work to be done in class, do Exercise XXIII.

Textes-modèles: Deux écrivains célèbres

✳ **XX. Tableaux chronologiques.** En consultant les portraits de Saint-Exupéry et de Duras que vous avez étudiés en classe, complétez les tableaux chronologiques ci-dessous.

Antoine de Saint-Exupéry

- **1900**   il est né à Lyon
- **1903**   _____
- **1912**   _____
- **1914**   _____
- **1921–23** il a fait son service militaire
- **1927**   il est devenu pilote de ligne entre _____

  et _____ ensuite entre _____

  et _____
- **1929–31** il s'est rendu en Amérique du Sud où il a écrit

  _____ et _____
- **1932–39** il a travaillé comme pilote de raid, pilote d'essai et journaliste
- **1939**   _____
- **1940–43** il s'est installé à New York où il a écrit _____

  _____ et _____
- **1943**   il a repris les missions aériennes, basé d'abord au Maroc, ensuite en Sardaigne
- **1944**   _____

dinde ~~~~~ ~~~~~ (handwritten tally marks)

- **1914** _____
- **1918** son père est mort
- **1918–30** elle a vécu avec _____ (institutrice dans une école indigène) et ses deux frères dans plusieurs villages d'Indochine
- **1930–33** elle a passé son baccalauréat à Saigon
- **1933** elle est retournée en France, où elle a fait des études de mathématiques, de droit et de sciences politiques
- **1939** elle _____ avec Robert Antelme
- **1944** son mari Robert _____
- **1945** son mari est revenu vivant de son séjour à Buchenwald et à Dachau
- **1950** elle a publié son premier livre _____
- **1958** elle a publié *Moderato Cantabile* (roman dont vous avez lu un extrait au Chapitre 2 de ce livre)
- **1959** elle a écrit le scénario du célèbre film d'Alain Resnais, *Hiroshima mon amour*
- **1960–80** elle a publié de nombreux romans, elle a écrit des pièces de théâtre, elle a tourné plusieurs films
- **1984** elle a reçu le prix Goncourt pour son roman _____
- **1985** elle a publié_____ , inspiré de ses expériences pendant la guerre
- **1992** on a fait un film de *L'Amant*

XXI. Un tableau biographique. Choisissez quelqu'un que vous connaissez bien (un parent ou un grand-parent, par exemple) et complétez le tableau biographique suivant en y notant les événements les plus importants de sa vie.

_____

- **19___** _____
- **19___** _____
- **19___** _____
- **19___** _____
- **19___** _____
- **19___** _____
- **19___** _____
- **19___** _____
- **19___** _____
- **19___** _____
- **19___** _____
- **19___** _____
- **19___** _____
- **19___** _____

Pour écrire

Développer une idée

When developing an idea, the basic unit is, of course, the *paragraph*. A paragraph consists of several sentences grouped around a single main idea. Your paragraph should be long enough to develop your idea fully, but not so long that you introduce information that doesn't fit the central idea.

Paragraphs can be organized in a variety of ways. Generally, at the beginning and/or the end of the paragraph there is a topic sentence that expresses the main idea (**idée principale**) holding the paragraph together. Sometimes this main idea is not expressed directly but remains implicit. The rest of a paragraph usually consists of supporting ideas (**idées complémentaires**) and examples (**exemples**). Some paragraphs may have only supporting ideas; others, only examples. In addition, sometimes the main idea is restated or expanded at the end of the paragraph.

Let's look at some sample paragraphs.

(1)   *Après le cheval, puis l'automobile, la plus belle conquête de l'homme est sans doute la télévision. Au cours de sa vie, un Français passe plus de temps devant le petit écran qu'au travail: environ 9 années, contre 8 années de travail. Les enfants scolarisés consacrent aussi plus de temps au petit écran qu'à l'école: 1 000 heures par an, contre 800 heures de classe. Ce temps passé devant la télévision continue de s'accroître régulièrement; il constitue l'essentiel du temps libre des Français.*

Gérard Mermet, *Francoscopie*, 1991
Paris: Libraire Larousse, 1990, p. 362

This paragraph follows a classic model: main idea (**... la plus belle conquête de l'homme est sans doute la télévision**); two supporting ideas (**un Français passe plus de temps devant l'écran qu'au travail; les enfants scolarisés consacrent aussi plus de temps au petit écran qu'à l'école**) each accompanied by an example (**9 années contre 8 années de travail; 1 000 heures par an contre 800 heures de classe**); restatement of the main idea (**ce temps passé devant la télévision... constitue l'essentiel du temps libre des Français.**

Our second example is organized a bit differently:

(2)   *Les livres de Marguerite Duras sont des miroirs. Ils reflètent son passé. Le lecteur se demande pourtant souvent à la lecture de ces livres quelle est la part du réel et de la fiction. En tant que lecteur de roman, n'aimez-vous pas vous-même découvrir la part du vrai et du faux? Qu'est-ce qui est autobiographique et qu'est-ce qui ne l'est pas? Telles sont les questions qui hantent le lecteur des romans de Marguerite Duras.*

Chez nous, vol. 38, no. 5, avril 1995, p. 11

Here the unifying topic of the paragraph—*Quel est le rapport entre la vie de Marguerite Duras et ses livres?*—is not stated directly in so many words. Rather two "supporting" ideas (**Les livres de Marguerite Duras sont un miroir / Le lecteur se demande quelle est la part du réel et de la fiction**) as well as the final sentence make clear that the paragraph is dealing with the relationship between the writer's life and work. There are no examples in this paragraph; however, each of the supporting ideas is restated in other words (**Ils reflètent son passé / ... la part du vrai et du faux, qu'est-ce qui est autobiographique et qu'est-ce qui ne l'est pas?**).

Our third example is in some ways the opposite of the second:

(3)   *Le destin du couturier Jean-Paul Gautier a changé le jour de ses dix-huit ans. C'était le 24 avril 1970. Quelques mois plus tôt, il avait envoyé des dessins de modèles à un grand couturier, Pierre Cardin. Ce dernier le convoque. Du coup, Jean-Paul arrête le lycée.*

Here there are no supporting ideas; the main idea (**Son destin a changé le jour de ses dix-huit ans**) is accompanied by one long example that explains and justifies the topic sentence.

Whatever organization you choose for a paragraph, be sure that you respect the *unity* of the paragraph—i.e., everything in the paragraph fits the central idea.

✳ **XXII. Analyse.** Lisez d'abord le paragraphe suivant au sujet de l'importance du français au XVIIIᵉ siècle, puis identifiez l'idée principale, l'idée complémentaire et les exemples. Notez qu'un exemple peut bien renforcer l'idée principale ou l'idée complémentaire.

> *Au XVIIIᵉ siècle, plus encore qu'au XVIIᵉ, le français est la langue de tous les Européens cultivés. On parle plus souvent français qu'allemand à la cour de Frédéric II de Prusse ou de Joseph II d'Autriche. Les Anglais eux-mêmes s'expriment bien souvent en français, entre eux, à un moment où une véritable anglomanie gagne les intellectuels français, de Montesquieu à Voltaire. L'éclat de la littérature française de l'époque n'est pas étranger à ce succès. L'Encyclopédie, que le courage d'Alembert a permis de mener à son terme en seulement vingt ans (33 volumes, dont 11 de planches d'illustrations, nouveauté révolutionnaire à l'époque), est un travail d'une telle importance qu'il a fallu attendre un siècle pour le voir surpassé. Son rayonnement s'est étendu jusqu'aux régions les plus lointaines touchées par la civilisation européenne: la Russie mais aussi les colonies d'Amérique.*

> Jean Mathiex, *Histoire de France*, Hachette, Collection Outils, p. 54

IDÉE PRINCIPALE: _____

_____

_____

EXEMPLES: _____

_____

_____

IDÉE COMPLÉMENTAIRE: _____

_____

_____

EXEMPLE: _____

_____

_____

Ensuite, lisez le paragraphe suivant au sujet d'Antoine de Saint-Exupéry en y cherchant également l'idée principale, les idées complémentaires et les exemples. Notez que l'idée principale ne se trouve pas nécessairement dans la première ou la dernière phrases.

> *Il vit entre ces deux villes étrangères et c'est là-bas qu'il a écrit son premier livre,* Courrier Sud. *Il est ensuite parti pour l'Amérique latine et a travaillé sur la ligne de Comodoro Rivadavia à Punta Arenas. C'était en Patagonie, un autre désert. Dans cet autre pays lointain, il a écrit son deuxième livre,* Vol de nuit. *Les vols vers les destinations lointaines se sont succédés: Saïgon, Tombouctou, une tentative de raid entre New York et Terre de Feu, le Maroc, etc. Pendant toutes ces années avant la Seconde Guerre mondiale, il est peu à peu devenu un pilote poète. Il a remporté des prix de littérature et des honneurs de pilote.*

> *Chez nous*, vol. 38, no. 1, sept.–oct. 1994, p. 11

IDÉE PRINCIPALE: _____

_____

IDÉES COMPLÉMENTAIRES: _____

_____

EXEMPLES: _____

_____

_____

Écrivez!

XXIII. Un moment ou une époque importants de la vie. Relisez le tableau biographique que vous avez établi à la page 225 (Exercice XXI). En choisissant *UN moment* ou *UNE époque* importants dans la vie de cette personne, rédigez un paragraphe bien organisé, comprenant une idée principale avec des idées complémentaires *et/ou* des exemples. Utilisez une autre feuille de papier.

PHRASES: Sequencing events

GRAMMAR: Compound past tenses; Past imperfect; Time expressions; Prepositions with times and dates

À FAIRE! (5–7)   Manuel de classe, pages 211–214

In *preparation* for writing a self-portrait, do Exercises XXIV and XXV.

In *preparation* for work to be done in class, do Exercise XXVI.

XXIV. Le contenu. Vous allez faire un portrait de vous-même. Avant de commencer à écrire, complétez les fiches suivantes.

Les caractéristiques physiques

Nom:	_____
Âge:	_____
Taille:	_____
Yeux:	_____
Cheveux:	_____
Visage:	_____
Nez:	_____
Bouche:	_____

Le caractère

Choisissez cinq adjectifs qui vous décrivent. Pour chaque adjectif, évoquez des activités ou des comportements qui illustrent ce trait de caractère. Mentionnez au moins un défaut.

- _____
  _____
  _____

- _____
  _____
  _____

- _____
  _____
  _____

- _____
  _____
  _____

- _____
  _____
  _____

XXV. L'organisation. Relisez les fiches que vous venez de compléter, puis faites un petit plan *(outline)* de votre autoportrait. Quels sujets est-ce que vous allez traiter? Dans quel ordre? (Il n'est pas nécessaire d'y mettre toute votre biographie; vous pouvez choisir un ou plusieurs moments ou périodes importants.) Utilisez une autre feuille de papier.

Écrivez!

XXVI. Mon autoportrait. En vous servant des fiches et du plan, rédigez votre autoportrait. Utilisez une autre feuille de papier et apportez votre texte en classe.

PHRASES: Describing people; Sequencing events; Linking ideas
VOCABULARY: Time expressions
GRAMMAR: Compound past tenses; Past imperfect; Prepositions with times and dates

À FAIRE! (5–8)   Manuel de classe, page 215

In *preparation* for writing a portrait of a classmate, read the *Pour écrire* section on page 230.

In *preparation* for work in class, do Exercise XXVII.

Pour écrire

Retravailler son texte

Rewriting is *not* simply a question of correcting a few grammatical and spelling errors and polishing a few sentences. Rewriting involves taking a look at what you have written as a whole; it may entail adding and deleting material as well as reorganizing paragraphs or even the entire text.

The final assignment for this chapter asks you to rewrite your classmate's self-portrait. Since you bring to this writing project a different perspective (the point of view of an outsider as well as that of the subject) and additional material (that takes into account the time from now until 2015), it may well be necessary to do considerable reorganization and rewriting. Treat the self-portrait as a first draft, one that lays out and organizes much of the raw material for your portrait. It's up to you to decide—on the basis of the future life your classmate has imagined for him/herself—how you're going to present this material. While writing, feel free to make use of the various **textes-modèles** we've provided; they can help you organize your portrait as well as write sentences with French syntax.

Écrivez!

XXVII. Portrait d'un(e) camarade de classe. En vous servant de son autoportrait et des notes que vous avez prises en classe, rédigez le portrait d'un(e) camarade de classe. Utilisez une autre feuille de papier et apportez votre texte en classe.

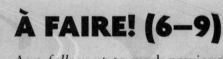
PHRASES: Describing people; Sequencing events; Linking ideas

VOCABULARY: Time expressions

GRAMMAR: Compound past tenses; Past imperfect; Prepositions with times and dates

À FAIRE! (6–9)   Manuel de classe, page 216

As a *follow-up* to work previously done at home and in class, do Exercise XXVIII.

Révisez!

XXVIII. Portrait d'un(e) camarade de classe (suite). En tenant compte des discussions en classe et en relisant soigneusement ce que vous avez déjà écrit, préparez une version de votre portrait à remettre au professeur. Utilisez une autre feuille de papier.

Pour préparer les examens

En préparant l'examen sur ce chapitre, vous pourrez consulter:

Fiche lexicale	**MP, p. 222**
Pour mieux vous exprimer	**MC, p. 188, p. 196, p. 206**
Rappels et Fonctions	**MP, p. 208, p. 210, p. 211, p. 216, p. 217, p. 218**

Questions sociales

À FAIRE! (6–1)

Manuel de classe, pages 222–225

If you wish to work again with the *Témoignages* you heard in class, listen to SEGMENT 6–1 of the **Audio CD** and do Exercise I.

In *preparation* for talking about the environment in class, study the *Fiche lexicale*, read the texts on the environment (pages 226–230 and 232–233 of the **Manuel de classe**) and do Exercises II, III, and IV.

In order to *learn* strategies for discussion, read *Pour discuter* and do Exercise V.

Témoignages (facultatif)

Écoutez!

Audio CD:
SEGMENT 6-1
CD 4, TRACK 4

◆ VOCABULAIRE UTILE:

Djamal Taazibt–**davantage d'ampleur** (*greater importance*), **décennies** (*decades*), **tout d'un coup** (*suddenly*), **un arrêt brut** (*abrupt stop*), **envahi** (*invaded*)

Dominique Clément–**guerres ethniques** (*ethnic wars*), **plus qu'ailleurs?** (*more than anywhere else?*), **sont liés** (*are linked*), **c'est-à-dire** (*that is to say*), **inégalités** (*inequalities*), **je crois** (*I think, believe*), **le quartier des Minguettes** (*immigrant neighborhood of the city of Lyon*)

Nezha Le Brasseur–**se droguent** (*take drugs*), **mal fichue** (*terrible*), **d'améliorer** (*to improve*)

Véronica Zein–**le sida** (*AIDS*), **un fléau** (*plague, epidemic*), **ma tranche d'âge** (*my age group*), **on a un petit peu peur** (*we're a little afraid*), **autour de nous** (*around us*)

Dovi Abe–**selon** (*depending on*), **je crois** (*I think, believe*), **vite** (*quickly*), **vu la croissance démographique** (*given the population increase*), **les besoins** (*needs*)

✳ **I. Quels problèmes distinguent-ils?** Cochez *(Check)* les problèmes sociaux que les témoins distinguent comme étant les plus graves *pour la France* d'aujourd'hui.

_____ la pollution

_____ les grandes villes

_____ le racisme

_____ la prolifération nucléaire

_____ le sida

_____ la criminalité

_____ l'inégalité entre les sexes

_____ le chômage

_____ les guerres ethniques

_____ la drogue

_____ la violence

_____ le logement

REMEMBER! An asterisk (✳) preceding an exercise number indicates that the exercise is self-correcting. You will find the answers in the *Corrigés* at the back of this **Manuel de préparation**.

232 *Manuel de préparation*

Dossier: L'environnement

Fiche lexicale

Préserver les espaces naturels

Protestations contre les essais nucléaires

abîmer la nature *(to damage nature)*

un accident (nucléaire, etc.)

accidentel(le)

un(e) adhérent(e) *(member of a group)*

une association écologiste *(environmental organization)*

le braconnage *(poaching)*

le bruit *(noise)*

une catastrophe

une centrale nucléaire *(nuclear plant)*

une conséquence

la conservation

la contestation *(dispute, protest)*

la crainte (la peur) *(fear)*

dangereux(se)

les déchets *(m.pl.)* (radioactifs, toxiques, nocifs, chimiques, etc.) *(garbage, waste, trash)*

un défenseur de l'environnement *(environmentalist)*

la dégradation (de la faune, de la flore)

la destruction (des forêts, etc.)

le développement (technologique, scientifique, etc.)

la disparition (de la forêt amazonienne, etc.)

l'écologie *(f.)*

un(e) écologiste *(fam. un[e] écolo)*

un écosystème

l'effet *(m.)* de serre *(greenhouse effect)*

un effet irréversible

l'énergie *(f.)*

l'environnement *(m.)*

environnemental(e)

l'environnement planétaire *(global environment)*

un essai nucléaire *(nuclear test)*

être menacé(e) de disparition *(to be threatened with extinction)*

l'étude *(f.)* du milieu *(environmental studies)*

l'exploitation *(f.)* de la nature

la fissure de la couche d'ozone *(tear in the ozone layer)*

le gaspillage *(waste)*

gaspiller *(to waste)*

l'impact *(m.)* sur l'environnement *(environmental impact)*

une industrie

industriel(le)

l'inquiétude *(f.) (worry, concern)*

la maîtrise de la pollution *(pollution control)*

une menace

menacer

un(e) militant(e)

la nature sauvage *(wilderness)*

le nettoyage *(clean-up)*

les ordures *(f.pl.)* ménagères *(household garbage)*

un polluant *(pollutant)*

polluant(e) *(polluting)*

polluer

un pollueur *(polluter)*

la pollution (de l'eau, de l'atmosphère, des rivières, de la mer, des sols, etc.)

préserver (les espaces naturels, etc.)

le progrès

la protection

protéger (la nature, les espaces naturels, etc.)

la qualité de la vie

un réacteur nucléaire

le réchauffement de l'atmosphère *(global warming)*

le recyclage

recyclé(e)

recycler (les journaux, les bouteilles [le verre], l'aluminium, les emballages *[wrappings]*, le plastique, etc.)

les ressources *(f.pl.)* naturelles (e.g., le pétrole, le charbon)

la réutilisation (du papier, des magazines, des vêtements, etc.)

revendiquer *(to demand, to lay claim to)*

la revendication *(demand)*

un risque (technologique, etc.)

la sauvegarde *(protection, preservation)*

sauvegarder *(to protect)*

◆ La nouvelle voiture ◆ non-polluante

❋ II. Qu'est-ce qui manque? *(What's missing?)* Complétez les phrases suivantes avec des mots ou des expressions tirés de la *Fiche lexicale*. Attention au sens et à la logique des phrases.

1. Les _____ nucléaires représentent un très grand danger à cause des déchets

   _____ .

2. Les _____ , comme par exemple les membres de Greenpeace, feraient presque

   n'importe quoi pour protéger la nature.

3. Dans la société moderne, le _____ est le grand ennemi de la nature. Nous jetons

   des tonnes de matériel tous les ans sans trop penser aux conséquences de nos actions.

4. Le recyclage, c'est la _____ du papier, du verre et des autres produits de consommation.

5. _____ est créé par la destruction de l'atmosphère et de la couche d'ozone.

   Le résultat, c'est que le climat est en train de changer et qu'il va faire de plus en plus chaud.

6. Voilà quatre formes de pollution:

   a. _____

   b. _____

   c. _____

   d. _____

   Et en voilà quatre conséquences:

   a. _____

   b. _____

   c. _____

   d. _____

7. Qu'est-ce qu'on peut faire pour protéger l'environnement? (Indiquez quatre actions.)

   a. _____

   b. _____

   c. _____

   d. _____

8. Si nous ne nous occupons pas de l'environnement aujourd'hui, dans très peu de temps les effets de notre

   irresponsabilité vont être _____ .

9. Il y a toutes sortes de déchets qui contribuent à la pollution de la Terre. Parmi les plus dangereux il y a

   _____ , _____ , _____ .

10. Le _____ est aussi un déchet de l'activité humaine. Beaucoup de personnes ont

    oublié ce que c'est que le silence.

11. 43% de l'énergie du chauffage urbain parisien sont fournis par l'incinération des ordures

    _____ .

12. Pour 87% des Français, les _____ radioactifs sont le premier problème

    _____ , devant la _____ des forêts (86%) et la

    _____ de l'eau (85%).

13. Avec 100 tonnes de journaux et magazines récupérés, on fabrique 80 à 90 tonnes de papier

    _____ .

14. 75% des Français sont opposés aux _____ nucléaires tant que les autres pays n'ont

    pas recommencé les leurs.

III. Sont-ils écolos? À l'aide de la *Fiche lexicale,* rédigez quelques phrases qui donnent un exemple précis du comportement ou de l'attitude de la personne indiquée. Utilisez une autre feuille de papier.

> **MODÈLE:** Jean-Marc ne se soucie pas du tout de l'environnement.
> *Par exemple, chaque fois qu'il mange ou boit quelque chose, il jette les bouteilles,*
> *les boîtes de conserves, le plastique. Quand je lui dis qu'il faut recycler nos déchets,*
> *il se moque de moi et il m'appelle «écolo». J'espère qu'un jour il va reconnaître que*
> *nos ressources naturelles sont limitées.*

1. Suzanne fait partie d'une association écologiste. Elle va dans les écoles pour parler aux élèves et leur apprendre à protéger la nature.

   _____

   _____

   _____

2. Pour Anne-Marie, le recyclage est de première importance.

   _____

   _____

   _____

3. Hervé habite près de la mer et il voit les effets de la pollution tous les jours. Il fait donc partie d'un groupe écologiste qui a pour but d'améliorer la situation.

   _____

   _____

   _____

4. Jacques ne comprend pas l'importance de la protection de l'environnement.

   _____

   _____

   _____

5. La plupart des consommateurs pensent rarement aux conséquences de leurs actions en ce qui concerne l'environnement.

   _____

   _____

   _____

   _____

✳ **IV. Lecture: «Dossier: L'environnement».** Lisez le dossier sur l'environnement aux pages 226 à 230 et 232 à 233 du **Manuel de classe.** Faites ensuite les exercices suivants.

A. Identifier les problèmes. Trouvez les mots et les phrases qui identifient les problèmes concernant l'environnement mentionnés dans les textes.

1. les déchets ménagers

_____

_____

_____

2. la pollution de l'eau

_____

_____

_____

3. la pollution de l'air

_____

_____

_____

4. la pollution de la Méditerranée

_____

_____

_____

B. Analyse de texte. Répondez aux questions suivantes selon les renseignements donnés dans les textes sur l'environnement.

1. Selon les enquêtes, quel problème environnemental est considéré prioritaire par les Français?

_____

2. Selon les enquêtes, quel problème environnemental ne semble pas très urgent pour les Français?

_____

3. Quels sont les faits les plus importants qui décrivent la situation des déchets ménagers en France?

_____

_____

_____

_____

_____

4. Pourquoi est-ce que les métiers liés à l'environnement deviennent plus importants?

_____

_____

_____

_____

_____

5. Quelles solutions sont proposés pour protéger l'air (l'atmosphere)?

_____

_____

_____

_____

_____

6. Faites un petit résumé des étapes du processus de recyclage.

_____

_____

_____

_____

_____

7. Quelles raisons pouvez-vous donner pour convaincre les gens de l'importance du recyclage?

_____

_____

_____

_____

8. Pourquoi est-ce que la Méditerranée est si polluée?

_____

_____

_____

_____

_____

C. Ce que je ne savais pas. Faites une liste de ce que vous ne saviez pas sur l'environnement avant de lire les textes. Ne mentionnez pas simplement des statistiques (il est normal que vous ne les connaissiez pas) mais parlez plutôt des concepts, des attitudes et des questions plus larges.

1. _____

2. _____

3. _____

4. _____

5. _____

6. _____

7. _____

8. _____

9. _____

10. _____

Pour discuter

L'art de la discussion

As you begin to discuss more complex topics, such as the ones concerning the environment, you will need to use the types of discussion strategies that will allow you to speak more extensively (i.e., beyond the sentence level).

The first step in moving toward extended discourse involves the willingness to say more, i.e., when answering a question or joining a class discussion, you should try to put forth two sentences instead of one, and then three instead of two, and so on. Speak as well as you can, but above all keep speaking until you have been able to formulate more than a single sentence and until you've said what you want to say.

Another way of moving toward extended discourse and of making your contribution to discussions more concrete is to give examples. Your examples may come from direct experience (incidents in which you or people you know were involved) or through what you've read, heard, or seen. In some cases, you may wish to announce that you're about to support your idea with an example:

Je peux vous donner comme exemple (mon frère / l'émission que j'ai vue à la télé hier soir, etc.).
Prenons, par exemple, (ma grand-mère / ce monsieur dont on a parlé dans le journal ce matin, etc.).

Many times, however, you may simply prefer to give your example:

J'ai lu un article qui indiquait...
Moi, j'ai un oncle qui...
Justement, hier après-midi, on disait à la radio que...
Par exemple, moi, je...

Your example can be very short — you may simply state a fact. Or it may be more extensive — you can summarize an argument or recount a story or describe what a certain person does or thinks. Whatever you choose to do, you'll find yourself saying more and offering justification for your ideas and opinions.

Patterns for discussion

The following are two common discussion patterns that you can begin to integrate into discussions with your classmates:

1. **question** → **statement** → **reaction**

   JEAN: Est-ce que tu appartiens à une association écologiste?

   MARIE: Oui, j'appartiens au World Wildlife Fund. Je me sens très concernée par la protection des animaux.

   JEAN: C'est bien, ça! Moi, aussi, ça m'intéresse.

2. **question** → **statement with example** → **reaction**

   MARIE: Est-ce que tu t'intéresses aux animaux en particulier ou est-ce que tu préfères plutôt des associations écologistes comme Greenpeace?

   JEAN: Aux animaux en particulier. Par exemple, j'ai fait pas mal d'études sur les animaux menacés de disparition et j'en parle souvent dans les écoles pour avertir les enfants des dangers que représente la société industrielle pour la nature sauvage.

   MARIE: Alors tu es vraiment engagé. J'admire ça. Je pense que, moi aussi, je vais commencer à être plus active dans ce domaine.

V. Exemples et réactions. Pour chacune des questions suivantes, donnez une réponse soutenue par un exemple. Ensuite exprimez une réaction. Suivez les modèles ci-dessus et utilisez une autre feuille de papier.

1. Est-ce que tu penses que les jeunes sont plus concernés par l'environnement que les personnes âgées?

    Réponse avec exemple:

    Réaction:

2. Est-ce que tu es membre d'une association écologiste?

    Réponse avec exemple:

    Réaction:

3. Tu es contre l'emploi de l'énergie nucléaire?

    Réponse avec exemple:

    Réaction:

4. Est-ce que tu penses que tu souffres de la pollution par le bruit?

    Réponse avec exemple:

    Réaction:

5. À ton avis, qu'est-ce qu'il faut faire pour réduire la pollution des grandes villes?

    Réponse avec exemple:

    Réaction:

6. Est-ce que ta région est très polluée?

    Réponse avec exemple:

    Réaction:

À FAIRE! (6–2)   Manuel de classe, pages 226–233

In order to *learn* how to express certainty and doubt, read the explanation and do Exercises VI and VII.

In *preparation* for talking about unemployment in class, study the *Fiche lexicale*, read the texts about unemployment (pages 238–243 of the **Manuel de classe**), and do Exercises VIII, IX, and X.

Fonction: Comment exprimer la certitude et le doute

1. Expressing certainty

In French, if an expression is used that indicates certainty about an idea or event, you use the appropriate tense of the indicative (present, **passé composé**, immediate future, future, etc.).

> Je suis sûre qu'il va venir.
> Elle est certaine que tu lui as donné la clé.

The most common expressions used to indicate certainty are:

il est certain que	il est sûr que	être certain(e) que
il est clair que	il est vrai que	penser que (croire que)
il est évident que	être sûr(e) que	il est probable que

2. Expressing doubt

However, the subjunctive is used to express uncertainty (doubt) about whether something is true or will in fact occur. Doubt is generally indicated by particular expressions that signal the need for the subjunctive. The following are some of the most common expressions of doubt. Note that some of them are the negatives or the interrogatives of the expressions of certainty you learned above.

il est possible que	il est douteux que
il se peut que	il est impossible que
douter	ne pas penser que (ne pas croire que)
ne pas être sûr(e) que	ne pas être évident que
être sûr (certain[e]) que?	être évident que?
penser (croire) que?	

3. Conjugation of the present subjunctive

The following endings are used with all verbs in the present subjunctive except **avoir** and **être**: -e, -es, -e, -ions, -iez, -ent. As with any other verb formation, you must first determine the verb stem to which the endings are added.

a. Regular *-er, -ir, -re* verbs and the verbs *partir* and *sortir*

The simplest way to find the subjunctive stem is by dropping the **-ons** ending from the present tense **nous** form before adding the subjunctive endings:

nous parlons	Elle ne croit pas que tu **parles** français.
nous finissons	Il se peut que nous **finissions** les devoirs avant de sortir.
nous vendons	Il est possible qu'elles **vendent** leur maison.
nous partons	Il est impossible que vous **partiez** avant jeudi.
nous sortons	Il n'est pas sûr que je **sorte** ce week-end.

b. *Avoir* and *être* in the present subjunctive

avoir:	(que) j'aie, tu aies, il/elle/on ait, nous ayons, vous ayez, ils/elles aient
être:	(que) je sois, tu sois, il/elle/on soit, nous soyons, vous soyez, ils/elles soient

c. Some irregular verbs in the present subjunctive

aller:	(que) j'aille, tu ailles, il/elle/on aille, nous allions, vous alliez, ils/elles aillent
prendre:	(que) je prenne, tu prennes, il/elle/on prenne, nous prenions, vous preniez, ils/elles prennent
faire:	(que) je fasse, tu fasses, il/elle/on fasse, nous fassions, vous fassiez, ils/elles fassent
voir:	(que) je voie, tu voies, il/elle/on voie, nous voyions, vous voyiez, ils/elles voient
pouvoir:	(que) je puisse, tu puisses, il/elle/on puisse, nous puissions, vous puissiez, ils/elles puissent
savoir:	(que) je sache, tu saches, il/elle/on sache, nous sachions, vous sachiez, ils/elles sachent
venir:	(que) je vienne, tu viennes, il/elle/on vienne, nous venions, vous veniez, ils/elles viennent
vouloir:	(que) je veuille, tu veuilles, il/elle/on veuille, nous voulions, vous vouliez, ils/elles veuillent

Un petit truc

The expressions of doubt listed above show that doubt can be indicated when an expression or verb of certainty is used in the negative or interrogative. For example, the sentence **Je suis sûr que le train *part* à 10 h 20** in the affirmative suggests that I'm sure that the train leaves at 10:20. On the other hand, the negative or interrogative of the same sentence **(Je ne suis pas sûr que le train *parte* à 10 h 20. Es-tu sûr que le train *parte* à 10 h 20?)** express that I have some doubt that the train leaves at 10:20.

If you're sure of something, use an expression of certainty and the indicative of the appropriate tense; if you're unsure about something, use an expression of doubt and the subjunctive.

❊ **VI. Vous êtes sûr(e)?** Refaites les phrases suivantes en ajoutant les expressions entre parenthèses. Retenez l'indicatif si la phrase exprime la certitude; mettez le verbe au présent du subjonctif si la phrase exprime le doute.

MODÈLES: Je vais réussir à l'examen. (mon prof est sûr)
Mon prof est sûr que je vais réussir à l'examen.

Je vais réussir à l'examen. (mon prof doute)
Mon prof doute que je réussisse à l'examen.

1. Nous allons trouver un appartement. (je suis sûr)
____
2. Je vais me marier. (mes parents pensent)
____
3. Je suis capable de piloter un avion. (elles doutent)
____
4. Elle fera des études de droit. (il se peut)
____
5. Nos amis sont encore au Cameroun. (nous sommes certains)
____
6. Les ceintures de sécurité sont une bonne chose. (est-ce qu'il est évident)
____
7. Elle finira ses devoirs. (il est impossible)
____
8. Le prof n'a pas corrigé mon examen. (il est évident)
____
9. Tu es à l'heure. (il est douteux)
____
10. Il va faire beau ce week-end. (il est probable)
____
11. Le train est déjà parti. (il est certain)
____
12. Elle va chez Marcel. (je ne suis pas sûr)
____
13. Tu fais attention. (ta mère doute)
____
14. Ils n'aiment pas le fromage. (il est évident)
____
15. Nous avons tort. (il est possible)
____
16. Elles veulent sortir avec nous. (il se peut)
____

17. Il vient dimanche prochain. (je ne crois pas)

_____

18. Vous savez ce que vous faites. (elle ne pense pas)

_____

19. Vous êtes malade. (le docteur pense-t-il)

_____

✻ **VII. Doute ou certitude?** Faites des phrases en utilisant les éléments suivants. N'oubliez pas d'utiliser soit le présent de l'indicatif (ou le futur immédiat) soit le présent du subjonctif selon l'expression de certitude ou de doute indiquée.

> **MODÈLE:**   je / être sûr / tu / réussir
> *Je suis sûr(e) que tu vas réussir aux examens.*

1. il est certain / elle / accompagner...

_____

2. nous / ne... pas penser / vous / arriver...

_____

3. il est possible / je / aller...

_____

4. il est probable / ils / faire...

_____

5. il est vrai / nous / déménager...

_____

6. il se peut / je / sortir...

_____

7. il est douteux / nous / avoir...

_____

8. elle / ne pas être sûre / tu / être

_____

9. je / être sûr(e) / vous / oublier

_____

10. il est possible / elles / venir

_____

11. nous / ne pas croire / le professeur / faire...

_____

12. ma famille / douter / je / finir...

_____

Dossier: Le chômage
Fiche lexicale

Le chômage

le taux de chômage *(unemployment rate)*

les chiffres du chômage *(m.pl.) (unemployment figures)*

un problème urgent *(pressing issue)*

la montée du chômage *(rising tide of unemployment)*

l'accroissement du nombre de chômeurs *(m.) (increase of unemployed people)*

la sécurité de l'emploi *(job security)*

le chômage *(unemployment)*

un licenciement *(layoff, firing)*

les chômeurs *(m.pl.) (unemployed people)*

les sans emplois *(m.pl.) (jobless people)*

les chômeurs de courte durée *(short-term unemployed)*

les chômeurs de longue durée *(long-term unemployed)*

être sans emploi *(to be jobless, to be out of a job)*

être au chômage *(to be unemployed)*

être mis(e) en chômage *(to be put on unemployment)*

licencier *(to lay off)*

renvoyer *(to fire)*

toucher le chômage *(to be on unemployment compensation)*

générer des emplois *(to create jobs)*

réduire (baisser) le chômage *(to reduce unemployment)*

le partage du travail *(work sharing)*

alléger la semaine de travail *(to shorten work hours, the work week)*

un travailleur défavorisé *(disadvantaged worker)*

accepter une réduction de salaire *(to take a cut in salary)*

un emploi mal rémunéré *(a low-paying job)*

un emploi sans avenir *(a dead-end job)*

un emploi non qualifié *(unskilled job)*

entrer sur le marché du travail *(to get into the labor force)*

un salaire minimum *(minimum level income)*

la population active *(workforce)*

embaucher *(to hire)*

VIII. La déchéance sociale. Imaginez une personne (femme ou homme) seule qui se trouve tout d'un coup sans travail et donc sans argent. C'est une personne qui n'a pas de famille et qui est donc sans ressources. Elle a épuisé son allocation de chômage *(unemployment compensation)* et se voit donc réduite à la misère. En utilisant les expressions de la *Fiche lexicale,* écrivez une série de phrases qui retracent l'évolution de cette personne à partir du moment où elle se trouve expulsée de son appartement. Les questions vous guideront pour créer ce portrait. Écrivez au présent et utilisez une autre feuille de papier.

1. Comment est la vie de cette personne le premier jour où elle se retrouve dans la rue? (Commencer par la phrase: Un jour il/elle est expulsé[e] de son appartement et se retrouve dans la rue.)
2. Comment est sa vie pendant les semaines et les mois suivants?
3. Comment est sa vie en hiver dans un climat froid?
4. Pourquoi est-ce qu'elle ne peut pas trouver de travail?

Lisez!

❖ **IX. Vrai ou faux?** Lisez le dossier sur le chômage (**Manuel de classe**, pages 238 à 243) et indiquez si les idées suivantes sont vraies (V) ou fausses (F). Si elles sont fausses, corrigez-les selon ce que vous avez appris des articles.

1. Le pays avec le taux de chômage le plus élevé, c'est la Belgique.
2. En général, en France il y a plus de chômeurs parmi les femmes que parmi les hommes.
3. 52% des salariés français trouvent que leur patron est distant.
4. Il y a des Français qui pensent que la solution au chômage c'est de renvoyer les femmes à la maison.
5. La consommation des médicaments psychotropes *(tranquilizers)* est plus élevée chez les hommes qui ont un job que chez ceux qui sont au chômage.
6. P. Blondeau de Marseille pense que les Français sont égoïstes.
7. La solution à la crise de l'emploi chez Hewlett Packard (Grenoble) était de licencier la moitié des salariés.
8. Yves (directeur des ressources humaines) a changé de job parce qu'il voulait travailler à Paris et parce qu'il voulait un salaire plus élevé.
9. Yves pense qu'il faut laisser le travail à plein temps aux plus jeunes.
10. Pour Jacques (cadre), le travail à temps partiel n'est pas possible parce qu'il ne gagnerait pas assez d'argent.

*X. Des solutions au chômage. Donnez huit solutions au chômage proposées dans le dossier.

1. _____
2. _____
3. _____
4. _____
5. _____
6. _____
7. _____
8. _____

À FAIRE! (6–3) Manuel de classe, pages 234–243

If you wish to work again with the *Témoignages* you heard in class, listen to Segment 6–2 of the **Audio CD** and do Exercise XI.

In order to gain more insights into the problem of unemployment in France, listen to Segment 6–3 of the **Audio CD** (interview with Delphine Chartier) and do Exercise XII.

As a *review* of the indicative and the subjunctive with expressions of certainty and doubt, do Exercise XIII.

In order to *learn* additional discussion strategies, read the explanations in *Pour discuter* and do Exercises XIV and XV.

Témoignages (facultatif)
Écoutez et écrivez!

 Audio CD:
SEGMENT 6-2
CD 4, TRACK 5

❋ **XI. Qu'est-ce qu'ils en pensent?** Écoutez ce que disent les témoins au sujet des problèmes sociaux et répondez aux questions suivantes. Utilisez une autre feuille de papier.

> ◆ **VOCABULAIRE UTILE:**
>
> Florence Boisse-Kilgo – **saillante** (salient, striking), **le fossé** (gap)
> Robin Côté – **niveau** (level), **taux de chômage** (unemployment rate), **élevé** (high), **régler** (take care of), **dette** (debt), **façon de vivre** (lifestyle), **vivent** (live), **au-dessus** (above), **moyens** (means), **l'assurance santé** (health insurance), **est remis en question** (is put into question)
> Sophie Everaert – **incroyable** (unbelievable), **ceux** (those), **s'ouvre** (opens up), **se présentent** (apply), **je ne recommanderais pas** (I wouldn't recommend)
> Delphine Chartier – **quel que soit** (whatever), **un effet pervers** (here: unfortunate), **doués** (talented), **reculer** (to put off), **il faudra chercher** (will have to find), **quelles que soient** (whatever), **faibles** (low) **une allocation logement** (housing allowance), **les droits d'inscription** (tuition), **s'inscrire** (to enroll), **les frais de scolarité** (tuition), **des petits boulots** (small jobs), **sous le toit familial** (at home), **est inquiet** (is worried), **en se disant** (saying to themselves), **pourvu que** (as long as), **licencié** (let go, fired), **me remplacer** (to replace me), **de longue durée** (extended), **non renouvelables** (nonrenewable), **une demi-douzaine** (half a dozen)

1. Selon Florence, qu'est-ce qui est à l'origine de la criminalité, de la drogue et de la délinquance?

   _____

2. De quel pays parle Robin et de quelle région?

   _____

3. À part le chômage, quel problème mentionne Robin?

   _____

4. Qu'est-ce qui est remis en question?

   _____

5. Pour chaque place qui s'ouvre, combien de personnes se présentent?

   _____

6. Quelle sorte de test est-ce qu'on fait souvent passer aux candidats à un emploi?

   _____

7. Pourquoi est-ce qu'il y a tant de jeunes aujourd'hui qui font des études supérieures?

   _____

8. Qu'est-ce qu'il y a comme aide pour les étudiants qui n'ont pas assez d'argent pour payer leur loyer?

   _____

9. Combien paie un étudiant pour s'inscrire dans une université française?

   _____

10. Que font beaucoup d'étudiants s'ils ont très peu d'argent?

    _____

11. À quel âge est-ce que les entreprises licencient parfois les employés?

    _____

Témoignages

Écoutez!

Audio CD:
SEGMENT 6-3
CD 4, TRACK 6

✳ **XII. Le point de vue de Delphine Chartier.** Écoutez ce que dit Delphine Chartier sur le phénomène des sans-abri et répondez aux questions suivantes.

> ➤ **VOCABULAIRE UTILE:**
> **sans-logis** (homeless), **sont entraînés dans** (are dragged into), **un cycle infernal** (vicious cycle), **loyer** (rent), **vivent** (live), **de moins en moins** (less and less), **se nourrissent** (nourish themselves), **en buvant** (drinking), **ça les aide à vivre** (it keeps them alive), **maigrissent** (lose weight), **affligeant** (distressing, sad), **une bouche de métro** (subway entrance), **banc** (bench), **tissu social** (social fabric), **se déchire** (is being ripped), **éclatées** (splintered), **foyer familial** (family home), **les entretenir** (support them), **repère** (reference point), **les entraîne** (drags them), **de plus en plus bas** (further and further down), **foyers** (shelters), **résoudre** (resolve)

1. Depuis quand est-ce que le nombre de sans-abri augmente de façon spectaculaire?

   _____

2. Est-ce que le phénomène des sans-abri est un phénomène strictement parisien?

   _____

3. À votre avis, que veut dire Delphine par sans-abri «professionnels»?

   _____

4. Selon elle, qui sont les sans-abri d'aujourd'hui?

   _____

5. Pourquoi est-ce que les sans-abri ont des difficultés à trouver du travail?

   _____

6. Quelles habitudes est-ce qu'ils ont perdues?

   _____

7. Comment est leur alimentation? Que font-ils, bien souvent, pour se nourrir?

   _____

8. Où est-ce qu'ils dorment souvent à Paris?

   _____

9. Pourquoi est-ce qu'il y a de plus en plus de jeunes sans-abri?

   _____

Fonction: Comment exprimer la certitude et le doute (suite)

XIII. Notre avenir. Écrivez dix phrases pour exprimer votre point de vue sur votre avenir, celui de vos amis et des membres de votre famille et l'avenir des jeunes en général en ce qui concerne le travail. Utilisez des expressions de certitude avec l'indicatif pour cinq des phrases et des expressions de doute avec le subjonctif pour les cinq autres phrases. Utilisez une autre feuille de papier.

MODÈLES: *Je suis sûr(e) que j'aurai (je vais avoir) des difficultés à trouver mon premier job.*
Je ne pense pas que les jeunes puissent facilement trouver un emploi, même avec un diplôme.

Pour discuter

In a previous lesson, you learned how to add examples to discussions. Now you'll learn two more patterns that will allow you to continue to expand your ability to use extended discourse. In both cases, it's a question of using additional examples.

Keep in mind that these patterns can repeat themselves and alternate with other patterns for as long as you want to continue a discussion. None of the patterns you're learning have to be repeated exactly the same way. Sometimes you might just want to throw in an example, sometimes you might want to end what you have to say with another question that can be responded to, and so forth. The important thing is to be able to keep the discussion going as long as it remains interesting. And to do that, it helps to use examples and counter-examples and to throw the conversational ball back into someone else's court by making statements and asking questions.

Patterns for discussion

1. question → statement with example → reaction with counter-example

ANNE: Penses-tu qu'il soit facile de trouver un job à l'avenir?

BARBARA: Non, pas du tout. Au contraire, je pense que ce sera plus difficile que jamais. J'ai un ami qui a eu son diplôme en sciences politiques et qui cherche un job dans le gouvernement depuis un an.

ANNE: C'est incroyable! Mais tu sais, ça dépend aussi de la personne. Moi, je connais quelqu'un qui a trouvé un boulot dans une agence de voyages même avant d'être diplômé. Il parle deux langues étrangères et je crois que c'est pour cette raison qu'il a si bien réussi.

2. statement with question → statement with example → reaction with counter-example

BARBARA: En fait, je suis persuadée qu'il faut apprendre des langues étrangères si on veut réussir aujourd'hui. Mais, à ton avis, quelles langues est-ce qu'on devrait apprendre?

ANNE: Ça dépend de ce qu'on veut faire. Si, par exemple, tu veux travailler dans la restauration, le français, l'allemand ou l'espagnol seraient des langues très utiles.

BARBARA: Oui, je pense que le français continue à être très utilisé dans tous les domaines. C'est pour ça que je l'ai choisi. Mon frère a fait la même chose et il travaille maintenant à Rennes pour une filiale française de sa compagnie.

XIV. Mise au point. Pour chacun des sujets proposés, formulez une question, une réponse avec un exemple et une réaction avec un autre exemple.

1. le chômage des jeunes

    Question: _____

    Réponse avec exemple: _____

    _____

    _____

    Réponse avec exemple: _____

    _____

    _____

2. les femmes ont plus de difficultés à trouver des emplois que les hommes

   Question: _____

   Réponse avec exemple: _____

   _____

   _____

   Réponse avec exemple: _____

   _____

   _____

3. si possible, il est important de faire des études à l'étranger *(study abroad)*

   Question: _____

   Réponse avec exemple: _____

   _____

   _____

   Réponse avec exemple: _____

   _____

   _____

Maintenant, commencez par une constatation *(statement)* et une question, avant de continuer le schéma.

4. ce qu'il faut faire pour réduire le taux de chômage

   Constatation avec question: _____

   _____

   _____

   _____

   Réponse avec exemple: _____

   _____

   _____

   Réponse avec exemple: _____

   _____

   _____

5. les gens ont tendance à vivre au-dessus de leurs moyens

   Constatation avec question: _____

   _____

   _____

   _____

   Réponse avec exemple: _____

   _____

   _____

   Réponse avec exemple: _____

   _____

   _____

6. le chômage et ses effets sur une famille

   Constatation avec question: _____

   _____

   _____

   Réponse avec exemple: _____

   _____

   Réponse avec exemple: _____

   _____

   _____

XV. Faisons un plan. En cours, vous allez discuter avec vos camarades du problème du chômage. Pour vous préparer à contribuer à cette discussion, faites un plan de ce que vous pourriez dire. Utilisez une autre feuille de papier.

1. trois constatations à propos du chômage
2. trois questions à propos du chômage
3. trois solutions (avec exemples) que vous pourriez proposer au problème du chômage

À FAIRE! (6–4)   Manuel de classe, page 244

In order to *learn* how to express necessity, volition, and emotion, read the explanations and do Exercises XVI, XVII, XVIII, XIX, and XX.

In *preparation* for talking about the issues of crime and violence in class, study the *Fiche lexicale* and do Exercise XXI; then read the texts on crime and violence (pages 245–249 of the **Manuel de classe**) and do Exercise XXII.

Fonction: Comment exprimer la nécessité, la volonté et l'émotion

1. L'infinitif et le subjonctif avec les expressions de nécessité

Il faut **attendre** un moment.	It's necessary *to wait* awhile.
Il est nécessaire de **vérifier** les résultats.	It's necessary *to verify* the results.

In the sentences above, the expressions of necessity **il faut** and **il est nécessaire de** are followed by an infinitive because no specific subject is given for the second verb. They can be understood either as general statements — everyone has to wait awhile, everyone has to verify his/her results — or as statements applying to a particular person (or persons) who is (are) clear from a previous statement. Notice that the expression **il est nécessaire** requires **de** before the infinitive; **il faut** is followed directly by the infinitive.

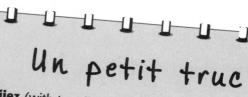

Un petit truc

The negative of **il faut (il ne faut pas)** has a special meaning. When you say **il ne faut pas,** you're really saying *one must not* in the sense that something is not permitted.

Il ne faut pas tricher aux examens.

You must not (It is not permitted to) cheat on exams.

Il faut que **tu attendes** un moment.

It's necessary that *you wait* awhile.
(*You have to wait* awhile.)

Il est nécessaire que **vous vérifiiez** les résultats.

It's ncessary that *you verify* the results.
(*You have to verify* the results.)

In this second set of sentences, a specific subject for the second verb is given; consequently, the expressions of necessity **il faut (que)** and **il est nécessaire (que)** are followed by a verb conjugated in the present subjunctive. Notice that the conjugated verb is preceded by the conjunction **que.**

Other expressions of necessity used in the same way include: **il est important (de, que)**, **il vaut mieux (que)**, **il est essentiel (de, que)**.

Un petit truc

No, **vous vérifiiez** (with two *i's*) is not misspelled. Keep in mind how to form the present subjunctive. For regular verbs, you start with the **nous** form of the present tense **(nous vérifions)**, drop the **-ons** ending **(vérifi)**, and add the appropriate subjunctive ending **(vous vérifiiez)**. That's how you end up with two *i's* in the **nous** and **vous** forms of the verb **vérifier**. The same is true for the verb **étudier.**

2. *L'infinitif et le subjonctif avec les verbes* vouloir *et* préférer

Je veux le **faire** moi-même.
Je veux que tu le **fasses.**

I want to do it myself.
I want you to do it.

Ils préfèrent descendre dans un hôtel.
Ils préfèrent que nous descendions dans un hôtel.

They prefer staying in a hotel.
They prefer that we stay in a hotel.

As you can see from the two sets of examples, the verbs **vouloir** and **préférer** (verbs of volition) can also be used either with an infinitive or with the subjunctive. When the subject of the verbs is the same as the subject of the action, use an infinitive (the first of each of the two sets of examples). When the subject of the sentence is expressing a desire or a preference dealing with someone else's actions, you have to use the subjunctive. Notice that, in English, sentences with *to want* are often constructed with an infinitive: *I want you to do it. They want us to stay in a hotel*. However, in French, if the subject of the two verbs in the sentence is not the same, you must use **que** and the subjunctive.

✳ **XVI. Exprimer la nécessité et la volonté.** Dans les dix premières phrases, utilisez soit l'infinitif soit le subjonctif des verbes entre parenthèses pour exprimer la nécessité.

1. (arriver)   Il faut que tu _____ à l'heure.

2. (prendre)   Il est nécessaire de _____ son temps.

3. (attendre)   Il vaut mieux qu'elle _____ ici.

4. (être)   Il est essentiel de ne pas _____ en retard.

5. (aller)   Il est nécessaire que vous _____ en ville.

6. (partir)   Il est important qu'ils _____ avec les autres.

7. (faire)   Il faut toujours _____ attention.

8. (étudier)   Il est important que vous _____ le subjonctif.

9. (avoir)   Il faut que nous _____ le temps de discuter.

10. (être)   Il faut absolument qu'ils _____ là.

Maintenant, utilisez l'infinitif ou le subjonctif des verbes entre parenthèses pour exprimer la volonté ou la préférence.

11. Henri veut (aller) _____ en Angleterre cet été, mais ses parents veulent qu'il (repasser)

    _____ ses examens.

12. Mon père veut que je (faire) _____ du droit, mais je ne veux pas (être)

    _____ avocat. Je préférerais (avoir) _____ un métier moins difficile.

13. Quand nous voyageons, mes parents préfèrent (prendre) _____ le train, mais moi,

    je voudrais que nous (prendre) _____ l'avion de temps en temps.

14. Tu veux que j' (attendre) _____ la fin du semestre? Mais moi, je veux (partir)

    _____ tout de suite.

15. Comment? Elles veulent que nous (aller) _____ au musée? Moi, je veux bien, mais

    Sabine n'aime pas beaucoup les musées. Elle préfère (aller) _____ à un bon concert.

16. Vous voulez qu'elle (venir) _____ à Paris et elle veut que vous lui (rendre)

    _____ visite à Genève. Pourquoi ne pas vous retrouver à Grenoble?

3. *L'infinitif et le subjonctif avec les expressions d'émotion*

Expressions of emotion, like the other expressions you've learned (necessity, volition, etc.), may be followed by either an infinitive or the subjunctive. And the general rule is the same: When the person of the second clause is the *same* person as in the first clause (i.e., the expression of emotion), you use the infinitive. On the other hand, when the person of the second clause is *different* from the person in the first clause, you use the subjunctive.

> Je suis content d'**aller** à Rome.   I'm happy *to be going* to Rome.

In this sentence, it's clear that the person who is happy and the person who is going to Rome are the *same person*. Therefore, the infinitive appears in the second clause. Note that the expression of emotion is followed by **de (d')**.

> Je suis content que tu **ailles** à Rome.   I'm happy that you're *going* to Rome.

In this sentence, the person who is happy and the person who is going to Rome are *two different people*. It is therefore necessary to use the present subjunctive in the second clause.

REMINDER: The subjunctive mood is used in sentences with more than one clause in which the speaker or writer is expressing feeling. The sentences are composed of two clauses connected by **que**; the subjunctive is used only in the second clause, i.e., *after* **que**.

Note that the present subjunctive is used when you want to express an action that is simultaneous or future to the feeling expressed in the first clause. For example, when you say **Je suis content que tu ailles à Rome**, the action of going to Rome has not occurred yet (i.e., it will happen in the future).

Frequently used expressions of emotion

(ne pas) regretter (de) (que)	être ravi(e) (de) (que)
être navré(e) (de) (que)	(ne pas) être surpris(e) (de) (que)
être désolé(e) (de) (que)	(ne pas) être étonné(e) (de) (que)
(ne pas) être content(e) (de) (que)	être fâché(e) (de) (que)
(ne pas) être heureux(se) (de) (que)	(ne pas) être déçu(e) (de) (que)
être soulagé(e) (de) (que)	

Note that some of these expressions are also frequently used in the negative.

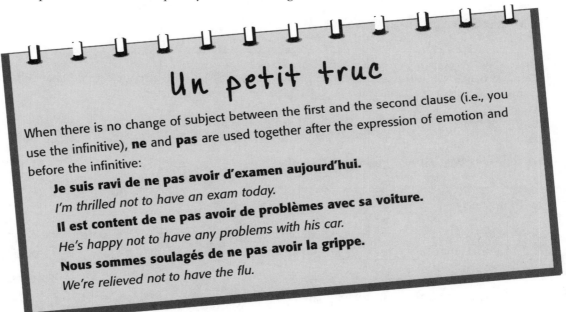

Un petit truc

When there is no change of subject between the first and the second clause (i.e., you use the infinitive), **ne** and **pas** are used together after the expression of emotion and before the infinitive:

Je suis ravi de ne pas avoir d'examen aujourd'hui.
I'm thrilled not to have an exam today.
Il est content de ne pas avoir de problèmes avec sa voiture.
He's happy not to have any problems with his car.
Nous sommes soulagés de ne pas avoir la grippe.
We're relieved not to have the flu.

✽ **XVII. Nous sommes contents.** Changez chaque phrase en ajoutant les éléments entre parenthèses. Utilisez soit l'infinitif soit le subjonctif.

MODÈLES: Je vais aller en France l'année prochaine. (Mon prof est content...)
Mon prof est content que j'aille en France l'année prochaine.

Je vais aller en France l'année prochaine. (Je suis content[e]...)
Je suis content(e) d'aller en France l'année prochaine.

1. Cet appartement est très grand. (Nous sommes soulagés...)

_____

2. Marie ne sait pas nager. (Je suis déçu[e]...)

_____

3. Mes parents vont déménager en Floride. (Mes parents sont heureux...)

_____

4. Les enfants veulent sortir ce soir. (Je ne suis pas content[e]...)

_____

5. Nous n'avons pas de problèmes. (Nous sommes soulagés...)

_____

6. Elle va quitter le quartier. (Elle est navrée...)

_____

7. Je vais devenir professeur de français. (Mes parents sont ravis...)

_____

8. Tu rentres en France? (Tu regrettes...)

_____

9. Ils ne vont pas vous accompagner. (Ils sont déçus...)

_____

10. Vous êtes malade. (Je suis désolé[e]...)

_____

✳ **XVIII. On réagit.** Utilisez une expression d'émotion avec le subjonctif pour réagir à chacune des affirmations suivantes. Commencez chaque phrase par le pronom entre parenthèses.

        MODÈLE: Il ne peut pas aller à la soirée. (je)
                                 Je suis furieux(se) qu'il ne puisse pas aller à la soirée.

1. Vous réussissez à tous vos examens. (nous)

_____

2. Tu manges bien. (je)

_____

3. Il maigrit. (elle)

_____

4. Elle ne peut pas nous accompagner. (je)

_____

5. J'ai de bonnes notes. (ils)

_____

6. Nous sommes patients? (tu)

_____

7. Elles veulent étudier le chinois. (il)

_____

8. Tu sais la vérité. (je)

_____

9. Il est malade. (nous)

_____

10. Je ne veux pas visiter Paris. (elle)

_____

11. Vous sortez souvent. (il)

_____

12. Nous voyons nos parents très rarement. (je)

_____

13. Nous faisons des progrès. (elles)

_____

✳ **XIX. Qu'est-ce que tu en penses?** Complétez la conversation suivante en utilisant les verbes entre parenthèses. N'oubliez pas de faire le choix entre l'infinitif et le subjonctif.

Paul et Dominique cherchent un appartement. Maintenant qu'ils viennent d'en visiter plusieurs, ils parlent des avantages et des inconvénients de chaque appartement.

PAUL: J'aime bien le premier appartement mais je suis surpris qu'il n'y (avoir)

_____ pas de salle à manger.

DOMINIQUE: Tu as raison. Et je ne suis pas du tout contente d'(avoir) _____

seulement une chambre à coucher. Je suis déçue que l'appartement (ne pas avoir)

_____ au moins deux chambres.

PAUL: Et qu'est-ce que tu penses de l'appartement dans la rue Fouchet?

DOMINIQUE: Je suis ravie qu'il (se trouver) _____ près de mon travail et que tu

(pouvoir) _____ prendre le métro, mais je n'aime pas le propriétaire. Il est

fâché que nous ne (vouloir) _____ pas payer le loyer qu'il propose.

PAUL: Je suis d'accord avec toi. Et l'appartement près de l'église? Je regrette que les voisins (faire)

_____ tant de bruit, mais c'était peut-être exceptionnel le jour où nous y

étions.

DOMINIQUE: Oui, mais tout de même, c'est un problème, surtout avec le bébé. Alors, il ne nous reste que

l'appartement en banlieue. Il n'est pas mal.

PAUL: Oui, mais nos parents vont être déçus que nous (habiter) _____ si loin

d'eux.

DOMINIQUE: Je leur ai déjà téléphoné. Bien sûr, ils sont désolés que leur petit-fils ne les (voir)

_____ pas tous les jours, mais ils comprennent que c'est une question

d'argent et de confort.

PAUL: Tu sais, franchement, moi, je suis content d'(habiter) _____ un peu plus

loin d'eux. Ils sont gentils, mais...

DOMINIQUE: Je comprends. Moi aussi, je suis soulagée de (commencer) _____ une vie à

nous trois. Nos parents, on peut les voir le week-end.

4. Les expressions d'émotion + le passé du subjonctif

Je suis content que **tu aies fait** tes devoirs.
Nous sommes fâchés qu'**elle soit rentrée** si tard.
Elle est déçue qu'**il ne se soit pas souvenu**
    de son oncle.

I'm happy that *you did* your homework.
We're angry that *she got in* so late.
She's disappointed that *he didn't remember*
    his uncle.

Earlier you learned that the present subjunctive stands for an action that is either going on at the *same time* or *after* the verb in the expression of emotion. When you want to express an action that happened *before* the time indicated in the main clause, you use the *past subjunctive*.

The past subjunctive is a compound tense that includes a helping verb and a past participle. To form the past subjunctive, use the present subjunctive of the helping verbs **avoir** or **être** and the past participle of the main verb. All the rules you've learned about compound tenses (i.e., choice of either **avoir** or **être**, agreement of past participle, etc.) remain the same.

Verbes conjugués avec avoir

... que j'aie fait
... que tu aies fait
... qu'il/elle/on ait fait

... que nous ayons fait
... que vous ayez fait
... qu'ils/elles aient fait

Verbes conjugués avec être

... que je sois allé(e)
... que tu sois allé(e)
... qu'il soit allé
... qu'elle soit allée
... qu'on soit allé

... que nous soyons allé(e)s
... que vous soyez allé(e)(s)
... qu'ils soient allés
... qu'elles soient allées

Verbes pronominaux

... que je me sois couché(e)
... que tu te sois couché(e)
... qu'il se soit couché
... qu'elle se soit couchée
... qu'on se soit couché

... que nous nous soyons couché(e)s
... que vous vous soyez couché(e)(s)
... qu'ils se soient couchés
... qu'elles se soient couchées

✳ **XX. Nos réactions.** Complétez les phrases suivantes en utilisant le passé du subjonctif des verbes entre parenthèses.

    MODÈLE: (se coucher) Nous sommes surpris qu'elle _____ si tôt.

1. (réussir)   Je suis contente que tu _____ à l'examen.

2. (venir)   Il est étonné que je _____ avec toi.

3. (ne pas comprendre)   Elle est furieuse que nous _____ sa remarque.

4. (se disputer)   Nous regrettons que vous _____ .

5. (aller)   Je suis ravi que les étudiants _____ au Louvre.

6. (avoir)   J'ai été navrée que tu _____ un accident.

7. (sortir)   Ils sont contents que nous _____ avec eux.

8. (s'irriter)   Elle est surprise que vous _____ pour une si petite chose.

9. (manger)   Je suis contente que tu _____ tes légumes.

10. (ne pas faire) Nous sommes fâchés qu'elle _____ de progrès.

11. (manquer) Je ne suis pas contente qu'il _____ le bus.

12. (finir) Elle est soulagée que tu _____ tes études.

13. (échouer) Il est déçu que les étudiants _____ à leurs examens.

14. (ne pas pouvoir) Le prof est étonné qu'elle _____ répondre à la question.

15. (ne pas s'amuser) Je regrette que vous _____ à la fête.

Dossier: La criminalité et la violence

Fiche lexicale

Vocabulaire général

la violation de la loi, la délinquance, la criminalité (crime)

un délit, un crime, une infraction (a crime)

une infraction administrative (white-collar crime)

la délinquance juvénile (juvenile crime)

commettre une infraction (to commit a crime)

la perpétration d'un crime (the commission of a crime)

un criminel

un criminel endurci (a hardened criminal)

avoir un casier judiciaire (to have a criminal record)

une attitude criminelle (criminal behavior)

signaler un crime (to report a crime)

être inculpé(e) pour crime (to be charged with a crime)

le taux de criminalité (the crime rate)

un crime gratuit (a crime for fun)

un crime irréfléchi (an impulsive crime)

un crime d'émulation (a copycat crime)

l'accroissement (m.) de la criminalité (soaring crime)

une augmentation de la criminalité

la prévention de la criminalité

freiner la criminalité (to curb crime)

enrayer la criminalité (to control crime)

éliminer la criminalité

décourager les criminels (to deter crime)

être condamné(e) pour une infraction (to be convicted of a crime)

Les criminels

respecter la loi

être au-dessus des lois

rester dans les limites de la légalité

perpétrer, commettre (un crime)

l'auteur (m.) d'un crime (perpetrator of a crime)

un délinquant (law breaker, offender, delinquent)

un délinquant juvénile

être pris(e) en flagrant délit (to be caught in the act)

un délit (misdemeanor)

un récidiviste (repeater)

un(e) criminel(le) (felon)

un complice (accomplice, partner in crime)

participer à un délit (to be party to a crime)

un repris de justice (habitual delinquent)

Attention! Toutes les sept minutes, un cambriolage se commet en Suisse!

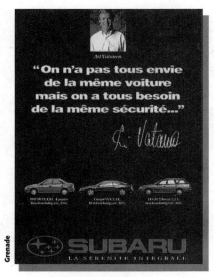

La sécurité est un bon argument de vente

Types de criminalité

le comportement insultant *(abusive behavior)*

une bagarre d'ivrognes *(drunken brawl)*

le braconnage *(poaching)*

une querelle *(quarrel)*

une bagarre *(fight)*

un rassemblement illicite *(unlawful assembly)*

une émeute *(riot)*

l'incendie *(m.)* volontaire *(arson)*

un incendiaire *(arsonist)*

le vandalisme

un vandale

la fraude

le détournement de fonds *(embezzlement, misappropriation of funds)*

la contrefaçon *(forgery)*

un document falsifié *(a forgery)*

falsifier

le vol *(theft)*

voler

un voleur

le vol d'automobiles

le vol à l'étalage, un voleur à l'étalage *(shoplifting, shoplifter)*

un voleur à l'arraché *(purse snatcher)*

un voleur à la tire *(pickpocket)*

une agression *(assault, mugging)*

agresser, violenter *(to assault, to mug)*

une attaque à main armée *(assault with a deadly weapon)*

attaquer

un agresseur

suivre *(to stalk)*

un rôdeur, rôder *(prowler, to prowl)*

tabasser *(to beat up)*

un meurtrier (une meurtrière), un assassin

un assassinat *(first degree murder)*

un meurtre *(second degree murder)*

un assassin mineur *(an underage murderer)*

un homicide involontaire et non prémédité *(manslaughter)*

assassiner (commettre un meurtre)

tuer *(to kill)*

porter une arme *(to carry a gun)*

se servir d'une arme *(to use a gun)*

un pistolet (une arme à feu)

tirer *(to shoot)*

Se protéger contre le crime

l'autodéfense *(f.)*

le droit à l'autodéfense

s'armer *(to arm oneself)*

se défendre contre

défendre ses biens contre *(to protect one's property from)*

défendre ses droits

faire triompher la loi *(to uphold the law)*

accroître la sécurité *(to increase safety)*

une initiative pour limiter le port d'arme

enrayer la vente d'armes *(to control the sale of guns)*

un adversaire des armes à feu *(gun control activist)*

◆ 5% des cyclomoteurs et motocyclettes sont volés chaque année!

Les femmes battues *(Violence against women)*

battu(e) *(battered)*

une femme battue *(battered woman/wife)*

un mari violent

violer, un viol, un violeur *(to rape, a rape, a rapist)*

le harcèlement *(harassment)*

L'enquête policière

un indice *(clue)*

tenir une piste *(to have a lead)*

suivre une piste *(to follow a lead)*

un alibi

divulguer l'identité

arrêter *(to arrest, to bust)*

mettre en état d'arrestation *(to put under arrest)*

être en état d'arrestation *(to be under arrest)*

RÉFLÉCHIR /AIDER / CO-RESPONSABILITÉ

Protégez vos enfants **!**

✳ **XXI. Définitions.** Consultez la *Fiche lexicale* pour trouver les mots et les expressions qui semblent le mieux correspondre aux définitions suivantes.

> **MODÈLE:** une violation de la loi
> *un crime / un délit / une infraction*

1. une personne qui ne respecte pas les lois _____
2. un jeune qui commet un crime _____
3. un dossier d'activité criminelle _____
4. téléphoner à la police pour dire qu'un crime a été commis _____
5. prendre quelque chose qui ne vous appartient pas _____
6. une personne qui répète des crimes _____
7. utiliser de l'argent de quelqu'un d'autre _____
8. apprendre le judo pour se défendre _____
9. commettre un meurtre _____
10. une agression violente (sexuelle) contre une femme _____
11. il participe à un crime _____
12. un crime sans véritable mobile *(motive)* _____
13. l'imitation d'un crime _____
14. une pièce d'identité imitée _____
15. il prend quelque chose dans un magasin sans payer _____
16. des graffiti sur les murs d'une maison _____
17. il dérobe *(takes)* des portefeuilles _____
18. un hold-up commis avec une arme _____
19. une empreinte digitale *(fingerprint)* _____
20. être en prison _____

Lisez!

✳ **XXII. Est-ce que vous avez compris?** Lisez les textes du *Dossier* aux pages 245 à 249 du **Manuel de classe**. Choisissez les réponses qui vous semblent les plus appropriées selon les renseignements donnés dans les deux premiers articles.

Les statistiques

1. Selon les chiffres, entre 1950 et 1996, la plus grande augmentation de délits est dans la catégorie
   a. des crimes et délits contre les personnes.
   b. des infractions économiques et financières.
   c. des vols.
   d. d'autres infractions, dont stupéfiants (drogues).

2. Selon les chiffres, entre 1990 et 1996, la plus grande augmentation de délits est dans la catégorie
   a. des infractions économiques et financières.
   b. des vols.
   c. des crimes et délits contre les personnes.
   d. d'autres infractions, dont stupéfiants.

3. Les chiffres indiquent
   a. qu'il y a plus d'homicides en 1996 qu'en 1995.
   b. qu'il y a plus de vols avec violence.
   c. qu'il y a moins d'infractions contre la famille et l'enfant.
   d. que le nombre de crimes continue à augmenter.

Violence et insécurité

4. Les Français
   a. exigent plus de sévérité pour les «grands» crimes.
   b. exigent plus de sévérité pour tous les crimes.

5. La violence augmente
   a. à la campagne.
   b. dans les petites villes.
   c. dans la région parisienne.
   d. à l'intérieur des familles.

6. La violence augmente
   a. chez les chômeurs.
   b. chez les retraités.
   c. chez les immigrés.
   d. chez les jeunes.

Pourquoi toute cette violence à l'école?

7. En France, il y a moins de violence
   a. dans la famille que dans l'école.
   b. dans l'école que dans la famille.
   c. dans la banlieue que dans le centre-ville.

8. Les écoles
   a. permettent aux élèves d'explorer les connaissances pour le plaisir.
   b. sont un «magasin» de diplômes.
   c. peuvent garantir des emplois aux jeunes avec un diplôme.
   d. enseignent aux enfants comment résoudre sans violence les conflits qu'ils ont avec les autres.

La violence à la télé? Oui, mais à petites doses!

9. Selon Laetitia
   a. la violence devrait être interdite à la télé.
   b. la violence n'a aucune influence sur les jeunes.
   c. la violence à la télé est amusante.

10. Selon Bertrand
    a. la violence dans les films représente la réalité.
    b. la violence dans les films ne fait pas peur.
    c. la violence aux informations est effrayante.

11. Sur les huit commentaires des jeunes
    a. 7 pensent que la violence à la télé provoque la violence chez les jeunes.
    b. 6 pensent que la violence à la télé provoque la violence chez les jeunes.
    c. 5 pensent que la violence à la télé provoque la violence chez les jeunes.
    d. 4 pensent que la violence à la télé provoque la violence chez les jeunes.
    e. 3 pensent que la violence à la télé provoque la violence chez les jeunes.

As a *follow-up* to the use of the subjunctive with various expressions, do Exercise XXIII.

To *learn* about the issue of the status of women in France, listen to **Audio CD**, SEGMENT 6–5 and do Exercise XXIV.

In *preparation* for a discussion in class, do Exercise XXV.

Fonction: Comment exprimer la nécessité, la volonté et l'émotion (suite)

XXIII. Patrons et employés. Les désirs des patrons et des employés ne sont pas toujours les mêmes. En choisissant des expressions des deux listes, composez des phrases qui précisent les différences entre patrons et employés. Utilisez une autre feuille de papier.

MODÈLE:
Les employés veulent gagner plus d'argent.
Selon les patrons, il faut que les employés fassent des heures supplémentaires.
Les employés sont contents que les patrons aient négocié un nouveau contrat.

il faut	gagner plus d'argent
il est nécessaire	dépenser moins d'argent
il est important	travailler moins d'heures par semaine
il vaut mieux	faire des heures supplémentaires
il est essentiel	travailler plus efficacement
vouloir	prendre des décisions
préférer	participer à des discussions
être content (heureux)	négocier un nouveau contrat
regretter	faire la grève
être soulagé	accorder une augmentation de salaire
être surpris (étonné)	avoir des assurances santé
être déçu	
être fâché	

Témoignages
Écoutez et écrivez!

 Audio CD:
SEGMENT 6-5
CD 4, TRACK 8

✳ **XXIV. L'homme et la femme dans le couple.** Écoutez ce que dit Delphine Chartier sur la situation des femmes en France et répondez aux questions suivantes. Utilisez une autre feuille de papier.

> ➤ **VOCABULAIRE UTILE:**
> **en la matière** *(in that respect)*, **tout de même** *(still)*, **les antécédents familiaux** *(family background)*, **se sentent** *(feel)*, **donner le change** *(to allay suspicion)*, **déculpabiliser** *(to feel less guilty)*, **dégradante** *(degrading)*, **qui ne les ennuie pas trop** *(that doesn't bother them too much)*, **s'en tirer à bon compte** *(to accomplish)*, **ça leur suffit** *(that's enough for them)*, **valorisant** *(validating)*, **cuite** *(cooked)*, **tondent la pelouse** *(mow the lawn)*, **rébarbatives** *(disagreeable)*, **repassage** *(ironing)*

1. Selon Delphine, qui fait le travail à la maison, la femme ou le mari?
2. Quand le mari fait quelque chose à la maison, quelles tâches est-ce qu'il tend à trouver acceptables?
3. Comment est-ce que Delphine caractérise ces tâches?
4. Quelle est la conclusion de Delphine?
5. À votre avis, est-ce que Delphine est féministe? Pourquoi, pourquoi pas?

C'est à vous maintenant!

XXV. Pour discuter. Vous avez maintenant étudié cinq questions sociales importantes: l'environnement et le chômage, la criminalité et la violence, la discrimination (le racisme) et le statut de la femme. Vous allez maintenant vous préparer à discuter d'un de ces sujets en classe. Suivez les indications données et utilisez une autre feuille de papier.

1. Choisissez le sujet qui vous intéresse le plus.
2. Ensuite, trouvez un aspect de ce sujet dont vous voulez discuter. Par exemple, si vous avez choisi le statut de la femme, vous voulez peut-être vous concentrer sur la femme dans le couple ou sur la femme au travail.
3. Maintenant, décidez quelles seront vos idées principales et choisissez le vocabulaire et les expressions qui vous seront utiles pour les exprimer. Décidez également du point de vue que vous allez prendre sur le sujet.
4. Ensuite, trouvez des idées complémentaires et des exemples qui serviront à soutenir votre point de vue. Trouvez le vocabulaire qui vous aidera le plus.
5. Enfin, notez les activités dans lesquelles vous pourriez vous engager pour aider à résoudre le problème social que vous avez choisi.

Pour préparer les examens

En préparant l'examen sur ce chapitre, vous pourrez consulter:

Fiches lexicales	**MP, p. 233, p. 244, p. 257**
Pour discuter	**MP, p. 238, p. 248**
Fonctions	**MP, p. 240, p. 247, p. 250, p. 261**

Le monde d'aujourd'hui et de demain

À FAIRE! (7–1)　　Manuel de classe, pages 262–269

In *preparation* for talking about technology in class, study the *Fiche lexicale* and do Exercise I.

In *preparation* for discussing in class, read *Pour discuter* and do Exercises II and III.

Pour parler... de la technologie

Fiche lexicale

- l'énergie *(f.)* nucléaire / le nucléaire
    produire de l'électricité
    une centrale *(power plant)*
    un réacteur surgénérateur (le Superphénix)
- l'aéronautique *(f.)* et l'aérospatiale *(f.)*
    un avion supersonique (le Concorde)
    un avion bi-réacteur moyen-courrier (l'Airbus)
    un avion de guerre (le Mirage)
    une fusée (Ariane)
    un lanceur spatial *(rocket launcher)*
    mettre en orbite un satellite de communications
        (communications satellite)
- l'industrie *(f.)* ferroviaire
    le TGV (Train à Grande Vitesse)
    une ligne
- l'informatique *(f.)*
    un ordinateur / un micro-ordinateur (un
        ordinateur personnel)
    un laptop
    le logiciel *(software)*
    le matériel *(hardware)*
    une disquette / un disque souple
    un disque dur
    un moniteur (couleur)
    une souris *(mouse)*
    un clavier *(keyboard)*
    une imprimante *(printer)* à laser / à jet d'encre

- les télécommunications *(f.pl.)*
    la super-autoroute de l'information / les
        autoroutes de l'information
    l'Internet *(m.)* / le réseau de communication
        informatique
    le courrier électronique *(e-mail)*
    un télécopieur *(fax machine)*
    la télématique (le Télétel / le Minitel)
- le matériel électronique
    un magnétoscope *(VCR)*
    une cassette vidéo / une vidéocassette
    un caméscope *(camcorder)*
    un lecteur de compact discs / un lecteur laser
    un lecteur de disques vidéo
    un vidéodisque
    un lecteur de CD-ROM
    le multimédia
    la robotique
    un robot
    une télécommande

✱ **I. La France et la technologie.** Les images stéréotypées de la France insistent sur son passé historique, ses traditions artistiques, son côté pittoresque et romantique. Mais la France de nos jours se place dans les premiers rangs mondiaux du point de vue des conquêtes technologiques. Utilisez le vocabulaire de la *Fiche lexicale* pour compléter les informations suivantes.

1. _____ fournit plus de 80% de l'électricité nationale. Parmi

   les _____ les plus importantes sont celles de Gravelines,

   de Fessenheim et de Creys-Malville. Cette dernière héberge le Superphénix, le premier

   _____ de son type.

2. L'industrie _____ française occupe la troisième place au monde

   (derrière les États-Unis et l'ancienne U.R.S.S.). Parmi ses plus grands succès, on compte l'avion

   _____ franco-britannique (le Concorde), l'avion

   _____ européen (l'Airbus) et un avion de guerre qui peut atteindre

   une vitesse de 2,2 fois la vitesse du son (le _____).

3. Dans le domaine spatial, la France a participé au développement de la _____

   Ariane. Ses partenaires européens mettent en orbite des _____ .

4. Dans le domaine _____ , la vedette est sans doute le TGV

   (_____). À la première _____ , de

   Paris vers le Sud de la France, on a ajouté le TGV Atlantique et le TGV Nord. Plusieurs autres lignes sont en

   voie de construction, parmi lesquelles le TGV Nord-Européen et le TGV-PBKA (Paris-Bruxelles-Cologne-

   Amsterdam).

5. Le domaine qui a et qui continuera à avoir le plus grand effet sur la vie des Français est peut-être celui de

   l' _____ et des _____ . La

   plupart des gens sont touchés directement ou indirectement par la vaste panoplie de produits émanant de ce

   secteur: au travail, à l'école, à la maison, on utilise son _____ pour

   calculer, pour rédiger, pour apprendre; au lieu d'aller au cinéma, on passe une vidéocassette sur son

   _____ ; si on veut écouter de la musique, on fait marcher son

   _____ ; au lieu d'envoyer une lettre, on transmet un fax au moyen

   de son _____ ou on envoie un message par

   _____ ; au lieu de prendre des photos, on se sert de son

   _____ ; un Français sur deux profite des services télématiques grâce

   à son _____ ; et on commence à chercher les moyens d'accéder au

   réseau Internet (_____).

6. Enfin, dans les usines automobiles et sur les exploitations agricoles, des

   _____ remplacent peu à peu des ouvriers et des travailleurs.

   Les spécialistes de la _____ cherchent à étendre l'influence des

   hommes-machines à d'autres domaines.

Pour discuter

In Chapter 6, you worked with several different basic patterns to help you participate actively in a discussion. They can be summarized in the following chart:

statement and/or question	→	statement (with or without example)	→	reaction (with or without counterexample)

In this chapter, you will have the opportunity to review these **patterns** as you discuss various issues associated with technology.

II. Les effets de la technologie. Afin de vous préparer à discuter des idées suivantes en classe, notez des réflexions, des réactions, des exemples et des contre-exemples dont vous pourriez vous servir.

1. Dans l'avenir, on n'aura plus besoin d'écrire des lettres.

_____

_____

_____

_____

_____

2. L'ordinateur remplacera bientôt le professeur dans beaucoup de cours.

_____

_____

_____

_____

_____

3. Le réseau de communication informatique (Internet) pourra contribuer à la paix mondiale.

_____

_____

_____

_____

_____

III. Les avantages et les inconvénients de la technologie. Afin de vous préparer à répondre aux questions suivantes en classe, notez des idées, des réactions, des exemples et des contre-exemples dont vous pourriez vous servir.

1. Dans quelle mesure la technologie peut-elle contribuer à améliorer la qualité de notre vie?

_____

_____

_____

_____

_____

2. Dans quelle mesure la technologie risque-t-elle de nuire à *(to be detrimental to)* la qualité de notre vie?

_____

_____

_____

_____

_____

À FAIRE! (7–2) Manuel de classe, pages 270–272

If you wish to work again with the *Témoignages* you heard in class, listen to SEGMENT 7–2 of the **Audio** CD and do Exercise IV.

In *preparation* for further discussion of technology, read the *Dossier* and do Exercise V.

In *preparation* for future writing assignments, read the *Pour écrire* section and do Exercise VI.

Témoignages (facultatif)
Écoutez!

Audio CD:
SEGMENT 7-2
CD 4, TRACK 10

❋ **IV. La technologie.** Écoutez encore une fois les quatre interviews, puis complétez le tableau suivant. Si l'interview ne vous donne pas les renseignements nécessaires pour remplir une case, mettez un **X**.

➥ VOCABULAIRE UTILE:

Sophie Everaert — **répondeur** *(answering machine)*, **du courrier** *(mail)*, **portatif** *(portable)*, **de garde** *(on call)*, **le laptop** *(laptop computer)*, **se déconnecter** *(to disconnect)*

Xavier Jacquenet — **aboutir** *(to result in)*, **réflexion** *(thinking)*, **épuisement** *(exhaustion, depletion)*, **à court terme** *(in the short run)*, **confort** *(comfort)*, **à long terme** *(in the long run)*, **esprits** *(minds)*, **l'environnement** *(environment)*

Philippe Heckly — **boulot** *(job)*, **fier** *(proud)*, **faire un peu la grimace** *(to make a bit of a face, in disagreement)*, **la Manche** *(English Channel)*, **Minitel** *(telephone, message, and reservation service)*, **abonnement** *(subscription)*

Dovi Abe — **croissant** *(growing)*, **au cours des** *(during the)*, **joindre** *(to reach by telephone)*, **répandus** *(widespread)*, **taux d'équipement** *(rate of usage, percentage of people or households)*, **aux alentours de** *(around, about)*, **isolement** *(isolation)*, **vous déplacer** *(to move around)*

	Sophie Everaert	**Xavier Jacquenet**	**Philippe Heckly**	**Dovi Abe**
Moyen(s) technologique(s) utilisé(s)				
Avantages				
Inconvénients				

Dossier: Les exploits technologiques et leurs conséquences

La seconde moitié du XXᵉ siècle a connu des exploits scientifiques et technologiques extraordinaires. Voici trois courtes lectures qui analysent les conséquences de trois de ces exploits—la découverte de la structure de l'A.D.N. (1953), la mission Apollo 11 sur la lune (1969) et l'invention du microprocesseur (1971). Lisez ces extraits comme vous liriez un article de magazine—c'est-à-dire sans chercher les mots que vous ne connaissez pas et en essayant de découvrir les idées principales.

«Nouveaux progrès, nouveaux problèmes»

Une révolution sans précédent s'est produite, depuis quelques décennies, dans le domaine de la biologie, avec la découverte du code génétique et de la pathologie moléculaire. «*Cette révolution biologique a donné ou va donner à l'homme une triple maîtrise: de la reproduction, de l'hérédité, du système nerveux*», constate Jean Bernard, professeur de médecine et président du Comité consultatif national d'éthique. Le vivant est livré à la toute puissance de l'homme.

On sait désormais dissocier, sur le plan biologique, des phases jusqu'ici continues de la reproduction humaine. Prélèvement d'ovocytes, prélèvement de sperme, fécondation in vitro, transfert d'embryon, les techniques médicales permettent de remédier à l'infertilité des couples. Dès les premiers stades de son développement, l'embryon humain est devenu accessible aux regards et au pouvoir des biologistes, des médecins et des patients. Mais cela ne va pas sans poser des problèmes éthiques nombreux et dont l'humanité jusqu'ici n'a aucune expérience. Parmi eux, la possibilité de recours à des gamètes (cellules reproductrices sexuées) extérieurs au couple, impliquant la dissociation de la maternité génétique de la maternité utérine comme le sont déjà, depuis une vingtaine d'années grâce aux banques de sperme, la paternité génétique et la paternité juridique. Les Fivete (fécondation in vitro avec transfert d'embryon) donnent lieu à la production d'embryons surnuméraires. Quel est leur statut? Peut-on les donner à un couple ou à la recherche, les détruire? Autoriser ou proscrire et au nom de quelles valeurs? Dans le domaine de l'hérédité, la connaissance progressive du génome

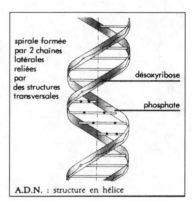

A.D.N. : structure en hélice

humain (l'ensemble des caractères génétiques représentent l'équivalent de trois milliards de «lettres» existant dans chacun des noyaux de nos cellules) va ouvrir de nouvelles perspectives. On sait déjà reconnaître certaines maladies héréditaires liées au sexe comme l'hémophilie, la trisomie 21, responsable du mongolisme, ou des maladies plus rares pour lesquelles on ne connaît pas de thérapeutique. Mais les généticiens sauront dans un proche avenir diagnostiquer, sur les embryons, des caractéristiques héréditaires de plus en plus nombreuses et notamment des prédispositions à certaines maladies comme l'hypertension ou le diabète.

Comment utilisera-t-on leurs diagnostics? Et sur quels critères jugera-t-on qu'un gène est bon, un autre mauvais? La médecine prédictive ne risque-t-elle pas de dériver vers les «convenances personnelles» ou l'eugénisme?

Visa pour la cité, décembre 1990–novembre 1991, no. 11, pp. 20, 21

«Préserver l'avenir de la lune»

Depuis quelques années, après une longue période de disgrâce, l'exploration lunaire revient peu à peu sur le devant de la scène. Ce regain d'intérêt n'est pas uniquement poussé par la curiosité scientifique et, si l'installation d'une station de recherche est envisagée, il est de plus en plus question d'une exploitation industrielle et commerciale de notre satellite. [...]

Les activités lunaires au cours du XXIe siècle pourraient inclure l'astronomie et l'utilisation des ressources naturelles pour fabriquer des produits dans l'espace. En effet la Lune présente un sol très stable favorable à l'implantation d'une station astronomique, de plus elle n'a pas d'atmosphère et offre à l'astronome une vue du ciel non perturbée par les variations de l'indice de l'air. Sur le plan de l'exploitation industrielle, on cite souvent l'exploitation des ressources uniques en hélium 3. Une telle source permettrait d'assurer la consommation d'énergie américaine mesurée à son niveau de 1985, pour environ quarante mille ans. On comprend alors l'intérêt que suscite soudain cet astre qui ne fait plus uniquement rêver que les âmes romantiques...

Pourtant, beaucoup des avantages présentés par la Lune, pour ce qui concerne son exploitation scientifique, reposent sur l'existence d'un environnement «propre», c'est-à-dire sans atmosphère (la pression atmosphérique est de 10^{-12} torr), sans vapeur d'eau, sans CO_2 et sans composés azotés. Et plusieurs études mettent en relief la dégradation de l'environnement lunaire que provoqueraient la présence et la maintenance d'une station lunaire habitée. La pression atmosphérique lunaire peut augmenter de plusieurs ordres de grandeur selon le volume et la population envisagée pour la base, et le nombre de missions nécessaires à sa maintenance. Plus grave sans doute serait la libération de molécules qui pourraient inhiber les recherches sur le sol ou l'observation astronomique.

La Recherche, no. 216, déc. 1989, pp. 1558, 1569

«La troisième révolution industrielle: celle de l'électronique»

La troisième révolution industrielle est celle de l'*électronique,* qui a commencé à la fin de la Seconde Guerre mondiale. Elle a connu elle-même trois phases successives: le *transistor,* inventé en 1948, annonçait le véritable début des produits audiovisuels de masse (radio, télévision, électrophone...) et des calculateurs électroniques; le *microprocesseur,* qui date des années 60, est à l'origine du développement de l'industrie électronique; la *télématique,* qui marie aujourd'hui le microprocesseur et les télécommunications, a donné naissance au *multimédia* et à ses innombrables perspectives.

L'innovation technologique crée et détruit des emplois.

Les mutations technologiques, celle de l'informatique en particulier, détruisent des emplois puisqu'elles permettent des gains de productivité. Mais elles sont aussi créatrices de nouveaux métiers: si le multimédia supprime par exemple des postes dans l'édition traditionnelle de livres, il est à l'origine de nouveaux emplois dans la conception et la vente des matériels, dans la production des cédéroms ou des services en ligne. Contrairement à une idée reçue, on constate que les 29 pays de l'OCDE créent en moyenne 4 millions d'emplois nouveaux par an. Depuis 1870, l'industrialisation n'a pas cessé de créer des nouveaux emplois dans les sept pays les plus riches.

Il existe cependant trois décalages entre les deux phénomènes. Le premier est *temporel,* car les nouveaux emplois ne sont pas créés en même temps que certains sont supprimés. Le deuxième est *spatial;* les nouveaux emplois ne sont pas situés aux mêmes endroits que les anciens. Le troisième est *qualitatif;* les emplois créés requièrent d'autres compétences que ceux qui disparaissent.

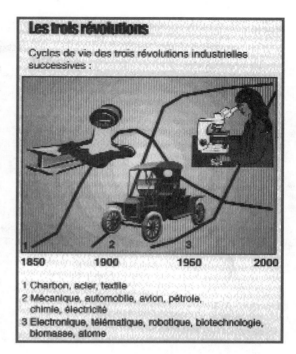

Les trois révolutions

Cycles de vie des trois révolutions industrielles successives :

1850   1900   1950   2000

1 Charbon, acier, textile
2 Mécanique, automobile, avion, pétrole, chimie, électricité
3 Electronique, télématique, robotique, biotechnologie, biomasse, atome

Gérard Mermet, *Francoscopie 1999,* © Larousse 1998, pp. 270–271

✳ **V. Avez-vous compris?** Précisez le sujet et les idées principales de chaque article que vous venez de lire en complétant le schéma suivant.

1. «Nouveaux progrès, nouveaux problèmes»

   a. De quelle(s) technologie(s) parle-t-on dans cet article? _____

   _____

   _____

   b. Quels progrès cette (ces) technologie(s) a-t-elle (ont-elles) rendus possibles (ou bien va-t-elle [vont-elles]

   rendre possibles dans l'avenir)? _____

   _____

   _____

   c. Quels problèmes cette (ces) technologie(s) risque-t-elle (risquent-elles) de créer? _____

   _____

   _____

2. «Préserver l'avenir de la Lune»

   a. De quelle(s) technologie(s) parle-t-on dans cet article? _____
   _____
   _____

   b. Quels progrès cette (ces) technologie(s) a-t-elle (ont-elles) rendus possibles (ou bien va-t-elle [vont-elles]
   rendre possibles dans l'avenir)? _____
   _____
   _____

   c. Quels problèmes cette (ces) technologie(s) risque-t-elle (risquent-elles) de créer? _____
   _____
   _____

3. «La troisième révolution industrielle: celle de l'électronique»

   a. De quelle(s) technologie(s) parle-t-on dans cet article? _____
   _____
   _____

   b. Quels progrès cette (ces) technologie(s) a-t-elle (ont-elles) rendus possibles (ou bien va-t-elle [vont-elles]
   rendre possibles dans l'avenir)? _____
   _____
   _____

   c. Quels problèmes cette (ces) technologie(s) risque-t-elle (risquent-elles) de créer? _____
   _____
   _____

Pour écrire

Trouver des idées

You've been assigned a general topic for a composition—for example, technology. You ask yourself: what am I going to write? I don't know anything about technology. Besides, technology is a very broad topic. How am I going to be able to limit it? Here are three strategies you might try.

L'écriture «automatique»

The surrealist writers of the early 20th century wanted to capture their unconscious feelings, thoughts, and images by trying to write "automatically"—that is, without being controlled by reason or logic. You can try something similar—what's called in English, *freewriting*. You do this by writing down anything and everything that comes into your mind during a short period of time (five minutes, for example). Don't worry about grammar or spelling; the important thing is to keep on writing. If you can't think of anything to say, write about not finding anything to say.

For example:

> *La technologie, qu'est-ce que c'est? Je ne sais pas. Ça ne me dit pas grand'chose. Je ne m'intéresse pas à la technologie. La technologie ne me concerne pas. Je ne m'en sers pas. Oh, oui, peut-être de temps en temps. Mais à vrai dire je n'aime pas utiliser l'ordinateur que nous avons à la maison. Je préfère écrire avec un crayon ou un stylo. Mon petit frère, lui, c'est tout à fait le contraire. Il passe des heures devant l'ordinateur. Je ne comprends pas pourquoi. À mon avis, c'est très ennuyeux...*

In this little sample, you can find at least two possible topics: (1) resisting technology: why don't I like to use the new technologies? (2) technology and generations: are our attitudes towards technology influenced by our age, by the generation we belong to?

Les questions fondamentales

Journalists, who need to write about a large number of topics, often try to find answers to six basic questions: who? what? where? when? how? why? Using these questions, you can discover some ideas about the general topic you've been assigned. In particular, you can determine what you already know and what you need to find out. For example:

> *Qui?*   *Ma mère?*
> *Quoi?*   *La technologie?*
> *Où?*   *Au bureau / À la maison*
> *Quand?*   *Depuis les deux dernières années*
> *Comment?*   *???*
> *Pourquoi?*   *???*

And you don't have to ask the questions in any particular order. For example, you can begin with the topic itself:

> *Quoi?*   *La fécondation in vitro*
> *Qui?*   *Les couples voulant avoir un enfant*
> *Quand?*   *Depuis ??? ans*
> *Où?*   *En France / Aux États-Unis / ???*
> *Pourquoi?*   *Les avantages / les dangers*
> *Comment?*   *???*

And now you've got somewhere to begin.

Le remue-méninges

French uses both *remue-méninges* and the English term *brainstorming* to designate this third strategy. You start by making a list of everything you can connect to the topic. Unlike *freewriting*, you don't need to write sentences. And, since your vocabulary is still somewhat limited, feel free to use an English word or expression if you don't know how to say something in French. For example, here's a list suggested by the general topic of technology:

> *les ordinateurs*
> *les CD*
> *la musique électronique*
> *soundproofing (la sonorisation et l'insonorisation)*
> *air-conditioning (la climatisation)*
> *avoir très chaud*
> *ne pas vouloir manger*
> *mourir de faim*
> *l'hôpital*
> *intravenous feeding (l'alimentation par voie intraveineuse)*
> *respirator (le respirateur artificiel)*
> *l'euthanasie*

This list also ends up suggesting a topic—this time, ethical questions raised by medical technologies that sustain life in the terminally ill.

Whatever strategy you prefer, once you've managed to narrow your topic, it's a good idea to do some (more) brainstorming using the limited topic as your point of departure. In this way, you will have "raw material" (ideas, arguments, examples) that can be used to construct a thesis (a sentence that formulates your topic in terms of a *statement to defend* or a *question to explore)* and to make an outline.

Écrivez!

VI. À la recherche d'idées. Vous allez justement avoir à rédiger un devoir écrit sur un aspect de la technologie qui vous intéresse et/ou qui vous préoccupe. Pour commencer, utilisez une (ou plusieurs) des techniques proposées ci-dessus afin de limiter votre sujet et de développer des matériaux (idées, exemples, arguments).

À FAIRE! (7–3)　　　Manuel de classe, pages 272–275

In *preparation* for your next writing assignment, read the *Pour écrire* section and do Exercises VII and VIII.

In *preparation* for in-class reading, do Exercise IX.

Pour écrire

Faire un plan

Good writing involves presenting your ideas in a way that allows your readers to understand them without difficulty. That's why it's recommended that you make an outline before beginning to write. If you take this organizational work seriously, you will greatly facilitate the task of writing.

What is an outline?

Basically, an outline allows you to categorize and put into an order the ideas with which you're going to be dealing. It usually includes three or four main ideas (**idées principales**) accompanied by supporting ideas (**idées complémentaires**) and often by examples. These ideas are put into a logical order that is appropriate for your topic and your goal (exposition, comparison, argumentation, etc.).

　　The best way to learn how to outline is probably to begin by studying the outline of a text written by someone else. This activity involves two parts: (1) identifying the ideas (both main and supporting) and the examples; (2) summarizing them in your own words. For example, take another look at the text dealing with the third industrial revolution.

«La troisième révolution industrielle: celle de l'électronique»

Cette phase du développement technologique est encore plus lourde de conséquences sur la vie des Français que les deux précédentes [l'invention de la machine à vapeur, la généralisation de l'électricité]. Car elle ne concerne pas seulement les processus industriels et la nature des produits accessibles au grand public; son champ d'application est illimité. Il concerne le développement de la production et de la communication à tous les niveaux de l'entreprise: conception assisté des produits; organisation des méthodes de fabrication; robotique; télécopie; téléconférence, etc. Il est aussi responsable de la rapide diffusion des produits qui ont changé la vie des individus: télévision couleur; magnétoscope; micro-ordinateur; lecteur de disques compacts; vidéodisque; Minitel; billetteries automatiques, etc. Il a ouvert la voie au multimédia.

[L'utilisation du microprocesseur] permet non seulement d'inventer de nouveaux produits, mais de les fabriquer à des prix de plus en plus bas. Cette révolution porte en elle les germes d'une véritable civilisation nouvelle, qui entraînera de nouveaux modes de vie. On en voit déjà les effets dans la vie professionnelle et personnelle des Français.

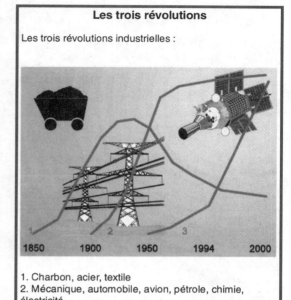

Les trois révolutions

Les trois révolutions industrielles :

1850	1900	1950	1994	2000

1. Charbon, acier, textile
2. Mécanique, automobile, avion, pétrole, chimie, électricité
3. Electronique, télématique, robotique, biotechnologie, biomasse, atome

La transition nécessaire entre cette révolution et l'évolution sociale a été souvent douleureuse, car la société a dû faire face en même temps à la mutation technologique et à une crise économique et sociale. Ces deux phénomènes, concomitants, n'étaient évidemment pas indépendants.

Contrairement à ce qui avait été annoncé par certains experts, le solde d'emplois créés par les nouvelles technologies apparaît négatif. Il faudra donc diminuer la durée moyenne du travail et mieux la répartir entre les actifs si l'on veut lutter contre le chômage.

Mais les mutations technologiques, celle de l'informatique en particulier, ne font pas que supprimer des emplois. Elles sont aussi créatrices de nouveaux métiers. Il existe cependant trois décalages entre les deux phénomènes.

Le premier est temporel: les nouveaux emplois ne sont pas créés en même temps que certains sont supprimés.

Le second décalage est spatial: les nouveaux emplois ne sont pas créés au même endroit que les anciens, ce qui implique une plus grande mobilité des travailleurs.

Enfin, il existe un décalage qualitatif: les emplois créés n'utilisent pas les mêmes compétences que ceux qui disparaissent. Il existe ainsi des postes à pourvoir qui ne trouvent pas de candidats compétents. C'est pourquoi l'effort de formation revêt une grande importance.

Gérard Mermet, *Francoscopie 1995*, © Larousse 1994, pp. 287, 288

PLAN

Titre: *La troisième révolution industrielle: celle de l'électronique*

I. **Idée principale:** La révolution électronique a des conséquences dans tous les domaines de l'activité humaine, et pas seulement dans l'industrie.

Idées complémentaires:

A. L'électronique influence la production et la communication à tous les niveaux de l'entreprise.

Exemples: conception des produits / méthodes de fabrication / emploi de robots / télécopie et téléconférences

B. Elle rend possible la diffusion de produits qui changent la vie des individus.

Exemples: télévision couleur / magnétoscope / micro-ordinateur / lecteur de disques compacts / vidéodisque / Minitel / billetteries automatiques / multimédia

II. **Idée principale:** La révolution électronique mène à une nouvelle civilisation et à de nouveaux modes de vie.

Idées complémentaires:

A. L'utilisation du micro-processeur rend possible la création de nouveaux produits à des prix moins élevés.

B. Ces produits ont des effets sur la vie professionnelle et personnelle des Français.

C. La transition entre cette révolution et ses effets sur la société est souvent difficile.

Exemple: La société a connu en même temps des changements technologiques et une crise économique et sociale, phénomènes peut-être liés.

III. **Idée principale:** La technologie a une influence sur le nombre d'emplois.

Idées complémentaires:

A. Les nouvelles technologies ont supprimé plus d'emplois qu'elles n'en ont créé.

B. Si on veut réduire le chômage, il faudra diminuer les heures de travail et mieux répartir les heures entre les actifs.

C. Les nouvelles technologies créent aussi des emplois mais il existe trois décalages entre les deux phénomènes: (1) temporel, (2) spatial, (3) qualitatif.

Exemples: (1) les nouveaux emplois ne sont pas créés en même temps que certains sont supprimés; (2) les nouveaux emplois sont créés dans des endroits différents (les travailleurs doivent être mobiles); (3) les nouveaux emplois exigent de nouvelles compétences (d'où l'importance de la formation)

VII. «Nouveaux progrès, nouveaux problèmes.» Relisez attentivement le texte à la page 269 de ce **Manuel de préparation.** Ensuite faites un plan en suivant le modèle ci-dessus. Utilisez une autre feuille de papier.

Comment faire un plan

There are undoubtedly numerous ways to construct an outline; here's one method we'd like to suggest. It involves four stages.

1. Go over the material (ideas, notes, examples) that you have brainstormed. Try to organize this material by establishing rough categories that go together and by eliminating items that don't fit your exact subject.

2. Taking into account your main writing goal, determine the main sections of your essay. For example, if your assignment is to describe a set of historical events, you will probably choose a chronological order; on the other hand, if you've been asked to write a comparative essay, you'll want to group together similarities and differences; and, if you're main objective is to persuade someone to your point of view, you'll first want to refute any possible counterarguments before presenting your own ideas.

3. Once you've got the main sections of the essay, organize the supporting ideas in a logical manner. Then insert some appropriate examples.

4. Finally, add an introduction to present the topic—either in the form of a statement to defend or a question to explore—and to announce the structure of your essay, as well as a conclusion to sum up the results of your paper and, if possible, to discuss the importance or the implications of your conclusions.

Écrivez!

VIII. Votre plan. En vous servant des matériaux que vous avez déjà amassés (Exercise VII) et en suivant la méthode de travail suggérée ci-dessus, rédigez le plan de votre rédaction sur la technologie de nos jours. Utilisez une autre feuille et apportez votre plan pour le prochain cours.

Lisez!

IX. Pré-lecture: Voltaire et Rousseau. En classe, vous allez lire des extraits de deux écrivains du XVIIIe siècle. Pour vous préparer à lire ces textes, répondez aux questions suivantes.

1. On peut distinguer entre le nécessaire (ce dont nous avons absolument besoin pour vivre) et le superflu (ce qui nous rend la vie plus agréable mais sans quoi nous pouvons continuer à vivre malgré tout). Dans votre vie, quelles choses rangeriez-vous dans la catégorie du nécessaire? Quelles choses qualifieriez-vous de superflues?

le nécessaire: _____

_____

_____

le superflu: _____

_____

_____

2. Nous sommes souvent tiraillés entre deux désirs opposés: d'un côté, nous avons envie d'«être à la page»—c'est-à-dire d'être au courant des nouveautés, de suivre la dernière mode, de participer aux changements en cours—et, de l'autre, nous éprouvons une certaine nostalgie du passé, d'un temps plus simple où on était plus en contact avec la nature, les autres et soi-même. Pensez à vos activités et à celles de votre famille et de vos amis. Lesquelles proviennent du désir d'être moderne? Lesquelles reflètent la nostalgie du passé?

    l'attraction de la nouveauté: _____

    _____

    _____

    la nostalgie du passé: _____

    _____

À FAIRE! (7–4)   Manuel de classe, pages 276–279

In *preparation* for work to be done in class, do Exercise X.

Écrivez!

X. Votre devoir écrit. En vous servant des suggestions faites par votre camarade de classe, retravaillez votre plan et rédigez votre devoir sur la technologie. Utilisez une autre feuille et apportez votre brouillon *(first draft)* et votre plan revu et corrigé en classe.

> PHRASES: Writing an essay; Linking ideas; Comparing and contrasting; Expressing an opinion
>
> GRAMMAR: Present tense

À FAIRE! (7–5)   Manuel de classe, pages 279–282

If you wish to work again with the *Témoignages* you heard in class, listen to SEGMENT 7–3 of the **Audio CD** and do Exercise XI.

In *preparation* for work in class with your written assignment, read the *Pour écrire* section and do Exercise XII.

In *preparation* for in-class reading, do Exercise XIII.

Témoignages (facultatif)
Écoutez!

 **Audio CD:**
Segment 7-3
CD 4, track 11

❋ **XI. L'avenir.** Écoutez encore une fois les quatre interviews, puis complétez le tableau suivant. Si l'interview ne vous donne pas les renseignements nécessaires pour remplir une case, mettez-y un **X**.

➤ **VOCABULAIRE UTILE:**

Valérie Écobichon – **on s'y met** (they put their minds to it)

Alain Bazir – **campagnes** (campaigns), **prise de conscience** (awareness), **moyens** (means [financial]), **clochards** (tramps), **sans domicile fixe** (without a fixed address; i.e., homeless), **cellule familiale** (family unit), **gardaient** (kept), «**blancs gâchés**» (wasted whites), **petits boulots** (odd jobs), **se désagréger** (to break up)

Xavier Jacquenet – **paraît** (seems), **chomage** (unemployment), **du coup** (as a result), **consommer** (to consume [buy and use]), **stade** (stage), **inégalités** (inequalities), **épuisement** (using up)

Anne Squire – **avenir proche** (near future), **menacés** (threatened), **traité de Maestricht** (treaty governing cooperation between countries belonging to the new Europe), **appartenance** (belonging to), **menaçante** (threatening), **disparaître** (to disappear)

	Optimiste ou pessimiste?	Pourquoi?
Valérie Écobichon		
Alain Bazir		
Xavier Jacquenet		
Anne Squire		

Pour écrire

Revoir et corriger

An integral part of the writing process is revising. Certainly, you're constantly revising as you write. However, it is also important, at certain junctures, to step back and do a more systematic revision. This revision can take place on three levels: ideas, style, and mechanics (grammar/spelling).

Vérification au niveau des idées

First, you need to verify that your composition does what you want it to do, that it clearly expresses your point of view. Here are some questions to ask:

— What is the goal of the composition? Is it to narrate, to explain, to convince? Is this goal clearly expressed?

— How does each paragraph contribute to the goal? Are there sentences or even paragraphs that don't make any contribution to the goal?

— Who is the audience? What do the readers already know about the topic? Does the composition give too much or too little information? Does the composition anticipate the questions or objections readers might have?

Vérification au niveau de l'expression

When revising for style, you need to verify that you're really saying what you intend to say; you need to be sure that your narration or your explanations or your arguments can be understood without difficulty. Here are some questions to ask:

— Are there sufficient examples to make the main and supporting ideas clear?

— Are the sentences "French"—i.e., do they use French words and expressions in a French order or are they simply a word-for-word translation from English?

Révision au niveau de la grammaire et de l'orthographe

Finally, you need to correct, as much as possible, grammar and spelling problems. You won't be able to eliminate all of them, but you can try to correct the most basic errors. Here are some questions to ask:

— Do the verbs all agree with their subjects?

— Do the articles and adjectives all agree with the nouns they modify?

— Has the writer checked the spelling of words not frequently used in class?

Écrivez!

XII. Votre devoir écrit (suite). En vous servant des suggestions de votre camarade de classe (Exercice O du **Manuel de classe**) et en vous posant les questions indiquées ci-dessus, revoyez et corrigez votre devoir sur la technologie. Utilisez une autre feuille et apportez votre nouvelle version en classe.

Lisez!

XIII. Pré-lecture: «Un monde futuriste». En classe, vous allez lire des extraits d'une nouvelle de l'écrivain québécois Claude Jasmin. Pour vous préparer à lire ce texte, répondez aux questions suivantes.

1. Si vous aviez la possibilité de voyager n'importe où dans le monde en moins de trois heures et que vous puissiez refaire ce voyage plusieurs fois par semaine, où voudriez-vous aller? Pourquoi?

   _____

   _____

   _____

2. Si vous aviez la possibilité de faire un voyage interplanétaire, le feriez-vous? Pourquoi (pas)?

   _____

   _____

   _____

3. Si vous aviez la possibilité d'effacer les mauvais souvenirs que vous gardez, voudriez-vous le faire? Pourquoi (pas)?

   _____

   _____

   _____

4. Si vous aviez la possibilité de vous marier avec un être venant d'une autre planète, quelqu'un de supérieur du point de vue physique et intellectuel, le feriez-vous? Pourquoi (pas)?

   _____

   _____

   _____

À FAIRE! (7–6)   Manuel de classe, pages 282–285

If you did not finish reading the excerpts from «Le Cosmonaute romantique» in class, complete that assignment now (pages 283–284 of the **Manuel de classe**).

As a *follow-up* to work done previously at home and in class, do Exercise XIV.

In *preparation* for class discussion, read the ***Pour discuter*** section and do Exercise XV.

Écrivez!

XIV. Votre devoir écrit. En vous servant des suggestions de votre camarade de classe (Exercise R du **Manuel de classe**), rédigez la version finale de votre devoir sur la technologie. Utilisez une autre feuille de papier et remettez le devoir à votre professeur.

Pour discuter

On discute

In general, French and Francophone people love discussions. Families at the dinner table, students in cafés, friends and colleagues in restaurants, all like to have animated discussions on all sorts of topics. People who come from a country or a culture where discussion and debate are not part of everyday life may feel somewhat intimidated and threatened by the way people attack each other's ideas. However, if you want to participate fully in French and Francophone culture, you have to try to overcome your timidity and make a wholehearted effort to add your own ideas to the discussion. In Chapter 6, you worked with some discussion strategies. Here are some more suggestions that will help you get involved in discussions.

Pour exprimer votre point de vue

In certain situations, it's important to support your position vigorously. Here are some expressions you can use:

> Il est évident (clair) que...
>
> Bien sûr (Évidemment)...
>
> ... , c'est sûr (certain, clair, évident).
>
> Je suis convaincu(e) (persuadé[e]) que...
>
> Sans aucun doute...
>
> Comme chacun (le) sait...

Pour exprimer votre désaccord sans terminer la discussion

In other situations, you want to disagree with what someone else said, but you don't want to end all discussion. Here are some useful expressions:

> Il se peut que... mais...
>
> Oui, mais on pourrait répliquer que...
>
> Bien sûr (Bien entendu...), ... mais...
>
> Je suis d'accord avec vous (toi) jusqu'à un certain point.
>
> Sans doute que... , mais...

In short, when discussing in class, make an effort to use these expressions as well as the ones you've already learned. And above all, try not to take as a personal attack the fact that someone disagrees with your ideas.

Discutez!

XV. Avant de discuter: Claude Jasmin et les jeunes (Corinne, Benoît et les autres). Prenez des notes afin de vous préparer à discuter des questions suivantes avec vos camarades de classe. Utilisez une autre feuille que vous apporterez en classe.

1. Dans quelle mesure le monde futuriste de Claude Jasmin rejoint-il le monde imaginé par Corinne, Benoît et les autres?
2. En quoi le monde futuriste de Claude Jasmin est-il différent de leur monde?
3. Quelle est votre attitude personnelle à l'égard de l'avenir et des changements envisagés dans ce chapitre? Est-ce que vous identifiez d'avantage au narrateur de Jasmin? à Paulette? à Corinne, Benoît et leurs amis? ni aux uns ni aux autres? Pourquoi?

À FAIRE! (7–7)

Manuel de classe, page 285

In *preparation* for work in class with your written assignment, do Exercises XVI and XVII.

Écrivez!

XVI. Le sujet de votre devoir. En utilisant comme point de départ le *brainstorming* que vous avez fait en classe (Exercise V du **Manuel de classe**), choisissez un des sujets suivants, puis explorez-le en suivant les suggestions des pages 272–274 du **Manuel de préparation.**

1. Le monde du XXIᵉ siècle est en train de se construire actuellement. Choisissez une tendance actuelle *ou* une invention récente *ou* un scénario qui est en train de se réaliser. Faites-en la description, puis expliquez pourquoi vous trouvez cette tendance (cette invention, ce scénario) prometteur(se) ou dangereux(se) pour l'avenir?

2. Choisissez un problème social de notre époque. À votre avis, pourra-t-on trouver une solution à ce problème au cours des vingt années à venir? Comment? (Pourquoi pas?)

3. Choisissez *un* aspect du monde à venir et inventez-en les détails. Vous pouvez vous inspirer des sujets imaginés par Corinne, Benoît et leurs amis (la nourriture, le logement, les vêtements, le travail) ou dans la nouvelle de Claude Jasmin (les transports, les télécommunications, la manipulation du cerveau) ou d'un sujet de votre choix (le travail, la famille, les rapports entre individus, etc.).

XVII. Le plan de votre devoir. En vous servant des matériaux que vous avez déjà amassés (Exercice XVI) et en suivant la méthode de travail suggérée à la page 280 de ce **Manuel de préparation**, rédigez le plan de votre rédaction sur l'avenir. Utilisez une autre feuille et apportez votre plan au prochain cours.

À FAIRE! (7–8)

Manuel de classe, page 286

In *preparation* for further work in class on your written assignment, do Exercise XVIII.

Écrivez!

XVIII. Votre devoir écrit. En vous servant des suggestions faites par votre camarade de classe, retravaillez votre plan et rédigez votre devoir sur l'avenir. Utilisez une autre feuille et apportez votre brouillon *(first draft)* ainsi que votre plan revu et corrigé en classe.

PHRASES: Writing an essay; Linking ideas; Comparing and contrasting; Expressing an opinion

GRAMMAR: Present tense

À FAIRE! (7–9)   Manuel de classe, page 286

As a *follow-up* to work previously done at home and in class, do Exercise XIX.

Écrivez!

XIX. Votre devoir écrit. En vous servant des suggestions de votre camarade de classe (Exercice Y du **Manuel de classe**), rédigez la version finale de votre devoir sur l'avenir. Utilisez une autre feuille et remettez le devoir à votre professeur.

Pour préparer les examens

En préparant l'examen sur ce chapitre, vous pourrez consulter:

Fiche lexicale	**MP, p. 264**
Pour mieux vous exprimer	**MC, p. 265, p. 275, p. 279**
Pour écrire	**MP, p. 272, p. 274, p. 280**

There are four literary verb tenses in French. Their use is usually limited to a written context; they are almost never heard in conversation.

It is unlikely that you will be called upon to produce these tenses, but you should be able to recognize them. They appear in classical and much of the contemporary literature that you will read, especially in the **je** and **il** forms. Passive recognition of these tenses is not difficult since the verb endings are usually easy to identify.

The **passé simple** and the **passé antérieur** belong to the indicative mood; the two other tenses, also presented below, are the imperfect subjunctive and the pluperfect subjunctive.

The passé simple

As its name indicates, this is a simple past tense, involving no auxiliary verb. It will be easier for you to recognize it if you become familiar with the endings of the three regular conjugations and certain irregular forms.

A. Regular Forms

To form the **passé simple** of regular -er verbs, take the stem of the infinitive and add the appropriate endings: **-ai, -as, -a, âmes, âtes, -èrent.**

parler	
je parlai	nous parlâmes
tu parlas	vous parlâtes
il/elle/on parla	ils/elles parlèrent

To form the **passé simple** of regular -ir and -re verbs, take the stem of the infinitive and add the appropriate endings: **-is, -is, -it, îmes, îtes, -irent.**

réfléchir	
je réfléchis	nous réfléchîmes
tu réfléchis	vous réfléchîtes
il/elle/on réfléchit	ils/elles réfléchirent

rendre	
je rendis	nous rendîmes
tu rendis	vous rendîtes
il/elle/on rendit	ils/elles rendirent

B. Irregular Forms

Most verbs that have an irregularly formed **passé simple** have an irregular stem to which you add one of the following groups of endings:

-is	-îmes		-us	-ûmes
-is	-îtes		-us	-ûtes
-it	-irent		-ut	-urent

Below is a partial list of the most common verbs in each category.

-is		-us	
faire	je fis	boire	je bus
mettre	je mis	croire	je crus
prendre	je pris	devoir	je dus
rire	je ris	plaire	je plus
voir	je vis	pleuvoir	il plut
écrire	j'écrivis	pouvoir	je pus
conduire	je conduisis	savoir	je sus
craindre	je craignis	falloir	il fallut
peindre	je peignis	valoir	je valus
vaincre	je vainquis	vouloir	je voulus
		vivre	je vécus
		connaître	je connus
		mourir	il mourut

Avoir and **être**, which are frequently seen in the **passé simple,** have completely irregular forms.

avoir	
j'**eus**	nous **eûmes**
tu **eus**	vous **eûtes**
il/elle/on **eut**	ils/elles **eurent**

être	
je **fus**	nous **fûmes**
tu **fus**	vous **fûtes**
il/elle/on **fut**	ils/elles **furent**

Two additional common verbs with irregular forms in the **passé simple** are **venir** and **tenir.**

venir	
je **vins**	nous **vînmes**
tu **vins**	vous **vîntes**
il/elle/on **vint**	ils/elles **vinrent**

tenir	
je **tins**	nous **tînmes**
tu **tins**	vous **tîntes**
il/elle/on **tint**	ils/elles **tinrent**

C. Use of the *passé simple*

The **passé simple** is often thought of as the literary equivalent of the **passé composé.** To an extent this is true. Both tenses are used to refer to specific past actions that are limited in time.

Victor Hugo **est né** en 1802.   (passé composé)
Victor Hugo **naquit** en 1802.   (passé simple)

The fundamental difference between these two tenses is that the **passé simple** can never be used in referring to a time frame that has not yet come to an end. There is no such limitation placed on the **passé composé.**

Look at this sentence: **J'ai écrit deux lettres aujourd'hui.** This thought can only be expressed by the **passé composé,** since **aujourd'hui** is a time frame that is not yet terminated. **Robert Burns a écrit des lettres célèbres à sa femme** could also be expressed in the **passé simple: Robert Burns écrivit des lettres célèbres à sa femme.** The time frame has come to an end.

Descriptions in the past that are normally expressed by the imperfect indicative are still expressed in the imperfect, even in a literary context.

The passé antérieur

A. Formation

The **passé antérieur** is a literary compound tense that is the **passé simple** of the auxiliary verb **avoir** or **être** and a past participle.

parler	j'eus parlé, etc.
sortir	je fus sorti(e), etc.
se lever	je me fus levé(e), etc.

B. Use of the *passé antérieur*

The **passé antérieur** is used to refer to a past action that occurred prior to another past action. It is most frequently found in a subordinate clause following a conjunction such as **quand, lorsque, après que, dès que, aussitôt que.** The conjunction indicates that the action in question immediately preceded another action in the past. The latter action will generally be expressed in the **passé simple** or the imperfect.

Hier soir, après qu'il **eut fini** de manger, il **sortit.**
Le soir, après qu'il **eut fini** de manger, il **sortait.**

The imperfect subjunctive

A. Formation

The imperfect subjunctive is most often encountered in the third-person singular. The imperfect subjunctive is formed by taking the **tu** form of the **passé simple,** doubling its final consonant, and adding the endings of the present subjunctive. The third-person singular (**il/elle/on**) does not follow the regular formation. To form it, drop the consonant, place a circumflex accent (ˆ) over the final vowel, and add a **t.**

aller (tu allas → allass-)	
que j'allasse	que nous allassions
que tu allasses	que vous allassiez
qu'il/elle/on allât	qu'ils/elles allassent

B. Use of the imperfect subjunctive

Like the other tenses of the subjunctive, the imperfect subjunctive is most often found in a subordinate clause governed by a verb in the main clause that requires the use of the subjunctive. The verb of the main clause is either in a past tense or in the conditional. In order for the imperfect subjunctive to be used in the subordinate clause, the action expressed in this clause must occur at the same time as the action of the main verb or later on.

Je **voulais qu'**elle me **répondît.**
Elle **voudrait qu'**on l'**écoutât.**

The pluperfect subjunctive

A. Formation

The pluperfect subjunctive is formed with the imperfect subjunctive of the auxiliary verb **avoir** or **être** and a past participle. Like the imperfect subjunctive, this tense is mostly used in the third-person singular.

que j'**eusse parlé,** qu'il **eût parlé,** etc.
que je **fusse sorti(e),** qu'il **fût sorti,** etc.
que je me **fusse lavé(e),** qu'elle se **fût lavée,** etc.

B. Use of the pluperfect subjunctive

The pluperfect subjunctive, like the imperfect subjunctive, is usually found in a subordinate clause. It is used when the main verb is either in a past tense or in the conditional and the action expressed in the subordinate clause has occurred prior to the action of the main clause.

Il **déplora qu'**elle **fût** déjà **partie.**

In reading, you may occasionally encounter a verb form identical to the pluperfect subjunctive that does not follow the usage outlined above. In such cases, you will be dealing with an alternate literary form of the past conditional, and you should interpret it as such.

J'**eusse voulu qu'**elle m'**accompagnât.**
(J'aurais voulu qu'elle m'accompagne.)

In lighter prose and conversation, the imperfect subjunctive is replaced by the present subjunctive, and the pluperfect subjunctive is replaced by the past subjunctive.

APPENDICE B
Conjugaison des verbes

Les verbes réguliers

INFINITIF	PRÉSENT	IMPÉRATIF	PASSÉ COMPOSÉ	IMPARFAIT
parler *(to talk, speak)*	je **parle** tu **parles** il **parle** nous **parlons** vous **parlez** ils **parlent**	**parle** **parlons** **parlez**	j'ai **parlé** tu **as parlé** il **a parlé** nous **avons parlé** vous **avez parlé** ils **ont parlé**	je **parlais** tu **parlais** il **parlait** nous **parlions** vous **parliez** ils **parlaient**
finir *(to finish)*	je **finis** tu **finis** il **finit** nous **finissons** vous **finissez** ils **finissent**	**finis** **finissons** **finissez**	j'ai **fini** tu **as fini** il **a fini** nous **avons fini** vous **avez fini** ils **ont fini**	je **finissais** tu **finissais** il **finissait** nous **finissions** vous **finissiez** ils **finissaient**
rendre *(to give back)*	je **rends** tu **rends** il **rend** nous **rendons** vous **rendez** ils **rendent**	**rends** **rendons** **rendez**	j'ai **rendu** tu **as rendu** il **a rendu** nous **avons rendu** vous **avez rendu** ils **ont rendu**	je **rendais** tu **rendais** il **rendait** nous **rendions** vous **rendiez** ils **rendaient**
se laver *(to wash oneself)*	je **me lave** tu **te laves** il **se lave** nous **nous lavons** vous **vous lavez** ils **se lavent**	**lave-toi** **lavons-nous** **lavez-vous**	je **me suis lavé(e)** tu **t'es lavé(e)** il/elle **s'est lavé(e)** nous **nous sommes lavé(e)s** vous **vous êtes lavé(e)(s)** ils/elles **se sont lavé(e)s**	je **me lavais** tu **te lavais** il **se lavait** nous **nous lavions** vous **vous laviez** ils **se lavaient**

PASSÉ SIMPLE	FUTUR	CONDITIONNEL	SUBJONCTIF	PARTICIPE PRÉSENT
je **parlai**	je **parlerai**	je **parlerais**	que je **parle**	parlant
tu **parlas**	tu **parleras**	tu **parlerais**	que tu **parles**	
il **parla**	il **parlera**	il **parlerait**	qu'il **parle**	
nous **parlâmes**	nous **parlerons**	nous **parlerions**	que nous **parlions**	
vous **parlâtes**	vous **parlerez**	vous **parleriez**	que vous **parliez**	
ils **parlèrent**	ils **parleront**	ils **parleraient**	qu'ils **parlent**	
je **finis**	je **finirai**	je **finirais**	que je **finisse**	finissant
tu **finis**	tu **finiras**	tu **finirais**	que tu **finisses**	
il **finit**	il **finira**	il **finirait**	qu'il **finisse**	
nous **finîmes**	nous **finirons**	nous **finirions**	que nous **finissions**	
vous **finîtes**	vous **finirez**	vous **finiriez**	que vous **finissiez**	
ils **finirent**	ils **finiront**	ils **finiraient**	qu'ils **finissent**	
je **rendis**	je **rendrai**	je **rendrais**	que je **rende**	rendant
tu **rendis**	tu **rendras**	tu **rendrais**	que tu **rendes**	
il **rendit**	il **rendra**	il **rendrait**	qu'il **rende**	
nous **rendîmes**	nous **rendrons**	nous **rendrions**	que nous **rendions**	
vous **rendîtes**	vous **rendrez**	vous **rendriez**	que vous **rendiez**	
ils **rendirent**	ils **rendront**	ils **rendraient**	qu'ils **rendent**	
je **me lavai**	je **me laverai**	je **me laverais**	que je **me lave**	se lavant
tu **te lavas**	tu **te laveras**	tu **te laverais**	que tu **te laves**	
il **se lava**	il **se lavera**	il **se laverait**	qu'il **se lave**	
nous **nous lavâmes**	nous **nous laverons**	nous **nous laverions**	que nous **nous lavions**	
vous **vous lavâtes**	vous **vous laverez**	vous **vous laveriez**	que vous **vous laviez**	
ils **se lavèrent**	il **se laveront**	ils **se laveraient**	qu'ils **se lavent**	

Les verbes en -er avec changement d'orthographe

INFINITIF	PRÉSENT	IMPÉRATIF	PASSÉ COMPOSÉ	IMPARFAIT
acheter	j'achète	achète	j'ai acheté	j'achetais
(to buy)	tu achètes	achetons	tu as acheté	tu achetais
	il achète	achetez	il a acheté	il achetait
	nous achetons		nous avons acheté	nous achetions
	vous achetez		vous avez acheté	vous achetiez
	ils achètent		ils ont acheté	ils achetaient

Verbs like **acheter**: **amener** *(to bring [someone])*, **élever** *(to raise)*, **emmener** *(to take away [someone])*, **enlever** *(to take off, remove)*, **peser** *(to weigh)*

INFINITIF	PRÉSENT	IMPÉRATIF	PASSÉ COMPOSÉ	IMPARFAIT
appeler	j'appelle	appelle	j'ai appelé	j'appelais
(to call)	tu appelles	appelons	tu as appelé	tu appelais
	il appelle	appelez	il a appelé	il appelait
	nous appelons		nous avons appelé	nous appelions
	vous appelez		vous avez appelé	vous appelez
	ils appellent		ils ont appelé	ils appelaient

Verbs like **appeler**: **épeler** *(to spell)*, **jeter** *(to throw)*, **rappeler** *(to recall, call back)*, **rejeter** *(to reject)*

INFINITIF	PRÉSENT	IMPÉRATIF	PASSÉ COMPOSÉ	IMPARFAIT
préférer	je préfère	préfère	j'ai préféré	je préférais
(to prefer)	tu préfères	préférons	tu as préféré	tu préférais
	il préfère	préférez	il a préféré	il préférait
	nous préférons		nous avons préféré	nous préférions
	vous préférez		vous avez préféré	vous préfériez
	ils préfèrent		ils ont préféré	ils préféraient

Verbs like **préférer**: **célébrer** *(to celebrate)*, **espérer** *(to hope)*, **inquiéter** *(to worry)*, **posséder** *(to own)*, **protéger** *(to protect)*, **répéter** *(to repeat)*, **sécher** *(to dry)*, **suggérer** *(to suggest)*

INFINITIF	PRÉSENT	IMPÉRATIF	PASSÉ COMPOSÉ	IMPARFAIT
manger	je mange	mange	j'ai mangé	je mangeais
(to eat)	tu manges	mangeons	tu as mangé	tu mangeais
	il mange	mangez	il a mangé	il mangeait
	nous mangeons		nous avons mangé	nous mangions
	vous mangez		vous avez mangé	vous mangiez
	ils mangent		ils ont mangé	ils mangeaient

Verbs like **manger**: **arranger** *(to fix, arrange)*, **changer** *(to change)*, **corriger** *(to correct)*, **déménager** *(to move one's residence)*, **déranger** *(to disturb)*, **diriger** *(to manage, run)*, **nager** *(to swim)*, **négliger** *(to neglect)*, **obliger** *(to oblige)*, **partager** *(to share)*, **plonger** *(to dive)*, **protéger** *(to protect)*, **ranger** *(to put in order, put away)*, **songer à** *(to think of)*, **voyager** *(to travel)*

INFINITIF	PRÉSENT	IMPÉRATIF	PASSÉ COMPOSÉ	IMPARFAIT
commencer	je commence	commence	j'ai commencé	je commençais
(to start, begin)	tu commences	commençons	tu as commencé	tu commençais
	il commence	commencez	il a commencé	il commençait
	nous commençons		nous avons commencé	nous commencions
	vous commencez		vous avez commencé	vous commenciez
	ils commencent		ils ont commencé	ils commençaient

Verbs like **commencer**: **annoncer** *(to announce)*, **avancer** *(to move forward)*, **effacer** *(to erase)*, **lancer** *(to throw, launch)*, **menacer** *(to threaten)*, **placer** *(to put, set, place)*, **remplacer** *(to replace)*, **renoncer** *(to give up, renounce)*

INFINITIF	PRÉSENT	IMPÉRATIF	PASSÉ COMPOSÉ	IMPARFAIT
payer	je paie	paie	j'ai payé	je payais
(to pay, pay for)	tu paies	payons	tu as payé	tu payais
	il paie	payez	il a payé	il payait
	nous payons		nous avons payé	nous payions
	vous payez		vous avez payé	vous payiez
	ils paient		ils ont payé	ils payaient

Verbs like **payer**: **employer** *(to use, employ)*, **ennuyer** *(to bore, annoy)*, **envoyer** *(to send)* (except in future and conditional), **essayer** *(to try)*, **essuyer** *(to wipe)*, **nettoyer** *(to clean)*

PASSÉ SIMPLE	FUTUR	CONDITIONNEL	SUBJONCTIF	PARTICIPE PRÉSENT
j'achetai	j'achèterai	j'achèterais	que j'achète	achetant
tu achetas	tu achèteras	tu achèterais	que tu achètes	
il acheta	il achètera	il achèterait	qu'il achète	
nous achetâmes	nous achèterons	nous achèterions	que nous achetions	
vous achetâtes	vous achèterez	vous achèteriez	que vous achetiez	
ils achetèrent	ils achèteront	ils achèteraient	qu'ils achètent	
j'appelai	j'appellerai	j'appellerais	que j'appelle	appelant
tu appelas	tu appelleras	tu appellerais	que tu appelles	
il appela	il appellera	il appellerait	qu'il appelle	
nous appelâmes	nous appellerons	nous appellerions	que nous appelions	
vous appelâtes	vous appellerez	vous appelleriez	que vous appeliez	
ils appelèrent	ils appelleront	ils appelleraient	qu'ils appellent	
je préférai	je préférerai	je préférerais	que je préfère	préférant
tu préféras	tu préféreras	tu préférerais	que tu préfères	
il préféra	il préférera	il préférerait	qu'il préfère	
nous préférâmes	nous préférerons	nous préférerions	que nous préférions	
vous préférâtes	vous préférerez	vous préféreriez	que vous préfériez	
ils préférèrent	ils préféreront	ils préféreraient	qu'ils préfèrent	
je mangeai	je mangerai	je mangerais	que je mange	mangeant
tu mangeas	tu mangeras	tu mangerais	que tu manges	
il mangea	il mangera	il mangerait	qu'il mange	
nous mangeâmes	nous mangerons	nous mangerions	que nous mangions	
vous mangeâtes	vous mangerez	vous mangeriez	que vous mangiez	
ils mangèrent	ils mangeront	ils mangeraient	qu'ils mangent	
je commençai	je commencerai	je commencerais	que je commence	commençant
tu commenças	tu commenceras	tu commencerais	que tu commences	
il commença	il commencera	il commencerait	qu'il commence	
nous commençâmes	nous commencerons	nous commencerions	que nous commencions	
vous commençâtes	vous commencerez	vous commenceriez	que vous commenciez	
ils commencèrent	ils commenceront	ils commenceraient	qu'ils commencent	
je payai	je paierai	je paierais	que je paie	payant
tu payas	tu paieras	tu paierais	que tu paies	
il paya	il paiera	il paierait	qu'il paie	
nous payâmes	nous paierons	nous paierions	que nous payions	
vous payâtes	vous paierez	vous paieriez	que vous payiez	
ils payèrent	ils paieront	ils paieraient	qu'ils paient	

Les verbes irréguliers

In the list below, the number at the right of each irregular verb corresponds to the number of the verb, or of a similarly conjugated verb, in the tables that follow. Verbs conjugated with **être** as an auxiliary verb in the compound tenses are marked with an asterisk (*). All other verbs are conjugated with **avoir**.

absoudre (to forgive) 1
accueillir (to receive, to welcome) 15
acquérir (to acquire, to get) 2
admettre (to admit) 26
***aller** (to go) 3
***s'en aller** (to go away) 3
apercevoir (to perceive) 34
apparaître (to appear) 10
appartenir (to belong) 43
apprendre (to learn) 33
***s'asseoir** (to sit down) 4
atteindre (to attain) 13
avoir (to have) 5
battre (to beat) 6
***se battre** (to fight) 6
boire (to drink) 7
combattre (to combat) 6
comprendre (to understand) 33
conclure (to conclude) 8

conduire (to drive, to conduct) 9
connaître (to know) 10
conquérir (to conquer) 2
construire (to construct) 9
contenir (to contain) 43
convaincre (to convince) 41
convenir (to agree) 43
coudre (to sew) 11
courir (to run) 12
couvrir (to cover) 29
craindre (to fear) 13
croire (to believe) 14
cueillir (to pick, to gather) 15
cuire (to cook) 9
décevoir (to deceive) 34
découvrir (to discover) 29
décrire (to describe) 19
déplaire (to displease) 30
détruire (to destroy) 9
***devenir** (to become) 43

devoir (must, to have to, to owe) 16
dire (to say, to tell) 17
disparaître (to disappear) 10
dormir (to sleep) 18
écrire (to write) 19
élire (to elect) 25
***s'endormir** (to fall asleep) 18
envoyer (to send) 20
éteindre (to turn off) 13
être (to be) 21
faire (to do, to make) 22
falloir (to be necessary) 23
fuir (to flee) 24
***s'inscrire** (to join, to sign up) 19
interdire (to forbid, to prohibit) 17
joindre (to join) 13
lire (to read) 25
maintenir (to maintain) 43
mentir (to lie) 38
mettre (to put, to place) 26

	INFINITIF	PRÉSENT	IMPÉRATIF	PASSÉ COMPOSÉ	IMPARFAIT
1.	**absoudre** (to forgive)	j'**absous** tu **absous** il **absout** nous **absolvons** vous **absolvez** ils **absolvent**	**absous** **absolvons** **absolvez**	j'ai **absous** tu as **absous** il a **absous** nous avons **absous** vous avez **absous** ils ont **absous**	j'**absolvais** tu **absolvais** il **absolvait** nous **absolvions** vous **absolviez** ils **absolvaient**
2.	**acquérir** (to acquire, to get)	j'**acquiers** tu **acquiers** il **acquiert** nous **acquérons** vous **acquérez** ils **acquièrent**	**acquiers** **acquérons** **acquérez**	j'ai **acquis** tu as **acquis** il a **acquis** nous avons **acquis** vous avez **acquis** ils ont **acquis**	j'**acquérais** tu **acquérais** il **acquérait** nous **acquérions** vous **acquériez** ils **acquéraient**
3.	**aller** (to go)	je **vais** tu **vas** il **va** nous **allons** vous **allez** ils **vont**	**va** **allons** **allez**	je **suis allé(e)** tu **es allé(e)** il/elle **est allé(e)** nous **sommes allé(e)s** vous **êtes allé(e)(s)** ils/elles **sont allé(e)s**	j'**allais** tu **allais** il **allait** nous **allions** vous **alliez** ils **allaient**

*mourir *(to die)* 27
*naître *(to be born)* 28
 obtenir *(to obtain, to get)* 43
 offrir *(to offer)* 29
 ouvrir *(to open)* 29
 paraître *(to appear)* 10
 parcourir *(to travel over)* 12
*partir *(to leave)* 38
*parvenir *(to arrive, to succeed)* 43
 peindre *(to paint)* 13
 permettre *(to permit)* 26
*se plaindre *(to complain)* 13
 plaire *(to please)* 30
 pleuvoir *(to rain)* 31
 poursuivre *(to pursue)* 39
 pouvoir *(to be able, can)* 32
 prédire *(to predict)* 17
 prendre *(to take)* 33
 prévoir *(to foresee)* 45
 produire *(to produce)* 9

 promettre *(to promise)* 26
 recevoir *(to receive, to get)* 34
 reconnaître *(to recognize)* 10
 reconstruire *(to reconstruct)* 9
 recouvrir *(to recover)* 29
*redevenir *(to become again)* 43
 réduire *(to reduce)* 9
 remettre *(to postpone)* 26
 reprendre *(to take back)* 33
 résoudre *(to resolve, to solve)* 35
 retenir *(to reserve)* 43
*revenir *(to come back)* 43
 revoir *(to see again)* 45
 rire *(to laugh)* 36
 rompre *(to break)* 6
 savoir *(to know)* 37
 sentir *(to smell)* 38
*se sentir *(to feel)* 38
 servir *(to serve)* 38
*se servir de *(to use)* 38

*sortir *(to go out)* 38
 souffrir *(to suffer)* 29
 soumettre *(to submit)* 26
 sourire *(to smile)* 36
 soutenir *(to support)* 43
*se souvenir *(to remember)* 43
 suivre *(to follow)* 39
 suprendre *(to surprise)* 33
 survivre *(to survive)* 44
*se taire *(to be quiet)* 40
 tenir *(to hold)* 43
 traduire *(to translate)* 9
 transmettre *(to transmit)* 26
 vaincre *(to conquer)* 41
 valoir *(to be worth)* 42
*venir *(to come)* 43
 vivre *(to live)* 44
 voir *(to see)* 45
 vouloir *(to wish, to want)* 46

PASSÉ SIMPLE	FUTUR	CONDITIONNEL	SUBJONCTIF	PARTICIPE PRÉSENT
N'existe pas	j'absoudrai tu absoudras il absoudra nous absoudrons vous absoudrez ils absoudront	j'absoudrais tu absoudrais il absoudrait nous absoudrions vous absoudriez ils absoudraient	que j'absolve que tu absolves qu'il absolve que nous absolvions que vous absolviez qu'ils absolvent	absolvant
j'acquis tu acquis il acquit nous acquîmes vous acquîtes ils acquirent	j'acquerrai tu acquerras il acquerra nous acquerrons vous acquerrez ils acquerront	j'acquerrais tu acquerrais il acquerrait nous acquerrions vous acquerriez ils acquerraient	que j'acquière que tu acquières qu'il acquière que nous acquérions que vous acquériez qu'ils acquièrent	acquérant
j'allai tu allas il alla nous allâmes vous allâtes ils allèrent	j'irai tu iras il ira nous irons vous irez ils iront	j'irais tu irais il irait nous irions vous iriez ils iraient	que j'aille que tu ailles qu'il aille que nous allions que vous alliez qu'ils aillent	allant

INFINITIF	PRÉSENT	IMPÉRATIF	PASSÉ COMPOSÉ	IMPARFAIT
4. s'asseoir *(to sit down)*	je **m'assieds** tu **t'assieds** il **s'assied** nous **nous asseyons** vous **vous asseyez** ils **s'asseyent**	**assieds-toi** **asseyons-nous** **asseyez-vous**	je **me suis assis(e)** tu **t'es assis(e)** il/elle **s'est assis(e)** nous **nous sommes assis(es)** vous **vous êtes assis(e)(es)** ils/elles **se sont assis(es)**	je **m'asseyais** tu **t'asseyais** il **s'asseyait** nous **nous asseyions** vous **vous asseyiez** ils **s'asseyaient**
5. **avoir** *(to have)*	j'**ai** tu **as** il **a** nous **avons** vous **avez** ils **ont**	**aie** **ayons** **ayez**	j'**ai eu** tu **as eu** il **a eu** nous **avons eu** vous **avez eu** ils **ont eu**	j'**avais** tu **avais** il **avait** nous **avions** vous **aviez** ils **avaient**
6. **battre** *(to beat)*	je **bats** tu **bats** il **bats** nous **battons** vous **battez** ils **battent**	**bats** **battons** **battez**	j'**ai battu** tu **as battu** il **a battu** nous **avons battu** vous **avez battu** ils **ont battu**	je **battais** tu **battais** il **battait** nous **battions** vous **battiez** ils **battaient**
7. **boire** *(to drink)*	je **bois** tu **bois** il **boit** nous **buvons** vous **buvez** ils **boivent**	**bois** **buvons** **buvez**	j'**ai bu** tu **as bu** il **a bu** nous **avons bu** vous **avez bu** ils **ont bu**	je **buvais** tu **buvais** il **buvait** nous **buvions** vous **buviez** ils **buvaient**
8. **conclure** *(to conclude)*	je **conclus** tu **conclus** il **conclut** nous **concluons** vous **concluez** ils **concluent**	**conclus** **concluons** **concluez**	j'**ai conclu** tu **as conclu** il **a conclu** nous **avons conclu** vous **avez conclu** ils **ont conclu**	je **concluais** tu **concluais** il **concluait** nous **concluions** vous **concluiez** ils **concluaient**
9. **conduire** *(to drive,* *to conduct)*	je **conduis** tu **conduis** il **conduit** nous **conduisons** vous **conduisez** ils **conduisent**	**conduis** **conduisons** **conduisez**	j'**ai conduit** tu **as conduit** il **a conduit** nous **avons conduit** vous **avez conduit** ils **ont conduit**	je **conduisais** tu **conduisais** il **conduisait** nous **conduisions** vous **conduisiez** ils **conduisaient**
10. **connaître** *(to know)*	je **connais** tu **connais** il **connaît** nous **connaissons** vous **connaissez** ils **connaissent**	**connais** **connaissons** **connaissez**	j'**ai connu** tu **as connu** il **a connu** nous **avons connu** vous **avez connu** ils **ont connu**	je **connaissais** tu **connaissais** il **connaissait** nous **connaissions** vous **connaissiez** ils **connaissaient**
11. **coudre** *(to sew)*	je **couds** tu **couds** il **coud** nous **cousons** vous **cousez** ils **cousent**	**couds** **cousons** **cousez**	j'**ai cousu** tu **as cousu** il **a cousu** nous **avons cousu** vous **avez cousu** ils **ont cousu**	je **cousais** tu **cousais** il **cousait** nous **cousions** vous **cousiez** ils **cousaient**

PASSÉ SIMPLE	FUTUR	CONDITIONNEL	SUBJONCTIF	PARTICIPE PRÉSENT
je m'assis tu t'assis il s'assis nous nous assîmes vous vous assîtes ils s'assirent	je m'assiérai tu t'assiéras il s'assiéra nous nous assiérons vous vous assiérez ils s'assiéront	je m'assiérais tu t'assiérais il s'assiérait nous nous assiérions vous vous assiériez ils s'assiéraient	que je m'asseye que tu t'asseyes qu'il s'asseye que nous nous asseyions que vous vous asseyiez qu'ils s'asseyent	s'asseyant
j'eus tu eus il eut nous eûmes vous eûtes ils eurent	j'aurai tu auras il aura nous aurons vous aurez ils auront	j'aurais tu aurais il aurait nous aurions vous auriez ils auraient	que j'aie que tu aies qu'il ait que nous ayons que vous ayez qu'ils aient	ayant
je battis tu battis il battit nous battîmes vous battîtes ils battirent	je battrai tu battras il battra nous battrons vous battrez ils battront	je battrais tu battrais il battrait nous battrions vous battriez ils battraient	que je batte que tu battes qu'il batte que nous battions que vous battiez qu'ils battent	battant
je bus tu bus il but nous bûmes vous bûtes ils burent	je boirai tu boiras il boira nous boirons vous boirez ils boiront	je boirais tu boirais il boirait nous boirions vous boiriez ils boiraient	que je boive que tu boives qu'il boive que nous buvions que vous buviez qu'ils boivent	buvant
je conclus tu conclus il conclut nous conclûmes vous conclûtes ils conclurent	je conclurai tu concluras il conclura nous conclurons vous conclurez ils concluront	je conclurais tu conclurais il conclurait nous conclurions vous concluriez ils concluraient	que je conclue que tu conclues qu'il conclue que nous concluions que vous concluiez qu'ils concluent	concluant
je conduisis tu conduisis il conduisit nous conduisîmes vous conduisîtes ils conduisirent	je conduirai tu conduiras il conduira nous conduirons vous conduirez ils conduiront	je conduirais tu conduirais il conduirait nous conduirions vous conduiriez ils conduiraient	que je conduise que tu conduises qu'il conduise que nous conduisions que vous conduisiez qu'ils conduisent	conduisant
je connus tu connus il connut nous connûmes vous connûtes ils connurent	je connaîtrai tu connaîtras il connaîtra nous connaîtrons vous connaîtrez ils connaîtront	je connaîtrais tu connaîtrais il connaîtrait nous connaîtrions vous connaîtriez ils connaîtraient	que je connaisse que tu connaisses qu'il connaisse que nous connaissions que vous connaissiez qu'ils connaissent	connaissant
je cousis tu cousis il cousit nous cousîmes vous cousîtes ils cousirent	je coudrai tu coudras il coudra nous coudrons vous coudrez ils coudront	je coudrais tu coudrais il coudrait nous coudrions vous coudriez ils coudraient	que je couse que tu couses qu'il couse que nous cousions que vous cousiez qu'ils cousent	cousant

INFINITIF	PRÉSENT	IMPÉRATIF	PASSÉ COMPOSÉ	IMPARFAIT
12. **courir** *(to run)*	je **cours** tu **cours** il **court** nous **courons** vous **courez** ils **courent**	**cours** **courons** **courez**	j'ai **couru** tu **as couru** il **a couru** nous **avons couru** vous **avez couru** ils **ont couru**	je **courais** tu **courais** il **courait** nous **courions** vous **couriez** ils **couraient**
13. **craindre** *(to fear)*	je **crains** tu **crains** il **craint** nous **craignons** vous **craignez** ils **craignent**	**crains** **craignons** **craignez**	j'ai **craint** tu **as craint** il **a craint** nous **avons craint** vous **avez craint** ils **ont craint**	je **craignais** tu **craignais** il **craignait** nous **craignions** vous **craigniez** ils **craignaient**
14. **croire** *(to believe)*	je **crois** tu **crois** il **croit** nous **croyons** vous **croyez** ils **croient**	**crois** **croyons** **croyez**	j'ai **cru** tu **as cru** il **a cru** nous **avons cru** vous **avez cru** ils **ont cru**	je **croyais** tu **croyais** il **croyait** nous **croyions** vous **croyiez** ils **croyaient**
15. **cueillir** *(to pick, to gather)*	je **cueille** tu **cueilles** il **cueille** nous **cueillons** vous **cueillez** ils **cueillent**	**cueille** **cueillons** **cueillez**	j'ai **cueilli** tu **as cueilli** il **a cueilli** nous **avons cueilli** vous **avez cueilli** ils **ont cueilli**	je **cueillais** tu **cueillais** il **cueillait** nous **cueillions** vous **cueilliez** ils **cueillaient**
16. **devoir** *(must, to have to; to owe)*	je **dois** tu **dois** il **doit** nous **devons** vous **devez** ils **doivent**	**dois** **devons** **devez**	j'ai **dû** tu **as dû** il **a dû** nous **avons dû** vous **avez dû** ils **ont dû**	je **devais** tu **devais** il **devait** nous **devions** vous **deviez** ils **devaient**
17. **dire** *(to say, to tell)*	je **dis** tu **dis** il **dit** nous **disons** vous **dites** ils **disent**	**dis** **disons** **dites**	j'ai **dit** tu **as dit** il **a dit** nous **avons dit** vous **avez dit** ils **ont dit**	je **disais** tu **disais** il **disait** nous **disions** vous **disiez** ils **disaient**
18. **dormir** *(to sleep)*	je **dors** tu **dors** il **dort** nous **dormons** vous **dormez** ils **dorment**	**dors** **dormons** **dormez**	j'ai **dormi** tu **as dormi** il **a dormi** nous **avons dormi** vous **avez dormi** ils **ont dormi**	je **dormais** tu **dormais** il **dormait** nous **dormions** vous **dormiez** ils **dormaient**
19. **écrire** *(to write)*	j'**écris** tu **écris** il **écrit** nous **écrivons** vous **écrivez** ils **écrivent**	**écris** **écrivons** **écrivez**	j'ai **écrit** tu **as écrit** il **a écrit** nous **avons écrit** vous **avez écrit** ils **ont écrit**	j'**écrivais** tu **écrivais** il **écrivait** nous **écrivions** vous **écriviez** ils **écrivaient**

PASSÉ SIMPLE	FUTUR	CONDITIONNEL	SUBJONCTIF	PARTICIPE PRÉSENT
je **courus** tu **courus** il **courut** nous **courûmes** vous **courûtes** ils **coururent**	je **courrai** tu **courras** il **courra** nous **courrons** vous **courrez** ils **courront**	je **courrais** tu **courrais** il **courrait** nous **courrions** vous **courriez** ils **courraient**	que je **coure** que tu **coures** qu'il **coure** que nous **courions** que vous **couriez** qu'ils **courent**	**courant**
je **craignis** tu **craignis** il **craignit** nous **craignîmes** vous **craignîtes** ils **craignirent**	je **craindrai** tu **craindras** il **craindra** nous **craindrons** vous **craindrez** ils **craindront**	je **craindrais** tu **craindrais** il **craindrait** nous **craindrions** vous **craindriez** ils **craindraient**	que je **craigne** que tu **craignes** qu'il **craigne** que nous **craignions** que vous **craigniez** qu'ils **craignent**	**craignant**
je **crus** tu **crus** il **crut** nous **crûmes** vous **crûtes** ils **crurent**	je **croirai** tu **croiras** il **croira** nous **croirons** vous **croirez** ils **croiront**	je **croirais** tu **croirais** il **croirait** nous **croirions** vous **croiriez** ils **croiraient**	que je **croie** que tu **croies** qu'il **croie** que nous **croyions** que vous **croyiez** qu'ils **croient**	**croyant**
je **cueillis** tu **creillis** il **cueillit** nous **cueillîmes** vous **cueillîtes** ils **cueillirent**	je **cueillerai** tu **cueillera** il **cueillera** nous **cueillerons** vous **cueillerez** ils **cueilleront**	je **cueillerais** tu **cueillerais** il **cueillerait** nous **cueillerions** vous **cueilleriez** ils **cueilleraient**	que je **cueille** que tu **cueilles** qu'il **cueille** que nous **cueillions** que vous **cueilliez** qu'ils **cueillent**	**cueillant**
je **dus** tu **dus** il **dut** nous **dûmes** vous **dûtes** ils **durent**	je **devrai** tu **devras** il **devra** nous **devrons** vous **devrez** ils **devront**	je **devrais** tu **devrais** il **devrait** nous **devrions** vous **devriez** ils **devraient**	que je **doive** que tu **doives** qu'il **doive** que nous **devions** que vous **deviez** qu'ils **doivent**	**devant**
je **dis** tu **dis** il **dit** nous **dîmes** vous **dîtes** ils **dirent**	je **dirai** tu **diras** il **dira** nous **dirons** vous **direz** ils **diront**	je **dirais** tu **dirais** il **dirait** nous **dirions** vous **diriez** ils **diraient**	que je **dise** que tu **dises** qu'il **dise** que nous **disions** que vous **disiez** qu'ils **disent**	**disant**
je **dormis** tu **dormis** il **dormit** nous **dormîmes** vous **dormîtes** ils **dormirent**	je **dormirai** tu **dormiras** il **dormira** nous **dormirons** vous **dormirez** ils **dormiront**	je **dormirais** tu **dormirais** il **dormirait** nous **dormirions** vous **dormiriez** ils **dormiraient**	que je **dorme** que tu **dormes** qu'il **dorme** que nous **dormions** que vous **dormiez** qu'ils **dorment**	**dormant**
j'**écrivis** tu **écrivis** il **écrivit** nous **écrivîmes** vous **écrivîtes** ils **écrivirent**	j'**écrirai** tu **écriras** il **écrira** nous **écrirons** vous **écrirez** ils **écriront**	j'**écrirais** tu **écrirais** il **écrirait** nous **écririons** vous **écririez** ils **écriraient**	que j'**écrive** que tu **écrives** qu'il **écrive** que nous **écrivions** que vous **écriviez** qu'ils **écrivent**	**écrivant**

INFINITIF	PRÉSENT	IMPÉRATIF	PASSÉ COMPOSÉ	IMPARFAIT
20. **envoyer** *(to send)*	j'**envoie** tu **envoies** il **envoie** nous **envoyons** vous **envoyez** ils **envoient**	**envoie** **envoyons** **envoyez**	j'ai **envoyé** tu as **envoyé** il a **envoyé** nous avons **envoyé** vous avez **envoyé** ils ont **envoyé**	j'**envoyais** tu **envoyais** il **envoyait** nous **envoyions** vous **envoyiez** ils **envoyaient**
21. **être** *(to be)*	je **suis** tu **es** il **est** nous **sommes** vous **êtes** ils **sont**	**sois** **soyons** **soyez**	j'ai **été** tu as **été** il a **été** nous avons **été** vous avez **été** ils ont **été**	j'**étais** tu **étais** il **était** nous **étions** vous **étiez** ils **étaient**
22. **faire** *(to do,* *to make)*	je **fais** tu **fais** il **fait** nous **faisons** vous **faites** ils **font**	**fais** **faisons** **faites**	j'ai **fait** tu as **fait** il a **fait** nous avons **fait** vous avez **fait** ils ont **fait**	je **faisais** tu **faisais** il **faisait** nous **faisions** vous **faisiez** ils **faisaient**
23. **falloir** *(to be* *necessary)*	il **faut**	*N'existe pas*	il a **fallu**	il **fallait**
24. **fuir** *(to flee)*	je **fuis** tu **fuis** il **fuit** nous **fuyons** vous **fuyez** ils **fuient**	**fuis** **fuyons** **fuyez**	j'ai **fui** tu as **fui** il a **fui** nous avons **fui** vous avez **fui** ils ont **fui**	je **fuyais** tu **fuyais** il **fuyait** nous **fuyions** vous **fuyiez** ils **fuyaient**
25. **lire** *(to read)*	je **lis** tu **lis** il **lit** nous **lisons** vous **lisez** ils **lisent**	**lis** **lisons** **lisez**	j'ai **lu** tu as **lu** il a **lu** nous avons **lu** vous avez **lu** ils ont **lu**	je **lisais** tu **lisais** il **lisait** nous **lisions** vous **lisiez** ils **lisaient**
26. **mettre** *(to put,* *to place)*	je **mets** tu **mets** il **met** nous **mettons** vous **mettez** ils **mettent**	**mets** **mettons** **mettez**	j'ai **mis** tu as **mis** il a **mis** nous avons **mis** vous avez **mis** ils ont **mis**	je **mettais** tu **mettais** il **mettait** nous **mettions** vous **mettiez** ils **mettaient**
27. **mourir** *(to die)*	je **meurs** tu **meurs** il **meurt** nous **mourons** vous **mourez** ils **meurent**	**meurs** **mourons** **mourez**	je **suis mort(e)** tu **es mort(e)** il/elle **est mort(e)** nous **sommes mort(e)s** vous **êtes mort(e)(s)** ils/elles **sont mort(e)s**	je **mourais** tu **mourais** il **mourait** nous **mourions** vous **mouriez** ils **mouraient**

PASSÉ SIMPLE	FUTUR	CONDITIONNEL	SUBJONCTIF	PARTICIPE PRÉSENT
j'envoyai	j'enverrai	j'enverrais	que j'envoie	envoyant
tu envoyas	tu enverras	tu enverrais	que tu envoies	
il envoya	il enverra	il enverrait	qu'il envoie	
nous envoyâmes	nous enverrons	nous enverrions	que nous envoyions	
vous envoyâtes	vous enverrez	vous enverriez	que vous envoyiez	
ils envoyèrent	ils enverront	ils enverraient	qu'ils envoient	
je fus	je serai	je serais	que je sois	étant
tu fus	tu seras	tu serais	que tu sois	
il fut	il sera	il serait	qu'il soit	
nous fûmes	nous serons	nous serions	que nous soyons	
vous fûtes	vous serez	vous seriez	que vous soyez	
ils furent	ils seront	ils seraient	qu'ils soient	
je fis	je ferai	je ferais	que je fasse	faisant
tu fis	tu feras	tu ferais	que tu fasses	
il fit	il fera	il ferait	qu'il fasse	
nous fîmes	nous ferons	nous ferions	que nous fassions	
vous fîtes	vous ferez	vous feriez	que vous fassiez	
ils firent	ils feront	ils feraient	qu'ils fassent	
il fallut	il faudra	il faudrait	qu'il faille	N'existe pas
je fuis	je fuirai	je fuirais	que je fuie	fuyant
tu fuis	tu fuiras	tu fuirais	que tu fuies	
il fuit	il fuira	il fuirait	qu'il fuie	
nous fuîmes	nous fuirons	nous fuirions	que nous fuyions	
vous fuîtes	vous fuirez	vous fuiriez	que vous fuyiez	
ils fuirent	ils fuiront	ils fuiraient	qu'ils fuient	
je lus	je lirai	je lirais	que je lise	lisant
tu lus	tu liras	tu lirais	que tu lises	
il lut	il lira	il lirait	qu'il lise	
nous lûmes	nous lirons	nous lirions	que nous lisions	
vous lûtes	vous lirez	vous liriez	que vous lisiez	
ils lurent	ils liront	ils liraient	qu'ils lisent	
je mis	je mettrai	je mettrais	que je mette	mettant
tu mis	tu mettras	tu mettrais	que tu mettes	
il mit	il mettra	il mettrait	qu'il mette	
nous mîmes	nous mettrons	nous mettrions	que nous mettions	
vous mîtes	vous mettrez	vous mettriez	que vous mettiez	
ils mirent	ils mettront	ils mettraient	qu'ils mettent	
je mourus	je mourrai	je mourrais	que je meure	mourant
tu mourus	tu mourras	tu mourrais	que tu meures	
il mourut	il mourra	il mourrait	qu'il meure	
nous mourûmes	nous mourrons	nous mourrions	que nous mourions	
vous mourûtes	vous mourrez	vous mourriez	que vous mouriez	
ils moururent	ils mourront	ils mourraient	qu'ils meurent	

	INFINITIF	PRÉSENT	IMPÉRATIF	PASSÉ COMPOSÉ	IMPARFAIT
28.	**naître** *(to be born)*	je **nais** tu **nais** il **naît** nous **naissons** vous **naissez** ils **naissent**	**nais** **naissons** **naissez**	je suis **né(e)** tu es **né(e)** il/elle est **né(e)** nous sommes **né(e)s** vous êtes **né(e)(s)** ils/elles sont **né(e)s**	je **naissais** tu **naissais** il **naissant** nous **naissions** vous **naissiez** ils **naissaient**
29.	**ouvrir** *(to open)*	j'**ouvre** tu **ouvres** il **ouvre** nous **ouvrons** vous **ouvrez** ils **ouvrent**	**ouvre** **ouvrons** **ouvrez**	j'ai **ouvert** tu as **ouvert** il a **ouvert** nous avons **ouvert** vous avez **ouvert** ils ont **ouvert**	j'**ouvrais** tu **ouvrais** il **ouvrait** nous **ouvrions** vous **ouvriez** ils **ouvraient**
30.	**plaire** *(to please)*	je **plais** tu **plais** il **plaît** nous **plaisons** vous **plaisez** ils **plaisent**	**plais** **plaisons** **plaisez**	j'ai **plu** tu as **plu** il a **plu** nous avons **plu** vous avez **plu** ils ont **plu**	je **plaisais** tu **plaisais** il **plaisait** nous **plaisions** vous **plaisiez** ils **plaisaient**
31.	**pleuvoir** *(to rain)*	il **pleut**	*N'existe pas*	il a **plu**	il **pleuvait**
32.	**pouvoir** *(to be able, can)*	je **peux** tu **peux** il **peut** nous **pouvons** vous **pouvez** ils **peuvent**	*N'existe pas*	j'ai **pu** tu as **pu** il a **pu** nous avons **pu** vous avez **pu** ils ont **pu**	je **pouvais** tu **pouvais** il **pouvait** nous **pouvions** vous **pouviez** ils **pouvaient**
33.	**prendre** *(to take)*	je **prends** tu **prends** il **prend** nous **prenons** vous **prenez** ils **prennent**	**prends** **prenons** **prenez**	j'ai **pris** tu as **pris** il a **pris** nous avons **pris** vous avez **pris** ils ont **pris**	je **prenais** tu **prenais** il **prenait** nous **prenions** vous **preniez** ils **prenaient**
34.	**recevoir** *(to receive, to get)*	je **reçois** tu **reçois** il **reçoit** nous **recevons** vous **recevez** ils **reçoivent**	**reçois** **recevons** **recevez**	j'ai **reçu** tu as **reçu** il a **reçu** nous avons **reçu** vous avez **reçu** ils ont **reçu**	je **recevais** tu **recevais** il **recevait** nous **recevions** vous **receviez** ils **recevaient**
35.	**résoudre** *(to resolve, to solve)*	je **résous** tu **résous** il **résout** nous **résolvons** vous **résolvez** ils **résolvent**	**résous** **résolvons** **résolvez**	j'ai **résolu** tu as **résolu** il a **résolu** nous avons **résolu** vous avez **résolu** ils ont **résolu**	je **résolvais** tu **résolvais** il **résolvait** nous **résolvions** vous **résolviez** ils **résolvaient**

PASSÉ SIMPLE	FUTUR	CONDITIONNEL	SUBJONCTIF	PARTICIPE PRÉSENT
je **naquis** tu **naquis** il **naquit** nous **naquîmes** vous **naquîtes** ils **naquirent**	je **naîtrai** tu **naîtras** il **naîtra** nous **naîtrons** vous **naîtrez** ils **naîtront**	je **naîtrais** tu **naîtrais** il **naîtrait** nous **naîtrions** vous **naîtriez** ils **naîtraient**	que je **naisse** que tu **naisses** qu'il **naisse** que nous **naissions** que vous **naissiez** qu'ils **naissent**	**naissant**
j'**ouvris** tu **ouvris** il **ouvrit** nous **ouvrîmes** vous **ouvrîtes** ils **ouvrirent**	j'**ouvrirai** tu **ouvriras** il **ouvrira** nous **ouvrirons** vous **ouvrirez** ils **ouvriront**	j'**ouvrirais** tu **ouvrirais** il **ouvrirait** nous **ouvririons** vous **ouvririez** ils **ouvriraient**	que j'**ouvre** que tu **ouvres** qu'il **ouvre** que nous **ouvrions** que vous **ouvriez** qu'ils **ouvrent**	**ouvrant**
je **plus** tu **plus** il **plut** nous **plûmes** vous **plûtes** ils **plurent**	je **plairai** tu **plairas** il **plaira** nous **plairons** vous **plairez** ils **plairont**	je **plairais** tu **plairais** il **plairait** nous **plairions** vous **plairiez** ils **plairaient**	que je **plaise** que tu **plaises** qu'il **plaise** que nous **plaisions** que vous **plaisiez** qu'ils **plaisent**	**plaisant**
il **plut**	il **pleuvra**	il **pleuvrait**	qu'il **pleuve**	**pleuvant**
je **pus** tu **pus** il **put** nous **pûmes** vous **pûtes** ils **purent**	je **pourrai** tu **pourras** il **pourra** nous **pourrons** vous **pourrez** ils **pourront**	je **pourrais** tu **pourrais** vous **pourrait** nous **pourrions** vous **pourriez** ils **pourraient**	que je **puisse** que tu **puisses** qu'il **puisse** que nous **puissions** que vous **puissiez** qu'ils **puissent**	**pouvant**
je **pris** tu **pris** il **prit** nous **prîmes** vous **prîtes** ils **prirent**	je **prendrai** tu **prendras** il **prendra** nous **prendrons** vous **prendrez** ils **prendront**	je **prendrais** tu **prendrais** il **prendrait** nous **prendrions** vous **prendriez** ils **prendraient**	que je **prenne** que tu **prennes** qu'il **prenne** que nous **prenions** que vous **preniez** qu'ils **prennent**	**prenant**
je **reçus** tu **reçus** il **reçut** nous **reçûmes** vous **reçûtes** ils **reçurent**	je **recevrai** tu **recevras** il **recevra** nous **recevrons** vous **recevrez** ils **recevront**	je **recevrais** tu **recevrais** il **recevrait** nous **recevrions** vous **recevriez** ils **recevraient**	que je **reçoive** que tu **reçoives** qu'il **reçoive** que nous **recevions** que vous **receviez** qu'ils **reçoivent**	**recevant**
je **résolus** tu **résolus** il **résolut** nous **résolûmes** vous **résolûtes** ils **résolurent**	je **résoudrai** tu **résoudras** il **résoudra** nous **résoudrons** vous **résoudrez** ils **résoudront**	je **résoudrais** tu **résoudrais** il **résoudrait** nous **résoudrions** vous **résoudriez** ils **résoudraient**	que je **résolve** que tu **résolves** qu'il **résolve** que nous **résolvions** que vous **résolviez** qu'ils **résolvent**	**résolvant**

INFINITIF	PRÉSENT	IMPÉRATIF	PASSÉ COMPOSÉ	IMPARFAIT
36. **rire** *(to laugh)*	je **ris** tu **ris** il **rit** nous **rions** vous **riez** ils **rient**	**ris** **rions** **riez**	j'ai **ri** tu as **ri** il a **ri** nous avons **ri** vous avez **ri** ils ont **ri**	je **riais** tu **riais** il **riait** nous **riions** vous **riiez** ils **riaient**
37. **savoir** *(to know)*	je **sais** tu **sais** il **sait** nous **savons** vous **savez** ils **savent**	**sache** **sachons** **sachez**	j'ai **su** tu as **su** il a **su** nous avons **su** vous avez **su** ils ont **su**	je **savais** tu **savais** il **savait** nous **savions** vous **saviez** ils **savaient**
38. **sortir** *(to go out)*	je **sors** tu **sors** il **sort** nous **sortons** vous **sortez** ils **sortent**	**sors** **sortons** **sortez**	je suis sorti(e) tu es sorti(e) il/elle **est** sorti(e) nous **sommes** sorti(e)s vous **êtes** sorti(e)(s) ils/elles **sont** sorti(e)s	je **sortais** tu **sortais** il **sortait** nous **sortions** vous **sortiez** ils **sortaient**
39. **suivre** *(to follow)*	je **suis** tu **suis** il **suit** nous **suivons** vous **suivez** ils **suivent**	**suis** **suivons** **suivez**	j'ai **suivi** tu as **suivi** il a **suivi** nous avons **suivi** vous avez **suivi** ils ont **suivi**	je **suivais** tu **suivais** il **suivait** nous **suivions** vous **suiviez** ils **suivaient**
40. **se taire** *(to be quiet)*	je me **tais** tu te **tais** il se **tait** nous **nous taisons** vous **vous taisez** ils se **taisent**	**tais-toi** **taisons-nous** **taisez-vous**	je me suis tu(e) tu t'es tu(e) il/elle s'est tu(e) nous **nous sommes** tu(e)s vous **vous êtes** tu(e)(s) ils/elles se **sont** tu(e)s	je me **taisais** tu te **taisais** il se **taisait** nous **nous taisions** vous **vous taisiez** ils se **taisaient**
41. **vaincre** *(to conquer)*	je **vaincs** tu **vaincs** il **vainc** nous **vainquons** vous **vainquez** ils **vainquent**	**vaincs** **vainquons** **vainquez**	j'ai **vaincu** tu as **vaincu** il a **vaincu** nous avons **vaincu** vous avez **vaincu** ils ont **vaincu**	je **vainquais** tu **vainquais** il **vainquait** nous **vainquions** vous **vainquiez** ils **vainquaient**
42. **valoir** *(to be worth, to deserve, to merit)*	je **vaux** tu **vaux** il **vaut** nous **valons** vous **valez** ils **valent**	**vaux** **valons** **valez**	j'ai **valu** tu as **valu** il a **valu** nous avons **valu** vous avez **valu** ils ont **valu**	je **valais** tu **valais** il **valait** nous **valions** vous **valiez** ils **valaient**
43. **venir** *(to come)*	je **viens** tu **viens** il **vient** nous **venons** vous **venez** ils **viennent**	**viens** **venons** **venez**	je suis venu(e) tu es venu(e) il/elle **est** venu(e) nous **sommes** venu(e)s vous **êtes** venu(e)(s) ils/elles **sont** venu(e)s	je **venais** tu **venais** il **venait** nous **venions** vous **veniez** ils **venaient**

PASSÉ SIMPLE	FUTUR	CONDITIONNEL	SUBJONCTIF	PARTICIPE PRÉSENT
je ris tu ris il rit nous rîmes vous rîtes ils rirent	je rirai tu riras il rira nous rirons vous rirez ils riront	je rirais tu rirais il rirait nous ririons vous ririez ils riraient	que je rie que tu ries qu'il rie que nous riions que vous riiez qu'ils rient	riant
je sus tu sus il sut nous sûmes vous sûtes ils surent	je saurai tu sauras il saura nous saurons vous saurez ils sauront	je saurais tu saurais il saurait nous saurions vous sauriez ils sauraient	que je sache que tu saches qu'il sache que nous sachions que vous sachiez qu'ils sachent	sachant
je sortis tu sortis il sortit nous sortîmes vous sortîtes ils sortirent	je sortirai tu sortiras il sortira nous sortirons vous sortirez ils sortiront	je sortirais tu sortirais il sortirait nous sortirions vous sortiriez ils sortiraient	que je sorte que tu sortes qu'il sorte que nous sortions que vous sortiez qu'ils sortent	sortant
je suivis tu suivis il suivit nous suivîmes vous suivîtes ils suivirent	je suivrai tu suivras il suivra nous suivrons vous suivrez ils suivront	je suivrais tu suivrais il suivrait nous suivrions vous suivriez ils suivraient	que je suive que tu suives qu'il suive que nous suivions que vous suiviez qu'ils suivent	suivant
je me tus tu te tus il se tut nous nous tûmes vous vous tûtes ils se turent	je me tairai tu te tairas il se taira nous nous tairons vous vous tairez ils se tairont	je me tairais tu te tairais il se tairait nous nous tairions vous vous tairiez ils se tairaient	que je me taise que tu te taises qu'il se taise que nous nous taisions que vous vous taisiez qu'ils se taisent	se taisant
je vainquis tu vainquis il vainquit nous vainquîmes vous vainquîtes ils vainquirent	je vaincrai tu vaincras il vaincra nous vaincrons vous vaincrez ils vaincront	je vaincrais tu vaincrais il vaincrait nous vaincrions vous vaincriez ils vaincraient	que je vainque que tu vainques qu'il vainque que nous vainquions que vous vainquiez qu'ils vainquent	vainquant
je valus tu valus il valut nous valûmes vous valûtes ils valurent	je vaudrai tu vaudras il vaudra nous vaudrons vous vaudrez ils vaudront	je vaudrais tu vaudrais il vaudrait nous vaudrions vous vaudriez ils vaudraient	que je vaille que tu vailles qu'il vaille que nous valions que vous valiez qu'ils vaillent	valant
je vins tu vins il vint nous vînmes vous vîntes ils vinrent	je viendrai tu viendras il viendra nous viendrons vous viendrez ils viendront	je viendrais tu viendrais il viendrait nous viendrions vous viendriez ils viendraient	que je vienne que tu viennes qu'il vienne que nous venions que vous veniez qu'ils viennent	venant

INFINITIF	PRÉSENT	IMPÉRATIF	PASSÉ COMPOSÉ	IMPARFAIT
44. **vivre** *(to live)*	je **vis** tu **vis** il **vit** nous **vivons** vous **vivez** ils **vivent**	**vis** **vivons** **vivez**	j'**ai vécu** tu **as vécu** il **a vécu** nous **avons vécu** vous **avez vécu** ils **ont vécu**	je **vivais** tu **vivais** il **vivait** nous **vivions** vous **viviez** ils **vivaient**
45. **voir** *(to see)*	je **vois** tu **vois** il **voit** nous **voyons** vous **voyez** ils **voient**	**vois** **voyons** **voyes**	j'**ai vu** tu **as vu** il **a vu** nous **avons vu** vous **avez vu** ils **ont vu**	je **voyais** tu **voyais** il **voyait** nous **voyions** vous **voyiez** ils **voyaient**
46. **vouloir** *(to wish, to want)*	je **veux** tu **veux** il **veut** nous **voulons** vous **voulez** ils **veulent**	**veuille** **veuillons** **veuillez**	j'**ai voulu** tu **as voulu** il **a voulu** nous **avons voulu** vous **avez voulu** ils **ont voulu**	je **voulais** tu **voulais** il **voulait** nous **voulions** vous **vouliez** ils **voulaient**

PASSÉ SIMPLE	FUTUR	CONDITIONNEL	SUBJONCTIF	PARTICIPE PRÉSENT
je **vécus**	je **vivrai**	je **vivrais**	que je **vive**	**vivant**
tu **vécus**	tu **vivras**	tu **vivrais**	que tu **vives**	
il **vécut**	il **vivra**	il **vivrait**	qu'il **vive**	
nous **vécûmes**	nous **vivrons**	nous **vivrions**	que nous **vivions**	
vous **vécûtes**	vous **vivrez**	vous **vivriez**	que vous **viviez**	
ils **vécurent**	ils **vivront**	ils **vivraient**	qu'ils **vivent**	
je **vis**	je **verrai**	je **verrais**	que je **voie**	**voyant**
tu **vis**	tu **verras**	tu **verrais**	que tu **voies**	
il **vit**	il **verra**	il **verrait**	qu'il **voie**	
nous **vîmes**	nous **verrons**	nous **verrions**	que nous **voyions**	
vous **vîtes**	vous **verrez**	nous **verriez**	que vous **voyiez**	
ils **virent**	ils **verront**	vous **verraient**	qu'ils **voient**	
je **voulus**	je **voudrai**	je **voudrais**	que je **veuille**	**voulant**
tu **voulus**	tu **voudras**	tu **voudrais**	que tu **veuilles**	
il **voulut**	il **voudra**	il **voudrait**	qu'il **veuille**	
nous **voulûmes**	nous **voudrons**	nous **voudrions**	que nous **voulions**	
vous **voulûtes**	vous **voudrez**	vous **voudriez**	que vous **vouliez**	
ils **voulurent**	ils **voudront**	ils **voudraient**	qu'ils **veuillent**	

CORRIGÉS

CHAPITRE PRÉLIMINAIRE

Test (pp. 6–7)
Total points: 64 (1 point for each correct answer)
Passing score: 52

A. 1. va / suis / pense / peut
2. aimes / prends
3. te promènes / dit / faut
4. faites / remplissons
5. demande / pars / répond / pleut / ai
6. sont / se reposent / ont / vont
7. veulent / font
8. savez / habitons
9. vous habillez / avons / arrive
10. es / choisit
11. vais / sommes
12. voulez / peux
13. ont / sais
14. vous amusez / passons
15. attends / attends
16. font / finissent
17. voyez / est

B. faisons / a / réserve / aime / aimons / pense / faut / attend / est / sait / veut / nous intéressons / voulons / vois / avons / me contente / finissons / nous mettons / arrivons / nous amusons / oublions

I. Monologues (pp. 9–10)
1. restons, m'occupe, écoute, regardent, nous parlons, passes, vous amusez
2. vous énervez, réussis, salissent, choisit, grossissons
3. descendez, attendent, rendons, répond, défends, perds, vais
4. êtes, avez, vont, fait, ai, font, est, suis, avons, sommes, faisons, faites
5. veulent, veux, pouvez, peuvent, voulons, peux, faut, ai, peut, veux
6. prends, prends, mets
7. faut, pleut, vaut
8. me lève, se lèvent, prépare, est, fais, prends, attends, finit, me prépare, mange, quitte, se dépêche

II. Vous et les autres (pp. 11–12)
(There are numerous possibilities for each sentence; however, you should verify that the verb form you use matches the one given here.)
1. b. comprennent   c. comprend   d. comprenons
2. a. vais   b. va   c. vont
3. a. descends   b. descendons   c. descendent
   d. descend
4. a. avons   b. ont   c. (j')ai   d. a
5. a. veux   b. veut   c. veulent   d. voulons
6. a. réussissent   b. réussit   c. réussissons   d. réussis
7. a. sommes   b. suis   c. est   d. sont
8. a. joue   b. joue   c. jouent   d. jouons
9. a. fais   b. faisons   c. font   d. fait
10. a. m'amuse   b. nous amusons   c. s'amusent
    d. s'amusent

Repêchage (p. 13)
Total points: 28 (1 point for each correct answer)
Passing score: 23
1. vont, prennent
2. faites, rendons
3. vieillissent, ont
4. permets, veux
5. sont, peuvent
6. vas, fait, faut
7. te dépêches, fais
8. comprends, vais
9. voyez, nous téléphonons
10. descend, continuons
11. a, font
12. peux, êtes
13. prenons, sais
14. t'amuses, est

VI. Une lycéenne aux États-Unis (p. 16)
sommes; ont; a; se trouve; est; veux; peux; suis (descends); faut; se lève; me réveille; entends; fait; réveille; frappe; travaille; quitte; part; finissent; partent; ai; commencent; prends; m'habille; pars; nous retrouvons; sont; est; rougit; fais; rend visite; se mettent; passent; manquez; attends; va; pleut; avons; vais; espère; allez; embrasse

CHAPITRE 1

Test *(pp. 20–21)*

Total points: 29 *(1 point for each correct adjective agreement and 1 point for each correct comparative)*

Passing score: 23

À vendre: ferme en Bretagne

grande / belle / vieille / blanche / énorme / spacieuse / ensoleillées / équipée / charmant / accueillants / frais / délicieuses / raisonnables / sensationnelles / sportives / nouvelle

Si la ferme ne vous intéresse pas,...

1. La ferme est aussi belle que la maison.
   La ferme est plus belle que l'appartement.
2. La cuisine est mieux équipée que la cuisine de l'appartement.
   La cuisine est moins bien équipée que la cuisine de la maison.
3. La ferme est plus loin de Rennes que l'immeuble.
   La ferme est moins loin de Rennes que la maison.
   La ferme est aussi loin de Rennes que le village.
4. Les chambres de la ferme sont plus grandes que les chambres de l'appartement.
   Les chambres de la ferme sont aussi grandes que les chambres de la maison.
5. La ferme est moins vieille que l'immeuble.
   La ferme est plus vieille que la maison.
6. Pour les écoles, la situation de la ferme est meilleure que la situation de la maison.
   Pour les écoles, la situation de la ferme est moins bonne que la situation de l'appartement.

I.A. Au féminin *(p. 24)*

1. facile
2. active
3. française
4. indiscrète
5. naturelle
6. première
7. naïve
8. ambitieuse
9. canadienne
10. délicieuse
11. ennuyeuse
12. mauvaise
13. nouvelle
14. violette
15. belle
16. suisse
17. fraîche
18. petite
19. verte
20. secrète
21. dernière
22. bonne
23. cruelle
24. sportive
25. blanche
26. vieille
27. italienne
28. longue

I.B. Faisons des phrases *(p. 24)*

1. jolie / blanche
2. ouverte
3. vieille / malade
4. grande / italienne
5. jeunes / studieuses
6. jeunes / sportifs
7. nouveaux / américains
8. beau / allemand
9. nouvelle / moderne
10. petit / énergique

II. Des comparaisons *(p. 25)*

1. Nous aimons mieux les films italiens que les films français.
2. Ces pommes sont moins bonnes que ces poires.
3. Simone est aussi patiente que toi.
4. Françoise chante mieux que toute la famille.
5. J'ai moins de posters que mon frère.
6. Cette tarte-ci est aussi bonne que cette tarte-là.
7. Philippe est toujours plus élégant que nous.
8. Annie est moins pessimiste que vous.
9. Yves est plus intelligent que ses camarades.
10. Sylvie comprend aussi vite que toi.

Repêchage *(pp. 26–27)*

Total points: 33 *(1 point for each correct adjective and 1 point for each correct comparative)*

Passing score: 26

Adjective agreement

1. fermée
2. beau / norvégien
3. grande / spacieuse
4. jeune / gentil
5. belle / intéressante
6. nouvelle / française
7. longs / russes
8. belles / traditionnelles
9. mauvaise
10. discrète
11. grande / italienne
12. vieille / américaine

The comparative

1. a. Suzanne est plus sportive que Michel.
   b. Suzanne est moins sportive que Jean.
   c. Suzanne est aussi sportive que toi.
2. a. Marie-Jeanne est moins fatiguée que moi.
   b. Marie-Jeanne est plus fatiguée que son frère.
   c. Marie-Jeanne est aussi fatiguée que ses parents.
3. a. Nancy parle (le) français mieux que sa mère.
   b. Nancy parle (le) français moins bien que son prof.
   c. Nancy parle (le) français aussi bien que son amie.
4. a. Les tartes sont meilleures que les éclairs.
   b. Les tartes sont moins bonnes que le gâteau au chocolat.
   c. Les tartes sont aussi bonnes que les bonbons.

IV. Où est-ce qu'ils habitent? *(p. 29)*

1. Nezha
2. Valérie
3. Philippe
4. Mireille
5. Nezha
6. Philippe
7. Nezha
8. Valérie
9. Mireille
10. Nezha
11. Valérie

VII. Précisons! *(pp. 32–32)*

1. C'est une petite chambre meublée.
2. Ce sont des beaux immeubles modernes.
3. C'est une vieille ville calme.
4. C'est une belle chambre ensoleillée.
5. Ce sont des pièces claires et spacieuses.
6. C'est un vieil escalier dangereux.
7. C'est une grande porte solide.
8. C'est un nouvel ami chinois.
9. C'est une amie discrète et fidèle.
10. C'est un bel appartement moderne.
11. Ce sont des nouveaux films russes.
12. C'est une jolie maison blanche.
13. C'est un pull-over rouge et noir.
14. C'est un jeune étudiant sportif.
15. C'est une vieille ferme délabrée.

VIII. Le sens des adjectifs *(pp. 33–34)*

1. C'est une maison très chère.
2. Mes chers enfants sont toujours prêts à m'aider.
3. J'ai ma propre chambre.
4. C'est un bâtiment ancien.
5. C'est une cuisine très propre.
6. Nous avons aidé ce pauvre chat.
7. C'est un grand homme.
8. Thomas est un ancien étudiant.
9. Les dernières nouvelles que nous avons eues de lui n'étaient pas bonnes.
10. Ce sont des gens très pauvres qui vivent dans la rue.

XII. Un poème *(p. 40)*

1. *Answers may vary.*
2. line 2 — que (la porte)
   line 3 — où (la chaise)
   line 4 — que (le chat)
   line 5 — que (le fruit)
   line 6 — que (la lettre)
   line 7 — que (la chaise)
   line 8 — que (la porte)
   line 9 — où (la route)
   line 10 — que (le bois)
   line 11 — où (la rivière)
   line 12 — où (l'hôpital)
3. In these lines, the relative pronoun **que** stands for a direct object. Since that direct object precedes a compound tense, the past participle has to agree in gender and number with the direct object.

XIII. Qui, que, où? *(pp. 41–42)*

1. Tu as aimé le film que tu as vu?
2. Utilisez les chiffons qui sont dans le tiroir.
3. Tu as trouvé la librairie où ils ont acheté ce joli livre?
4. Est-ce que tu as compris le point de grammaire que le prof a expliqué?
5. C'est le moment où il faut se décider.
6. Voilà les jeunes que nous avons engagés.
7. Combien coûte le pull-over qui est dans la vitrine?
8. C'est le placard où j'ai mis les assiettes.
9. Tu as entendu le bruit que j'ai entendu?
10. C'est la ville où je suis née.
11. C'est la fille que j'ai rencontrée chez toi.
12. Tu vois les garçons qui sont assis à la terrasse du café?
13. C'est la nuit où elle a eu un accident de voiture.
14. Où est la personne qui a perdu son portefeuille?
15. Où est la vidéo que tu as achetée?

XIV. Faisons des phrases! *(p. 42)*

1. Voilà l'ordinateur dont j'ai besoin.
2. C'est l'étudiante à qui j'ai téléphoné.
3. Ce sont les voisins avec qui nous sommes allés à la plage.
4. Elle a acheté la vidéo dont tu avais parlé.
5. Ils aiment bien le patron pour qui ils travaillent.
6. Voici la cassette dont tu as besoin.
7. J'ai écrit une composition dont je suis satisfait.
8. Je n'aime pas le garçon avec qui tu sors.

XV. Ce n'est pas compliqué, ce que vous faites! *(p. 43)*

1. Elle ne comprend pas ce dont tu parles.
2. Vous avez vu ce qui est arrivé?
3. Nous ne savons pas ce qu'ils ont fait.
4. Je n'ai pas pu finir mon travail, ce qui m'irrite.
5. Nous ne comprenons pas très bien ce qu'elles veulent.
6. Elle a entendu ce que vous avez dit.
7. Ils doivent finir ce qu'ils ont commencé.
8. Je sais ce dont tu as besoin.
9. Tu n'as pas aimé ce que j'ai préparé à manger?
10. Vous n'avez pas mangé ce qui est dans le frigo?

XVII. Qu'est-ce qu'il y a dans leur logement? *(pp. 45–46)*

1. Sophie / salon
2. Dovi / vestibule
3. Djamal / balcon
4. Sophie / chambres, salle de bains
5. Henri / cuisine, chambre
6. Djamal / salon
7. Dovi / cour
8. Henri / balcon

XXI. Là, où j' habite *(p. 49)*

Véronica Zein: X / maison / complexe privé / bruyant / boulangerie, centre commercial, école, pharmacie, restaurant, coiffeur / X / X

Alain Bazir: Guadeloupe / cité universitaire et maison / dynamique / restaurants, bars, boîtes de nuit / X / inviter des copains, discuter, aller chez des camarades, jouer au ping-pong et au football, aller au cinéma, aller à la plage

Anne Squire: Paris, France / appartement dans un immeuble / vivant, agréable, un peu bruyant / épiceries, boulangeries / métro, autobus / jouer du violon

XXIII. Ce ou *il/elle?* *(p. 51)*

1. C'est
2. Il est
3. Il est
4. C'est
5. Ce sont
6. Elle est / c'est
7. c'est
8. Il est
9. C'est
10. C'est
11. C'est
12. C'est
13. C'est
14. Elle est
15. C'est
16. Ils sont
17. C'est
18. Ce sont
19. Elles sont
20. C'est

XXIV. Des tableaux *(pp. 52–53)*

1. C'est une nature morte.
2. C'est un peintre (français) du XIXe siècle.
3. Elle est sur la table.
4. Ce sont des pommes.
5. Elle est plus petite (moins grande) que les autres pommes.
6. C'est un paysage.
7. C'est un peintre impressionniste.
8. Ce sont des bateaux (à voile). (Ce sont des voiliers.)
9. Il est assis (au premier plan du tableau) (sur une chaise) (sur la terrasse).
10. Elle est à côté de lui. (Elle est à sa droite.)
11. C'est un portrait.
12. C'est un roi de France.
13. Il est assis sur un cheval. (Il est à cheval.)
14. C'est une épée *(sword)*.
15. Ils sont très luxueux (ornés).
16. Il est très beau (très élégant, etc.).

CHAPITRE 2

Test *(pp. 68–69)*

Total points: 10 *(1 point for each correct adjective agreement and 1 point for each correct comparative)*

Passing score: 8

1. Combien de
2. À quelle heure
3. Est-ce que
4. Qu'est-ce que
5. Qui
6. Qu'est-ce que
7. Comment
8. Quand
9. Comment
10. Pourquoi

I. Faisons connaissance! *(p. 70)*

1. Combien de frères et de soeurs est-ce que tu as?
2. Est-ce que tu habites près du centre-ville?
3. Quand est-ce que tu as commencé à apprendre le français?
4. Où est-ce qu'elle travaille?
5. Comment est-ce qu'elle va à son travail?
6. À quelle heure est-ce qu'elle rentre le soir?
7. Est-ce qu'elle a beaucoup de temps libre?
8. Qui parle français dans ta famille?
9. Qu'est-ce que vous aimez faire pendant les vacances?
10. Pourquoi est-ce que vous ne voyagez pas plus souvent?

II. Problèmes au cours de français *(pp. 70–71)*

1. Qui
2. Pourquoi
3. À quelle heure
4. combien de / est-ce qu'
5. comment
6. Qu'est-ce que
7. où
8. quand
9. est-ce que

III. Raid en Nouvelle-Zélande *(p. 71)*

1. Quand est-ce que vous avez fait ce raid?
2. Combien de personnes est-ce qu'il y avait?
3. Pourquoi est-ce que vous étiez un peu triste au départ.
4. Où est-ce que vous êtes allés d'abord?
5. Comment est-ce que vous avez voyagé?
6. Qu'est-ce que vous aviez dans vos sacs?
7. Qui a filmé le voyage?
8. Quand est-ce que vous êtes rentrés en France?
9. Est-ce que vous aimeriez bien y retourner un jour?

Repêchage *(p. 72)*

Total points: 10 *(1 point for each correct answer; 1/2 point if you write* **que** *instead of* **qu'***)*

Passing score: 8

1. Qu'est-ce que
2. Qui
3. Comment
4. Combien de
5. est-ce que'
6. Quand
7. Pourquoi
8. Qu'est-ce qu'
9. À quelle heure
10. Où

V. Les repas *(p. 75)*

Véronica Zein: 3 / avant d'aller en cours; seule ou avec un membre de la famille; un café, du pain et de la confiture / 12h–13h, dans un café avec des amis; un sandwich et un café / 8h30–9h; repas en famille / X

Nezha Le Brasseur: 3 ou 4 / 7h–7h30; we don't know what she has / 12h30–1h; we don't know what she has / 8h–9h / 4h30–5h; un café

Dominique Clément: 3 ou 4 / 8h; en famille / à la maison ou à l'extérieur / vers 10h; avec sa copine / X

Henri Gaubil: 3 / 7h; jus de fruits et café / 1h; en famille ou au restaurant; repas léger / en famille; repas tradionnel français (potage ou entrée, viande, légumes, dessert, vin) / X

Robin Côté: 3 à 5 / un café avec des rôties (toasts) / avec des copains; un sandwich / au restaurant ou à la maison / quand il sort en boîte, il va manger un casse-croûte après

VII. Une jeune Sénégalaise aux États-Unis *(p. 79)*
2. Quel est ton prénom?
3. Quelle est ton adresse au Sénégal?
4. Où se trouve la ville de Ziguinchor?
5. Quel est le numéro de téléphone de tes parents?
6. Quelle est la population du Sénégal?
7. Quels sont les principaux sports pratiqués au Sénégal?
8. Qu'est-ce que tu aimerais faire aux États-Unis?

VIII. Un questionnaire *(pp. 80–81)*
1. Quel âge avez-vous? / Quel âge votre compagnon de voyage a-t-il?
2. Combien de fois par an prenez-vous le train? / Combien de fois par an votre compagnon de voyage prend-il le train?
3. Êtes-vous de nationalité française? / Votre compagnon de voyage est-il de nationalité française?
4. À quelle heure êtes-vous monté(e) dans le train où vous vous trouvez? / À quelle heure votre compagnon de voyage est-il monté dans le train où vous vous trouvez?
5. Où allez-vous? / Où votre compagnon de voyage va-t-il?
6. D'où venez-vous? / D'où votre compagnon de voyage vient-il?
7. Quel titre de transport utilisez-vous pour ce voyage? / Quel titre de transport votre compagnon de voyage utilise-t-il pour ce voyage?
8. Où avez-vous procuré votre billet? / Où votre compagnon de voyage a-t-il procuré son billet?
9. Combien de temps avez-vous été ou serez-vous absent(e) de votre domicile? / Combien de temps votre compagnon de voyage a-t-il été ou sera-t-il absent de son domicile?

XI. Comment? *(p. 84)*
1. Comment? Avec qui est-ce que tu es (es-tu) allée au cinéma?
2. Comment? De quoi est-ce qu'il a (a-t-il) besoin?
3. Comment? À qui est-ce que tu as (as-tu) parlé?
4. Comment? À quelle heure est-ce que leur avion doit arriver?
5. Comment? Pour qui est-ce qu'il va (va-t-il) travailler?
6. Comment? De quoi s'agit-il dans le film «La liste de Schindler»?
7. Comment? De quelle couleur est la voiture?
8. Comment? Chez qui est-ce qu'ils passent (passent-ils) la nuit?
9. Comment? À quoi est-ce que tu pensais (pensais-tu)?
10. Comment? De quel instrument Xavier joue-t-il?

XII. Vous devinez... *(pp. 84–85)*
1. De quoi avez-vous besoin?
2. À quoi penses-tu?
3. À quelle émission t'intéresses-tu (particulièrement)?
4. Chez qui veux-tu passer la soirée?
5. À qui as-tu envie de téléphoner?
6. Dans quel cours voudrais-tu être
7. Pardon, madame, à quel étage se trouve l'appartement des Portier?
8. Dans quels pays étranger allez-vous, monsieur?

XIII. Questions *(p. 85)*
1. a. À qui avez-vous téléphoné (allez-vous téléphoner)?
   b. À qui est-ce que tu as (as-tu) téléphoné (vas-tu téléphoner)?
2. a. De quoi avez-vous besoin?
   b. De quoi est-ce que tu as (as-tu) besoin?
3. a. Qui cherchez-vous? / Que cherchez-vous?
   b. Qui est-ce que tu cherches? / Qu'est-ce que tu cherches? (Que cherches-tu?)
4. a. Que jouez-vous (Qu'allez-vous jouer)?
   b. Qu'est-ce que tu joues (vas jouer)? / Que joues-tu (vas-tu jouer)?
5. a. À qui parlez-vous?
   b. À qui est-ce que tu parles (parles-tu?)
6. a. Qu'envoyez-vous?
   b. Qu'est-ce que tu envoies? (Qu'envoies-tu?)

XIV. Ce qu'on mange *(p. 86)*
Mireille Sarrazin: du pain avec du beurre et de la confiture; quelquefois des croissants; du café / une salade, une viande ou du poisson, un légume ou un féculent et un fruit / une soupe ou une salade; de la charcuterie ou des pâtes ou une quiche lorraine, ou du pain et du fromage; un fruit

Alain Bazir: des œufs et des toasts avec de la confiture; un jus de fruits / des plats préparés avec des produits locaux: ignames, poisson / un sandwich ou une pizza

Delphine Chartier: un jus de pamplemousse frais; du thé sans lait, sans sucre; du pain de mie grillé avec du beurre et de la confiture / en semaine: repas rapide (une pizza, une salade composée ou un plat avec du riz et des crevettes dans un restaurant chinois) / le week-end: une salade ou du melon, de la viande avec des légumes ou des fruits, du fromage, des fruits ou une tarte aux pommes, un café / en semaine: un plat principal avec des légumes, une salade, du fromage ou un yaourt, un fruit; le week-end: dîner plus léger

Dovi Abe: une bouillie de mil avec du lait caillé et du miel / du riz et du poisson avec de la sauce (du tcheboudjen) / du riz avec de la sauce ou du couscous local

XV. Renseignons-nous! *(pp. 87–88)*

1. Où est-ce que tu fais tes études? (Où fais-tu tes études? / À quelle université est-ce que tu fais tes études? (À quelle université fais-tu tes études?)
2. Dans quelle résidence habites-tu? (Dans quelle résidence est-ce que tu habites?)
3. De quels clubs es-tu membre?
4. D'où viens-tu? (D'où est-ce que tu viens?)
5. Pour quelle société est-ce que tu travailles? (Pour quelle société travailles-tu?)
6. Dans quel état voudrais-tu habiter? (Dans quel état est-ce que tu voudrais habiter?)
7. Chez qui est-ce qu'on va se réunir? (Chez qui va-t-on se réunir?)
8. À quelle heure est-ce qu'on va se réunir? (À quelle heure va-t-on se réunir?)
9. Avec (De) quoi est-ce que tu vas faire le char de carnaval? (Avec [De] quoi vas-tu faire le char de carnaval?)
10. Avec qui est-ce que tu y vas? (Avec qui y vas-tu?)
11. De quoi auras-tu besoin? (De quoi est-ce que tu auras besoin?)
12. Pour combien de temps est-ce que tu y seras? (Pour combien de temps y seras-tu?)
13. À quoi est-ce tu pensais (À quoi pensais-tu) lorsque je suis entré(e)?
14. Qu'est-ce que tu penses (Que penses-tu) des centrales nucléaires?
15. À qui est-ce que tu penses (À qui penses-tu) lorsque tu te sens triste et seule?
16. Qu'est-ce que tu penses (Que penses-tu) de Elton John?

XVII. Lecture *(pp. 89–90)*

1. Ralph: «Le vin est senti par la nation française comme un bien qui lui est propre... »
2. Cindy: «(Le vin) est avant tout une substance de conversion... »
3. Ralph: «En France, l'ivresse est conséquence, jamais finalité... »
4. Ralph: «... la société nomme malade, infirme ou vicieux, quiconque ne croit pas au vin.»
5. Cindy: «... un diplôme de bonne intégration est décerné à qui pratique le vin... »
6. Cindy: «(Le lait), c'est maintenant le véritable anti-vin...»
7. Ralph: «Le lait... est contraire au feu... et donc sopitive.»

8. Cindy: «Le bifteck participe à la même mythologie... »
9. Ralph: «... un euphémisme: on dit que le bifteck est à point, ce qui est à vrai dire donné plus comme une limite que comme une perfection... »
10. Ralph: «Suprême abus de confiance.»
11. Cindy: «Le général connaissait bien notre symbolique nationale, il savait que la frite est le signe alimentaire de la 'francité'.»

XVIII. Ça change *(p. 91)*

Xavier Jacquenet: France / Les jeunes ne prennent plus le temps de cuisiner; on utilise de plus en plus de produits surgelés et de plats tout préparés. / Il pense que cette évolution est négative parce que les repas sont moins équilibrés et ils coûtent plus cher que la cuisine traditionnelle. Mais ils sont aussi moins caloriques, ce qui est une bonne chose.

Djamaal Taazibt: Algérie / Les Algériens mangent plus maintenant (par exemple, plus de viande) et la nourriture est plus variée. / Il ne donne pas vraiment son opinion. Il signale que des problèmes d'obésité et de diabète commencent à apparaître en Algérie.

Sophie Everaert: Belgique / On utilise plus de surgelés; il y a plus de restaurants internationaux; on peut se faire livrer des pizzas chez soi. Dans les restaurants, on propose souvent de la «nouvelle cuisine». / L'utilisation des surgelés est pratique pour les ménages qui travaillent. Elle n'aime pas la nouvelle cuisine, car les portions ne sont pas assez copieuses.

Philippe Heckly: France / Les jeunes aiment manger dehors, dans des fast-foods, par exemple. / Il n'aime pas beaucoup les fast-foods. Il espère qu'ils resteront une solution de remplacement. Il préfère la cuisine traditionnelle: choucroute, couscous.

Dovi Abe: Sénégal / On ne fait plus beaucoup la cuisine au charbon de bois; il y a de plus en plus de cuisinières à gaz, donc ça prend moins de temps. Il y a une plus grande variété de légumes. Le goût des plats a changé. Il existe une version locale de la restauration rapide: le chawarma, importé du Liban. / X (Il dit que les traditionalistes pensent que le goût de la nourriture est moins bon, mais il ne donne pas son opinion personnelle.)

XX. Trois registres de langue *(p. 94)*

1. Aimez-vous la musique moderne? / Est-ce que vous aimez la musique moderne? / Tu aimes la musique moderne? (Est-ce que tu aimes [Aimes-tu] la musique moderne?)
2. Où passez-vous les vacances? / Où est-ce que vous passez les vacances? / Tu passes les vacances où? (Où tu passes les vacances?)
3. Combien de sœurs avez-vous? / Combien est-ce que vous avez de sœurs? (Combien de sœurs est-ce que vous avez?) / Tu as combien de sœurs, toi?

4. Quels films avez-vous vus récemment? / Quels films est-ce que vous avez vus récemment? / Quels films tu as vus récemment? (Tu as vu quels films récemment?)
5. Avec qui allez-vous passer le jour de Noël? / Avec qui est-ce que vous allez passer le jour de Noël? / Tu passes le jours de Noël avec qui? (Avec qui tu passes le jour de Noël?)
6. Comment votre père va-t-il? / Comment va votre père? / Comment il va, ton père? (Comment va ton père?)

XXI. Questions pour une interview (p. 96)
(sample answers; other questions may be possible) Est-ce que le goût de votre clientèle a changé? (Les clients mangent-ils différemment aujourd'hui?) Quels sont les plats favoris de vos clients américains? Est-ce que les Américains aiment (toujours) la cuisine française? Quelles différences culinaires y a-t-il entre les régions?

CHAPITRE 3

Test (pp. 116–117)
Total points: 40 (1 point for each form of the *passé composé* in Part A; 2 points for each form of the *imparfait* in Part B)
Passing score: 32

A. 1. a fini / s'est couchée
2. as pris / a prêté
3. êtes allés / n'avons rien fait
4. t'es bien reposé / ai regardé
5. vous êtes perdus / avons demandé
6. ont laissé / n'ai pas vu
7. ont pu / est arrivée
8. t'es levée / ai eu
9. vous êtes amusés / a perdu
10. êtes rentrés / nous sommes dépêchés

B. étais / allait / avaient / nous dirigions / prenaient / faisions / descendaient / ne voulais pas / finissait / vous amusiez

I. Monologues (pp. 119–120)
1. n'est pas allé / a attendu / s'est trompé / a décidé
2. sommes rentrées / avons regardé / avons téléphoné / nous nous sommes couchées / n'ai pas pu
3. ai dormi / n'ai pas déjeuné / me suis dépêché / suis arrivé
4. n'as pas fini / n'es pas venue / n'as pas répondu / t'es disputée
5. a pris / s'est habillée / est sortie / sont allés / se sont bien amusés / n'a rien mangé
6. avez fait / n'êtes pas venus / avez perdu / vous êtes amusés
7. avons pris / sommes descendus / sommes entrés / a acheté / ai vu / sommes restés / sont retournées

II. Interrogatoires (p. 120)
1. étais / écoutais / te disputais / répondais / avais / étais / m'entendais / parlais
2. étiez / séjourniez / sortiez / vous amusiez / avais / allais / aimais
3. était / faisait / prenait / réussissait / faisaient / allaient / faisait / était

Repêchage (p. 121)
Total points: 40 (1 point for each form of the *passé composé* in Part A; 2 points for each form of the *imparfait* in Part B)
Passing score: 32

A. 1. as acheté / ai choisi
2. n'es pas allée / suis restée
3. est venue / a regardé
4. avez vu / sont rentrés
5. a fait / me suis fâchée
6. ont fait / ont joué
7. n'a pas déjeuné / s'est levé
8. as parlé / se sont couchées
9. avez attendu / avons pris
10. as retrouvé / me suis trompée

B. prenait / habitaient / avait / attendions / finissais / se promenaient / faisait / nous amusions / étais / prenait / alliez

III. Quelques fêtes françaises (p. 123)
1. religieuses / civiles
2. sapin (de Noël) / cadeaux / messe de minuit / réveillon / chaussures / père Noël
3. une bonne année / minuit / Jour de l'An / donne (offre) / étrennes
4. célèbre / Pâques / Vendredi saint / Dimanche de Pâques / lundi / œufs en sucre ou en chocolat
5. 14 juillet / drapeaux / lampions / danse / défilé / feux d'artifice
6. Toussaint / Jour des Morts / cimetière / tombeaux

IV. Comment passez-vous votre temps? (p. 124)
Valérie Écobichon: Elle est bibliothécaire à la bibliothèque municipale de Dinan; elle travaille du lundi au vendredi, de 9h à 5h. / le week-end et le soir après le travail—Le week-end, elle va au bord de la mer; elle fait de la planche à voile ou des promenades sur la plage. Elle aide aussi ses parents quelquefois, le soir ou le week-end, pour certains travaux de la ferme.
Anne Squire: Elle fait des études de musique et des études d'anglais. Elle travaille la musique tous les matins, de 9h30 jusqu'à 1h. L'après-midi, elle va souvent à l'université. Le soir, elle a quelquefois des cours ou des répétitions d'orchestre. / Certains après-midi, elle fait de la musique de chambre avec des amis. Elle va beaucoup au cinéma.

Henri Gaubil: Il travaille de 7h à midi, puis de 4h à 7h. / Il fait la sieste de midi à 2h. Le week-end, il va à la plage d'Ajaccio ou chez des amis qui habitent le nord de la Corse.

Robin Côté: Il est chercheur en physique. Il travaille de 10h à midi. Il travaille aussi l'après-midi, et le soir, après le dîner, jusqu'à 10h. / Il a un peu de temps libre en fin d'après-midi: il va au gymnase. Le soir, chez lui, il regarde les nouvelles à la télé ou il lit. Le week-end, il se lève entre 10h et midi; il va souvent au Mont-Royal avec des copains le dimanche: ils pique-niquent. Le soir, il sort avec des copains, il va dans des bars ou au spectacle. L'hiver, il aime jouer au hockey, patiner au grand air et faire du ski. L'été, il fait du vélo et il joue à la «balle molle» avec des amis. Quand il est chez lui, il se repose.

VI. Un séjour à la Martinique *(pp. 129–130)*

1. nous y sommes arrivés / mon père a loué une voiture / sommes allés directement
2. Notre hôtel était / se trouvait / avions
3. nous nous sommes promenés / ma mère et mon père ont visité / nous avons passé
4. les pêcheurs rapportaient / les femmes faisaient / les jeunes s'amusaient
5. ma mère a eu / mon père s'est senti / j'ai été
6. avons mangé / nous avons fait / mon père a gagné
7. nous allions / j'ai vu / qui jouaient / j'ai pensé / c'était

IX. Paragraphes *(p. 133)*

1. est née / est morte / a vécu / ai vue / avons passé / nous sommes (bien) amusé(e)s
2. avons eu / a demandé / est sortie / a descendu / a ouvert / s'est retournée / a dit / a engagés / est montée / ont disparu / nous sommes regardés / sommes retournés
3. a appris / avons rendu visite / sommes arrivé(e)s / suis resté(e) / est entrée / s'est assise / se sont parlé / a sorti / a lue / a embrassé / a retrouvé(e) / a eu / a dit
4. ont passé / se sont pas (bien) amusés / a fait / ont été / sont montés / est tombée / s'est cassé / ont reçu / a fallu

X. Le combat du serpent et de la mangouste *(p. 135)*

était / invitait / aimait / préférait / a vu / sont arrivés / se passaient / était / se jetait / a ouvert / a précipité / semblait (a semblé) / se blottissait (s'est blottie) / s'est avancée / a essayé / s'est retourné / a fait / a esquivé / s'est reposée / est revenue / a réussi / s'est échappé / a saisi / a continué / criaient / encourageait / suivaient / se sont lâchés / se sont repris / a remporté / a cessé / a retirée / était / semblait / se sentait (s'est sentie)

XI. Comment passez-vous votre temps libre? *(p. 136)*

Florence Boisse-Kilgo: Elle range, elle s'occupe de paperasserie. Elle lit. Elle s'occupe de son cochon d'Inde. / Elle aime être assez active. Elle fait du jogging et des tours à vélo. Elle a commencé à apprendre à faire du cheval. Elle aime aussi se promener. / X

Xavier Jacquenet: Il écoute de la musique, il lit ou il regarde une vidéo. / Il va nager, jouer au tennis, au cinéma, boire un pot ou flâner en ville avec des copains. / Le premier mois, il travaille pour gagner de l'argent. Le deuxième mois, il part en vacances avec l'argent qu'il a gagné; le troisième mois, il ne fait pas grand-chose, il passe beaucoup de temps avec ses copains, il part en week-end avec eux.

Sophie Everaert: Elle lit ou elle regarde la télé. Elle aime se relaxer avec son mari, ne rien faire. Quelquefois, ils invitent des amis à dîner. / Elle fait beaucoup de sport: de la course à pied, de la natation, du volley-ball et de l'exercice. / Elle va souvent à l'étranger avec son mari. En hiver, ils vont skier en Suisse ou en France et en été, ils vont au soleil et font de la planche à voile, sur la Côte d'Azur ou en Espagne.

Robin Côté: En semaine, il mange, il regarde la télé, il se repose (il dort). / L'hiver, il joue au hockey 2 ou 3 fois par semaine. Il fait du patin à glace au grand air. Le week-end, il va faire du ski. L'été, il fait du vélo ou il joue à la «balle molle» avec des copains du bureau. / Il se repose au début des vacances, mais il aime surtout partir visiter d'autres pays, en Europe, en particulier, où il a des amis.

XII. Une partie de voile *(pp. 137–138)*

(Sample answers; there are other possibilities.)
Il faisait un temps splendide. Avant de prendre la mer, ils avaient chargé le bateau de cannes à pêches et de provisions. Et ils avaient hissé la voile. / Ils ont jeté l'ancre. Ils avaient chaud et ils avaient faim. / Le ciel s'est couvert de nuages. Et il s'est mis à pleuvoir très fort. Le bateau a chaviré. Ils ont essayé de s'accrocher, mais, tout à coup, ils se sont trouvés dans l'eau. / Au tomber du jour ils se sont réveillés sur la plage d'une petite île. Ils étaient épuisés.

XIV. Lecture *(pp. 139–140)*

1. Le mardi et le vendredi soir. Ça coûtait moins cher ces jours-là.
2. Ils se mettaient à l'orchestre. C'est là que se retrouvaient tous les autres jeunes mal habillés et querelleures.
3. parler, crier, rire, aller et venir dans tous les sens, aviser les femmes, monter sur une chaise pour chanter et danser, se battre
4. Non. On parlait, on discutait pendant le film.

5. Il trouvait cette ambiance très sympathique. Cette atmosphère s'avérait inoffensive.

6. Ils parlaient longuement du film et aussi du rôle des gens de couleur.

7. Quelqu'un de subordonné (boy, chauffeur, valet); pas très intelligent; pauvre et vêtu d'habits déchirés; avec un langage différent; toujours victime des plaisanteries des autres; quelqu'un qu'on battait ou qu'on trompait.

8. Il ne comprend pas comment et pourquoi les Blancs ont inventé cette image des Noirs. Il accuse les classes supérieures pour la misère et la pauvreté de cette classe sociale dont ils en font une image des Noirs.

XV. Est-on en train d'évoluer vers une civilisation des loisirs? (p. 141)

Valérie Écobichon: oui / On passe de plus en plus de temps à des activités de loisir et c'est tant mieux. De nos jours, même les agriculteurs consacrent plus de temps aux loisirs, grâce au développement de la mécanisation.

Xavier Jacquenet: oui / Les gens travaillent moins. La vie quotidienne est plus assurée qu'avant, il y a des garanties de l'État en ce qui concerne la santé, l'éducation... Donc, les gens ont l'esprit plus libre et donnent plus d'importance aux loisirs.

Mireille Sarrazin: non / À cause du chômage, les gens ont peur de perdre leur emploi; alors ils travaillent de plus en plus et ils sont très fatigués. Ils n'ont pas beaucoup de temps à consacrer aux loisirs.

Henri Gaubil: non / Les loisirs ne représentent pas une priorité. Les problèmes de la vie quotidienne (chômage, famille, éducation des enfants) passent avant. Pour avoir des loisirs, on est obligé de les provoquer.

Dovi Abe: oui et non / C'est sans doute vrai dans les pays industrialisés. Les pays en voie de développement n'ont pas les moyens de disposer d'autant de loisirs.

Robin Côté: oui et non / En principe, on a plus de temps libre qu'avant, mais on a aussi plus de besoins et on travaille plus pour pouvoir les satisfaire. Les loisirs sont devenus en quelque sorte une raison de travailler plus.

XVII. Pourquoi (pas)? (p. 143)

1. (Parce qu')il avait fait une grosse faute à son examen de chimie.
2. Non, elles étaient déjà montées se coucher.
3. Non, elle n'avait pas fini ses devoirs.
4. (Parce que) nous avions déjà visité Beaubourg.
5. (Parce qu')il s'y était bien amusé pendant sa première visite.
6. (Parce qu')il n'avait rien mangé depuis le matin.
7. (Parce que) nous nous étions disputés la semaine dernière.
8. Non, mes parents avaient pris la voiture pour aller à Cahors.
9. (Parce qu')il avait répondu à la même question deux minutes avant.
10. Non, elles étaient allées au cinéma avec des copains.

XVIII. Notre arrivée chez les Matheron (p. 145)

1. Moi, je viens de me couper le doigt en préparant le dîner.
2. Michel (Mon mari) vient de renverser un vase sur la nouvelle nappe.
3. Thierry vient d'attraper le chat par la queue.
4. Cécile vient de casser sa poupée préférée.
5. Et ma sœur vient de téléphoner pour dire que Maman est malade et qu'elle va à l'hôpital.
6. Elle venait de se couper le doigt en préparant le dîner.
7. Son mari Michel venait de renverser un vase sur la nouvelle nappe.
8. Son fils Thierry venait d'attraper le chat par la queue.
9. Sa fille venait de casser sa poupée préférée.
10. Et sa sœur venait de téléphoner pour dire que sa mère était malade et qu'elle allait à l'hôpital.

XIX. Bandes dessinées (pp. 147–149)

1. François et sa fiancée attendent leur dîner depuis 8 h. François et sa fiancée attendent leur dîner depuis une heure. (Voilà une heure qu'ils attendent leur dîner. Ça fait une heure qu'ils attendent leur dîner. Il y a une heure qu'ils attendent leur dîner.)
2. M. et Mme Beaudoin préparent le dîner depuis 2 h de l'après-midi. / Ils préparent le dîner depuis plus de 5 heures. (Voilà plus de 5 heures qu'ils préparent... Ça fait plus de 5 heures qu'ils préparent... Il y a plus de 5 heures qu'ils préparent...)
3. Mathilde ne se sent pas bien depuis le 17 octobre. / Elle ne se sent pas bien depuis deux jours. (Voilà deux jours qu'elle ne se sent pas bien. Il y a deux jours qu'elle ne se sent pas bien. Ça fait deux jours qu'elle ne se sent pas bien.)
4. Thierry s'amuse à poursuivre le chien depuis un quart d'heure. (Ça fait un quart d'heure qu'il s'amuse... Voilà un quart d'heure qu'il s'amuse... Il y a un quart d'heure qu'il s'amuse...)
5. Le bébé pleure depuis vingt minutes. (Ça fait 20 minutes que le bébé pleure. Il y a 20 minutes que le bébé pleure. Voilà vingt minutes que le bébé pleure.)
6. La petite fille appelle sa mère depuis dix minutes. (Voilà dix minutes qu'elle appelle... Il y a dix minutes qu'elle appelle... Ça fait dix minutes qu'elle appelle...)
7. François et sa fiancée attendaient depuis deux heures quand le garçon les a enfin servis. (Voilà deux heures qu'ils attendaient... Ça faisait deux heures qu'ils attendaient... Il y avait deux heures qu'ils attendaient...)
8. M. et Mme Beaudoin préparaient le dîner depuis six heures quand leurs invités sont arrivés. (Voilà six heures qu'ils préparaient... Ça faisait six heures qu'ils préparaient... Il y avait six heures qu'ils préparaient...)

9. Mathilde ne se sentait pas bien depuis quatre jours quand son mari a téléphoné au médecin. (Ça faisait quatre jours qu'elle ne se sentait pas bien... Voilà quatre jours qu'elle ne se sentait pas bien... Il y avait quatre jours qu'elle ne se sentait pas bien...)

10. Thierry s'amusait à poursuivre le chien depuis une demi-heure quand le chien l'a mordu. (Ça faisait une demi-heure qu'il s'amusait... Voilà une demi-heure qu'il s'amusait... Il y avait une demi-heure qu'il s'amusait...)

11. Le bébé pleurait depuis 35 minutes quand son père est venu le calmer. (Voilà 35 minutes que le bébé pleurait... Ça faisait 35 minutes que le bébé pleurait... Il y avait 35 minutes que le bébé pleurait...)

12. La petite fille appelait sa mère depuis 12 minutes quand sa mère l'a retrouvée avec l'aide d'une vendeuse. (Il y avait 12 minutes que la petite fille appelait... Voilà 12 minutes que la petite fille appelait... Ça faisait 12 minutes que la petite fille pleurait...)

XX. Une histoire de la Martinique *(pp. 150–151)*
était / habitait / travaillaient / n'aimaient pas / avait fait / est venu / ont donné / vivait / taillait / communiquait / donnait / balayait / rangeait / lavait / rapportait / préparait / n'entrait jamais / gardait / est venue / a balayé / venait de / est sortie / a semblé (semblait) / a été (était) / a oublié / a dit / a ajouté / était / est arrivée / est retournée / s'est mise / venait de / connaissait / racontait (avait raconté) / étaient arrivés / étaient allés / vivait / étaient venus / étaient / s'était développée / s'étaient mariés / avait refusé / était partie / est restée *[still true today; therefore, p.c. rather than p.-q.-p.* / est rentrée / se regardaient / a dit / a-t-il répondu / n'a jamais remis (p.c. with negative sentence and **depuis**)

XXIII. Lecture *(p. 153)*
2 / 1 / 1 / 2 / 2 / 1 / 1 / 2 / 2 / 2 / 1 / 1 / 1 / 2 / 1 / 2 / 1 / 2

CHAPITRE 4

Test *(pp. 168–169)*
Total points: 23 *(1 point for each correct verb)*
Passing score: 18

1. serez
2. irons
3. pourrez
4. restera / partirai / voudrez
5. prendrez
6. arrangera / iront / retrouverai / verront / aurai
7. ira / serai / prendras / sera / visitera / sera
8. aura / commencerez / verrai / pourrez
9. ferai

I. L'avenir *(p. 170)*
1. prendrons / montera / quitteront / descendra / continuerez / changeras / irai / prendrai / retrouvera / mangerons / rentrerons
2. accompagnera / pourrai / serai / iront / fera / auras
3. verras / pourras / rendra / voudra / pourra / irons / sortirons / sera

II. Pas encore, mais... *(pp. 170–171)*
1. Non, pas encore, mais je le verrai cet après-midi.
2. Non, pas encore, mais nous irons ce week-end.
3. Non, pas encore, mais elle le prendra l'année prochaine.
4. Non, pas encore, mais il arrivera dans quelques instants.
5. Non, pas encore, mais il y en aura une à 6h (il y aura une annonce à 6h).
6. Non, mais elles y seront lundi prochain.
7. Non, pas encore, mais il prendra le train de 17h30.
8. Non, pas encore, mais elle se couchera après le film.
9. Non, pas encore, mais ils y partiront le 19.
10. Non, pas encore, mais nous les finirons bientôt.
11. Non, pas encore, mais j'apprendrai à l'utiliser avant la rentrée.

Repêchage *(p. 171)*
Total points: 15 *(1 point for each correct verb)*
Passing score: 12

1. accompagnerez / irons
2. prendront / rentreront
3. pourra / seront
4. pourras / serai
5. verront / invitera
6. ferez / me coucherai / regardera
7. sortira / voudra

V. Vrai / Faux *(pp. 174–175)*
1. F. Il est prof de psychologie industrielle et organisationnelle.
2. V.
3. F. Il a fait une maîtrise aux États-Unis.
4. F. Il fait de la recherche.
5. V.
6. V.
7. F. Elle répond aux questions des lecteurs.
8. V.
9. F. Quand elle était jeune, elle n'aimait pas du tout le travail à la ferme.
10. F. Ils cultivent du blé, des pommes de terre et des betteraves.
11. F. Il va travailler sur l'aquaculture des crevettes et des palourdes en Guadeloupe.
12. V.
13. F. Il était technicien.
14. V.
15. V.

16. F. Il travaille dans un centre de recherche.
17. F. Il fait beaucoup de travail informatique sur ordinateur
18. V.
19. F. Deux de ses frères travaillent avec ses parents à la ferme.
20. F. Allophone, ça désigne une personne qui ne parle pas la langue de la communauté où elle habite.

VII. Quels sont leurs projets? *(p. 179)*

1. Ils ont l'intention d'aller à Paris.
   Elle va aller à Paris.
   J'espère aller à Paris.
   Il veut aller à Paris.
2. Je ne veux pas prendre le cours de statistiques.
   Elle a l'intention de prendre le cours de statistiques.
   Il a envie de prendre le cours de statistiques.
3. Ils comptent acheter une voiture de sport.
   Il ne va pas acheter de voiture de sport.
   Je pense acheter une voiture de sport.
4. J'espère réussir à l'examen de français.
   Ils vont réussir à l'examen de français.
   Elle compte réussir à l'examen de français.

IX. Qui fera quoi? *(p. 181)*

1. Philip, tu enverras les invitations aux administrateurs.
2. John, Susan et moi, nous ferons la publicité.
3. Mark et Jean, vous demanderez de l'argent au chef du département de français.
4. Hilary, tu contacteras le journal.
5. Michael, tu réserveras les salles.
6. Sylvia et Mary, vous louerez les vidéos.
7. Alex, Kim et moi, nous préparerons les affiches.
8. Jerry et Frank, vous irez chercher les amuse-gueule.
9. Tony, tu feras des copies des cassettes.
10. Mary et moi, nous finirons l'article pour le journal français.
11. Jennifer, tu seras l'hôtesse.
12. Tom, tu vendras les drapeaux des pays francophones.

X. Chaque chose en son temps *(p. 183)*

1. sera partie
2. aurez fini
3. auront appris
4. aurons fait
5. auras pris
6. aura fait
7. serai... allé(e)
8. te seras lavé

XI. Futur ou futur antérieur? *(p. 183)*

1. Quand elle aura lavé la voiture, elle ira faire un tour en ville.
2. J'achèterai le gâteau, j'irai chercher les enfants à l'école et on ira directement à la fête.
3. Lorsque tu auras pris ta décision, tu nous téléphoneras.
4. Vous pourrez aller à la plage aussitôt que vous aurez rangé votre chambre.
5. Le prof corrigera les devoirs et (elle) les rendra tout de suite.
6. Tu auras déménagé quand tes parents te rendront visite.

XVI. Qui veut quoi? *(pp. 186–187)*

1. Véronica; Valérie
2. Robin
3. Henri
4. Valérie
5. Anne
6. Philippe
7. Djamal
8. Philippe
9. Philippe
10. Anne

XVII. Soyons plus polis! *(p. 188)*

1. Je voudrais...
2. Pourriez-vous... ?
3. Sauriez-vous... ?
4. Nous voudrions...
5. Auriez-vous...
6. Je serais...
7. Pourrais-tu... ?
8. nous voudrions...
9. Tu ferais... ?
10. Vous iriez... ?
11. Ils nous prêteraient... ?
12. Elle préparerait... ?

XVIII. Que feriez-vous à leur place? *(p. 190)*

1. À ta place, je me coucherais plus tôt.
2. À ta place, je ne mangerais pas de pizza.
3. À ta place, je n'irais pas dans les grands magasins.
4. À sa place, je leur enverrais une lettre.
5. À sa place, je prendrais des leçons de français.
6. À ta place, je consulterais un médecin.
7. À votre place, je dînerais au restaurant.
8. À leur place, j'achèterais une maison.
9. À ta place, je m'arrêterai de travailler à l'ordinateur.
10. À sa place, j'irais voir le prof.
11. À votre place, j'inviterais mes meilleurs amis.
12. À ta place, je ne lui donnerais plus d'argent.

XIX. Si vous pouviez choisir? *(pp. 190–191)*

1. Si je pouvais choisir, je dînerais...
2. Si je payais le repas, je choisirais...
3. S'il m'invitaient à dîner, je leur apporterais...
4. Si je voulais maigrir, je prendrais...
5. Si je n'aimais pas le poisson, je commanderais...
6. Si j'avais très faim, je mangerais...
7. Si je voulais grossir, je choisirais...
8. Si j'avais le choix, je prendrais...
9. Si le service n'était pas compris, je laisserais...

CHAPITRE 5

I. Compte rendu de film: «L'Appât» *(p. 206)*

1. D'un film policier. Il s'agit de trois jeunes personnes qui commettent plusieurs crimes (vols et meurtres).
2. Dans le banlieue de Paris, dans les années 90.
3. Trois jeunes personnes—une fille et deux garçons.

4. a. quand, où, qui
   b. le point de départ, la situation au début du film
   c. la complication
   d. description et évaluation du film
5. Le compte rendu *ne* révèle *pas* la fin du film.

IV. Le participe présent *(p. 210)*
1. arrivant
2. faisant
3. attendant
4. nous dépêchant
5. allant
6. rougissant
7. lisant
8. me réveillant
9. partant
10. prenant

V. Et puis... *(pp. 210–211)*
1. M. Delaudin a fait la vaisselle avant que sa femme rentre.
2. M. Delaudin fera la vaisselle avant que sa femme rentre.
3. Tous les matins Rosine fait sa toilette avant de s'habiller.
4. Le candidat socialiste a téléphoné à son rival avant qu'on annonce les résultats.
5. Jean-Pierre a fait ses valises avant de descendre...
6. J'espère qu'ils arriveront avant que tu partes.

VI. Et puis... *(pp. 211–212)*
1. Tous les matins, Rosine s'habille après avoir fait sa toilette.
2. Jean-Pierre préparera quelque chose à manger après être rentré du travail.
3. D'habitude, je lis pendant une heure ou deux après m'être couché(e).
4. J'espère qu'elle arrivera après le départ de son ex-mari.
5. Je ne les ai pas vus après le dîner à la Tour d'Argent.
6. Elle a parlé au directeur après moi.

VII. Les voyageurs *(pp. 212–213)*
1. En arrivant à Gaspé en 1534, Cartier y a trouvé...
2. En désobéissant aux ordres du nouveau gouverneur du «Canada», Cartier s'est attiré...
3. En remontant l'Ottawa en 1615, Champlain a découvert...
4. La Salle a été tué en 1864 en explorant...
5. Cartier a pris possession du nouveau pays au nom de la France avant de rentrer à Saint-Malo.
6. Cartier a remonté le Saint-Laurent... plus de 70 ans avant que Champlain fonde la ville de Québec.
7. La femme de Champlain a passé 10 années seule en France avant que son mari l'emmène à Québec.
8. Champlain a fait la paix avec les Iroquois avant de mourir.
9. Cinq ans après avoir visité... , Champlain y est retourné...
10. Après s'être marié en 1610, Champlain est rentré...
11. Après avoir découvert... , Champlain a été blessé...
12. Neuf ans après la découverte du Mississippi par Joliet et Marquette, La Salle est descendu...

VIII. Avez-vous compris? *(p. 214)*
1. Les Américains avaient des «mobile homes» (tout le confort moderne) et eux, ils allaient faire du vrai camping.
2. Le dernier jour de camping au parc national de Yosemite.
3. Au lieu de s'éloigner, il a fait un pas vers Philippe.
4. Didier a encouragé Philippe de prendre le risque de photographier l'ours.
5. Il se sentait très fier de son exploit. Il avait fait quelque chose de très courageux.
6. Ils se sont moqués de lui parce qu'il s'était tellement écarté de l'ours en prenant la photo que l'ours semblait très petit.

XI. Equivalences *(pp. 216–217)*
1. On parle français et anglais au Cameroun.
2. On servira la salade après le plat principal.
3. On a tourné ce film en Angleterre.
4. On n'a pas répondu à ma question.
5. On a construit ce château au XVIIIe siècle.
6. On a trouvé trois millions de francs dans une maison abandonnée.

XII. Encore des équivalences *(pp. 217–218)*
1. Le château a été construit auXVIIIe siècle.
2. Le dîner sera servi à 8h30 (20h30).
3. La glace a été cassée (brisée) hier.
4. Le nouveau directeur a été choisi à l'unanimité.
5. Le président Kennedy a été assassiné à Dallas en 1963.
6. Les tableaux seront remis dans leur état d'origine.

XIII. *Par ou de?* *(p. 219)*
1. par
2. par
3. d'
4. de
5. par
6. de
7. par
8. par

XIV. Dans mon université *(p. 219)*
1. Le président est aimé et respecté de tous les étudiants.
2. La création de nouveaux programmes est supervisée par les vice-présidents.
3. Au milieu du campus une fontaine est entourée de quatre bâtiments.
4. Beaucoup de professeurs ont été engagés pendant les années 1970.
5. Autrefois tous les examens étaient corrigés par les professeurs.
6. Aujourd'hui ce travail est souvent fait par les assistants.

7. Dans mon cours d'anglais, les devoirs sont rendus le vendredi.

8. Les diplômes seront remis lors d'une cérémonie en juin.

XV. Une lettre à Régis (p. 220)

1. Oui. Il a beaucoup de choses à faire, il ne s'ennuie pas, il se fait beaucoup d'amis.
2. Il a rencontré quelqu'un qui connaît bien la ville d'Évian.
3. Parce que Régis travaille à Évian depuis l'été dernier.
4. Il a vu le film «Pulp Fiction». C'est un film «culte».
5. Oui. L'acteur John Travolta est très bien dans ce film.
6. Cher Régis / Comment vas-tu? // Je vais m'arrêter là / J'espère recevoir bientôt de tes nouvelles. / Salut!

XVII. Qui est-ce qu'ils voudraient connaître? (p. 221)

Anne Squire: Marguerite Yourcenar / elle a été la première femme élue à l'Académie française; elle a parlé avec humour de l'attitude des hommes de lettres à l'égard des femmes

Dovi Abe: Ousmane Sembene / il a écrit un très bon livre intitulé *L'Aventure ambiguë*; Cheikh Hamidou Kane / X; Christine Ockrent / c'est une grande professionnelle (une excellente présentatrice)

Florence Boisse-Kilgo: Ludwig Van Beethoven / sa carrière a été marquée par un destin tragique

Robin Côté: Albert Einstein / Robin est lui-même un physicien

Mireille Sarrazin: Marguerite Duras / c'est une femme qui aime le plaisir; François Mitterrand / c'est quelqu'un d'intéressant, un intellectuel et sans doute quelqu'un de passionnant sur le plan humain

Sophie Everaert: Françoise Dolto / elle a été la première pyschiatre en France à travailler avec des enfants

Alain Bazir: Aimé Césaire / c'est un grand écrivain et homme politique antillais qui travaille pour le développement de la Martinique

Philippe Heckly: René Goscinny / il a su présenter avec humour les défauts et les qualités des Français dans ses bandes dessinées

Henri Gaubil: Charles de Gaulle / c'était un visionnaire

XX. Tableaux chronologiques (pp. 224–225)

Antoine de Saint-Exupéry

1903	le père de Saint-Exupéry est mort
1912	il a passé son baptême de l'air (il a fait son premier vol en avion)
1914	la Première Guerre mondiale a éclaté
1927	Toulouse / Casablanca / Dakar / Casablanca
1929–31	*Courrier Sud / Vol de nuit*
1939	la Seconde Guerre mondiale a éclaté
1940–43	*Pilote de guerre / Le Petit Prince*
1944	il est mort (il n'est pas revenu d'une mission)

Marguerite Duras

1914	elle est née en Indochine
1918–30	sa mère
1939	s'est mariée
1944	a été déporté dans un camp de concentration
1950	*Un Barrage contre le Pacifique*
1984	*L'Amant*
1985	*La Douleur*

XXII. Analyse (p. 227)

Idée principale: au XVIIIᵉ siècle, le français est la langue de tous les Européens cultivés
Exemples: on parle plus souvent français qu'allemand aux cours de Prusse et d'Autriche; les Anglais s'expriment souvent entre eux en français
Idée complémentaire: l'éclat de la littérature française au XVIIIᵉ siècle a contribué à l'importance du français (n'est pas étranger à ce succès)
Exemple: l'*Encyclopédie* est connu en Russie et dans les colonies d'Amérique
Idée principale (reprise): l'ensemble de la chaîne cinématographique va connaître de profonds bouleversements //
Idée principale: Pendant toutes ces années avant la Seconde Guerre, il est peu à peu devenu un pilote poète
Idées complémentaires: Il a remporté des prix de littérature et des honneurs de pilote
Exemples: son premier livre / travail en Amérique latine / deuxième livre / vols vers les destinations lointaines

CHAPITRE 6

I. Quels problèmes distinguent-ils? (p. 232)

le racisme / le chômage / le sida / la drogue / la violence / le logement

II. Qu'est-ce qui manque? (p. 234)

1. centrales / radioactifs
2. écologistes (écolos)
3. gaspillage
4. réutilisation
5. l'effet de serre
6. a. pollution de l'eau
   b. pollution de l'atmosphère
   c. pollution des sols
   d. pollution des espaces naturels
   a. les animaux meurent
   b. le climat change
   c. la destruction de la nature sauvage
   d. la destruction de la couche d'ozone
7. a. recycler les déchets
   b. sauvegarder les ressources naturelles
   c. protéger les espaces naturels
   d. maîtriser la pollution
8. irréversibles

9. les déchets radioactifs, les déchets chimiques, les ordures ménagères
10. bruit
11. ménagères
12. déchets / environnemental / destruction / pollution
13. recyclé
14. essais

IV. Lecture: «Dossier—L'environnement» *(pp. 236–238)*

A. Identifier les problèmes
Answers will vary.
1. la production annuelle augmente / 20 million de tonnes par an / matières animales et végétales / gaspillage / le papier-carton / le verre / les matières plastiques / les métaux / le bois / le textile / le recyclage / préserver la forêt
2. le prix de l'eau augmente / priorité / traitement des eaux / l'hydrologie
3. accidents nucléaires / «produire propre» / la couche d'ozone / respirer / circuler sans polluer / usines / les fumées / les poussières / pots d'échappement / voitures / polluant / brûler les forêts / le combustible / l'atmosphère / surveiller l'air / qualité de l'air / changement global du climat
4. produits toxiques / poubelle / déverser / eaux usées / égouts / fleuves / produits chimiques / mer fermée / le record mondial de la pollution / pétroliers / accidents / raffineries / polluants / éléments radioactifs / industries / engrais

B. Analyse de texte
Answers will vary.
1. la pollution de l'air
2. la protection des paysages *or* la pollution de l'eau
3. La production annuelle des déchets augmente. Le gaspillage est un grand problème. En 2002, les décharges seront interdites. Le recyclage sera imposé à tous les Français. Les Français produisent 330 kg de déchets par personne par an.
4. On est de plus en plus conscient des problèmes. Les industries doivent trouver des moyens de «produire propre». La pollution augmente et il faut trouver des solutions. Il faut trouver des techniques de fabrication non polluantes.
5. des voitures électriques / des transports en commun comme le métro / des industries non-polluantes / limiter la pollution / unir les efforts / surveiller l'atmosphère
6. classer les ordures par «famille»
   jeter les dechets dans les bennes différentes
   triage des ordures
   compacter les déchets de la même «famille» dans une presse
   réutiliser les déchets recyclés
7. *Answers will vary.*

8. Les usines et les personnes déversent les déchets en mer. Aujourd'hui on rejète plus de produits toxiques. La Méditerranée est une mer fermée: tout ce qu'on y met y reste. Il y a des accidents de pétroliers. Les raffineries rejètent du pétrole en mer. Le vent apporte des éléments radioactifs. La pluie transporte des polluants. Il y a trop de nitrates et de phosphates.

C. Ce que je ne savais pas
Answers will vary.

VI. Vous êtes sûr(e)? *(pp. 242–243)*
1. Je suis sûr que nous allons trouver un appartement.
2. Mes parents pensent que je vais me marier.
3. Elles doutent que je sois capable de piloter un avion.
4. Il se peut qu'elle fasse des études de droit.
5. Nous sommes certains que nos amis sont encore au Cameroun.
6. Est-ce qu'il est évident que les ceintures de sécurité soient une bonne chose?
7. Il est impossible qu'elle finisse ses devoirs.
8. Il est évident que le prof n'a pas corrigé mon examen.
9. Il est douteux que tu sois à l'heure.
10. Il est probable qu'il va faire beau ce week-end.
11. Il est certain que le train est déjà parti.
12. Je ne suis pas sûr qu'elle aille chez Marcel.
13. Ta mère doute que tu fasses attention.
14. Il est évident qu'ils n'aiment pas le fromage.
15. Il est possible que nous ayons tort.
16. Il se peut qu'elles veuillent sortir avec nous.
17. Je ne crois pas qu'il vienne dimanche prochain.
18. Elle ne pense pas que vous sachiez ce que vous faites.
19. Le docteur pense-t-il que vous soyez malade?

VII. Doute ou certitude? *(p. 243)*
(Answers will vary.)
1. Il est certain qu'elle accompagne (accompagnera, va accompagner)...
2. Nous ne pensons pas que vous arriviez...
3. Il est possible que j'aille...
4. Il est probable qu'ils font (feront, vont faire)...
5. Il est vrai que nous déménageons (déménagerons / allons déménager)...
6. Il se peut que je sorte...
7. Il est douteux que nous ayons...
8. Elle n'est pas sûre que tu sois...
9. Je suis sûr(e) que vous allez oublier (oublierez)...
10. Il est possible qu'elles viennent...
11. Nous ne croyons pas que le professeur fasse...
12. Ma famille doute que je finisse...

IX. Vrai ou faux? *(p. 245)*
1. Faux. C'est l'Espagne (avec un taux de chômage de 19,5%).
2. Vrai.

3. Vrai.
4. Vrai.
5. Faux. La consommation des médicaments psychotropes est trois fois plus élevée chez les hommes qui sont au chômage.
6. Vrai.
7. Faux. La solution était de réduire le temps de travail, de créer des équipes de nuit et de dimanches et donc d'éliminer les primes de nuit *(higher overtime wages)*.
8. Faux. Il a demandé un emploi à mi-temps parce qu'il voulait passer plus de temps avec sa femme et ses enfants et parce qu'il ne voulait pas habiter à Paris.
9. Vrai.
10. Faux. Il peut travailler à temps partiel parce que sa femme travaille aussi.

X. Des solutions au chômage *(p. 245)*

Answers will vary. Possible answers:
Réduire les charges des entreprises.
Diminuer le temps de travail (le travail à temps partiel, le travail à mi-temps, le travail partagé).
Réinventer les domestiques.
Renvoyer les femmes au foyer.
Baisser le SMIC (salaire minimum).
Diminuer les impôts pour les hauts revenus.
Travailler la nuit et le dimanche.
Vivre de façon moins égoïste.
Donner plus de services aux consommateurs (et donc augmenter le nomber de jobs).
Prendre la retraite plus tôt.

XI. Qu'est-ce qu'ils en pensent? *(p. 246)*

1. L'inégalité sociale; le fossé entre les plus riches et les plus pauvres.
2. Du Canada; du Québec.
3. La dette nationale.
4. L'assurance santé et tous les services sociaux.
5. 150.
6. Un test psychologique.
7. Parce qu'ils ne trouvent pas de travail.
8. Il y a une allocation logement accordée par l'État.
9. $200.
10. Ils continuent à habiter chez leurs parents.
11. À l'âge de 45–50 ans.

XII. Le point de vue de Delphine Chartier *(p. 247)*

1. Depuis cinq ans.
2. Non, c'est un phénomène qui existe aussi dans les villes de province.
3. Pour elle, les sans-abri professionnels sont les gens qui *choisissent* de vivre dans la rue.

4. Les gens qui ont perdu leur travail et, donc, leur logement.
5. Ils n'ont pas d'adresse à donner et ils ne peuvent pas se présenter à un employeur habillés comme ils sont.
6. Ils ont perdu l'habitude de se réveiller à une certaine heure et d'aller travailler à une heure déterminée.
7. Elle est catastrophique. Ils boivent souvent du vin de mauvaise qualité qui contient beaucoup de sucre.
8. Sur une bouche de métro ou sur un banc.
9. Parce que le tissu familial se déchire ou parce que les parents ne peuvent pas continuer à entretenir les jeunes.

XVI. Exprimer la nécessité et la volonté *(p. 252)*

1. arrives
2. prendre
3. attende
4. être
5. alliez
6. partent
7. faire
8. étudiiez
9. ayons
10. soient
11. aller / repasse
12. fasse / être / avoir
13. prendre / prenions
14. attende / partir
15. allions / aller
16. vienne / rendiez

XVII. Nous sommes contents *(pp. 253–254)*

1. Nous sommes soulagés que cet appartement soit très grand.
2. Je suis déçu(e) que Marie ne sache pas nager.
3. Mes parents sont heureux de déménager en Floride.
4. Je ne suis pas content(e) que les enfants veuillent sortir ce soir.
5. Nous sommes soulagés de ne pas avoir de problèmes.
6. Elle est navrée de quitter le quartier.
7. Mes parents sont ravis que je devienne professeur de français.
8. Tu regrettes de rentrer en France?
9. Ils sont déçus de ne pas vous accompagner.
10. Je suis désolé(e) que vous soyez malade.

XVIII. On réagit *(pp. 254–255)*

1. Nous [expression of emotion] que vous réussissiez à tous vos examens.
2. Je [expression of emotion] que tu manges bien.
3. Elle [expression of emotion] qu'il maigrisse.
4. Je [expression of emotion] qu'elle ne puisse pas nous accompagner.
5. Ils [expression of emotion] que j'aie de bonnes notes.
6. Tu [expression of emotion] que nous soyons patients?
7. Il [expression of emotion] qu'elles veuillent étudier le chinois.
8. Je [expression of emotion] que tu saches la vérité.
9. Nous [expression of emotion] qu'il soit malade.
10. Elle [expression of emotion] que je ne veuille pas visiter Paris.

11. Il [expression of emotion] que vous sortiez souvent.
12. Je [expression of emotion] que nous voyions nos parents très rarement.
13. Elles [expression of emotion] que nous fassions des progrès.

XIX. Qu'est-ce que tu en penses? *(p. 255)*
ait / avoir / n'ait pas / se trouve / puisses / voulions / fassent / habitions / voie / habiter / commencer

XX. Nos réactions *(pp. 256–257)*
1. aies réussi
2. sois venu(e)
3. n'ayons pas compris
4. vous soyez disputés
5. soient allés
6. aies eu
7. soyons sortis
8. vous soyez irrité(e)(s)(es)
9. aies mangé
10. n'ait pas fait
11. ait manqué
12. aies fini
13. aient échoué
14. n'ait pas pu
15. ne vous soyez pas amusé(e)(s)(es)

XXI. Définitions *(p. 259)*
1. un criminel
2. un délinquant juvénile
3. un casier judiciaire
4. signaler un crime
5. voler
6. un récidiviste
7. un détournement des fonds
8. l'autodéfense
9. tuer, assassiner
10. un viol
11. un complice
12. un crime gratuit
13. un crime d'émulation
14. un document falsifié
15. un voleur à l'étalage
16. le vandalisme
17. un voleur à la tire
18. une attaque à main armée
19. un indice
20. être en état d'arrestation

XXII. Est-ce que vous avez compris? *(pp. 259–260)*
1. c
2. d
3. b
4. a
5. c
6. d
7. b
8. b
9. a
10. c
11. e

XXIV. L'homme et la femme dans le couple *(p. 262)*
1. La femme.
2. Aller au supermarché, faire le barbecue, s'occuper du jardin, tondre la pelouse, s'occuper une ou deux fois par jour du bébé.
3. Selon elle, ce sont de tâches qui ne sont pas ennuyeuses et qui sont très valorisantes pour les hommes.
4. Que les hommes aident, mais ne font pas le travail. Et, pour elle, il y a une grande différence entre «aider» et «faire le travail».
5. Réponses variables.

CHAPITRE 7

I. La France et la technologie *(p. 265)*
1. L'énergie nucléaire / centrales / réacteur surgénérateur
2. aéronautique et aérospatiale / supersonique / bi-réacteur / Mirage
3. fusée / satellites artificiels
4. ferroviaire / Train à Grande Vitesse / ligne
5. l'informatique / télécommunications / ordinateur / magnétoscope / lecteur de compact discs (de disques vidéo) / télécopieur / courrier électronique / caméscope / Minitel / le réseau de communication informatique / robots / robotique
6. ordinateurs / technologie (informatique)

IV. La technologie *(p. 268)*
Sophie Everaert: le répondeur; l'ordinateur; le téléphone portatif / les gens peuvent y laisser des messages; on peut faire son budget ou travailler à la maison; on ne doit pas chercher un téléphone ou s'arrêter sur la route pour téléphoner / on n'a jamais la paix; on est obligé parfois de se déconnecter quand on part en week-end
Xavier Jacquenet: les autoroutes informatiques / illusion de confort à court terme / on réfléchit moins, ce qui est négatif; technologie = pollution et épuisement des ressources naturelles; très mauvais à long terme
Philippe Heckly: TGV; le tunnel sous la Manche; le Minitel / il a un bon boulot grâce à la technologie; le Minitel est pratique et donne accès à beaucoup d'informations / X (pour le TGV et le tunnel sous la Manche / Le Minitel est cher et on peut obtenir les informations qu'il donne dans son travail.
Dovi Abe: le transport (l'avion) et les télécommunications / plus grande facilité de voyager; on peut converser avec le monde entier / la pollution à cause des matériaux utilisés; isolement créé par les technologies

V. Avez-vous compris? *(pp. 271–272)*
1. a. la fécondation in vitro; le transfert d'embryon
   b. aider les couples infertiles à avoir des enfants;

reconnaître des maladies génétiques; diagnostiquer des caractéristiques héréditaires et des prédispositions génétiques

   c. des questions morales: par exemple, que fait-on des embryons surnuméraires? sur quels critères va-t-on juger qu'un gène est bon ou mauvais? que va-t-on faire si on prédit qu'un enfant aura une maladie héréditaire?

2. a. l'aéronautique (l'exploration de la lune, les fusées)
   b. possibilités d'exploitation industrielle et commerciale; implantation d'une station astronomique qui permettrait de mieux étudier l'univers
   c. la dégradation de l'atmosphère de la lune que risque de provoquer la présence des êtres humains et de leurs machines

3. a. l'informatique et les télécommunications
   b. des nouveaux produits qui changent la vie de tous les jours; la création de nouveaux métiers
   c. la suppression de certains emplois traditionnels; la nécessité de changer de travail, de domicile et d'apprendre des nouveaux métiers

XI. L'avenir *(p. 279)*

Valérie Écobichon: optimiste en ce qui concerne les loisirs et les logements; assez optimiste pour des solutions aux problèmes sociaux / on va vers une vie avec de plus en plus de loisirs, une plus grande qualité, des logements plus agréables et plus spacieux; solutions aux problèmes sociaux si tout le monde s'y met

Alain Bazir: optimiste au sujet de la pollution; pessimiste en ce qui concerne la pauvreté / campagnes menées de façon globale et scientifique sur la pollution; plus de pauvreté et de sans domicile fixe de nos jours; la cellule familiale est en train de se désagréger; plus de Guadeloupéens font moins d'efforts pour chercher un vrai boulot

Xavier Jacquenet: assez optimiste en ce qui concerne le travail (chômage) et les loisirs; pessimiste sur les inégalités sur terre et l'épuisement des ressources naturelles / réduction des heures de travail à 32 heures d'où moins de chômage et plus d'heures de loisirs; beaucoup d'inégalités entre les différentes régions du monde; les gens ne prendront conscience que s'il s'agit d'un événement vraiment très grave

Anne Squire: assez optimiste en ce qui concerne les changements technologiques; pessimiste sur le plan politique, les problèmes quotidiens et l'identité française / les changements technologiques influenceront notre vie; pas de changements pour les problèmes quotidiens; les Français sentent leur identité menacée et ne font pas confiance à l'avenir

Audio CDs
Tracking Information

CD 1	Track	Segment	Length	MC page	MP page
	1	Introduction	02:21:23		
	2	Segment CP-1	01:06:02	8	
	3	Segment CP-2	01:22:25	9	
	4	Segment CP-3	02:09:15	10	
	5	Segment 1-1	04:57:28	21	29
	6	Segment 1-2	02:16:26	29	
	7	Segment 1-3	06:44:28	33	45
	8	Segment 1-4	02:31:07	36	
	9	Segment 1-5	05:58:29	42	49
	10	Segment 1-6	03:47:28	54	
	11	Segment 1-7	23:15:20		62

CD 2	Track	Segment	Length	MC page	MP page
	1	Segment 2-1	08:39:06	59	75
	2	Segment 2-2	02:00:30	65	
	3	Segment 2-3	16:58:12	69	86
	4	Segment 2-4	01:47:22	72	
	5	Segment 2-5	11:01:29	78	91
	6	Segment 2-6	04:37:26	90	
	7	Segment 2-7	08:23:10		108
	8	Segment 3-1	06:30:21	97	124
	9	Segment 3-2	02:29:23	105	
	10	Segment 3-3	08:11:07	110	136

CD 3	Track	Segment	Length	MC page	MP page
	1	Segment 3-4	02:41:08	113	
	2	Segment 3-5	07:36:07	119	141
	3	Segment 3-6	05:10:03	132	
	4	Segment 3-7	11:30:15		158
	5	Segment 4-1	07:57:00	139	174
	6	Segment 4-2	04:42:15	146	
	7	Segment 4-3	07:31:03	153	184
	8	Segment 4-4	06:51:14	155	
	9	Segment 4-5	03:09:12	161	186
	10	Segment 4-6	03:33:03	175	
	11	Segment 4-7	09:49:23		200

CD 4	Track	Segment	Length	MC page	MP page
	1	Segment 5-1	03:41:14	182	
	2	Segment 5-2	01:31:08	195	
	3	Segment 5-3	06:34:21	202	221
	4	Segment 6-1	04:32:15	224	232
	5	Segment 6-2	06:13:18	236	246
	6	Segment 6-3	03:53:00		247
	7	Segment 6-4	04:13:04	250	
	8	Segment 6-5	04:22:10		262
	9	Segment 7-1	02:27:04	264	
	10	Segment 7-2	05:21:26	271	268
	11	Segment 7-3	05:57:17	281	279

TEXTE DES CD

CHAPITRE PRÉLIMINAIRE

 SEGMENT CP-1: CD 1, TRACK 2

La rentrée des classes à l'université est au mois d'octobre. Jérôme Dumouriez et Sébastien Harmel se trouvent assis l'un à côté de l'autre dans l'amphithéâtre. Le cours de littérature américaine va commencer dans quelques minutes et les deux étudiants profitent de ce moment pour faire connaissance.

Jérôme:	Salut, tu t'appelles comment? Moi, c'est Jérôme.
Sébastien:	Moi, Sébastien.
Jérôme:	T'étais là l'an dernier?
Sébastien:	Non, je viens de Bordeaux. Et toi?
Jérôme:	Je suis là depuis deux ans. C'est pas mal. Les gens sont sympas, tu verras. Et les cours sont assez intéressants.
Sébastien:	J'espère bien. J'ai pas envie de repartir à Bordeaux.
Jérôme:	Voilà le prof. On dit qu'elle est très bien.
Sébastien:	Tant mieux, parce que moi, j'aime beaucoup la littérature américaine.

 SEGMENT CP-2: CD 1, TRACK 3

En attendant que le cours commence, Jérôme voit son amie Marie-Noëlle qui s'approche de lui. Jérôme la présente à Sébastien et les trois étudiants parlent de leurs vacances d'été.

Jérôme:	Tiens, salut Marie-Noëlle! Ça fait longtemps qu'on ne s'est pas vus! Qu'est-ce que tu deviens?
Marie-Noëlle:	Bonjour, Jérôme. Et bien, moi, ça va. Et toi?
Jérôme:	Ça va très bien. Tiens, je te présente Sébastien...
Sébastien:	Sébastien Harmel. Bonjour, Marie-Noëlle.
Marie-Noëlle:	Salut, Sébastien.
Jérôme:	*(à Marie-Noëlle)* Alors, raconte un peu. Qu'est-ce que tu as fait cet été?
Marie-Noëlle:	Eh bien, j'ai fait un stage de deux mois dans une maison d'édition aux États-Unis. C'était fabuleux. C'est pour ça que je vais continuer mes études de littérature américaine. Et toi, qu'est-ce que tu as fait?
Jérôme:	Un été aux États-Unis! C'est bien plus intéressant que ce que j'ai fait, moi. J'ai passé tout l'été chez mon oncle en Auvergne. C'était un peu ennuyeux.
Marie-Noëlle:	*(à Sébastien)* Tu viens d'ici?
Sébastien:	Non, je suis de Bordeaux. Moi, j'ai passé l'été chez mes parents. C'était pas mal mais je suis content de reprendre les cours.

Marie-Noëlle:	Moi aussi. Dites, vous aurez peut-être le temps de prendre un café après le cours?
Jérôme:	Oui, ça serait sympa.
Sébastien:	À tout à l'heure alors.

 SEGMENT CP-3: CD 1, TRACK 4

Après le cours, Marie-Noëlle, Jérôme et Sébastien se retrouvent dans un café pas loin de la faculté. Ils parlent de leur programme d'études et de leur emploi du temps.

Marie-Noëlle:	Alors Sébastien, tu prépares quoi comme diplôme?
Sébastien:	Je suis en première année de DEUG d'anglais.
Jérôme:	Ah oui, le fameux Diplôme d'Études Universitaires Générales. Marie-Noëlle et moi, on a passé les examens du DEUG en juin.
Marie-Noëlle:	Oui, et heureusement, on a bien réussi.
Sébastien:	Et vous faites quoi, maintenant?
Jérôme:	On prépare la licence d'anglais.
Sébastien:	Et le cours de littérature américaine est obligatoire?
Marie-Noëlle:	Non, on le prend en matière libre. C'est à cause du prof. Elle est vraiment sensass et elle était en congé l'année dernière. Et toi, quels cours tu suis cette année?
Sébastien:	J'ai les cours de langue anglaise écrite, de langue anglaise orale et de civilisation américaine. Et comme matière libre, je fais la même chose que vous, le cours de littérature américaine.
Jérôme:	C'est dur comme emploi du temps.
Sébastien:	J'ai l'impression. Mais je n'ai rien d'autre à faire. Mes parents me paient l'appartement et tout ce qu'il me faut. Alors je peux me concentrer sur mes études. Et vous, où est-ce que vous habitez?
Marie-Noëlle:	Chez mes parents. C'est pas mal et je n'ai pas à faire la cuisine.
Jérôme:	Moi aussi, j'habite chez mes parents. Mais je suis assez libre.
Sébastien:	Vous pouvez peut-être passer une soirée chez moi. On pourrait discuter de littérature. J'ai l'impression que j'aurai besoin de conseils.
Marie-Noëlle:	Oui, pourquoi pas. On dit que les étudiants qui travaillent en petits groupes réussissent mieux que ceux qui travaillent seuls.
Jérôme:	T'as raison. On peut se réunir jeudi soir. En attendant, je propose de lire le roman de Steinbeck pour notre première discussion.
Sébastien et Marie-Noëlle:	D'accord.

CHAPITRE 1

 SEGMENT 1–1: CD 1, TRACK 5

Valérie Écobichon

—Comment vous appelez-vous, Madame?
—Valérie.
—Et votre nom de famille?
—Écobichon.
—Vous pouvez épeler votre nom de famille?
—Oui. C'est É-C-O-B-I-C-H-O-N.
—Et où est-ce que vous habitez?
—J'habite en Bretagne, dans un petit village qui s'appelle Saint-Maudez.
—Vous pouvez épeler Saint-Maudez?
—Oui, c'est S-A-I-N-T et Maudez, c'est M-A-U-D-E-Z.
—Et quel âge avez-vous?
—J'ai vingt-cinq ans.
—Où est-ce que vous habitez, dans quel type de logement?
—J'habite dans une grande ferme... Nous avons une grande maison d'habitation en pleine nature dans la campagne. C'est une maison assez longue sur deux étages.
—Avec qui est-ce que vous habitez?
—J'habite avec toute ma famille: mes parents, ma grand-mère, et mes frère et sœurs.
—Et combien de frères et sœurs?
—J'ai un frère et deux sœurs.
—Où se trouve votre maison?
—Nous sommes assez isolés dans la campagne et le village est à deux kilomètres de chez nous.

Nezha Le Brasseur

—Bonjour, Madame.
—Bonjour.
—Comment vous appelez-vous?
—Je m'appelle Nezha Le Brasseur.
—Vous pouvez épeler votre nom de famille?
—Mon nom de famille, L-E-B-R-A-S-S-E-U-R.
—Et le B, c'est majuscule?
—Le B, c'est majuscule.
—Et où est-ce que vous habitez?
—J'habite à Casablanca, au Maroc.
—Et quel âge avez-vous?
—J'ai trente ans.
—Où est-ce que vous habitez, dans quel type de logement?
—Euh... j'habite dans une maison avec un petit jardin et c'est un quartier français. Les maisons ont été bâties par des Français puisqu'on a été colonisé par des Français. J'habite à Casablanca et le quartier, ça s'appelle les «Roches Noires»... C'est près de la plage. C'est un beau quartier mais malheureusement il y a beaucoup d'usines. Il y a des restaurants, il y a un cinéma, il y a quelques activités... on peut faire des activités, mais il y a beaucoup d'usines. Malheureusement.
—Les usines sont à quelle distance de chez vous?
—Je peux dire... en marchant, on peut y aller en... peut-être... 10 minutes.
—Ah oui, c'est tout près!
—C'est très proche.

Mireille Sarrazin

—Bonjour, Madame.
—Bonjour, Madame.
—Comment vous appelez-vous?
—Mireille Sarrazin.
—Et quel âge avez-vous?
—Trente-neuf ans.
—Où est-ce que vous habitez?
—J'habite à Lyon.
—Dans quel type de logement?
—Dans un appartement au bord de la Saône.
—Est-ce que vous pouvez le décrire un peu le quartier où vous habitez?
—J'habite dans le vieux Lyon. Donc c'est le plus vieux quartier de Lyon. C'est un quartier assez intéressant parce que... une partie... même la majorité du quartier est piétonnier. C'est un quartier moyenâgeux, avec des rues, très étroites, où il y a une vie dehors, où il y a beaucoup de restaurants. Il y a beaucoup de petites boutiques artisanales aussi, et c'est un quartier où il y a une vie nocturne assez importante.

Philippe Heckly

—Bonjour, Monsieur.
—Bonjour, Madame.
—Comment vous appelez-vous?
—Je m'appelle Philippe Heckly.
—Vous pouvez l'épeler?
—Oui, bien sûr. H-E-C-K-L-Y. C'est un nom qui vient d'Alsace et puis peut-être d'origine suisse, mais il y a longtemps.
—Et où est-ce que vous habitez?
—J'habite à Asnières. C'est une banlieue au nord-ouest de Paris, sur la Seine. C'est célèbre, Asnières. Il y a le fameux cimetière aux chiens... où Rin Tin Tin est enterré.
—Et quel âge avez-vous?
—J'ai trente-deux ans.
—Où est-ce que vous habitez, dans quel type de logement?
—J'habite dans un immeuble qui date des années trente. Il y a un vieil ascenseur qui date aussi des années trente et où on peut mettre deux personnes coude à coude et puis les bagages, si on a des bagages, c'est dans les jambes, hein. Sinon, il y a un escalier. C'est pas très loin du centre-ville et c'est assez sympa. Il y a un grand parc à côté... c'est à cinq minutes de la mairie, cinq minutes du marché et de l'autre côté, il faut à peu près dix minutes un quart d'heure pour aller au métro, mais j'ai ma voiture dans la rue.
—Donc c'est bien situé.
—C'est pas trop mal. Et puis, il y a le boucher juste au coin qui me connaît, il connaît mes habitudes, c'est bien.

 SEGMENT 1–2: CD 1, TRACK 6

Françoise Séguin et son collègue Colin Doumba se parlent un jour au bureau. Elle lui annonce qu'elle va déménager et lui explique pourquoi elle et son mari ont décidé de changer de logement.

Colin: Alors, Françoise, raconte. J'ai entendu dire que...
Françoise: Arrête. On ne peut pas avoir de secrets ici! Eh oui, c'est vrai. On va déménager.

Colin: Je pensais que vous étiez contents de votre appartement. Quand j'ai vu ton mari la dernière fois, il a même dit que vous pensiez à rénover l'intérieur.

Françoise: C'est vrai. On y pensait. Mais c'est justement le prix des rénovations qui nous a décidés à investir dans un autre logement.

Colin: C'est la seule raison?

Françoise: Non. Nous avons aussi vu les avantages de la maison que nous avons trouvée. Elle est spacieuse, nous aurons une chambre pour chaque gosse et il y a un joli jardin qui n'est pas trop grand. Et il y a un garage aussi.

Colin: Où est-ce qu'elle se trouve, cette maison?

Françoise: Pour moi, c'est un petit inconvénient. Elle est dans la banlieue et ça me prendra donc un peu plus de temps pour arriver au bureau. Par contre, elle est plus près du travail de Jean. Et les écoles ne sont pas loin non plus.

Colin: Mais à part ça, comment est-elle, la maison?

Françoise: Bien sûr, elle est plus spacieuse que notre appartement. Elle est dans un quartier calme et assez pittoresque. C'est une maison qui est facile à entretenir. Elle est moderne, bien construite et très belle. Il y a beaucoup de fenêtres et toutes les pièces sont donc ensoleillées. Il y a même quelques arbres dans le jardin.

Colin: Si je comprends bien, c'est le paradis!

Françoise: Disons que c'est une maison charmante avec beaucoup plus de place que dans l'appartement où nous habitons. On sera moins serrés que maintenant.

Colin: Et ton appartement. Tu vas le vendre?

Françoise: Oui, peut-être. Ou nous allons le louer. Ça t'intéresse?

Colin: Justement, je voulais me rapprocher un peu du centre-ville et du travail. Et puisque je vais me marier dans six mois, il nous faudra quelque chose de plus grand. Louer ou acheter, ça me serait égal.

Françoise: Bon. Écoute, Angèle et toi, venez dîner demain soir. On pourra en discuter.

Colin: D'accord. À demain soir.

⊙ SEGMENT 1–3: CD 1, TRACK 7

Dovi Abe

—Où est-ce que vous habitez?

—J'habite à Dakar. Dakar est la capitale du Sénégal. C'est une ville de 2 millions d'habitants.

—Dans quel type de logement?

—Dans une maison basse comme nous l'appelons au Sénégal. C'est une maison qui n'a pas d'étages, une maison qui a juste un niveau, quoi.

—Mais il y a des pièces?

—Il y a, bien sûr, différentes pièces. Chez nous, nous avons cinq pièces.

—Qui comprennent quoi?

—Donc, nous avons donc cinq pièces, et là je précise tout de suite que je parle surtout des chambres à coucher. Nous avons cinq chambres à coucher. Et nous avons aussi une cuisine, une salle de séjour et un petit vestibule.

—Pour?

—Essentiellement pour accueillir les gens. Lorsqu'ils arrivent dans la maison, on les accueille là avant de les introduire dans les autres pièces. Et des salles de bains, bien sûr. Il y a une salle de bains, en fait. Aux dimensions du Sénégal... c'est acceptable parce que nous sommes une grande famille et nous avons besoin de toutes ces pièces.

—Et avec qui est-ce que vous habitez?

—Avec ma famille, avec ma mère, avec mes sœurs.

—Combien de sœurs?

—J'ai trois sœurs et moi-même. J'ai un demi-frère qui habite avec nous. Et nous avons aussi des cousins qui habitent à la maison.

—Combien de cousins?

—Nous avons quatre cousins qui habitent avec nous. Ça veut dire que personne n'a sa propre chambre ou que deux personnes se partagent une chambre. Ça, c'est très courant, oui. Avec mon frère, on se partage la chambre.

—Et dans quelle partie de la maison est-ce que vous passez la plupart de votre temps?

—La plupart de mon temps, dans la cour avec mes amis ou avec les autres membres de la famille. Oui, nous avons une cour. C'est un peu obligatoire au Sénégal. On passe beaucoup de temps dans la cour.

Henri Gaubil

—Où est-ce que vous habitez? Dans quel type de logement?

—J'habite à Ajaccio, à la sortie d'Ajaccio. Dans un coin qui s'appelle «Les Sanguinaires». J'habite dans un appartement, dans un immeuble, vue sur le Golfe d'Ajaccio.

—Est-ce que vous pouvez nous décrire un peu l'intérieur de votre appartement?

—L'appartement est comme l'île de Beauté, magnifique, très clair, très ensoleillé et nous avons trois pièces. Une cuisine avec un petit balcon côté montagne. Nous avons une chambre du même côté et, de l'autre côté, c'est-à-dire face à la mer, séparés par un couloir, nous avons une autre chambre et un salon-salle à manger avec un balcon également. Une salle de bains, bien entendu et des toilettes.

—Et avec qui est-ce que vous habitez?

—J'habite avec mon épouse, bien sûr.

—Et vous avez des enfants?

—Oui, nous avons une fille avec nous.

—Et dans quelle partie de la maison est-ce que vous passez la plupart de votre temps?

—Les trois quarts du temps sont passés dans le salon et sur le balcon, bien sûr.

Djamal Taazibt

—Où est-ce que vous habitez? Dans quel type de logement? Est-ce que vous pouvez nous décrire un peu les environs?

—J'habite un appartement assez spacieux, dans un quartier assez chic d'Alger qui s'appelle «La Cité des Annassers». C'est un mot arabe qui dit «source» et j'habite le 6e étage d'un immeuble où il y a peu de locataires. J'ai deux pièces pour dormir, deux chambres disons, une salle de séjour, une grande véranda, un petit «cagibi». Un cagibi est un genre de placard où l'on met des vieilles choses et tout ce dont on n'a pas besoin immédiatement. J'ai aussi un autre balcon pour étendre le linge, une salle de bains assez spacieuse selon les critères algériens et nous passons la plupart de notre temps dans le salon et la salle à manger.

—Nous, c'est qui?

—J'habite avec ma femme. Écoutez, les temps ont changé. L'introduction de la télévision a chamboulé toutes les habitudes. On est conditionné. On est, comme disent les Américains, des «patates de salon». Je passe énormément de temps devant la télévision et je suis passionné par tout ce qui est documentaire, par tout ce qui est culturel.

Sophie Everaert

—Où est-ce que vous habitez?

—J'habite dans une villa, c'est une petite villa dans un quartier résidentiel. Donc, c'est une famille par maison et on a un jardin. C'est assez joli. Il n'y a pas de magasins dans la rue, c'est seulement des maisons. On habite à peu près à un kilomètre d'un petit centre commercial qui a un supermarché, des petits magasins, une librairie, des petits magasins de vêtements, de chaussures, de vêtements de sport.... C'est là qu'on va quand on a besoin d'aller faire des courses.

    J'habite avec mon mari. La maison, il y a le rez-de-chaussée et puis deux étages. Au rez-de-chaussée il y a un grand salon avec une porte vitrée. Et au premier et au deuxième étages il y a les chambres et une salle de bains.

—Dans quelle partie de la maison est-ce que vous passez la plupart de votre temps?

—En bas, dans le salon, parce que, comme j'ai dit, il y a une grande baie vitrée et donc il y a assez bien de lumière et de soleil et, comme en Belgique il pleut tout le temps, dès qu'il y a un rayon de soleil, on aime bien s'y chauffer. C'est là qu'il y a la TV aussi. C'est là qu'on passe la plupart du temps.

💿 SEGMENT 1–4: CD 1, TRACK 8

Six mois plus tard, Françoise et Colin reprennent leur discussion à propos de la nouvelle maison de Françoise. Françoise et sa famille sont maintenant installés dans la maison et Colin et sa femme Angèle louent leur ancien appartement. On dirait donc que tout s'est bien arrangé.

Colin:	Alors, Françoise, t'es bien installée dans ta maison?
Françoise:	Oui, assez bien. Encore quelques petits détails et ça sera fini. Mais il y a une petite complication.
Colin:	Quoi... tu n'as pas assez de place pour toutes tes affaires?
Françoise:	Arrête de faire le clown! Non, c'est mon père. Il a décidé qu'il ne pouvait plus habiter seul. Et il a raison, je crois. Heureusement nous avons une chambre et une salle de bains pour lui.
Colin:	Eh bien... il n'y a pas de problème, alors.
Françoise:	Oui, mon père est gentil et il fait bien des choses pour nous aider. Mais, à vrai dire, il y a des moments où il me tape sur les nerfs. Il peut être agaçant parce qu'il pense toujours avoir raison. Il n'écoute personne et il s'énerve quand on le contredit. Mais à part ça...
Colin:	Comment est-ce qu'il s'entend avec les gosses?
Françoise:	Ça, c'est le côté vraiment positif de cette situation. Les enfants l'adorent. Il passe du temps avec eux, il s'intéresse à ce qu'ils font, il les aide à faire leurs devoirs... un grand-père idéal, quoi. Mais il les gâte aussi, ce qui n'est pas toujours bon.

Colin:	Oui, mais d'autre part, il est à la maison quand toi et Jean vous êtes au travail. Vous n'avez donc pas à vous faire de souci pour les enfants.
Françoise:	Comme toujours, t'as raison. Les avantages valent bien quelques inconvénients. Mais heureusement que nous avons une maison spacieuse. Et à propos, vous êtes à l'aise dans l'appartement, Angèle et toi?
Colin:	C'est formidable! Quel changement par rapport à ce que j'avais avant. Et tu sais, la petite chambre, elle sera bientôt occupée.
Françoise:	Je ne comprends pas...
Colin:	Angèle, elle est enceinte...
Françoise:	Mais c'est merveilleux. C'est pour quand?
Colin:	Début juin, on pense. Maintenant nous passons tous les week-ends à préparer la chambre pour le bébé.
Françoise:	Vous n'aurez pas besoin de mon père pendant quelque temps? Il pourrait vous aider.
Colin:	Euh... je ne pense pas. Mais quand nous aurons terminé, vous viendrez tous dîner chez nous. Vous pourrez admirer notre travail.
Françoise:	Avec plaisir.

💿 SEGMENT 1–5: CD 1, TRACK 9

Véronica Zein

—Où est-ce que vous habitez? Dans quel type de logement?

—C'est une maison, mais c'est dans un complexe privé. Donc toutes les maisons sont les mêmes. Notre maison donne sur l'autoroute. C'est assez bruyant mais on s'habitue à tout. Il y a une petite boulangerie, un petit centre commercial... Ça fait partie de la ville mais c'est un complexe privé... c'est-à-dire c'est tout des co-propriétaires qui habitent là. Il y a beaucoup de complexes comme ça dans la banlieue parisienne.

    Si, par exemple, vous voulez aller au cinéma ou aller chercher de l'essence, il faudra quand même aller en ville.

    J'ai grandi dans un milieu je ne dirais pas fermé, mais toujours avec les mêmes enfants. J'ai grandi avec des amis qui habitaient dans le même complexe. Mes voisins, tous les enfants sont à peu près de la même génération, donc on a tous grandi ensemble.

    J'ai remarqué qu'il y a un changement de générations. Les gens s'en vont et puis d'autres petites familles arrivent.

    Et puis l'école était aussi à côté... donc on allait tous à l'école ensemble. La pharmacie et la boulangerie sont au milieu du complexe, même pas à 500 mètres de la maison et au-dessus, d'ailleurs, il y a des immeubles avec d'autres personnes qui y habitent. Il y a un petit restaurant mais il n'est pas tellement populaire. Il y a aussi un coiffeur pour les grand-mères.

Alain Bazir

—En tant qu'étudiant, j'habite à Pointe-à-Pitre. J'aime pas trop Pointe-à-Pitre parce que Pointe-à-Pitre c'est la grande ville. Ça ressemble un peu à la France, parce qu'il y a des grands immeubles. C'est une des seules villes en Guadeloupe où il y a des immeubles de quinze étages, dix-sept étages. Et donc, la cité universitaire est un immeuble de neuf étages. L'avantage, c'est qu'on a une chambre de neuf mètres carrés... avec une petite salle de bains. Mais comme on y rentre juste pour travailler et pour dormir, ça va... Sinon, je préfère ma ville natale qui est Saint-Claude où là on a une maison qui est assez grande avec un jardin assez vaste avec des arbres fruitiers, de la pelouse...

À Pointe-à-Pitre, le quartier où est l'université est très dynamique puisqu'il y a beaucoup de petits restaurants, des bars, des boîtes de nuit. Le fait qu'il y ait beaucoup de jeunes ici... des gens qui errent... il y a des problèmes de drogue, il y a des problèmes de délinquance.

On invite des copains... Souvent, on s'est retrouvé des fois à dix dans la chambre à discuter mais on est obligé de vivre tout seul... c'est assez difficile d'accueillir du monde. L'inconvénient c'est pour accueillir du monde. On se rencontre dans les chambres... et il y a une salle de rencontre, une salle de télé aussi.

Au lieu d'aller au café, on va souvent chez d'autres camarades qui ont de grandes maisons, qui habitent chez leurs parents et donc qui ont souvent un jardin assez vaste parce que toutes les maisons individuelles en Guadeloupe, il y a toujours un jardin. Et donc on va là-bas, on discute, on joue au ping-pong, au football. Mais on essaie d'être le moins souvent possible enfermé dans une maison.

Au niveau des relations avec les autres, ça les développe beaucoup. Quand je suis arrivé de Saint-Claude... il y a beaucoup de gens qui habitent Point-à-Pitre qui ne sont jamais allés à Saint-Claude qui est seulement à soixante kilomètres. Ça peut paraître ahurissant mais, jusqu'à il y a vingt ans, et même dix ans, les gens n'avaient pas beaucoup de voitures en Guadeloupe, et donc c'était une expédition pour aller à Saint-Claude où c'est très montagneux et donc, les bus, ça prenait cinq heures pour y aller, et donc les gens de Saint-Claude sont un peu pris pour des provinciaux, des gens qui ne connaissent pas le monde, et tout ça. Donc le fait d'être en cité-U, ça m'a permis de connaître des gens, de connaître des Martiniquais qui viennent en Guadeloupe pour étudier la science, et donc de développer un réseau d'amis.

Au niveau de mes activités, il y a toujours des soirées... des sorties pour aller au cinéma ou aller à la plage.

Au niveau des horaires, c'est vrai qu'à partir de dix heures, il faut faire moins de bruit puisqu'il faut respecter le travail des autres, mais il y a pas de problèmes d'horaires parce que c'est assez petit, donc pour aller au centre-ville de Pointe-à-Pitre, on peut y aller à pied. C'est vrai qu'il y a peut-être maintenant des problèmes de délinquance, donc on essaie de rentrer avant minuit,... pour se dire qu'on est un peu plus en sécurité...

On est en plein milieu du campus, donc on peut partir de sa chambre cinq minutes avant d'aller en cours.

Anne Squire

—Eh bien, j'habite chez mes parents, comme je vous ai dit... à Levallois-Perret, qui est près de la Porte Champerret, juste au nord-ouest de Paris, donc nous avons le métro. Et j'habite au 4ᵉ étage sans ascenseur dans un grand appartement. C'est un immeuble qui date du XIXᵉ siècle, qui est près d'un carrefour, alors c'est assez bruyant.

Eh bien, nous habitons sur un grand boulevard et puis il y a un quartier assez populaire... avec beaucoup de boutiques du genre épicerie, boulangerie, etc. C'est assez vivant. C'est très agréable. Un peu bruyant, à notre avis, mais, à part ça, c'est tout à fait agréable. Je regrette un peu de ne pas habiter dans le centre de Paris; ça serait quand même plus intéressant, mais enfin nous avons le métro juste à côté donc, les transports français sont tellement formidables, il n'y a pas de problème.

—Dans quelle partie de la maison est-ce que vous passez la plupart de votre temps?

—Eh bien, dans ma chambre qui est au fond de l'appartement, où je joue du violon en principe toute la matinée, à partir de 9h30 jusqu'à midi et demie, quelque chose comme ça.

Eh bien, j'ai une vie quand même très indépendante de mes parents, ce qui est très très agréable. Et il y a beaucoup d'espace et en fait je m'entends très bien avec eux, donc il n'y a vraiment aucun problème.

Je suis tout à côté du métro et des autobus, donc c'est comme si vraiment j'habitais, enfin, dans la ville. Et je ne circule qu'en transports en commun: le métro ou l'autobus.

🔊 SEGMENT 1–6: CD 1, TRACK 10

Dovi Abe

—Comment est-ce que le type de logement et la situation du logement influencent votre vie?

—On passe beaucoup de temps dans la cour. C'est vraiment le lieu où l'on rencontre le plus de gens le plus souvent, donc, et c'est le lieu où on passe vraiment beaucoup de temps avec les autres membres de la famille et avec les amis lorsqu'ils viennent. Et ce qui fait que, même lorsque les amis viennent vous voir, en fait, ils sont directement en contact avec la famille, il n'y a pas de séparation réellement avec les autres membres de la famille, quoi.

[La cour] Dans notre cas, elle est cimentée, elle est complètement cimentée. Donc il n'y a pas de gazon... Elle est disponible toute l'année, c'est-à-dire que nous n'avons pas d'hiver, donc nous pouvons l'utiliser à tout moment de l'année, à tout moment, aussi, du jour comme de la nuit, parce que même la nuit, parfois, nous passons du temps à discuter dans la cour.

Il y a des enfants qui jouent,... il y a les grands-parents lorsqu'ils viennent et bien sûr, comme je l'ai dit, les amis et puis les autres membres de la famille, quoi. Parfois il y a de la musique... des danses de temps en temps, mais de la musique, oui, très souvent, pratiquement tous les jours.

Dans le quartier, nous avons surtout des boutiques, comme on dit, de proximité, donc des petites boutiques qui vendent essentiellement des produits de consommation courante et qui sont souvent tenues par des Mauritaniens, donc des gens qui sont originaires de la Mauritanie. Il y a beaucoup de raisons historiques. Il y a eu une immigration très forte de la Mauritanie à un moment parce que l'économie du Sénégal était en meilleur état à ce moment-là que l'économie mauritanienne. Donc c'est comme ça que ces gens sont arrivés au Sénégal et se sont établis dans ce type de commerce et parce qu'aussi, apparemment, dans leur tradition il y avait une forte dose de commerce. Et donc, au Sénégal, ils tiennent beaucoup de ces petites boutiques de quartier. Ils habitent dans le quartier. Généralement, ce sont des gens qui ont acheté une maison dans le quartier et ils ont transformé une partie de la maison en boutique, c'est comme ça que nous les appelons, et ils habitent dans les autres pièces de la maison... Vraiment ils vivent dans le quartier, pour la plupart.

Djamal Taazibt

—Comment est-ce que le type de logement et la situation de votre logement est-ce qu'ils ont influencé votre vie?

—J'habite, comme je vous le disais tout à l'heure, dans un quartier assez chic. Assez chic parce que les gens qui y habitent sont généralement des gens qui occupent des postes assez importants dans l'administration et dans l'État; des gens cultivés dont le couple, homme et femme, travaille. Et c'est un quartier chic parce qu'il est à proximité de la ville et loin du chahut des voitures et de l'industrie et tout ça. C'est un quartier, disons-le, résidentiel.

La proximité de mon appartement du centre-ville m'encourage beaucoup à assister aux différentes activités artistiques, culturelles et autres. Et aussi, le Centre des Arts n'est qu'à quelques minutes de marche à pied de chez moi. C'est là que se passent toutes les activités importantes de la vie artistique, culturelle algérienne.

 SEGMENT 1–7: CD 1, TRACK 11

Manuel de préparation
Activité d'écoute/Enregistrement: Les voyelles
pp. 65–68

CHAPITRE 2

 SEGMENT 2–1: CD 2, TRACK 1

Véronica Zein

—Bonjour, Mademoiselle.
—Bonjour, Madame.
—Comment vous appelez-vous?
—Je m'appelle Véronica Zein.
—Z-E-deux N?
—Z-E-I-N.
—Et quel âge avez-vous?
—J'ai vingt ans.
—Et où est-ce que vous habitez?
—J'habite à Savigny-sur-Orge. C'est dans la banlieue sud de Paris.
—Et combien de fois par jour est-ce que vous mangez, normalement?
—En général, trois fois: le matin, au petit déjeuner, avant d'aller en cours, vers midi, une heure, pendant mon heure de déjeuner, et le soir, quand tout le monde est à la maison, vers les alentours de huit heures et demie, neuf heures.
—Ah, vous dînez en famille, alors?
—Oui.
—Et qu'est-ce que vous prenez, pour tous ces repas?
—Petit déjeuner assez léger: en général, du pain et de la confiture, et un café...
—Et ça, c'est avec la famille aussi?

—Euh... non, parce qu'on ne se lève pas tous à la même heure, donc ça dépend... souvent avec la personne qui va partir en même temps que moi, ou toute seule. Le café est toujours prêt. À midi, je vais manger avec des amis, souvent au café. On reste à discuter.
—Et qu'est-ce que vous mangez, là?
—Oh, quelque chose de très léger. Ça coûte trop cher!
—Un sandwich, une salade?
—Un sandwich, et puis un petit café pour terminer, toujours. Et le soir, on s'assoit, on mange un bon repas en famille.
—Et qui fait la cuisine en général?
—Soit ma mère, soit moi.
—J'ai entendu que votre mère est très douée.
—Oui, c'est une excellente cuisinière, elle m'a très bien appris.

Nezha Le Brasseur

—Bonjour, Madame.
—Bonjour.
—Comment vous appelez-vous?
—Je m'appelle Nezha Le Brasseur.
—Vous pouvez épeler votre nom de famille?
—Mon nom de famille: L-E-B-R-A-S-S-E-U-R.
—Et où est-ce que vous habitez?
—J'habite à Casablanca, au Maroc.
—Et quel âge avez-vous?
—J'ai trente ans.
—Combien de fois par jour est-ce que vous mangez, normalement?
—Euh... normalement, je mange trois à quatre fois par jour. Je prends mon petit déjeuner vers sept heures, sept heures et demie, et puis je mange le déjeuner vers midi et demie, une heure, et puis, après je mange vers quatre heures et demie, cinq heures: je prends un café, et puis après vers huit heures, neuf heures, je prends mon dîner.
—Et qui fait la cuisine chez vous, c'est vous même?
—Non, c'est ma mère, aidée par une bonne.
—Et vous savez faire la cuisine marocaine?
—Euh... un petit peu, pas beaucoup.
—Est-ce que c'est très différent de la cuisine américaine?
—Bien sûr, c'est très très différent.
—Est-ce qu'il est possible de décrire les différences ou c'est trop compliqué?
—Euh... la première différence, c'est que ça prend beaucoup de temps à préparer, un plat marocain. Les plats marocains qui sont très connus sont le couscous—ça prend environ deux heures pour le préparer—et... c'est vraiment... c'est bon mais ça prend beaucoup de temps.

Dominique Clément

—Comment vous appelez-vous, Monsieur?
—Je m'appelle Dominique Clément.
—Où est-ce que vous habitez?
—Ah, moi, j'habite Paris.
—Et vous êtes né à Paris?
—Non, je ne suis pas né à Paris, je suis né dans le Midi.
—Et quel âge avez-vous?
—J'ai trente-quatre ans.
—Combien de fois par jour est-ce que vous mangez, normalement?
—Je mange à peu près trois ou quatre fois par jour.
—Et... à quelles heures, où, avec qui?

—Le petit déjeuner à huit heures... en général en famille. Et puis le repas de midi, à la maison ou à l'extérieur. Et puis, le soir, je mange très tard.
—À quelle heure?
—Vers dix heures.
—Avec qui?
—Avec ma copine.
—Et vous allez souvent au restaurant?
—Je vais de temps en temps au restaurant, oui.
—Plutôt en semaine ou plutôt pendant le week-end?
—Plutôt le week-end.
—Et qui prépare les repas chez vous?
—C'est moi.
—Toujours?
—Presque toujours.
—Votre copine ne sait pas faire la cuisine?
—Elle sait faire la cuisine, si!
—Mais vous la faites mieux!
—Mais je la fais mieux.

Henri Gaubil

—Bonjour, Monsieur.
—Bonjour, Madame.
—Comment vous appelez-vous?
—Je m'appelle Henri Gaubil.
—Et vous habitez où?
—J'habite dans une île qui appartient à la France et qui s'appelle la Corse, nommée l'île de Beauté.
—Et dans quelle ville?
—Ajaccio, plus précisément, dans le sud-ouest de la Corse.
—Et vous avez quel âge?
—Ah, j'ai cinquante-cinq ans!
—Combien de fois par jour est-ce que vous mangez, normalement?
—Comme tout bon Français, trois fois par jour, c'est-à-dire: le matin, de bonne heure en principe, à sept heures, le petit déjeuner; le midi—on parle souvent du midi, mais en fait c'est souvent treize heures—le déjeuner, nous prenons le déjeuner.
—«Nous», c'est qui, «nous»?
—Nous, ben... la famille.
—Ah, vous mangez en famille à midi?
—De temps en temps. De temps en temps, sauf si je suis en déplacement sur l'île, je mange au restaurant, seul. Mais le soir, toujours, nous mangeons en famille.
—Et qu'est-ce que vous prenez pour ces repas?
—Oh, le matin—surtout l'été, c'est une période très chaude en Corse—des jus de fruits et un café.
—C'est tout?
—C'est tout. En ce qui me concerne. Le repas du midi est très léger également, parce que nous sommes à l'extérieur, il fait très chaud, on pense plutôt à boire qu'à manger.
—Vous voulez dire quoi par «nous sommes à l'extérieur»?
—Nous sommes à l'extérieur de la maison.
—Ah!
—Et le soir, alors là, c'est le repas de famille. Et nous avons faim parce que la journée, nous n'avons pas mangé beaucoup, en fait, en quantité.
—Alors, qu'est-ce que vous mangez, par exemple?
—Le dîner du soir, nous sommes en famille et nous mangeons le repas traditionnel français.
—C'est quoi, ça?

—Le repas traditionnel français, c'est le potage, bien souvent... potage ou alors une entrée, des légumes, et un peu de viande, et un dessert, arrosé bien sûr soit d'un verre de rosé ou d'un verre de vin rouge.

Robin Côté

—Bonjour, Monsieur.
—Bonjour.
—Comment vous appelez-vous?
—Je m'appelle Robin Côté.
—Vous pouvez épeler votre nom de famille?
—C-O accent circonflexe-T-E accent aigu.
—Et quel âge avez-vous?
—J'ai vingt-neuf ans.
—Où est-ce que vous habitez?
—Je viens du Canada. J'habite un petit village qui s'appelle Sainte-Luce, qui est à environ 12 kilomètres d'une ville de 40 000 habitants qui s'appelle Rimouski et cette ville est située à environ 300 kilomètres au nord-est de Québec, au Canada, dans la province de Québec. C'est sur la rive sud du fleuve Saint-Laurent.
—Est-ce que vous pouvez épeler Rimouski?
—C'est R-I-M-O-U-S-K-I.
—Combien de fois par jour est-ce que vous mangez normalement? À quelles heures, où, avec qui?
—Environ de trois à cinq fois, dépendamment des journées, de mon horaire. Un petit déjeuner—on dit chez nous un déjeuner—simplement un café avec quelques rôties...
—Rôties?
—Des «toasts»... Puis, après ça, il y a ce qu'on appelle, nous, le dîner: le déjeuner. Bon, ça, c'est avec des copains, ça peut être un sandwich ou je sais pas trop... Après ça, il y a le souper, ce que vous appelez le dîner. Ça peut être dans un restaurant ou à la maison. Puis, souvent, le soir, après, il peut y avoir un petit casse-croûte, ça dépend. Si je vais aussi en boîte ou si je sors, bon... ben... on va aller manger un petit morceau après.

🎵 SEGMENT 2–2: CD 2, TRACK 2

Claude et sa femme Aminata, un couple de jeunes mariés, rentrent chez eux à la fin de la journée. Pendant qu'Aminata prépare le dîner, ils parlent de leurs habitudes alimentaires. Il est clair que pour tous les deux, «bien manger» n'a pas la même signification.

Aminata: Alors, tu as bien déjeuné aujourd'hui?
Claude: Oui, oui. On n'avait pas beaucoup de temps, alors on est allé au Quick près du bureau.
Aminata: Quoi? Encore un fast-food! Et qu'est-ce que tu as mangé?
Claude: Oh, un Big Bacon... avec des frites et un milkshake.
Aminata: Écoute, Claude, tu n'es vraiment pas raisonnable! Tu manges trop de matières grasses et tu ne fais pas assez attention aux calories. Tu es encore jeune, mais il faut penser à ta santé, tout de même!
Claude: Allons, ne t'inquiète pas, chérie! Un repas dans un fast-food de temps en temps, ça ne fait pas de mal... Surtout qu'on mange bien à la maison. À propos, qu'est-ce que tu es en train de nous préparer de bon?

Aminata: Le poulet au yassa que tu aimes tant. Tiens, tu pourrais mettre la table, s'il te plaît?

Claude: Bien sûr... Dis donc, où est le beurre?

Aminata: Il n'y a pas de beurre. J'ai acheté du faux beurre. C'est mieux pour le cholestérol.

Claude: Et le sucre? Je ne trouve pas le sucre...

Aminata: C'est parce qu'il n'y en a plus. Regarde, j'ai acheté ça pour remplacer le sucre: c'est un édulcorant de synthèse. Ne cherche pas le sel, non plus, parce que j'ai décidé de supprimer le sel de notre alimentation. C'est très mauvais pour la tension artérielle.

Claude: Mais non, Aminata, voyons! Le sel, c'est très important, ça aide à relever le...

Aminata: Tu sais, mon amie Sylvie a téléphoné cet après-midi. Elle a découvert un nouveau magasin de produits diététiques. On va y aller toutes les deux demain. Sylvie dit qu'ils ont un grand choix de produits bios... Voilà, tout est prêt. On peut se mettre à table. Alors, ça s'est bien passé, ta journée? Pas de problèmes au bureau?

 SEGMENT 2–3: CD 2, TRACK 3

Mireille Sarrazin
—Bonjour, Madame.
—Bonjour, Madame.
—Comment vous appelez-vous?
—Mireille Sarrazin.
—Et où est-ce que vous habitez?
—À Lyon.
—Et quel âge avez-vous?
—Trente-neuf ans.
—Ah, c'est un âge important!
—Oui, euh... bientôt la quarantaine, oui!
—Combien de fois par jour est-ce que vous mangez, normalement?
—Trois fois par jour.
—Et à quelles heures, et avec qui, et où?
—Le petit déjeuner, tout d'abord...
—À quelle heure?
—Entre sept heures et demie et huit heures, ça dépend. Et je mange... du pain, du beurre, de la confiture, et je bois du café. Et quelquefois, des croissants.
—Et le déjeuner?
—Alors, le déjeuner, c'est un peu plus important. Dire ce que je mange, ça dépend; ça dépend des jours, mais disons que je mange une salade, une viande, éventuellement un légume ou un féculent accompagné...
—Et ça, c'est vers quelle heure?
—Midi et demie, une heure. Et puis... ça peut être du poisson aussi, et puis... euh... un fruit.
—OK. Et le dîner?
—Alors, le dîner, ben, je le fais un petit peu plus léger. Je le fais vers les huit heures. Alors, ça dépend des saisons: l'hiver, c'est une soupe, ou alors une salade, avec peut-être de la charcuterie, ou alors un féculent quelconque... des pâtes ou une quiche lorraine, quelque chose comme ça, ou alors seulement du pain et du fromage et puis un fruit.
—Et entre les repas, est-ce que vous mangez un tout petit peu?
—Non, jamais.

Alain Bazir
—Comment vous appelez-vous?
—Je m'appelle Alain.
—Alain quoi?
—Alain Bazir. Et donc, je viens de Guadeloupe. Je suis né il y a dix-huit ans, et donc, je suis étudiant actuellement à l'université Antilles-Guyanne à Pointe-à-Pitre, qui se situe à 60 kilomètres de ma ville natale, Saint-Claude, qui est à côté de la Soufrière, un volcan encore en activité, dont la dernière éruption a eu lieu en 1976 et qui avait mobilisé toute la Guadeloupe et... La Guadeloupe est séparée en deux îles qui sont reliées par un petit pont qui s'appelle le Pont de la Rivière Salée, et tous les habitants de l'île montagneuse avaient dû être relogés sur la partie un peu plus plate qui est la Grande-Terre et donc, quand j'ai eu six ans, ça a été une expérience...
—Ah ben oui.
—Assez marquante.
—Combien de fois par jour est-ce que vous mangez normalement? À quelles heures, où et avec qui?
—Euh... Je mange trois fois par jour en général. Le matin, je mange tout seul, à six heures et demie, dans ma chambre. Je me prépare souvent des œufs et des toasts avec de la confiture et un jus d'orange, un jus de fruits. Ensuite, je vais en cours. À midi, je mange avec mes copains au restaurant universitaire, donc c'est... Les gens se plaignent souvent des repas à la cité universitaire mais ça peut aller, c'est nourrissant... En Guadeloupe, ce qui est intéressant, c'est qu'ils utilisent les produits locaux au niveau des cités universitaires, et donc on mange des ignames, du poisson, euh... les produits que ma mère me préparait quand j'étais plus jeune donc ça va. Et le soir, souvent je mange juste un sandwich ou on va avec des copains dans des snacks où on mange une pizza, des choses comme ça.
—Est-ce que vous allez souvent au restaurant en semaine et le week-end?
—Plutôt le week-end. Quand je rentre voir mes parents, on y va assez souvent, donc, on peut dire: une fois par mois, je vais au restaurant. Sinon, je vais dans des petits restaurants avec des copains, des endroits où on peut manger rapidement, où on peut manger juste un plat euh... je sais pas... du riz et du poisson ou du poulet boucané, des choses simples, pas très chères.
—Et avec vos parents?
—Avec mes parents, c'est souvent des restaurants plus élaborés où il y a... des restaurants pas de luxe, mais des restaurants où on peut choisir un menu, où il y a des touristes qui viennent, et donc, on se fait plaisir: on peut manger de la langouste, on peut manger des choses qu'on n'a pas l'habitude de manger.
—Qui prépare les repas chez vous?
—J'aime bien cuisiner donc... Déjà chez moi, je cuisinais quelquefois pour ma mère. J'aime bien faire les sauces, faire des grillades et tout ça. Donc, dans ma chambre universitaire, il y a pas les moyens pour faire des grillades, mais je me prépare des petits plats à base de riz, avec des légumes, de la viande hachée... J'invente des recettes.
—Et qu'est-ce que vous mangez normalement le matin, à midi et le soir? Je pense que vous avez déjà répondu.
—Pour le matin, oui, je mange en général des œufs, parce

que je suis… je ne supporte pas les produits laitiers. Beaucoup de gens en Guadeloupe comme en France mangent du lait avec des céréales, mais moi, je ne supporte pas, donc je suis un peu plus américain dans ma façon de manger le matin. Donc, des œufs, c'est un reliquat d'un voyage à Barbade, quand j'étais plus jeune, où j'avais découvert les petits déjeuners américains, et ça m'avait plu.

—Et à midi, et le soir?

—À midi, en Guadeloupe, on mange souvent du riz avec du poisson ou de la viande, mais aussi des bananes jaunes, des bananes plantains, des ignames, c'est assez varié… avec des légumes. Le soir, c'est plutôt une soupe, de la laitue et un steak, quelque chose de rapide, de léger, parce qu'on se couche assez tôt en Guadeloupe. Vu que le soleil se couche à six heures, toute la vie s'arrête à dix heures.

Delphine Chartier

—Le matin, j'aime bien commencer avec un jus de pamplemousse. Mais en fait, c'est un pamplemousse frais que je presse. Je préfère ça aux jus de fruits en boîte ou aux jus de fruits en conserve. Ensuite, je bois du thé, mais c'est pas spécifiquement français. La plupart des Français boivent du café, du café noir ou du café au lait. Moi, je préfère du thé, parce que je le digère mieux, et c'est ce que je bois tous les matins, sans lait, sans sucre. Je fais griller des toasts, du pain de mie. En général, c'est du pain de mie que je fais griller, et que je beurre, sur lequel je mets de la confiture. J'aime bien la confiture de framboises, la confiture de fraises. C'est de la confiture que je fais, en général, au moment de la saison des fraises, mais il m'arrive de mettre du miel sur les tartines. Voilà, c'est à peu près ce que je prends régulièrement tous les matins.

Pour le déjeuner, ça sera différent si c'est le déjeuner de la semaine ou le déjeuner du samedi ou du dimanche. Dans la semaine, quand je travaille et que je suis sur le campus, j'ai en général peu de temps pour déjeuner, et peu de restaurants disponibles: il y a beaucoup de fast-food ou de petits restaurants rapides, pas chers pour les étudiants. Donc ça va être soit une pizza, soit une salade composée, soit on va manger au chinois et on mange un plat avec du riz, des crevettes, et on boit du thé, du thé au jasmin, en général, pour accompagner, mais c'est un repas qui prend à peu près une demi-heure et qui est donc rapide et pas très satisfaisant, en général, pour notre goût. En revanche, le samedi et le dimanche, on a plus de temps, la famille est réunie, et je cuisine davantage. Le samedi matin, je vais au marché. J'aime bien faire le marché moi-même, acheter des fruits, acheter des légumes, aller acheter du poisson éventuellement, ou de la viande… Et mon mari est là, ma fille est là, le copain de ma fille est là aussi, donc très souvent, on fait des hors-d'œuvre—c'est souvent une salade, une salade mélangée ou une salade de tomates, de concombres, c'est différent selon la saison, mais souvent on commence par une salade. Ou bien l'été, un melon, parce que c'est plus rapide à préparer. Ensuite, on a soit un rôti—ça peut être un rôti de porc avec des pommes de terre… Ce que j'aime bien aussi, c'est faire un mélange de viande et de fruits, par exemple du canard que je fais rôtir et que j'entoure de poires. Et puis ensuite, on a du fromage. Ça, à la maison, il y a pas un seul repas où on sert pas de fromage. Et ensuite, un dessert qui peut être des

fruits, à la saison où il y a des fraises, des cerises, des fruits rouges, et l'hiver, ça peut être une tarte aux pommes si j'ai eu le temps de cuisiner le matin, ou simplement une compote de fruits, ou des pommes, des poires, des noix aussi, ou des raisins secs. Le dimanche, c'est à peu près la même chose. Pour nous, en tout cas, dans notre famille, le repas de midi du samedi, le repas de midi du dimanche, c'est un moment privilégié où on a le temps de discuter autour de la table, où chacun raconte un petit peu ce qu'il a fait… Mon mari boit du vin, moi j'en bois un petit peu. Ma fille, qui a 22 ans, ne boit pas une goutte de vin. Elle est résolument anti-vin, anti-alcool, elle ne boit que de l'eau. Et on finit, j'avais oublié, on finit toujours par un café, un café serré, à l'italienne. Toute la famille aime bien prendre le café pour finir le repas.

Le dîner… on est une famille qui mange tard le soir. On se met rarement à table avant huit heures ou huit heures et demie, le soir, parce qu'on a tous des emplois du temps assez chargés, qu'on n'a pas faim avant, peut-être, ou c'est une habitude familiale, je crois. Il y a des gens qui mangent plus tôt. Il y a des gens qui se mettent à table à 7 heures, qui ont fini à 8 heures parce qu'ils aiment bien regarder les informations à la télévision à 8 heures. Il y a aussi des familles où on mange le soir en regardant la télévision. C'est pas le cas chez nous parce que la télévision n'est pas dans la pièce où on dîne. Le dîner est, dans la semaine, plutôt plus important que le week-end, du fait qu'on a tous mangé en dehors de la maison et plus ou moins bien. Donc c'est en général un plat principal avec des légumes: ça peut être un poisson, ça peut être aussi des pâtes… et puis toujours une salade. L'hiver, on mange beaucoup de salades d'endives avec une vinaigrette. On y ajoute des morceaux de pomme et des noix, pour changer, ou bien des petits morceaux de fromage. Et puis du fromage, toujours, ou des yaourts, ou du fromage blanc. Et ensuite, un fruit. En général, il y a pas de dessert sophistiqué le soir, c'est un fruit. Et pas de café après le repas.

Dovi Abe

—Bonjour, Monsieur.

—Bonjour, Madame.

—Comment vous appelez-vous?

—Je m'appelle Dovi Abe.

—Et où est-ce que vous habitez?

—J'habite au Sénégal, à Dakar, précisément.

—Et quel âge avez-vous?

—J'ai 35 ans.

—Combien de fois par jour est-ce que vous mangez, normalement?

—Je mange trois fois par jour, donc le matin, à midi et le soir.

—Et qu'est-ce que vous prenez pour chaque repas et avec qui?

—Pour chaque repas, ce que je prends… Donc, au petit déjeuner, le matin, un petit déjeuner typiquement sénégalais et donc, se compose d'une bouillie de mil…

—«Mil»…Vous pouvez expliquer ce que c'est?

—Donc le mil est une céréale produite localement, qui s'épèle m-i-l, et donc, c'est une bouillie de mil qui est accompagnée de lait caillé et de miel… et dans mon cas, que j'aime beaucoup. Donc tous ces repas se prennent en général avec la famille ou avec les amis mais disons avec, généralement, la famille à tout moment. Et à midi, donc, pour le déjeuner, très souvent, nous prenons du riz et du poisson. Donc c'est une spécialité sénégalaise à base de riz et de poisson qui s'appelle le tcheboudjen...

—Vous pouvez épeler ça, sil vous plaît?

—Ah, le tcheboudjen, sommairement épelé, c'est t-c-h-e-b-o-u-d-j-e-n, «tcheboudjen». C'est un mot de la langue ouolof, au Sénégal, et c'est une spécialité locale qui est très bonne. Et qui est très connue aussi internationalement: je crois que de plus en plus de chefs, donc, le présentent à leurs clients parce que le Sénégal est aussi une destination touristique majeure, en Afrique de l'ouest en tout cas.

—Et ça, c'est vers quelle heure, le déjeuner?

—Entre midi et une heure, selon les emplois du temps des uns et des autres. Et là aussi, ce déjeuner se prend avec toute la famille, quoi. Et le soir, donc, au dîner, soit du riz avec une autre sauce—il y a plusieurs types de sauces, qui vont de la sauce arachide à la sauce aux feuilles de manioc... C'est l'équivalent local de la pomme de terre et ça s'écrit m-a-n-i-o-c. Ou bien, du couscous, du couscous local. Il y a une variété de couscous locale qui est produite à base de mil et qui, aussi, donc, se mange avec une sauce.

—Et, est-ce que vous avez mentionné une sauce pour le déjeuner? Je ne me rappelle pas.

—Je n'en ai pas mentionné parce que, en fait, le riz et le poisson sont cuits ensemble, dans la sauce. Donc cette sauce se fait avec des tomates et beaucoup d'autres légumes: des carottes, des choux, du poisson séché, des crevettes, etc. Il y a toute une variété de combinaisons possibles pour cette sauce.

—Et est-ce qu'il y a des épices qui sont... ?

—Il y a beaucoup d'épices, oui, il y a beaucoup d'épices.

—Par exemple?

—Il y a de l'ail, du gingembre, donc très couramment, et il y a aussi d'autres épices locales...

—Qui sont différentes des nôtres...

—Qui sont différentes? Oui, probablement. On utilise, par exemple, des clous de girofle, au Sénégal, assez couramment... Des clous de girofle.

—Des clous de girofle.

—Oui, donc, que l'on utilise assez couramment.

⊙ SEGMENT 2–4: CD 2, TRACK 4

Un samedi après-midi, quelques mois plus tard, Claude Letourneur rentre chez lui après avoir passé toute la matinée à son club de sport où il fait de l'aérobic et de la musculation. Il va au frigo, se verse un verre de jus de carottes et demande à sa femme Aminata ce qu'ils vont manger pour le dîner.

Aminata: Alors, tu as passé une bonne matinée?

Claude: Ah oui! J'ai même pu faire une heure de musculation avant le cours d'aérobic. Je commence à être en pleine forme! Mais qu'est-ce que j'ai soif! Il reste du jus de carottes?

Aminata: Bien sûr, il y en a plein le frigo, tu le sais bien. Tu m'as demandé d'en acheter six bouteilles l'autre jour.

Claude: Mais qu'est-ce que c'est que ça, chérie? Ne me dis pas que tu as acheté de la viande, quand même!

Aminata: Et si! J'ai envie de faire un bon repas traditionnel, moi, pour une fois! Alors, je suis allée à la boucherie et j'ai acheté ce beau gigot. Regarde ça: c'est appétissant, non?

Claude: De l'agneau, quelle horreur! Mais on ne peut pas manger de l'agneau! C'est beaucoup trop gras! C'est plein de calories et puis, la graisse cuite, c'est très mauvais pour la santé!

Aminata: Peut-être, mais moi, j'en ai assez de tes régimes. Ça fait des semaines qu'on ne mange que de la salade, des yaourts et des fruits, pour ainsi dire! Il faut un peu de modération, tout de même! Moi aussi, je veux qu'on mange «bien», mais toi, tu exagères! Et puis je ne te vois plus: tu es toujours au club de sport! Le poisson, les carottes et les pommes, c'est très bon, mais j'ai envie d'une nourriture variée. Aujourd'hui, on mange de la viande!

Claude: Très bien. Toi, tu n'as qu'à te faire ce que tu veux. Moi, je vais me préparer une petite salade.

⊙ SEGMENT 2–5: CD 2, TRACK 5

Xavier Jacquenet

—Je m'appelle Xavier Jacquenet. J'ai vingt-trois ans. J'habite dans la banlieue dijonnaise. Je suis étudiant en histoire, à Lyon, où je vais par le train, deux fois par semaine. Je fais trois repas par jour. Le premier, le petit déjeuner, est en famille, vers huit heures du matin, avec chocolat, tartines. Le deuxième vers midi, midi et demie, la plupart du temps avec mes amis, au restaurant universitaire. Et le troisième, le dîner, vers huit heures du soir, en famille, sauf quand je sors au restaurant avec des amis.

Au petit déjeuner, je bois du chocolat; des tartines avec de la confiture ou, s'il reste un peu du gâteau de la veille... Le déjeuner et le dîner sont toujours des repas à quatre plats: une entrée, qui peut être une salade ou une tourte ou des choses comme ça... Puis une viande ou un poisson avec un accompagnement, des fromages et un dessert qui, la plupart du temps, se réduit à un fruit parce que c'est ma mère qui fait le repas et elle n'a—la plupart du temps—pas le temps de faire quelque chose d'extraordinaire. Et autrement, si elle peut, elle fait une tarte, ou un gâteau, ou un flan.

Oui, je pense que les habitudes culinaires changent. D'abord, au niveau des jeunes, parce qu'ils ne prennent plus le temps de faire à manger et puis, dans les couples, maintenant, il n'y en a plus un qui fait le repas pour l'autre, donc les deux doivent participer, donc du coup, plus personne ne fait rien. Donc, notamment tous les produits surgelés sont de plus en plus importants. Je ne dirais pas vraiment qu'il y a une évolution... trop d'introduction de plats étrangers. Peut-être un peu mais pas tant que ça. C'est plutôt des plats tout préparés. On mange ça de plus en plus parce que c'est rapide. C'est assez cher, quand même, plus cher que les recettes traditionnelles.

Je pense que l'évolution est plutôt négative parce que ça fait des repas moins équilibrés... Peut-être qu'on a tendance à manger moins de calories, parce qu'on fait plus attention à ça, quoi: quand on achète le plat tout fait, on regarde les calories... Alors que les recettes de grand-mères, il y a beaucoup de beurre, c'est très lourd.

—Est-ce qu'il t'arrive de manger, tout de même, de temps en temps, un bon repas traditionnel?

—Oh moi, oui! Ça c'était l'évolution générale, je pense, qu'on peut constater. Mais moi, la manière dont je mange, c'est tout à fait traditionnel, puisque quand c'est à la maison, c'est ma mère qui cuisine, c'est une très bonne cuisinière et autrement, quand je mange pas à la maison, au restaurant universitaire, c'est quand même assez bien. Les quantités ne sont pas toujours suffisantes, mais c'est toujours bien équilibré. Si j'habitais dans un appartement, tout seul ou avec des amis, là ça serait différent, parce que je ne prendrais pas la peine de faire des vrais repas. Ça serait des casse-croûte, des boîtes ou des surgelés, ce serait plus rapide.

Djamal Taazibt

—Comment vous appelez-vous, Monsieur?

—Je m'appelle Djamal Taazibt.

—Et de quel pays venez-vous?

—Je suis algérien et j'habite l'Algérie.

—Est-ce que vous croyez que les habitudes culinaires et gastronomiques dans votre pays sont en train de changer?

—Effectivement. Personne n'est à l'abri du changement, parce que le monde n'est qu'un petit village.

—Et comment est-ce qu'elles changent?

—Elles changent en fonction de l'introduction de nouveaux besoins, par l'intermédiaire des mass media: films, nouvelles, et ainsi de suite, et aussi en fonction des restructurations économiques, et aussi grâce à l'introduction de nouvelles techniques de culture et d'industrie agro-alimentaire.

—Mais quelles sont les différences entre maintenant et il y a vingt ans, par exemple?

—L'assiette de l'Algérien a beaucoup changé depuis l'indépendance. Avant, on ne mangeait pratiquement que des pâtes et des légumes et occasionnellement de la viande. Mais, après l'indépendance, et vu l'essor économique que l'Algérie a connu, et aussi la hausse du niveau de vie, et aussi le programme initié par le gouvernement algé... l'État algérien, plutôt, depuis 62, consistant à l'égalité sociale et la justice sociale et tout ça, les Algériens ont pu manger assez et assez varié.

—Ah, c'est comme ça que ça a changé: maintenant, ils mangent davantage et...

—Oui, on mange davantage, et on commence à avoir des problèmes d'obésité... comme partout. Et le diabète est une maladie qui se propage très très vite dans notre pays.

Sophie Everaert

—Comment vous appelez-vous?

—Je m'appelle Sophie... Everaert. C'est mon nom de famille.

—Vous pouvez l'épeler?

—Oui. C'est E-V-E-R-A-E-R-T.

—Et où est-ce que vous habitez?

—J'habite à Bruxelles, 79 (septante-neuf) avenue du Prince d'Orange, pour être précis.

—Et quel âge avez-vous?

—J'ai trente ans.

—Combien de fois par jour est-ce que vous mangez normalement?

—Je mange en général quatre fois par jour.

—Est-ce que vous croyez que les habitudes culinaires et gastronomiques de Belgique sont en train de changer? Comment? Pour le mieux ou non? Et pourquoi ou pourquoi pas?

—Je crois qu'avec assez bien de gens qui travaillent tous les deux, il y a beaucoup plus de surgelés, maintenant, des choses qui vont plus vite et donc, ça c'est mieux, c'est plus facile pour les ménages. Au restaurant, il y a un phénomène qui a déjà commencé depuis quelques années et qui s'appelle la nouvelle cuisine, où ils servent des très très petites portions. C'est très joli, c'est des belles couleurs dans les assiettes mais personnellement, je n'aime pas tellement, parce que je n'ai jamais assez. Et c'est très bon mais j'aimerais mieux qu'il y ait trois fois plus dans mon assiette. Et puis il y a plus de restaurants internationaux, récemment, en Belgique. Par exemple, il y a des magasins de glaces américaines qui commencent à venir. Il y a Häagen-Dazs qui est le dernier chic. Il y a plus, avec la CEE, des restaurants espagnols. On peut maintenant commander de la pizza et ils viennent la délivrer chez nous, c'est tout nouveau, ça.

Philippe Heckly

— Bonjour, Monsieur.

— Bonjour, Madame.

— Comment vous appelez-vous?

— Je m'appelle Philippe Heckly.

— Vous pouvez l'épeler?

— Oui, bien sûr. H-E-C-K-L-Y. C'est un nom qui vient d'Alsace, et puis peut-être d'origine suisse, mais il y a longtemps.

— Et où est-ce que vous habitez?

— J'habite à Asnières. C'est une banlieue au nord-ouest de Paris...

— Est-ce que les habitudes culinaires et gastronomiques dans votre pays sont en train de changer?

— Ah, je crois, ouais. Les jeunes, ils aiment beaucoup manger dehors, les fast-foods, McDonald et compagnie... Mais ça, ça va une fois de temps en temps. Les hamburgers, c'est bien gentil, mais j'aime mieux les plats en sauce; une petite choucroute de temps en temps ça fait jamais de mal, le couscous, c'est fantastique... Enfin, les fast-foods, c'est juste une alternative et j'espère que ça restera comme ça.

Dovi Abe

— Est-ce que vous croyez que les habitudes culinaires et gastronomiques du Sénégal sont en train de changer?

— Oh, je dirais qu'elles ont déjà changé, parce que... avec la transformation de la vie, donc la modernisation de la vie en ville, il y a déjà un certain nombre de modifications. Par exemple, la cuisine ne se fait plus beaucoup avec du charbon de bois; de plus en plus, il y a des cuisinières à gaz. Là, c'est déjà une grosse modification par rapport aux habitudes traditionnelles.

— Est-ce que ça prend moins de temps, ou... ?

— Je crois que ça prend un peu moins de temps, oui, ça

prend moins de temps, tout à fait, et certainement que ça change la manière dont les choses se préparent, de toute façon.

— Et le goût aussi est changé?

— Je pense que le goût a changé. Disons que les plus traditionnalistes disent que le goût est moins bon.

— Mais les choses que vous mangez, les mets, sont les mêmes?

— Les mets sont les mêmes. Il y a peut-être une plus grande variété au niveau des légumes, parce que... Bon, par exemple, traditionnellement, on ne produisait pas de carottes et en ce moment, le Sénégal produit des carottes, alors ceci, c'est une modification importante. D'autres types de cuisine, disons, si l'on veut parler, par exemple, du type de cuisine qu'on rencontre aux États-Unis: il y a très peu ou presque pas, disons, de hamburgers. Il n'y en a pas au Sénégal. Il n'y a pas de McDonald's, mais il y a une version... je dirais... locale, de la nourriture et de la restauration rapides. C'est une spécialité importée du Liban qui s'appelle le chawarma et donc, il y a beaucoup de petits restaurants qui préparent des chawarmas. Donc, c'est une spécialité qui se prépare avec de la viande de bœuf qui est rôtie et découpée, et cette viande est placée dans une galette.

— Et c'est d'origine libanaise?

— Oui, c'est d'origine libanaise. Un peu comme le taboulé.

— Et la cuisine française, vous en mangez?

— La cuisine française, oui, il y a des restaurants français. Il y a aussi un certain nombre d'hôtels—donc des hôtels qui ont une clientèle internationale—qui ont beaucoup de plats fran-çais à leur menu. Ceci dit, je ne dirai pas que le commun des mortels sénégalais mange régulièrement de cette cuisine-là.

— C'est pour les touristes, alors?

— C'est pour les touristes ou, si vous voulez, pour des gens qui ont vécu en France ou des gens qui, en tout cas, ont eu l'occasion de connaître la cuisine française.

— Vous-même, quand vous êtes au Sénégal, vous mangez de la cuisine française?

— Avec certains amis, oui, oui.

— Des amis sénégalais ou français?

— Avec des amis sénégalais. Mes amis français, au Sénégal, mangent de la cuisine sénégalaise.

SEGMENT 2–6: CD 2, TRACK 6

Anne Squire

— Bonjour, Mademoiselle.

— Bonjour.

— Comment vous appelez-vous?

— Anne Squire.

— Et où est-ce que vous habitez?

— J'habite chez mes parents, près de Paris, juste à la lisière de Paris, à Levallois-Perret.

— Et quel âge avez-vous?

— 22 ans.

— Combien de fois par jour est-ce que vous mangez, normalement?

— Oh... en général, assez régulièrement. Pour le petit déjeuner, je mange du pain et de la confiture et du café.

Vers huit heures et demie, neuf heures. Et puis le déjeuner en famille, qui a toujours été une tradition chez moi, et en général, je ne suis pas là pour le dîner. Mais je mange près de l'université, en fait.

— Avec des copains, ou... ?

— Avec des copains, ou toute seule ou... Quelquefois j'ai des répétitions parce que je suis musicienne: je suis violoniste. Donc, le soir, en général, je ne suis pas chez moi.

— Et qu'est-ce que vous prenez pour le déjeuner et le dîner?

— Oh, vous savez, des menus français typiques: de la viande avec des pommes de terre, des légumes, une salade... quelquefois du fromage et puis peut-être un fruit ou quelque chose comme ça.

— Est-ce qu'il y a une différence entre votre déjeuner et votre dîner?

— Pas vraiment. Mais peut-être que le dîner est un peu plus léger.

— Est-ce que vous allez souvent au restaurant? en semaine, le week-end?

— Eh bien... assez souvent le soir. Pour le déjeuner, presque pas. C'est surtout quand je suis près de l'université que j'y vais. Donc le week-end, non, pas vraiment.

— Et qui prépare les repas chez vous?

— Ma mère.

— Toujours?

— En général, oui, je dois le dire.

— Est-ce que vous croyez que les habitudes culinaires et gastronomiques dans votre pays, c'est-à-dire en France, sont en train de changer?

— Pas vraiment. Peut-être que les Français mangent un peu plus léger. Ils sont un peu plus concernés par leur santé et je pense qu'ils deviennent un peu plus sportifs, font du jogging, etc., mais enfin, la cuisine reste très quand même traditionnelle.

Florence Boisse-Kilgo

— Bonjour, Madame.

— Bonjour.

— Comment vous appelez-vous?

— Je m'appelle Florence Boisse-Kilgo.

— Et où est-ce que vous habitez?

— J'habite à Carpentras, dans le Vaucluse.

— Et quel âge avez-vous?

— J'ai trente-huit ans.

— Combien de fois par jour est-ce que vous mangez, normalement?

— Je mange trois fois par jour, normalement.

— Et à quelles heures, où et avec qui?

— Je mange ben... le matin, avant de partir pour le travail, seule, aux alentours de... je sais pas... sept heures. À midi, le plus souvent au travail, et le soir, seule ou avec des amis.

— Et est-ce que vous allez souvent au restaurant?

— Souvent, non, mais j'y vais quelquefois.

— Le week-end ou en semaine?

— Surtout le week-end.

— Et qui prépare les repas chez vous?

— C'est moi.

— C'est vous parce que vous habitez seule, n'est-ce pas?

— Oui, oui.

— C'est évident! Et est-ce que vous croyez que les habitudes culinaires et gastronomiques dans votre pays sont en train de changer?

— Euh... oui, je pense qu'elles ont changé et qu'elles continuent de changer.

— Et vous pouvez décrire comment?

— Je pense que les gens sont de plus en plus pressés, qu'ils prennent peut-être moins le temps de faire des repas élaborés, et puis les magasins offrent tellement de repas et de choses toutes préparées que c'est plus facile.

— Et vous croyez que c'est pour le mieux ou non?

— Non, je pense... non. Du point de vue de la qualité de la nourriture, non, je pense pas que ça soit pour le mieux.

— Vous auriez préféré que la cuisine reste pareille à ce qu'elle était?

— Oui, mais évidemment, ce serait dans un monde idéal, parce que c'est pas tenir compte des changements qui interviennent et qui font que les gens sont trop occupés pour passer du temps à cuisiner.

— Qu'est-ce que vous mangez normalement le matin, le midi et le soir?

— Le matin, normalement, je mange des céréales avec du yaourt—peu de matières grasses—à midi, salade ou sandwich et le soir, repas un peu plus conséquent avec plusieurs plats et... un repas équilibré, aussi équilibré que possible.

— Avec de la viande?

— Euh...non. En fait, du poulet, c'est le plus... «viande» que je fais.

💿 SEGMENT 2–7: CD 2, TRACK 7

Manuel de préparation
Activité d'écoute/Enregistrement: Les consonnes
pp. 110–111

CHAPITRE 3

💿 SEGMENT 3–1: CD 2, TRACK 8

Valérie Écobichon

—Est-ce que vous pouvez nous parler un peu de votre emploi du temps—en semaine ou pendant le week-end?

—Oui, alors, je travaille à la bibliothèque municipale de Dinan qui se trouve à 16 kilomètres de chez moi. Donc, je travaille du lundi au vendredi de neuf heures à cinq heures, des horaires de bureau.

—Vous travaillez comme bibliothécaire?

—Je suis bibliothécaire, oui. Et le week-end, c'est le temps des loisirs, je vais au bord de la mer qui est tout près de chez moi, à la plage, je fais de la planche à voile ou des promenades au bord de la mer.

—Vous avez de la chance!

—Oui.

—Combien de temps libre avez-vous?

—Euh, j'ai deux jours le week-end, le samedi et le dimanche. Et le soir après le travail. J'aide mes parents le soir, une fois de temps en temps, ou le week-end pour les gros travaux.

—Par exemple?

—Pour ramasser le foin au mois de juin ou pour aller simplement rentrer le bétail le soir ou nourrir les animaux.

Anne Squire

—Est-ce que vous pouvez nous parler de votre emploi du temps en semaine, et puis le week-end?

—Je fais différentes sortes d'études. Je fais des études de musique—puisque je vous ai dit que j'étais violoniste—ce qui demande quand même beaucoup de temps de pratique. J'ai des leçons avec un professeur que j'adore toutes les semaines. Et je travaille toutes les matinées, en fait de neuf heures et demie jusqu'à l'heure du déjeuner qui est, en général, à une heure. Mon père rentre de son travail à une heure pendant une heure pour déjeuner avec la famille. Et puis, ensuite, je vais à l'université. Je suis étudiante à Paris III, et je fais des études d'anglais et, en fait, j'ai souvent des cours le soir aussi. Et des répétitions d'orchestre qui, en général, se passent le soir. Mais enfin, ça, c'est pas quotidien. Donc, ça arrive peut-être deux fois par semaine ou... Et je joue avec l'orchestre de l'Université de Paris et nous donnons des concerts dans différentes églises, à Paris ou autre part.

—Et il n'y a pas de cours à la fac le matin? Vous pouvez...

—On peut choisir, en fait, parce que l'université offre aussi des cours pour les gens qui travaillent à plein temps, par exemple. Donc, en général, je me trouve avec des étudiants qui sont peut-être un peu plus âgés et qui travaillent et puis qui font des études en même temps le soir.

—Et combien de cours par jour en général à la fac est-ce que vous suivez?

—Oh, un ou deux, pas plus. Et en fait, dans différents endroits. En fait, quand je les prends le soir, c'est à Censier, qui est près de la rue Monge. Et puis sinon, près de l'École de Médecine, dans le grand amphithéâtre de Paris III, là. Voilà. Alors, ça, c'est plutôt pendant la journée.

—Et comment est-ce que vous passez votre temps libre?

—Eh bien, je fais du quatuor avec des amis, donc j'ai des après-midi musique de chambre. Sinon, je vais beaucoup au cinéma et Paris est une ville extraordinaire pour le cinéma, il y en a tellement...

Henri Gaubil

—Est ce que vous pouvez nous parler de votre emploi du temps en semaine et pendant le week-end?

—Oh, c'est toujours le même. La semaine, c'est le travail, le week-end, les loisirs. Les loisirs consistent à se rendre à la plage, tantôt à la plage d'Ajaccio ou, quelquefois, nous avons des amis dans le nord de l'île chez lesquels nous nous rendons.

—Mais pendant la semaine, vous travaillez de quelle heure à quelle heure, par exemple?

—La semaine, on travaille de bonne heure, étant donné la chaleur qui règne en Corse. On commence à sept heures du matin jusqu'à midi, et ensuite seize heures, dix-neuf heures.

—De seize heures à dix-neuf heures.

—Il ne faut pas avoir peur de le dire: nous faisons la sieste entre midi et deux heures, en Corse. D'ailleurs, tous les Corses font la sieste. Les magasins sont fermés, bien souvent, jusqu'à quinze heures ou seize heures.

—Parce qu'il fait trop chaud pour travailler?

—Il fait trop chaud, effectivement. Et la climatisation n'est pas installée dans tous les magasins.

Robin Côté

—Est-ce que vous pouvez nous parler de votre emploi du temps, en semaine et puis le week-end?

—Mon travail consiste en... chercheur en physique, donc je fais de... la recherche.

—À Montréal?

—Oui. De sorte que mon emploi du temps est assez simple. Je me lève le matin vers neuf heures, comme j'ai un horaire assez flexible malgré tout, donc j'arrive au travail vers dix heures. Puis, je travaille, je fais mes calculs... C'est théorique, donc je travaille sur des ordinateurs toujours. Puis vers midi, je vais manger avec mes copains du bureau... L'après-midi, je continue à travailler, puis... ou bien je vais au gymnase m'entraîner et après, je vais souper, ou bien je vais souper simplement, et puis après je reviens le soir travailler jusqu'à peut-être... dix heures, puis après, bon, je prends un peu de temps libre, j'écoute les nouvelles à la télé ou je lis des bouquins et je vais me coucher vers une heure, environ.

—Et le week-end?

—La fin de semaine, le lever est un peu plus tard, généralement entre dix et midi, dépendamment de ce que j'ai fait la soirée et les soirées sont généralement aussi très occupées: des sorties avec des copains, ce qu'on appelle chez nous des «parties» et que vous appelez des «parties». Puis euh... bon, avec des copains, des sorties dans les bars ou voir des spectacles, comme tout récemment, il y avait le festival de jazz à Montréal, donc j'ai passé plusieurs soirées à simplement marcher et à écouter les spectacles qui sont à l'extérieur.

—Et pendant la journée?

—Le dimanche à Montréal, entre autres, ce qu'il y a de bon, c'est que près de la montagne, le Mont Royal, il y a un parc et il y a beaucoup de gens qui vont jouer du tam-tam. On amène quelque chose à manger, et on fait un gros pique-nique. Donc tous les gens vont là, il y a beaucoup de gens qui jouent du tam-tam et d'autres qui dansent autour. Il peut y avoir facilement aux alentours de mille personnes. Donc souvent, le dimanche, j'amène mon pique-nique, et puis on va manger là avec quelques copains.

🔘 SEGMENT 3–2: CD 2, TRACK 9

Sophie est originaire de Martinique, où la fête la plus populaire de l'année est le Carnaval. Du dimanche précédant le début de Carême jusqu'au Mercredi des Cendres, en passant par le Mardi Gras, la Martinique est en fête. Micheline demande à son amie comment elle fêtait le Carnaval quand elle était à Fort-de-France.

Sophie: Sans aucun doute, la grande fête en Martinique, c'est le Carnaval. Des milliers de gens viennent à Fort-de-France pour y participer et pendant quatre jours la ville est en fête.

Micheline: Ça dure vraiment quatre jours?

Sophie: Oh, oui. Ça commence le dimanche avant le Carême. Il y a un grand concours de chars. Les gens passent des heures et des heures à bâtir des chars sur les thèmes les plus variés. Par exemple, on aime beaucoup représenter l'histoire de l'île— la rencontre entre les premiers habitants, les Caraïbes, et les conquistadors espagnols. Ou bien on choisit un thème plus moderne—le débarquement d'extra-terrestres sur l'île. De toute façon, le dernier char est toujours celui de la reine du Carnaval, qu'on vient de couronner.

Micheline: Et le lendemain, le lundi, il y a quelque chose aussi?

Sophie: Oh, oui. C'est le jour de ce qu'on appelle les «Mariages burlesques»: des couples bien habillés mais mal assortis défilent et dansent dans les rues. Naturellement, ce sont les hommes qui jouent le rôle des femmes et les femmes qui jouent le rôle des maris.

Micheline: Ça a l'air marrant.

Sophie: Oui, mais ce que je préférais quand j'étais petite, c'était le grand défilé du Mardi Gras. En tête se trouve Vaval, le roi du Carnaval. Puis viennent des hommes et des femmes vêtus en rouge et qui portent d'énormes masques vraiment hideux. Ce sont les diables. Il y a aussi des enfants, habillés en rouge eux aussi, qui sont les petits diables, les diablotins.

Micheline: Oh, là là. Et tu n'avais pas peur?

Sophie: Non, non. On danse, on s'amuse. C'est vraiment très sympa.

Micheline: Mais tu dis que ça dure quatre jours. Il y a quelque chose aussi le mercredi, alors?

Sophie: Oui, en Martinique, on fête aussi le Mercredi des Cendres. D'abord, tous les gens, habillés cette fois en blanc et en noir, défilent dans les rues. Le soir, sur la Savane, (c'est la grande place de Fort-de-France) on brûle l'effigie de Vaval. Puis il y a un feu d'artifice et un dernier bal qui dure jusqu'au petit matin. Bien entendu, les enfants s'endorment avant la fin du bal, mais j'ai toujours gardé un merveilleux souvenir du Carnaval à Fort-de-France.

🔘 SEGMENT 3–3: CD 2, TRACK 10

Florence Boisse-Kilgo

—Comment est-ce que vous passez votre temps libre?

—En général, j'essaie d'être assez active. Je fais du jogging. Je fais des tours en vélo. Récemment, j'ai commencé un petit peu à apprendre à faire du cheval. Oui, j'aime beaucoup une variété d'activités.

—Et quand vous êtes à la maison, qu'est-ce que vous faites d'habitude?

—À la maison, il y a toujours des petits trucs à faire. Je passe pas mal de temps à... ranger ou m'occuper de paperasserie ou des choses comme ça. Et puis, quand j'ai vraiment des moments très libres, je lis ou je vais me promener ou... enfin, ça dépend de la saison aussi.

—Et vous n'avez pas un petit animal domestique?

—Oui, en fait, j'ai un petit cochon d'Inde avec lequel, bon, je ne passe pas énormément de temps, mais enfin, c'est vrai que je joue avec elle de temps en temps et puis, je prends du temps à m'occuper d'elle, quoi, à changer sa cage...

—J'espère!

—Oui.

Xavier Jacquenet

—J'ai deux manières d'occuper mon temps libre. Si je suis chez moi, à ce moment-là je vais écouter de la musique, je vais lire un livre, regarder une vidéo, disons... passer le temps tranquillement. Si je suis avec des amis, à ce moment-là, aller nager, aller jouer au tennis, aller au ciné, aller boire un pot ou simplement flâner en ville, se rencontrer, discuter...

Pendant les vacances d'été, qui durent trois mois, le temps est bien organisé puisque je passe un mois à travailler pour gagner de l'argent; cet argent gagné va servir à partir en vacances pendant un autre mois; et le troisième mois, il ne se passe quasiment rien, puisque le troisième mois est réservé aux examens de rattrapage et que, pour l'instant, j'ai eu la chance de toujours réussir à la première session, donc je n'ai jamais rien eu à faire pendant le troisième mois et, généralement, ça se passe... vraiment très agréable, avec des copains, à passer beaucoup de temps ensemble, à sortir, à partir en week-end... C'est un mois où, vraiment, il ne se passe rien.

Je pense que mes parents ont un peu moins de temps libre que moi, de par leur profession: ils sont médecins. Malgré tout, en semaine, ils disposent de leurs soirées et puis le dimanche—le samedi, généralement, ils travaillent toute la journée. Le soir, la plupart du temps, ils regardent la télé, ils ne font rien. Quelquefois, ils sont invités par des amis, ou alors ils sortent au restaurant ou... aller voir un film, assez rarement, ou sortir à l'opéra ou au théâtre... Assez souvent, tout de même, ils reçoivent des amis à la maison et ils jouent aux cartes. Ils aiment beaucoup jouer au tarot. Les week-ends, disons peut-être une à deux fois par mois, on va passer la journée du dimanche en famille, chez leurs cousins ou chez leurs grands-parents et autrement, ils restent toute la journée à la maison, sauf aller faire une promenade dans l'après-midi.

—Et pendant les vacances?

—Ils disposent d'un mois de vacances dans l'année. Ils partent, prennent une location à l'étranger ou dans le sud de la France, et ils voient ça comme étant vraiment le moment pour se reposer, donc pas de contraintes, pas de contraintes d'horaires, on mange à l'heure où on a envie de manger... Et puis ils visitent un peu les points d'intérêt dans la région, et autrement se reposent, ils lisent beaucoup...

Sophie Everaert

—Comment passez-vous votre temps libre? Où? À faire quoi? Et avec qui?

—Je fais assez bien de sports. J'aime bien faire la course à pied ou de la natation ou du volley-ball. J'aime beaucoup faire de l'exercice. Je le fais en général, euh... volley-ball avec une équipe, mais le reste seule, parce que mon mari travaille tellement qu'il n'a pas le temps de faire ça.

—Vous avez des copines?

—Oui, oui, oui. Mais disons que j'aime bien courir toute seule et nager toute seule, parce que sinon je dois m'adapter à la vitesse de quelqu'un d'autre.

—Oui, c'est plus pratique.

—Et quand vous êtes à la maison, qu'est-ce que vous avez l'habitude de faire?

—Souvent je lis ou je regarde la TV ou on invite parfois des personnes à dîner ou... En général, j'aime bien me relaxer avec mon mari et ne rien faire.

—Et pendant les vacances?

—Pendant les vacances, on va souvent à l'étranger, là où il fait un peu meilleur. Alors, on va soit skier en France ou en Suisse, soit en été on va à la Côte d'Azur ou en Espagne. On aime bien faire de la planche à voile, avoir un peu de soleil.

—Vous menez une bonne vie, hein?

Robin Côté

—Comment est-ce que vous passez votre temps libre? où? à faire quoi? avec qui?

—Tout dépend de la saison. L'hiver, qui représente pratiquement la moitié du temps chez nous, je fais comme la majorité des Canadiens: je joue au hockey. Donc je passe peut-être deux à trois fois par semaine jouer au hockey dans une équipe. Sinon, je patine aussi assez régulièrement à l'extérieur. Ce qu'il y a de bon aussi, c'est qu'on peut patiner à l'extérieur, au grand air, ce qui est plaisant, à tout le moins. Sinon, les fins de semaine, je vais aller faire du ski aussi. On attend généralement les fins de semaine parce que c'est le seul temps où on peut vraiment avoir une journée pour aller skier. Dans la région de Montréal, il y a quelques centres de ski près de la ville, mais pas trop. Dans la région d'où je viens, dans le coin de Rimouski, il y a plusieurs bonnes montagnes de taille assez raisonnable. À 15 minutes de chez mes parents, il y a un centre de ski. Donc, les fins de semaine, je vais skier. Il y a aussi le ski de fond, de temps en temps, mais c'est plus rare. L'été, c'est le vélo ou ce qu'on appelle aussi «la balle molle» chez nous, le «softball», la «balle molle», et donc des fois aussi, on joue à la balle molle.

—Et ça, c'est avec qui? C'est avec les copains?

—Oui, c'est avec les copains du bureau ou du centre de recherche. Il y a aussi la plage, mais on doit avouer que dans la région de Montréal, il y a pas trop de plages, il y a quelques lacs, donc c'est pas très favorable pour ça; mais la région d'où je viens, Rimouski, le fleuve, à cet endroit, a 50 kilomètres de large, l'eau est salée, il y a des marées... D'ailleurs, on appelle le fleuve «la mer» à cet endroit. Les gens, au Québec en général, ne font pas trop de patin à roulettes, ce qu'on appelle ici «rollerblades», les gens font plutôt de la bicyclette parce que, à Montréal entre autres, il y a beaucoup de pistes cyclables aménagées. Les rues majeures ont des pistes juste à côté, pour les bicyclettes, donc les gens se déplacent beaucoup à bicyclette à Montréal.

—Qu'est-ce que vous faites quand vous êtes à la maison?

—Sur semaine, je mange seulement et j'écoute la télé et je me repose, et je dors, pratiquement.

—Pendant les vacances, qu'est-ce que vous faites?

—J'essaie autant que possible de me reposer un peu, au début, mais souvent j'essaie d'aller visiter d'autres pays, c'est mon passe-temps.

—Par exemple?

—Ah, j'aime bien aller en Europe. J'ai de très bons copains en France, en Allemagne donc, si j'ai le temps et si j'ai les moyens financiers, je me permets une petite visite, comme on dit chez nous, une petite «saucette» chez les copains.

SEGMENT 3–4: CD 3, TRACK 1

Si la fête populaire par excellence en Martinique est le Carnaval, en France c'est le 14 juillet, jour où on commémore un grand événement de la Révolution, la prise de la Bastille (prison devenue symbole du pouvoir arbitraire du roi) en 1789. Micheline et Sophie sont en train de faire des projets pour célébrer la fête nationale française.

Sophie: Alors, Micheline, on fête le 14 juillet ensemble, cette année?

Micheline: Avec plaisir! On s'est bien amusées l'an dernier!... Tu veux aller danser?

Sophie: Bien sûr! Le bal dans mon quartier est toujours très sympa. Et on pourrait peut-être aller dîner avant? Il y a de très bons restaurants près de chez moi, pas trop chers.

Micheline: Bonne idée. Et puis, si tu veux, tu peux venir dormir chez moi après le bal. Mon appartement n'est pas très loin des Champs-Élysées. Comme ça, on pourra aller voir le défilé le lendemain matin...

Sophie: Oh, tu sais, ça ne me dit pas grand-chose... Je n'aime pas beaucoup ces grandes parades militaires... En plus, il faut rester debout longtemps à attendre... Ce n'est pas très amusant! Personnellement, je préférerais faire quelque chose de plus dynamique... Tiens, j'ai une idée! Je vais téléphoner à mon frère pour voir si on peut aller à son club de tennis, à Versailles. Il est très très bien, ce club. Comme ça, on pourra faire un peu d'exercice. En plus, il y a une très belle piscine. Qu'est-ce que tu en penses?

Micheline: D'accord, pourvu qu'on soit de retour pour le feu d'artifice. Tu sais que j'adore les feux d'artifice.

Sophie: Pas de problème. Moi non plus, je ne veux pas le manquer! Alors, où est-ce qu'on se retrouve, demain? Au restaurant?... Non, parce que je ne sais pas encore où nous irons dîner. Écoute, tu passes chez moi vers huit heures. On décidera ensemble où on va manger avant d'aller danser.

Micheline: Super. Qu'est-ce que tu vas mettre, toi?

Sophie: Oh, je ne sais pas... une petite robe... peut-être la noire, sans manches.

Micheline: Oui, moi aussi je vais mettre une robe légère. On a toujours chaud quand on danse. OK, alors, à demain, hein?

 SEGMENT 3–5: CD 3, TRACK 2

Valérie Écobichon

—On dit que, de nos jours, on a de plus en plus de temps libre, que le travail a moins de valeur qu'autrefois et que nous évoluons vers une civilisation des loisirs. Etes-vous d'accord avec cette déclaration?

—Tout à fait. C'est vrai que nous passons de plus en plus de temps avec des activités de loisir, et c'est tant mieux, je dirais.

—Vous appréciez?

—Oui, tout à fait.

—Est-ce que vous voyez une différence entre votre génération et celle de vos parents ou de vos grands-parents en ce qui concerne le rapport travail-loisirs?

—Oui, énormément, en particulier, le fait que je vienne d'une famille d'agriculteurs: mes parents et mes grands-parents passaient 90% de leur temps au travail. C'était la chose la plus importante. Et maintenant, même dans les familles d'agriculteurs, on essaie de consacrer plus de temps aux loisirs grâce à la mécanisation du travail agricole. Ça aide beaucoup.

—Et quand vous aurez des enfants, vous voudriez qu'ils deviennent agriculteurs ou pas?

—Ça ne me déplairait pas. Je crois que c'est une vie de très bonne qualité, même si c'est toujours un peu difficile, en particulier au niveau de la vie économique. C'est pas facile d'avoir ce métier.

—Et vous-même, vous aimeriez vivre dans une ville, plus tard, ou toujours à la campagne?

—Je préférerais être à la campagne, oui.

Xavier Jacquenet

—Il est évident qu'à long terme, disons... si on fait une comparaison par rapport à il y a cent ans, l'évolution va vers de plus en plus de loisirs. Les gens travaillent moins, notamment, je pense, dans les classes sociales peu élevées—des travailleurs dans les usines, ou etc...: là, je pense que vraiment la durée de travail a énormément baissé et aujourd'hui, on met sûrement plus l'accent sur les loisirs par opposition au temps pour gagner son argent, pour vivre, d'abord parce que la situation est tout de même plus assurée: on n'a pas d'inquiétudes pour la santé ou pour payer l'éducation pour les enfants, des choses comme ça. On a des garanties par l'État. Donc, les gens ont l'esprit plus libre et donnent plus d'importance à la détente.

Je pense que dans ma famille, il y a pas mal d'évolution. Mes grands-parents, et leurs parents avant, étaient agriculteurs, donc là, c'est vraiment un travail très prenant: on se lève le matin à l'aurore et on travaille toute la journée. Eux ne sont jamais partis en vacances, du moins pas avant d'être en retraite et même aujourd'hui, ils sont assez casaniers, enfin ils restent beaucoup à la maison et... ils ont pas l'habitude ou... Quelques événements par an, à la Noël ou au Quatorze juillet, alors là, c'est la fête et ils s'amusent. Par contre, mes parents, eux, apprécient vraiment la détente et peuvent se détendre vraiment en ayant l'esprit libéré.

Mireille Sarrazin

—On dit que, de nos jours, on a de plus en plus de temps libre, que le travail a moins de valeur qu'autrefois et que nous évoluons vers une civilisation des loisirs. Êtes-vous d'accord avec cette... ?

—Mais c'est pas vrai du tout! C'est une horreur, ce que vous dites, parce que...

—Ah bon, pourquoi?

—Je trouve que les gens maintenant travaillent de plus en plus. Je trouve qu'il y a de plus en plus de compétition dans le domaine professionnel. Il faut regarder le contexte économique actuel aussi. Cela existe en ce moment, parce qu'il y a des taux de chômage énormes et que quand on a un travail, effectivement, on essaie de le garder. Donc, on fait le maximum. Donc, l'histoire des huit heures de travail par jour, ça n'existe plus maintenant. Les gens font le maximum pour garder leur emploi.

—Oui, c'est vrai.

—Donc, dire qu'il y a plus de loisirs... Ils existent effectivement. Ils sont là, mais je crois que les gens ont de moins en moins de temps et sont très fatigués.

Henri Gaubil

—On dit que, de nos jours, on a de plus en plus de temps libre, que le travail a moins de valeur qu'autrefois et que nous évoluons vers une civilisation des loisirs. Est-ce que vous êtes d'accord avec cette déclaration?

—Absolument pas. On s'aperçoit de plus en plus que le travail ou les problèmes personnels occupent la totalité de notre temps. Et pour avoir des loisirs, on est obligé de les provoquer.

—Je n'ai pas compris «les problèmes personnels».

—Entre les problèmes personnels, la vie de tous les jours, la vie familiale, les problèmes d'éducation pour les enfants, les problèmes du chômage, un tas de problèmes qui viennent se greffer maintenant et que nous n'avions pas autrefois, le temps libre passe vraiment très très loin. Et on est obligé de provoquer ce temps libre.

—De le forcer?

—De le forcer.

—Et quand vous le forcez, qu'est-ce que vous faites?

—Oh, lorsqu'on le force, eh bien, on s'adresse à une agence de voyages, et nous nous expatrions une semaine.

—Où?

—N'importe où.

—Par exemple?

—Eh bien, on se trouve dans les Caraïbes, on se trouve en Italie, un peu partout.

Dovi Abe

—On dit que, de nos jours, on a de plus en plus de temps libre, que le travail a moins de valeur qu'autrefois et que nous évoluons vers une civilisation des loisirs. Est-ce que vous êtes d'accord avec cette observation?

—Oui. Cette observation est peut-être moins vraie dans le cas des pays comme le Sénégal...

—Mais c'est ça qui nous intéresse.

—... qui sont justement des pays en voie de développement, donc qui ont encore justement beaucoup de choses à faire au niveau du développement technologique et du développement des activités industrielles. Donc, je dirais que ce sont des pays qui ont encore beaucoup de choses à faire. Et donc, lorsqu'on parle de loisirs, réellement, on pense peut-être plutôt aux pays industrialisés parce que ce sont les pays qui peuvent le plus... enfin, qui en ont le plus les moyens.

Robin Côté

—On dit que, de nos jours, on a de plus en plus de temps libre, que le travail a moins de valeur qu'autrefois et que nous évoluons vers une civilisation des loisirs. Est-ce que vous êtes d'accord? Pourquoi ou pourquoi pas?

—En principe, on aurait plus de temps libre, mais nos besoins ont grandi, notre appétit a grandi. Donc, pour les combler, pour combler notre appétit, il faut simplement travailler encore plus pour avoir plus d'argent... Pour gagner du temps, il faut travailler plus, autrement dit. Donc, c'est pas vrai que, finalement, on a plus de temps: on en perd à travailler.

La relation entre le travail et les loisirs et la vie en général a beaucoup changé, beaucoup évolué. De nos jours, on travaille en espérant avoir assez de temps pour prendre des loisirs. On travaille en fonction des loisirs aussi. Tandis qu'il y a une trentaine d'années, les gens travaillaient simplement pour subsister.

🔘 SEGMENT 3–6: CD 3, TRACK 3

Anne Squire

—On dit que, de nos jours, on a de plus en plus de temps libre, que le travail a moins de valeur qu'autrefois et que nous évoluons vers une civilisation des loisirs. Êtes-vous d'accord avec cette constatation?

—Je trouve que c'est une vue très optimiste de la France à l'heure actuelle. Je ne suis pas du tout d'accord avec cette optique. Au contraire, je pense que les gens travaillent de plus en plus, qu'il y a beaucoup moins de temps, parce que d'abord l'économie demande qu'on travaille plus. Il y a moins de travail, il y a plus de chômage. Je pense que la vie est beaucoup plus difficile maintenant qu'il y a vingt ans.

—Et est-ce que vous voyez une différence entre votre génération et celle de vos parents et de vos grands-parents en ce qui concerne le rapport travail/loisirs?

—Là, je vois une différence, oui. C'est vrai que nous avons peut-être un plus grand choix de loisirs, mais je pense que la vie du travail est beaucoup plus dure pour notre génération et c'est un des problèmes français, peut-être européens—que les jeunes ont du mal à voir leur avenir et à trouver du travail et à imaginer qu'ils aient une vie aussi facile que leurs grands-parents.

Alain Bazir

—On dit que, de nos jours, on a de plus en plus de temps libre, que le travail a moins de valeur qu'autrefois et que nous évoluons vers une civilisation des loisirs. Est-ce que vous êtes d'accord? Si oui, pourquoi? Pourquoi pas?

—Je suis pas d'accord avec une partie de la phrase qui dit que le travail a moins de valeur qu'autrefois, puisque de nos jours l'un des problèmes cruciaux est le chômage. En Guadeloupe, c'est le problème majeur: 50% des jeunes de moins de 25 ans sont au chômage en Guadeloupe. Alors, trouver un travail, c'est la chose qui le plus de valeur et le plus d'importance pour un jeune. Et donc, c'est vrai qu'on a beaucoup plus de loisirs, il y a beaucoup plus de possibilités de loisirs qui sont offertes. Avant, en Guadeloupe, il n'y avait pas de cinémas, il n'y avait pas de télé. Maintenant, on a le cinéma, on a la télé. On peut recevoir le satellite, donc, on peut recevoir les chaînes américaines, on peut recevoir les chaînes des îles anglaises avoisinantes. Les gens ont souvent un magnétoscope. Le cinéma... on a des films qui arrivent deux semaines après leur sortie en France. Donc, maintenant il y a beaucoup plus de loisirs. Donc, on peut choisir. Alors, qu'avant, il n'y avait pas beaucoup de choix: c'était la plage ou jouer au foot ou aller voir des parents. Maintenant, il y a une diversité qui est plus grande, mais je crois pas qu'on passe plus de temps aux loisirs. On fait plus de choses différentes, mais toujours dans le même temps.

—Voyez-vous une différence entre votre génération et celle de vos parents ou de vos grands-parents en ce qui concerne le rapport travail/loisirs?

—Oui, quand même. Parce que, avant, eux, ils avaient moins de choix et en plus, les parents à l'époque étaient plus sévères. Je me rappelle ma mère quand elle raconte qu'elle, elle devait être obligatoirement rentrée à six heures pour manger chez elle... Elle, elle a été obligée de faire ses études en France, parce qu'à l'époque il n'y avait pas d'université en Guadeloupe. Et donc, jusqu'à ce qu'elle parte en France, elle était obligée de rentrer à six heures, de faire à manger avec sa mère. Elle sortait pas après huit heures. C'était un peu plus strict, et donc, il y avait moins de possibilités. C'est vrai que les parents de ma génération sont plus ouverts, parce qu'ils sentent qu'ils ont été un peu opprimés à leur époque, quoi. Et donc, ils voient l'utilité de nous laisser sortir et de profiter des opportunités.

Sophie Everaert

—On dit que, de nos jours, on a de plus en plus de temps libre, que le travail a moins de valeur qu'autrefois et que nous évoluons vers une civilisation des loisirs. Est-ce que vous êtes d'accord avec cette observation? Pourquoi? Pourquoi pas?

—Dans ma vie à moi, peut-être pas, parce que mon mari est médecin et les médecins n'ont pas tellement de temps libre. Je crois que les loisirs sont importants et la qualité des loisirs. Les gens sont plus exigeants avec leur temps libre et s'ils ont du temps libre, ils aiment partir en vacances plutôt que rester en Belgique dans la pluie. Donc, il y a peut-être plus d'exigences, mais dans notre vie et la vie de la plupart des amis de notre âge, on travaille beaucoup quand même. On n'a pas tellement, tellement de temps libre.

—Est-ce que vous voyez une différence entre votre génération et celle de vos parents ou de vos grands-parents en ce qui concerne le rapport travail/loisirs?

—On travaille autant, je crois, que nos parents. Mais il y a une différence, parce que mes parents et mes grands-parents ont connu au moins une guerre. Alors, pour eux, les loisirs, c'était pas important. Eux, bon, quand on a assez à manger, bon... c'est déjà très bien. Les loisirs, c'est en plus, et il faut pas être trop difficile. Nous, on n'a jamais connu de guerre, alors on veut plus qu'une assiette remplie. On veut une bonne vie. Et ça, je crois que c'est différent.

—Le plaisir... ?

—Hmm mmm.

💿 **SEGMENT 3–7:** CD 3, TRACK 4

Manuel de préparation
Activité d'écoute/Enregistrement: La liaison
pp. 160–162

CHAPITRE 4

💿 **SEGMENT 4–1:** CD 3, TRACK 5

Djamal Taazibt

—Où est-ce que vous travaillez?

—Je travaille à l'Université d'Alger. Je suis maître assistant chargé de cours de psychologie industrielle et organisationnelle à l'Institut de Psychologie et des Sciences de l'Education. J'ai fait mes études universitaires à Alger où j'ai obtenu ma licence de psychologie industrielle en 1977 et, comme j'étais parmi les premiers, j'ai bénéficié d'une bourse d'études de l'État algérien aux États-Unis. Je suis venu aux États-Unis et j'ai fait un «Masters» en psychologie industrielle et du travail à l'Université de New Haven à [sic] Connecticut, U.S.A.

Je suis enseignant-chercheur. Mon travail consiste à donner des cours magistraux et des travaux dirigés en psychologie. Chez nous, nous avons cette fâcheuse habitude de faire la distinction entre un travail dirigé et un cours. Un travail dirigé, c'est un travail où l'on manipule les tests psychologiques, où le but ou l'objectif escompté est de permettre à l'étudiant de manipuler, de visualiser et de toucher ce qu'il a appris en théorie. C'est-à-dire qu'on a cette conception-là des cours qui consiste en cours et pratique, théorie/pratique, cours/travaux dirigés. Je suis aussi tenu, par les contrats qui me lient à mon université, à mon ministère, de faire de la recherche appliquée. Les universités en Algérie sont étatiques et elles sont gérées par un ministère. Ce qui dénote un petit peu l'importance de l'enseignement supérieur dans mon pays.

Valérie Écobichon

—Où est-ce que vous travaillez?

—Je travaille à la bibliothèque municipale de Dinan. Je suis donc bibliothécaire. Je m'occupe des prêts et des retours des livres. Je réponds aux questions des lecteurs. Je fais des commandes d'ouvrages. Je classe les livres; je les range. Mes parents sont agriculteurs. C'est un travail très varié. Il y a ce qui concerne le travail avec les animaux, d'abord traire les vaches deux fois par jour. Il faut ensuite les emmener aux champs. Il faut s'occuper de la terre. Nous cultivons du blé, des pommes de terre, des betteraves pour les animaux et donc il y a beaucoup de travail à l'extérieur et tout un travail mécanique: maintenir en état le tracteur, toutes les machines que nous utilisons.

J'aide mes parents, le soir, une fois, de temps en temps le week-end pour les gros travaux. Quand j'étais plus jeune, ça ne me plaisait pas du tout. C'était une corvée, un travail très pénible. Mais à présent, comme je travaille à l'extérieur, j'aime beaucoup revenir à la terre et travailler comme ça. C'est une vie de très bonne qualité même si c'est toujours un peu difficile, en particulier au niveau de la vie économique; c'est pas facile d'avoir ce métier.

Alain Bazir

—Où est-ce que vous travaillez?

—Je fais un DEUG de biologie. Le DEUG, c'est le Diplôme d'études universitaires générales; c'est les deux premières années à l'université, juste après le lycée. En général, les DEUG de biologie, c'est très général, mais moi j'habite en Guadeloupe: c'est entouré par la mer et j'aime les crevettes, j'aime manger les crevettes. Un des plats traditionnels et qui a disparu, c'est les crevettes géantes d'eau douce et qui ont disparu à cause des problèmes d'insecticides, de traitement des bananeraies et donc les effluents allaient dans les rivières et beaucoup de crevettes ont disparu. Je veux essayer de travailler sur le repeuplement des rivières et le développement de l'aquaculture de crevettes. Et donc, l'été dernier, j'ai fait un stage de trois mois à la SICA aquacole de Guadeloupe, c'est-à-dire celle qui regroupe tous les producteurs de crevettes de Guadeloupe. À la fin de cette année, j'aurai à nouveau une expérience mais je vais changer de domaine. Je vais travailler sur les palourdes. Il y a un projet avec l'université qui essaie de développer l'aquaculture et la valorisation des ressources du littoral et qui va essayer de développer... Il y a aussi un problème: la palourde, il y en avait beaucoup avant, et maintenant il y en a moins et donc on va essayer de développer l'aquaculture de la palourde à côté de l'université. Donc je vais travailler sur ce projet pendant quatre mois.

Robin Côté

—Où est-ce que vous travaillez?

—Je travaille dans un centre de recherche en physique atomique et moléculaire. Donc, ce sur quoi je travaille, ce sont des... je fais des calculs sur... la formation de molécules entre autres, donc ça comporte beaucoup, beaucoup de travail informatique avec les ordinateurs, beaucoup de calcul numérique, puis beaucoup de mathématiques.

— Et vos parents et les membres de votre famille?

—On est neuf enfants, donc il y a beaucoup à dire ici. Mes parents sont encore sur la ferme et ainsi que deux de mes frères ont formé, avec mes parents, une compagnie. Donc j'ai deux de mes frères qui ont repris la ferme avec mes parents. Autrement, j'ai une de mes sœurs, la plus vieille, qui est maintenant professeur dans un collège en technique de radiologie, donc comment lire les films en radiologie. J'ai une autre de mes sœurs qui enseigne le français aux allophones, donc les gens qui sont d'origine autre que française, donc ça peut être sud-américaine ou africaine, et qui veulent apprendre le français. J'ai une autre de mes sœurs qui est biologiste mais qui travaille pas en biologie, qui travaille en traduction. J'ai une autre de mes sœurs qui est vétérinaire. Et après, j'ai un de mes frères qui travaille avec un de mes oncles et ont trois restaurants dans la région de Vancouver, des restaurants chinois. C'est assez rigolo. Puis, il y a une de mes sœurs qui est comédienne à Montréal. Donc, avec moi, ça fait neuf.

Il y a aussi ma mère qui, maintenant, qui a quoi, qui a soixante-deux ans, et qui, maintenant que tous les enfants sont partis de la maison, s'occupe avec beaucoup d'organisations, comme une organisation qui s'appelle «Les Femmes collaboratrices», entre autres. Elle a été présidente de ça; c'était pour aider les femmes qui travaillent avec leur mari dans les entreprises mais qui n'ont rien à leur nom. Donc, si le couple se sépare, les femmes n'avaient absolument rien; donc elle a travaillé pour éduquer les femmes et pour aussi, s'il y avait des cas où les femmes n'avaient absolument rien, essayer de régler ça. Elle est maintenant maire du petit village de Ste-Luce depuis le mois de novembre, donc elle s'occupe maintenant de la gestion du village.

🔘 SEGMENT 4–2: CD 3, TRACK 6

Madame Perrine et Monsieur Smar parlent de leur travail et de leur profession. Ils expriment tous les deux les aspects de leur travail qui leur plaisent et ceux qui leur déplaisent

Madame Perrine

Comme je l'ai déjà indiqué, je suis employée de magasin à la Fnac, ici à Marseille. Depuis que j'ai eu ma promotion il y a deux ans, je fais un peu de tout. Quand il y a beaucoup de clients, je travaille même à une des caisses. Je connais beaucoup des clients qui fréquentent le magasin. Le contact avec les clients, c'est ce que j'aime le plus. En général, je suis très contente de mon travail. J'ai pas mal de responsabilités: je vérifie le stock et je m'occupe des commandes. Je supervise aussi le travail des autres employés, y compris celui des vendeurs et des vendeuses. Je suis satisfaite des personnes qui travaillent sous ma direction, mais j'ai un employé qui me pose des problèmes parce qu'il arrive souvent en retard. C'est une situation qui commence à devenir insupportable. Mais à part ça, mon travail me plaît. Mon horaire me convient parce qu'il est assez souple. Je peux donc passer du temps avec mes deux enfants, ce qui est très important pour moi. Je suis divorcée et les enfants ont besoin de moi. Quand je suis au travail, ce sont mes parents qui ont les enfants. Ça arrange tout le monde parce que les enfants profitent de leurs grands-parents, qui les gâtent d'ailleurs beaucoup. Malgré ça, il y a des jours où je suis vraiment surmenée. Par exemple, au printemps, il y a toujours la foule au magasin. C'est en partie à cause des examens qui approchent dans les lycées et les universités. Et si, en plus, j'ai un enfant ou un parent qui est malade, la situation se complique. Des fois, le soir, je suis tellement fatiguée que je m'énerve facilement et je dois faire attention de ne pas infliger ma mauvaise humeur à la famille. Mais je suppose que ça arrive à tout le monde et je n'ai donc pas à me plaindre. Mes enfants sont gentils, ils sont assez grands maintenant pour comprendre pourquoi leur maman travaille et ils adorent leurs grands-parents. Mais il faut dire que la vie sera plus facile une fois qu'ils seront à l'école.

Monsieur Smar

Je suis au chômage depuis deux mois. Malheureusement, j'ai été victime d'un licenciement économique qui a touché plusieurs cadres comme moi. Je travaillais dans une firme pharmaceutique qui distribue les médicaments aux pharmacies. Une autre partie de mon job, c'était d'informer les médecins de la région sur les nouveaux médicaments disponibles. Dans un sens, je ne suis pas trop mécontent de ce licenciement. J'avais déjà pensé à chercher un autre poste mais j'aurais préféré le faire avec la sécurité d'un salaire. Maintenant, au moins, je bénéficie d'une indemnité de chômage et ma femme travaille, elle. En tout cas, le job que j'avais, ne me plaisait plus tellement. Bien sûr, j'étais cadre et je jouissais donc d'une certaine indépendance. J'étais responsable des employés de ma région et j'avais un salaire tout à fait correct. Mais je n'aimais pas beaucoup mon patron. Il attendait trop de nous: presque chaque week-end, il me contactait pour une chose ou une autre. Et puis, les vacances, c'était difficile de savoir quand on pouvait les prendre. Le patron changeait d'avis sans prévenir et ça lui était égal si ça dérangeait toute la famille. Bref, j'en avais un peu assez de tout ça. Sans parler du fait que je passais tout mon temps dans la voiture et au téléphone. C'était très fatigant. Maintenant je cherche quelque chose qui demande moins de voyages. J'aimerais une situation plus stable dans un bureau et je voudrais avoir un horaire moins compliqué. J'aurai donc peut-être un peu plus de temps pour ma famille.

Et surtout je cherche un travail qui comporte moins de stress. J'ai déjà plusieurs interviews et j'espère obtenir un poste dans peu de temps.

 SEGMENT 4–3: CD 3, TRACK 7

Mireille Sarrazin

—Quels sont les avantages et les inconvénients de votre travail?

—Étant dans le théâtre, les week-ends on joue. Je ferais une différence entre les répétitions et entre jouer. Quand on répète, on travaille donc dans l'après-midi. On commence vers les midi ou deux heures jusqu'à... ça dépend... jusqu'à minuit. Et ça, ça dépend, ça dépend des metteurs en scène, si c'est difficile, ça dépend des contrats que j'ai, ça dépend des gens avec qui je travaille. Ils ont chacun leurs emplois du temps. Il arrive qu'on répète le matin aussi, où on a comme des horaires de bureau. Ensuite, quand on joue, on doit être au travail vers les six heures à peu près, le temps de se préparer, de se maquiller, de s'habiller, de se concentrer et puis on joue à huit heures jusqu'à dix heures. Et ensuite on se rhabille et je rentre chez moi. C'est un petit peu ma vie professionnelle. De toute façon, c'est un travail qui n'est jamais fini. Le théâtre, je dois dire, même si vous sortez des répétitions, vous continuez à travailler sur votre rôle, à lire beaucoup, à réfléchir.

[Les inconvénients] Les horaires, l'instabilité, c'est-à-dire on n'est jamais sûr d'avoir du travail. On a un contrat pour trois mois et après, c'est l'aventure, c'est l'inconnu, on ne sait pas. Pour certaines personnes, ça ne l'est pas. Certaines personnes aiment bien jouer comme ça. Ça me fatigue un petit peu. J'ai un enfant, j'ai besoin d'avoir des revenus réguliers et c'est un stress pour moi. En permanence. Des avantages, oui bien sûr. C'est une passion. J'ai la chance de pouvoir... comment dire... j'ai la chance que mon travail soit ma passion.

Valérie Écobichon

—Quels sont les avantages et les inconvénients de votre travail?

—Alors, les avantages c'est, personnellement, être au milieu des livres toute la journée. J'adore cela, donc c'est un vrai plaisir. C'est aussi le fait que j'apprends tous les jours quelque chose; c'est très enrichissant.
Les inconvénients, c'est que nous avons quelquefois des tâches répétitives. Tous les jours il faut ranger les livres sur les étagères, il faut mettre les fiches dans les livres, taper à la machine pendant plusieurs heures, et ça, c'est pas très amusant.

J'ai une formation de bibliothécaire-documentaliste. Mais en ce moment, je suis bibliothécaire. Bibliothécaire, nous travaillons avec un fonds de livres très varié, un fonds qui possède des livres d'économie comme de peinture comme d'histoire pour la population d'une ville, dans une bibliothèque municipale. Être documentaliste, c'est travailler dans un fonds très spécialisé. Par exemple, j'ai été documentaliste dans le centre interprofessionnel de l'industrie laitière. Dans ce fonds-là, il n'y avait que des ouvrages sur le lait ou les produits laitiers. Donc c'est très spécialisé. Les sociétés qui travaillent dans ce domaine, les industriels voulaient des renseignements sur les nouveautés,

sur ce qui se fait de mieux en ce moment ou ce qu'on peut faire avec le lait, et donc nous faisons des recherches. C'est plus approfondi, comme travail. Le travail de documentaliste est intellectuellement plus intéressant.

Sophie Everaert

—Quels sont les avantages et les inconvénients de votre travail?

—Je suis psychologue dans un hôpital universitaire à Bruxelles, l'hôpital de St-Luc. Je travaille avec des individuels, avec des couples, des familles. Je travaille aussi un peu dans le personnel et donc, quand il y a des problèmes, des gens qui ne s'entendent pas, qui doivent travailler ensemble, des problèmes d'équipe, j'interviens et j'essaie de travailler pour que la communication soit un peu meilleure, des choses comme ça.

Mon mari est médecin, il est cardiologue et il travaille aussi dans un hôpital universitaire. Il voit des patients mais il fait aussi de la recherche, de la recherche dans les nouveaux médicaments pour les crises cardiaques.

Les avantages de mon travail, c'est que j'aime vraiment bien ce que je fais. Alors c'est pas du travail, c'est du plaisir. Et puis les horaires, je fais un peu mon horaire comme je veux. J'arrange mes rendez-vous comme je veux. Donc, si le vendredi j'ai pas trop envie de travailler, je peux travailler plus le jeudi; j'ai qu'à m'arranger avec mes patients. Les inconvénients, c'est qu'on n'est pas très très bien payé en Belgique et qu'il y a beaucoup de psychologues et peu d'emplois. Ça fait un peu peur.

[Le mari] Les avantages, de nouveau, c'est que lui il aime beaucoup, donc il est content quand il revient. Les inconvénients, c'est que c'est pas vraiment une vie. Tout ce qu'il fait, c'est travailler: les week-ends, il part tôt le matin, il revient tard le soir, il est de garde. Et en Belgique, malheureusement, les médecins ne sont pas très bien payés. Il y en a beaucoup et la recherche n'est pas bien payée. Il y a pas beaucoup d'argent pour la recherche. Malgré le fait qu'il soit connu et qu'il travaille bien, c'est pas aussi bien payé qu'on aimerait.

Robin Côté

—Quels sont les avantages et les inconvénients de votre travail?

—Je vais commencer par moi parce que ceux de ma famille, il y en a beaucoup. Les avantages de mon travail, c'est finalement un horaire très flexible et aussi une liberté de travail. Je peux travailler sur les sujets qui me tiennent à cœur. Le problème, c'est bien entendu, le financement, puisqu'en recherche, il faut se battre pour avoir du financement; il y a aussi beaucoup de compétition, il faut montrer à tout le monde qu'on est le meilleur parce que c'est le meilleur seulement qui reçoit les fonds. Donc il y a aussi une certaine compétition entre les différents membres; même dans une même équipe, ça peut arriver aussi qu'il y ait une certaine compétition.

Pour les membres de ma famille, ça dépend vraiment. La plus vieille, qui est professeur dans un collège en radiologie, bon, pour elle, c'est assez simple. Elle a un poste permanent, donc il y a aucun problème. Mes frères qui sont sur la ferme là, c'est une autre histoire parce que la ferme, c'est un combat de tous les jours. Il faut toujours être rentable, il faut faire attention aux dépenses, il y a aussi beaucoup de bris de matériel. Il faut faire attention si la température, elle est pas bonne, donc ça influence toutes les récoltes, donc c'est un peu plus stressant, comme on dit.

Les autres, ça dépend. La comédienne, ça dépend. C'est des hauts et des bas. Ça peut aller. Des fois il y a des contrats, des fois il n'y en a pas. C'est un peu plus dur de se trouver du boulot. C'est à peu près tout. Les autres, c'est assez constant comme travail.

 SEGMENT 4–4: CD 3, TRACK 8

Madame Perrine et Monsieur Smar parlent de leurs rêves et de leurs aspirations. Chacun a des projets d'avenir pour améliorer sa situation. D'abord, écoutez Madame Perrine.

Madame Perrine

J'ai eu ma promotion il y a deux ans et je n'ai pas l'intention de m'arrêter là. Mon but à plus longue échéance, c'est d'être propriétaire d'une petite librairie spécialisée en livres écrits par et pour les femmes. C'est ce qui me passionne et je fais déjà des recherches approfondies pour me renseigner sur ce sujet. Dans une partie de ma librairie, il y aura un café où les gens pourront venir lire et discuter. Il me semble que nous avons besoin d'un endroit où les femmes puissent se détendre et parler de sujets qui les intéressent. Pour ma librairie-café, je prendrai modèle sur un endroit que j'ai vu une fois quand j'étais aux États-Unis. J'étais dans une librairie pour femmes et c'était très sympa et agréable. Le fonds de livres était très varié, avec des ouvrages sur la santé, des œuvres littéraires écrites par des femmes, des livres sur l'histoire des femmes et ainsi de suite.

J'espère donc un jour devenir indépendante et me lancer dans le commerce. Je sais que ça sera difficile, surtout du point de vue financier. Il faudra d'abord trouver un endroit accessible et bien situé. Il faudra avoir assez de réserves financières pour pouvoir s'installer de façon convenable et, surtout, il faudra avoir l'argent pour investir dans un stock qui puisse intéresser une clientèle variée. J'ai pris des contacts avec quelques profs de lycée et d'université et ils m'aident à établir les listes d'ouvrages. Je passe mes heures libres à la bibliothèque de l'université et je cours les librairies de la ville pour bien connaître le marché. J'ai deux amies, Madeleine et Delphine, qui aimeraient devenir partenaires dans mon entreprise. Delphine est d'accord pour travailler dans la librairie à plein temps. C'est elle qui a le plus d'expérience dans le commerce. Madeleine va garder son poste de comptable jusqu'au moment où le magasin sera rentable. Au début, moi je continuerai à travailler à mi-temps à la Fnac pour avoir un petit salaire à côté. Je vais gérer le magasin et m'occuper des commandes de livres. Ma mère est aussi enthousiaste que moi. Elle travaillera pendant quelques heures dans ma librairie et elle m'aide actuellement dans mes recherches. Maintenant qu'elle est en retraite, c'est quelque chose qui lui redonne de l'énergie. En plus, puisqu'elle connaît beaucoup de monde, elle nous aidera beaucoup pour la publicité.

Voilà, c'est mon rêve, mon aventure pour l'avenir. La vie ne sera pas plus facile, peut-être même plus difficile qu'elle ne l'est maintenant. Mais elle sera plus intéressante et plus satisfaisante. Mes amies et moi, nous avons donc un projet très concret que nous pensons mettre en marche dans un an ou deux.

Monsieur Smar

Moi, je cherche surtout à changer les petites choses de ma vie. Je n'ai pas l'intention de changer de profession. Je souhaite plutôt mener une vie plus régulière qui me permettra d'avoir plus de temps pour ma famille, pour les loisirs et pour des voyages. En plus, j'aimerais améliorer ma vie matérielle.

En ce qui concerne mon travail, je voudrais avoir des heures de bureau bien définies. Je comprends, évidemment, qu'il y a des jours exceptionnels où il faut même travailler le soir ou le week-end. Mais je préfère que ça soit vraiment exceptionnel. Je compte aussi avoir un horaire un peu plus souple. Par exemple, si je veux prendre un jour de congé, je pourrai le faire en m'arrangeant avec les clients. Si j'ai besoin d'accompagner ma femme à l'école d'un des enfants, ça ne posera pas de problème. Je ne veux pas non plus passer ma vie sur les routes. Bref, ce qui m'intéresse dans le travail c'est un salaire assez élevé, des heures de bureau plus ou moins stables et une certaine souplesse dans mon horaire. Puisque je suis quelqu'un qui travaille très dur, je ne devrais pas avoir de problème pour remplir mes responsabilités dans ce genre de contexte.

En ce qui concerne ma famille et les loisirs, voilà ce que j'envisage. Je compte passer plus de temps avec mes enfants. Je les aiderai pour leurs devoirs et je surveillerai de plus près leurs progrès à l'école. On jouera au foot ensemble, on regardera la télévision ensemble et, surtout, j'aurai le temps de prendre les repas avec toute la famille. Jusqu'à présent, j'étais presque comme en visite chez moi. Tout ça va changer. Et une de mes ambitions, c'est de passer plus de temps avec ma femme. De temps en temps, on laissera les enfants chez mon frère et on partira pour le week-end. Nous achèterons une voiture neuve et nous explorerons notre région. Avec les enfants, on retournera en Tunisie pour voir nos parents et pour renouer nos amitiés. Nous sommes très contents ici en France, mais la Tunisie nous manque. Les enfants, eux, ne connaissent pas bien le pays de leurs ancêtres et il est temps de leur donner plus de contacts avec leur autre culture.

Du point de vue matériel, ma femme et moi, nous parlons depuis longtemps d'avoir une maison quelque part dans la banlieue. Quand j'ai été licencié, ce rêve ne semblait presque plus réalisable. Mais je refuse de le perdre de vue. Une maison avec assez de place pour tout le monde et un petit jardin, dans la sécurité d'un quartier bien, voilà ce à quoi je pense souvent. Nous ne cherchons pas quelque chose de grandiose ni de luxueux. Une maison modeste, ça nous suffira. Mais nous serons enfin propriétaires d'un petit pavillon. C'est notre but d'ici cinq ans.

Pour ma femme et moi, nos rêves et nos aspirations nous donnent l'énergie et l'enthousiasme pour continuer à travailler dur. Quand les circonstances actuelles nous découragent, nous discutons de nos projets futurs pour nous redonner du courage. Ce qui est important dans la vie, c'est d'avoir des objectifs réalisables et des rêves qui donnent de l'espoir.

🔘 SEGMENT 4–5: CD 3, TRACK 9

—Quels sont vos rêves et vos aspirations pour l'avenir?

Véronica Zein

—J'apprends le droit dans le but de devenir un avocat, je l'espère. Mon rêve est d'avoir une bonne carrière, une famille comme la mienne, parce que j'aime beaucoup ma famille. Donc, j'aimerais que mes enfants grandissent dans le même environnement.

Henri Gaubil

—Les aspirations professionnelles, bien sûr, c'est d'augmenter notre chiffre d'affaires. Et qui dit augmentation du chiffre d'affaires dit bénéfices, bien sûr. Mes aspirations personnelles, c'est de voir nos enfants heureux, avoir une situation. Nous, notre vie est bien installée maintenant.

Djamal Taazibt

—L'idéal l'emporte sur le pratique. L'idéal, c'est de se sentir heureux, satisfait et d'être en contact constant avec le défi.

Anne Squire

—J'ai toujours adoré la musique, bien sûr, et j'aimerais beaucoup jouer dans un orchestre. Je suis particulièrement attirée par l'opéra. J'adorerais jouer dans un orchestre... enfin, dans une compagnie d'opéra. Mais j'aime aussi beaucoup l'anglais et enseigner, enfin, j'aime les langues, donc, ça c'est aussi quelque chose qui m'intéresserait. Et en fait, je fais un peu les deux.

Valérie Écobichon

—Je souhaiterais beaucoup profiter de la vie, et pour moi, ça veut dire des loisirs. Le travail n'est pas très important pour moi; je n'ai pas beaucoup d'ambitions professionnelles. Et je voudrais avoir une famille; c'est pour moi la chose la plus importante.

Robin Côté

—C'est d'avoir suffisamment de pouvoir personnel pour faire un changement; pouvoir influencer la société. Au niveau local, à tout le moins, sinon à un niveau plus grand— régional ou provincial. Ça peut paraître un peu pompeux, mais c'est ce que j'aimerais bien faire un jour. Surtout aider le développement régional.

Philippe Heckly

—J'espère bien trouver un boulot qui paie plus, et peut-être que c'est à moi de le créer, ce boulot, je ne sais pas. Sinon, ben, je commence une petite famille, là, et je vais sûrement devoir déménager et essayer de trouver quelque chose d'un peu plus grand; et passer peut-être un peu plus de temps à la maison. Mais c'est bien aussi.

🔘 SEGMENT 4–6: CD 3, TRACK 10

Henri Gaubil

—Où est-ce que vous travaillez?

—Je travaille dans une entreprise bien française, de meubles. Eh bien, nous tentons de vendre des meubles, qui sont des meubles de haut de gamme, d'ailleurs. Le haut de gamme,

c'est ce qui se fait de mieux à l'heure actuelle, la bonne qualité et bien sûr, les prix suivent.

—Quels sont les avantages et les inconvénients de votre travail?

—Les avantages, on a un contact direct avec le public; c'est très intéressant. C'est l'avantage principal. Nous sommes nos propres patrons, bien que la direction générale soit à Paris. Mais à partir du moment où nous vendons et que nous faisons des bénéfices, on ne nous dit absolument rien. Nous bénéficions de la publicité de cette marque, donc, en retour, nous versons donc à la maison-mère, tous les ans, des «royalties».

[Les inconvénients] Bien sûr, nous travaillons dur et, étant donné que la Corse est une île, la clientèle est quand même limitée. Les Corses maintenant sont meublés, on ne peut atteindre maintenant que les touristes et ceux qui s'installent. C'est le problème majeur pour nous. On envisage peut-être de nous tourner vers le sud de la France, mais là aussi, il y a des magasins, ou peut-être vers l'Italie.

[Les aspirations] Les aspirations professionnelles, bien sûr, c'est d'augmenter notre chiffre d'affaires. Et qui dit augmentation du chiffre d'affaires dit bénéfices, bien sûr.

Nezha Le Brasseur

—Où est-ce que vous travaillez?

—Je travaille dans un lycée; je suis professeur de sciences naturelles. Au Maroc, les étudiants sont très disciplinés et ils prennent peut-être, surtout les professeurs de sciences— enfin, des professeurs de maths et de physique et de sciences naturelles—comme des génies, plus ou moins. Et ils respectent beaucoup ces professeurs.

—Et les autres membres de votre famille?

—Mon père travaille et ma sœur aussi. Ma sœur est infirmière et mon père travaille pour la compagnie des chemins de fer.

—Quels sont les inconvénients et les avantages de votre travail?

—Pour les avantages, je ne travaille que trois ou quatre heures par jour, ce qui fait que j'ai beaucoup de temps pour faire autre chose que je veux bien faire. Et puis, j'ai des vacances; j'ai deux mois et demi durant l'été, ce qui me permet de voyager en Europe, pour voir d'autres pays, d'autres cultures.

Et pour les inconvénients, je pense que c'est la routine, parce qu'on enseigne toujours le même programme. C'est toujours la même chose; on répète la même chose.

—Quels sont vos rêves et vos aspirations pour l'avenir?

—J'aimerais bien être une actrice célèbre. Je fais de la danse mais enfin j'aimerais bien être actrice plus que danseuse. Je fais des pièces théâtrales. J'ai joué *Le Bourgeois gentilhomme;* j'étais la femme du bourgeois gentilhomme, Madame Jourdain.

 SEGMENT 4–7: CD 3, TRACK 11

Manuel de préparation
Activité d'écoute/Enregistrement: Le e caduc et autres lettres muettes

Now listen to the ten sentences on your tape and write down the correctly spelled form of each sentence.

1. Tu n'as pas fait attention quand tu as traversé la rue?
2. Regarde un peu celui-là! Il ne sait pas conduire.

3. Je vais manger et puis je veux me coucher.
4. Je ne sais pas pourquoi elle ne travaille pas.
5. Il n'y a que lui dire la vérité.
6. Tu as déjà vu ce film?
7. Moi, je ne mange jamais de viande; que des légumes pour moi.
8. Tu sors pas si tu n'as pas fait les devoirs?
9. Je ne comprends pas; normalement il est toujours à l'heure.
10. Tu as faim? Tu n'as que faire un sandwich.

CHAPITRE 5

 SEGMENT 5–1: CD 4, TRACK 1

Un des films de Renoir qu'Alain aime beaucoup, c'est «Boudu sauvé des eaux». Il nous raconte l'intrigue de ce film en faisant un portrait de son personnage principal, Boudu.

Tourné en 1932, «Boudu sauvé des eaux» est un des premiers films parlants de Jean Renoir. Son personnage principal, Boudu, est un clochard, c'est-à-dire un homme qui n'a pas de travail et qui vit dans les rues de Paris. Après avoir repoussé son seul ami, un petit chien errant, Boudu se retrouve seul et se jette dans la Seine. Mais il est repêché par un certain M. Lestingois, propriétaire d'une librairie spécialisée dans les livres anciens. Bourgeois idéaliste, Lestingois décide d'aider Boudu à se réinsérer dans la société.

Mais la tâche n'est pas facile car Boudu résiste. Il refuse par exemple de prendre des bains, continue à manger avec ses doigts, astique ses chaussures avec les bas de soie de Mme Lestingois et crache même un jour sur un livre de Balzac. Dans un sens, Boudu est comme un animal sauvage: il n'a rien d'un intellectuel, c'est sûr, mais il n'est pas aussi bête qu'il en a l'air. Il fait ce qu'il veut, sans se préoccuper des normes, et recherche avant tout à satisfaire ses désirs de façon immédiate. Et pourtant, tout le monde l'aime—nous, spectateurs, tout comme les autres personnages du film: on l'aime en fait parce qu'il est naturel, spontané et libre. Ainsi, Mme Lestingois, qui voulait jeter Boudu dehors, devient bientôt sa maîtresse. M. Lestingois, lui, reçoit une décoration officielle pour avoir sauvé le vagabond; il n'est donc plus question d'abandonner un hôte si précieux!

Mais Boudu tombe amoureux d'Anne-Marie, la bonne des Lestingois, qui accepte finalement de l'épouser (après qu'il a gagné une somme importante à la loterie, il est vrai!).

Vers la fin du film, M. Lestingois semble avoir réussi à transformer son clochard en honnête bourgeois. Mais le jour du mariage de Boudu et d'Anne-Marie, pendant que la noce descend la Seine en bateau pour fêter l'occasion, Boudu se jette à l'eau une nouvelle fois et s'enfuit. Il gagne le rivage à la nage, enlève son costume de mariage, et partage son déjeuner de noces avec une chèvre. Bref, il reprend sa vie de clochard...

 SEGMENT 5–2: CD 4, TRACK 2

Le professeur Askolovitch nous raconte une petite anecdote. Il se souvient de la première fois qu'il est allé au cinéma.

Oui, je n'ai jamais oublié la première fois que je suis allé au cinéma. C'était dans les années 50. J'avais huit ou neuf ans, je pense. On habitait à Versailles, à l'époque. J'avais demandé à mes parents de m'amener voir un film pour mon anniversaire. Donc, un dimanche on a pris le train jusqu'à Paris et nous sommes allés au cinéma Rex, sur le boulevard Poissonnière. Je ne me rappelle plus le titre du film, mais je vois toujours le grand écran, la salle immense (il y avait des places pour plus de deux mille personnes) et surtout le spectacle qui a précédé le film: il y avait de la musique, des fontaines, des lumières de couleurs différentes, le tout merveilleusement bien orchestré. Ce jour-là a eu une grande influence sur ma vie, car c'est de cette époque que date mon amour pour le cinéma. Quelques semaines après, j'ai eu l'occasion de voir «La Grande Illusion» de Renoir. Et comme vous le savez, aujourd'hui je suis pro-fesseur d'histoire du cinéma et spécialiste des films de Renoir.

 SEGMENT 5–3: CD 4, TRACK 3

—Quelles sont les personnes célèbres dont vous voudriez faire la connaissance?

Anne Squire
—Je pense à un écrivain que j'ai toujours beaucoup admiré, qui est morte maintenant, qui s'appelle Marguerite Yourcenar, et dont j'admire beaucoup les livres et c'est une femme que j'aurais bien aimée rencontrer. Comme vous savez, elle a habité dans cette petite île dans le Maine et puis elle est devenue membre de l'Académie française et j'ai toujours aimé ce qu'elle a dit quand elle a été nommée membre de l'Académie française, après beaucoup de discussion de la part de tous les membres, puisque c'était la première femme à être nommée membre, et elle a dit: «Oui, les hommes ont toujours mis les femmes sur un piédestal mais c'est très difficile pour eux de les asseoir dans une chaise.»

Dovi Abe
—Alors, je répondrai à cette question en allant du Sénégal vers le monde. Au Sénégal, un réalisateur de cinéma qui s'appelle Sembene Ousmane, donc, que j'aimerais rencontrer. J'aimerais aussi rencontrer un écrivain qui s'appelle Cheikh Hamidou Kane, qui a écrit un très très très bon livre qui s'appelle *L'Aventure ambiguë*. Et puis, en dehors du Sénégal, j'aimerais bien rencontrer un certain nombre d'autres personnes: aux États-Unis, j'aimerais rencontrer Stevie Wonder, par exemple; et puis, en France, j'aimerais rencontrer Christine Ockrent. Christine Ockrent est une présentatrice de télévision et surtout, à mon avis, c'est une très très très grande professionnelle. J'ai eu l'occasion, étant en France à un moment, d'assister à ses débuts à la télévision sur l'une des plus grandes chaînes et moi, elle m'a beaucoup impressionné: entre son premier et son deuxième journal, elle a acquis une maîtrise exceptionnelle.

Florence Boisse-Kilgo
—Beethoven, c'est le premier qui vient à l'esprit.
—Et pourquoi?

—Pourquoi? Parce que son histoire, le fait qu'il soit devenu sourd à un moment donné de sa carrière de musicien m'a toujours frappée comme étant terriblement tragique et, évidemment, je pourrais pas lui parler, s'il est sourd, alors, ça serait dommage, ou alors avant qu'il ne le devienne, mais malheureusement il n'aurait pas la même dimension sans doute.

Robin Côté

—Quelles sont les personnes célèbres dont vous voudriez faire la connaissance et pourquoi? Historiques, vedettes de cinéma, de music-hall, hommes, femmes de politique, etc.

—Naturellement, comme je suis physicien de profession, j'aimerais bien rencontrer quelques grands noms de la physique. Bon, il y a bien entendu le fameux Einstein, mais il y a aussi tous ceux qui ont mis au point la mécanique quantique, entre autres.

Mireille Sarrazin

—Marguerite Duras. C'est une femme qui aime le plaisir. Qui d'autre? J'aimerais rencontrer Mitterrand. Je crois que c'est quelqu'un d'intéressant, c'est un intellectuel, c'est... Je suis sûre que ça a rien à voir avec ses fonctions, dans la vie. Je suis sûre que sur le plan humain, c'est quelqu'un de passionnant. Je le sens, j'en suis sûre. Et j'aimerais être en tête-à-tête avec lui.

Sophie Everaert

—J'aimerais rencontrer Françoise Dolto. C'est une psychiatre et psychanalyste française, qui a travaillé surtout avec des enfants et qui était la première femme à faire ça en France, et qui a écrit beaucoup de livres, qui a fait beaucoup de consultations en hôpitaux, qui a vraiment eu une grande influence et que j'aime beaucoup; j'aime beaucoup son travail.

Alain Bazir

—Aimé Césaire, qui a été un porte-parole des Antillais, de la négritude, et qui est en Martinique et qui a un pouvoir politique assez important. Aimé Césaire, avec Léopold Sedar Senghor, qui est un Sénégalais, ont créé le mouvement «la négritude» à Paris, quand ils étaient étudiants là-bas. C'est un écrivain, donc il a écrit euh... le plus connu, c'est *Cahier d'un retour au pays natal*. Il écrit des poèmes, il écrit des romans, mais c'est aussi un politique, donc il est maire de Fort-de-France depuis... depuis longtemps. Et il a été député en France, il est député, il est sénateur, et il est écouté. Il a des points de vue sur le développement économique des îles. Il a créé un parti politique en Martinique qui s'appelle le Parti Progressiste Martiniquais, qui est à mi-chemin entre le parti communiste et le parti socialiste. C'est quelqu'un qui travaille pour le développement de la Martinique.

Philippe Heckly

—J'aurais bien aimé rencontrer René Goscinny, le créateur d'*Astérix*, parce que ce que j'aime bien chez lui, c'est qu'il fait à la fois la louange et la critique de la société française. Et il y a toujours de l'humour à plusieurs niveaux dans ce qu'il a écrit, que ce soit *Astérix* ou *Le petit Nicolas* ou *Lucky Luke*... On peut le relire et le relire: il y a toujours quelque chose qu'on découvre.

Henri Gaubil

—Le Général de Gaulle, c'est sûr. Il m'a serré la main une fois, ou c'est moi qui lui ai serré la main, je ne sais plus... mais j'aurais aimé parler avec lui. J'ai toute une collection de livres qu'il a écrits ou que d'autres auteurs ont écrit sur sa vie, sur lui, et personnellement, je pense que c'était un visionnaire. Ça a toujours été, en quelque sorte, comme disent les jeunes à l'heure actuelle, mon idole...

CHAPITRE 6

 SEGMENT 6–1: CD 4, TRACK 4

Djamal Taazibt

—À votre avis, quelles sont les questions sociales les plus graves de notre époque?

—Je crois que le travail, le logement, la sécurité, la santé sont les préoccupations classiques de toutes les sociétés et de tous les temps.

—Et en Algérie en particulier?

—Oui. Chez nous, ces considérations prennent davantage d'ampleur parce que nous avons avancé et progressé pendant deux décennies et tout d'un coup, il y a eu un arrêt brut et des forces sociales anti-développement, anti-progrès, ont émergé et ont envahi la scène politique culturelle algérienne.

Dominique Clément

—À votre avis, quelles sont les questions sociales les plus graves de notre époque?

—En France, c'est le chômage, le racisme et, dans le monde, c'est la prolifération nucléaire et euh... les guerres, les guerres ethniques.

—Est-ce qu'il y a beaucoup de chômage et de racisme en France?

—Absolument.

—Plus qu'ailleurs?

—Plus qu'ailleurs, oui. Si on compare certains pays européens comme l'Allemagne, la France et la Grande-Bretagne, c'est sûr que chômage et racisme sont liés et sont très importants.

—Est-ce que vous pouvez décrire un tout petit peu le racisme en France, parce que je pense qu'il est très différent des États-Unis?

—Euh... le décrire? Le décrire, c'est très simple: le racisme ne se limite pas uniquement aux différences raciales, mais aussi sociales. C'est-à-dire qu'il y a beaucoup d'inégalités en France. Je crois que le racisme en France est lié plus à la situation sociale et aux circonstances sociales en France, spécifiques.

—Est-ce qu'il y a de la violence?

—Oui, il y a de la violence, oui, surtout parce que les quartiers... des quartiers sont... se... deviennent des ghettos. Je connais le quartier des Minguettes, par exemple, à Lyon, où il y a souvent des incidents entre la police municipale et les jeunes immigrés.

Nezha Le Brasseur

—À votre avis, quelles sont les questions sociales les plus graves de notre époque?

—Les questions sociales les plus graves de notre époque, c'est la drogue parce que je vois que les jeunes, maintenant, ils se droguent tout le temps; leur vie est mal fichue parce qu'ils prennent des drogues. Ils n'essayent pas d'améliorer leur vie et on peut dire que c'est un refuge pour eux.

Véronica Zein
—À votre avis, quels sont les problèmes sociaux les plus graves de notre époque?
—Le sida, bien sûr.
—Pourquoi?
—C'est un fléau, c'est une maladie terrible. C'est la maladie qui touche ma tranche d'âge, donc, bien sûr, qui me concerne en premier.
—Est-ce que vous en parlez avec vos amis?
—Oui, toujours. On a un petit peu peur que ça nous arrive autour de nous.

Dovi Abe
—À votre avis, quels sont les problèmes sociaux les plus graves de notre époque?
—Selon les régions du monde, je crois que ces problèmes sont différents.
—Au Sénégal?
—En tout cas, au Sénégal, le problème numéro un, c'est probablement celui du développement économique, où il n'y a pas eu beaucoup de progrès ces trente dernières années, donc il y a beaucoup de choses à faire, et vite, en tout cas le plus vite possible, vu la croissance démographique et vu les besoins.
—Vu la croissance de... ?
—Démographique, et vu les besoins, donc, de la population. Je crois que le développement économique est un impératif important.

🔘 SEGMENT 6–2: CD 4, TRACK 5

Florence Boisse-Kilgo
—À votre avis, quelles sont les questions sociales les plus graves de notre époque et pourquoi?
—Les questions sociales les plus graves de notre époque, c'est complexe. Pour moi, la question sociale la plus... la plus... saillante, disons, serait l'inégalité sociale, le fossé entre les plus riches et les plus pauvres qui, je pense, est à l'origine des problèmes dont on entend le plus souvent parler en ce moment, enfin, le crime, la drogue, des choses comme ça, la délinquance. Oui, je pense que ça, c'est le problème central et que si on peut arriver à résoudre ça, on résoudra d'autres problèmes en même temps.

Robin Côté
—À votre avis, quels sont les problèmes sociaux les plus graves de notre époque? Pourquoi?
—J'imagine ici qu'on parle au niveau du Canada ou au niveau mondial?
—Comme vous voulez.
—Je vais commencer par le Canada. Il y a un taux de chômage trop élevé, donc il faut essayer de régler le problème de l'emploi. Il y a aussi, mais ça c'est plus au niveau du gouvernement, il y a aussi une dette nationale qui est assez élevée, donc il faut changer la façon de vivre.

Les gens vivent un peu au-dessus de leurs moyens au Canada, ce qui fait que la dette augmente, parce que tout le monde veut beau-coup de services, mais ils ne sont pas prêts à payer. Donc il y a tout, l'assurance santé entre autres, au Canada, qui est remise en question, tous les services sociaux, finalement.

Sophie Everaert
—À votre avis, quels sont les problèmes sociaux les plus graves de notre époque et pourquoi?
—Euh... le chômage, je dirais comme grand problème social en Belgique. Même avec un diplôme universitaire, ça prend assez longtemps pour trouver du travail. C'est une compétition incroyable. Même pour ceux qui ont très bien réussi à l'université et qui sont très intelligents, il y a *une* place qui s'ouvre, il y a 150 personnes qui se présentent. Ils font même des tests psychologiques que, moi, je ne recommanderais pas, parce que c'est souvent des tests qui ne sont pas agréables et que je trouve qu'on ne devrait pas poser des questions comme ça à quelqu'un qui cherche du travail.

Delphine Chartier
—Le problème qui préoccupe le plus les Français aujourd'hui, c'est le problème du chômage. En fait, quel que soit l'âge des Français, ils sont tous préoccupés par le chômage. Les jeunes, en particulier, sont très très touchés par le chômage, ce qui a un effet pervers sur le fait qu'ils veuillent absolument faire des études supérieures. Qu'ils soient doués ou non, faire des études supérieures, ça signifie pour eux reculer le moment où il faudra chercher un emploi, entrer dans le monde du travail et se trouver confronté au chômage. Donc, quelles que soient leurs possibilités intellectuelles, pratiquement, tout le monde aujourd'hui fait des études supérieures, ou au moins commence des études supérieures. Pour ceux dont les moyens financiers sont assez faibles, l'État accorde à chaque étudiant une allocation logement qui, en fait, lui permet de se loger à peu près, puisque ça paie, en général, les deux tiers de son loyer. Donc ça, c'est une aide importante. D'autre part, les droits d'inscription des universités françaises sont faibles, comparés aux universités américaines: un étudiant paie 200 dollars pour s'inscrire à une université, donc les frais de scolarité sont faibles, et puis parfois les étudiants trouvent des petits boulots, font du baby-sitting, distribuent des journaux, enfin, trouvent des petits boulots, sont serveurs dans des restaurants le soir, ce qui permet à une catégorie d'étudiants dont les parents ne peuvent pas assurer leurs études d'être relativement indépendants. Mais c'est devenu de plus en plus courant en France que les étudiants restent... habitent chez leurs parents: quand leurs parents habitent une ville universitaire, en fait, les enfants restent sous le toit familial, donc n'ont pas de loyer à payer et vivent... continuent à vivre comme quand ils étaient lycéens. Mais les jeunes ne sont pas les seuls à être touchés par le chômage. En fait, tous les âges de la population... à partir de 45 ans, tout le monde est inquiet en se disant: pourvu que je ne sois pas licencié et qu'on engage quelqu'un d'autre pour me remplacer. C'est souvent assez dramatique parce que certaines entreprises licencient les employés à l'âge de 45–50 ans, ce qui fait que c'est trop tard pour eux

pour retrouver un emploi et donc, ils sont en chômage de longue durée, parfois pendant deux ans ou trois ans, et ils finissent par accepter des emplois qui sont au-dessous de leurs qualifications et au-dessous du salaire qu'ils avaient précédemment.

 SEGMENT 6–3: CD 4, TRACK 6

Delphine Chartier

La deuxième préoccupation des Français, c'est le nombre des sans-logis, qui a augmenté d'une façon spectaculaire depuis les... disons les cinq dernières années, aussi bien dans la capitale, aussi bien à Paris qu'en province, que dans les grandes villes de province. Ces sans-abri ne sont pas des sans-abri professionnels, je dirais; ce sont des gens qui ont perdu leur travail, et à partir de là, sont entraînés dans un cycle infernal: pas de travail, pas d'argent pour payer un loyer, donc, ils perdent leur habitation. Ils vivent dans la rue, donc ils ne peuvent plus trouver d'emploi parce qu'ils ne peuvent pas se présenter à un employeur habillés comme ils sont. Ils ont perdu aussi un certain nombre d'habitudes, comme de se réveiller à une certaine heure, d'aller travailler à une heure déterminée et petit à petit, ils sont de moins en moins socialisés. Leur alimentation est catastrophique. La plupart, en fait, se nourrissent en buvant du vin et du vin de mauvaise qualité puisqu'il y a du sucre dedans, donc ça les aide à vivre, mais on voit bien, la plupart maigrissent très vite. C'est un spectacle assez affligeant quand on se promène le soir dans certaines villes, même dans le centre ville, même à Paris, de voir le nombre de gens qui dorment sur une bouche de métro ou sur un banc, et plus particulièrement le nombre de jeunes qui sont sans-abri. Le tissu social, le tissu familial se déchire de plus en plus, les familles sont éclatées, et les jeunes quittent la maison ou ce qui restait de foyer familial, ou bien les parents ne peuvent pas continuer à les entretenir, donc les jeunes quittent la maison et n'ont plus aucun repère, en fait. Donc, pour eux, c'est entrer dans une spirale qui les entraîne de plus en plus bas et qui leur rend difficile toute réadaptation sociale. Ça, c'est vraiment une des préoccupations. L'hiver, certaines villes essaient de mettre des foyers à disposition de toutes ces personnes, mais c'est assez difficile de répondre à cette demande, et je crois que la France n'est pas préparée à résoudre un tel problème. Donc ce sont des solutions extrêmement temporaires et pas satisfaisantes.

 SEGMENT 6–4: CD 4, TRACK 7

En tant que sociologue, Jacqueline Laffont fait souvent des conférences au sujet des problèmes qui se posent à la société d'aujourd'hui. Dans une de ces conférences, elle s'adresse à des profs de lycée réunis pour discuter de la croissance de la criminalité et de la violence dans les écoles.

Pour commencer, il faut répéter un fait bien connu: pendant les périodes de crise économique, la criminalité et la violence augmentent proportionnellement au désespoir et à la misère dans lesquels se trouvent les gens. On dit que l'argent ne fait pas le bonheur. Peut-être pas, mais n'allez pas le dire aux chômeurs et aux sans-abri qui n'arrivent même pas à se nourrir. En ce qui concerne les jeunes, les problèmes de la famille ou le manque de famille ont des effets sérieux sur leur

comportement. Si, par exemple, un enfant vit dans la misère parce que ses parents sont au chômage, il apprendra très vite à devenir pessimiste à l'égard de son propre avenir. Son seul exemple, c'est peut-être un père qui ne travaille pas, qui commence à boire et qui tombe de plus en plus dans la dépression. Quand ça ne va pas chez lui, s'il a un «chez lui», il se tourne de plus en plus vers des copains qui semblent mieux se débrouiller et qui, souvent, se procurent de l'argent par des moyens criminels et violents. Un jeune sans espoir tombe facilement sous l'influence de quelqu'un qui lui fait des promesses d'une vie meilleure.

Aujourd'hui, tout conspire contre les jeunes. Ils se trouvent dans des classes qui sont beaucoup trop grandes pour un seul prof—ils se perdent donc dans la foule, ils n'entendent parler que de problèmes, ils se sentent abandonnés par la société et ils ne voient pas comment ils pourront se faire une vie satisfaisante. Tous les jours, les nouvelles à la télé leur présentent les images du crime, de la violence, du terrorisme, des effets de la drogue et, peu à peu, il se développe chez eux une indifférence devant les horreurs de la vie. Le résultat? D'une part, l'augmentation des dépressions nerveuses et du suicide chez les jeunes; d'autre part, le développement d'une attitude criminelle qui résulte souvent dans le crime gratuit, dans le crime irréfléchi, dans le vol et dans d'autres délits. Ça, même parmi les jeunes qui sortent de familles aisées mais qui voient que leur formation ne mènera pas à grand chose à cause de la crise économique.

Certains parmi vous m'ont aussi parlé de l'augmentation de l'activité des gangs, de ces bandes qui se forment sous des signes de reconnaissance variés. N'oublions pas qu'une jeune personne qui se sent déshéritée retrouvera souvent le soutien nécessaire dans la solidarité que représente un gang. Pourquoi s'enrôler dans un gang? Des fois, c'est tout simplement la pression d'autrui. Mais c'est aussi parce que beaucoup de jeunes recherchent la compagnie qu'il leur manque à la maison. Ils cherchent à se faire reconnaître, à affirmer leur identité, à regagner un sens de l'importance.

Dans un sens, ce désir d'être accepté peut devenir, pour nous, parents et enseignants, la clé pour une solution partielle. Le jeune qui se sent protégé, apprécié et valorisé chez lui a moins tendance à s'associer à des gangs ou à entrer dans une vie de crime. Ce qu'il demande de nous c'est notre temps et notre attention. Le négliger serait une erreur très grave. J'ai dit que c'est une solution partielle parce que nous ne pouvons pas contrôler ce qui se passe chez lui, dans sa famille. Mais nous pouvons peut-être minimiser les effets néfastes d'un milieu qui est souvent peu favorable au développement de l'adolescent.

 SEGMENT 6–5: CD 4, TRACK 8

Delphine Chartier

Je voudrais parler un petit peu du statut de l'homme et du statut de la femme dans le couple aujourd'hui en France et j'ai un petit peu le sentiment qu'on n'évolue pas très vite en la matière et que les rôles sont encore clairement définis et que, même si la femme travaille, la plupart du temps, c'est tout de même elle qui assure la plus grande partie du fonctionnement de la maison. Ce qui se passe... c'est difficile de généraliser, parce que dans chaque famille il y a des traditions un petit peu différentes, il y a des conditions différentes selon les professions, selon les antécédents familiaux, donc on peut pas généraliser mais il y a une chose que je trouve intéressante, c'est que les hommes se sentent un petit peu attaqués parce qu'ils ne font pas assez de choses à la maison, donc ils essaient de donner le change. En fait, ils essaient de déculpabiliser en choisissant une activité qui ne leur paraît pas trop dégradante, qui ne les ennuie pas trop, et qui leur permet de s'en tirer à bon compte. Alors, pour certains, c'est parce qu'ils aiment bien aller dans un grand centre commercial et ils y passent l'après-midi pour acheter un paquet de café. Donc, ils ont décidé qu'ils faisaient ça et que, en faisant ça, ils contribuaient... c'est leur part, leur contribution à la vie quotidienne et donc ça, ça leur suffit. Ou bien, ils considèrent que le barbecue, c'est leur... c'est là qu'ils vont montrer leurs talents de chefs. Donc, le barbecue, n'est pas dégradant, au contraire, c'est extrêmement valorisant de préparer le barbecue parce qu'en général on fait un barbecue quand on a des invités et donc, les invités peuvent témoigner que vous participez à la cuisine, que vous ne laissez pas tout à la maîtresse de maison. Donc, ils essaient de valoriser et puis de montrer à quel point c'est difficile d'avoir un bon barbecue, pour que la viande soit cuite juste à point, au moment où il faut, etc... Pour d'autres, c'est s'occuper du jardin, parce que là non plus, c'est une tâche qui est plutôt agréable et puis là aussi, ils peuvent montrer aux visiteurs que c'est eux qui s'occupent des géraniums, qui tondent la pelouse. Quand il s'agit de faire des tâches un peu plus ennuyeuses et un peu plus rébarbatives comme de nettoyer la salle de bains, de nettoyer la cuisine, de faire la vaisselle—et je parle pas du repassage—c'est très très rare de voir les hommes faire ces tâches-là. Ils se contentent d'une autre tâche et ils laissent ces tâches qui sont considérées plus dégradantes à leur femme, même si elle travaille, et même les jeunes générations semblent reproduire le système de leurs parents. Peut-être que les jeunes pères prennent un petit peu plus le bébé dans leurs bras ou se lèvent la nuit quand le bébé a faim, mais c'est souvent des tâches extêmement temporaires et, là encore, ils pensent que s'ils ont fait une intervention par jour ou deux interventions par jour avec le bébé, ils peuvent avoir la conscience tranquille. En fait, ils aident, mais ils ne font pas le travail. Toute la différence est là, je crois.

CHAPITRE 7

 SEGMENT 7–1: CD 4, TRACK 9

L'espace principal du musée de la Villette, c'est Explora, où se trouvent les expositions permanentes. Explora est organisé en îlots (petites îles) et chaque îlot a un thème—par exemple, les mathématiques, les sons, l'énergie, l'océan, etc. Aujourd'hui Bernard Riou accompagne sa fille Florence à la cité des Enfants, où on trouve des expositions destinées aux petits, pendant que Nicolas amène sa mère à l'îlot informatique.

Écoutons d'abord la conversation entre Bernard et Florence.

Bernard: Alors, où veux-tu aller d'abord?
Florence: Je voudrais voir les robots, papa.

Bernard: D'accord... C'est par là.
Florence: Oh, papa, regarde. Qu'est-ce que c'est?
Bernard: Ça s'appelle un télémanipulateur.
Florence: À quoi ça sert?
Bernard: On l'utilise pour manipuler des produits dangereux... par exemple, des substances radioactives. Comme ça, on n'est pas obligé de les toucher.
Florence: Mais comment ça marche, papa?
Bernard: C'est facile. Ça reproduit les mouvements de ta main. Vas-y, essaie! Tu prends la poignée, tu la bouges... oui, comme ça... oh, tu as laissé tomber le cube... oui, voilà... très bien.
Florence: Oh, c'est marrant, ça... Oh, et regarde là-bas, papa. C'est un autre télémanipulateur?
Bernard: Où ça?
Florence: Là-bas. Tu vois ce machin-là qui ressemble à un bras... divisé en quatre parties.
Bernard: J'sais pas ce que c'est. Allons voir!

Maintenant, écoutons la conversation entre Christine et Nicolas.

Christine: On peut commencer ici, si tu veux. Ça a l'air très intéressant, cette exposition: «Découvrir l'ordinateur».
Nicolas: Mais non, maman. J'ai déjà vu ça plusieurs fois avec papa. Je sais ce que c'est qu'un ordinateur. Moi, je veux aller au simulateur de vol. C'est de l'autre côté.
Christine: Bon, d'accord.
Nicolas: Mon copain Jean-Pierre m'en a parlé. Il dit que c'est vraiment génial. Tu t'installes aux commandes d'un avion, tu vois les instruments de bord, tu reçois des informations, puis tu décolles, tu atterris... c'est exactement comment si tu étais pilote d'avion.
Christine: Mais regarde... il y a beaucoup de monde... il va falloir attendre.
Nicolas: Pas de problème. On s'inscrit, et puis on peut regarder le film et l'audiovisuel qui expliquent ce qu'il faut faire.

 SEGMENT 7–2: CD 4, TRACK 10

Sophie Everaert

—Quel rôle est-ce que la technologie joue dans votre vie? À votre avis, quels sont les avantages et les inconvénients des avances technologiques?
—Ben, il y a des avantages, par exemple on a un répondeur: quand on n'est pas là, les gens laissent des messages. C'est un peu comme avoir du courrier, mais un différent courrier. On a un ordinateur, c'est plus facile pour faire notre budget ou des choses comme ça, pour travailler à la maison le week-end. On a un téléphone portatif, donc, quand mon mari est de garde et qu'on est dans la voiture, on ne doit pas s'arrêter et téléphoner, ça c'est facile. Les inconvénients, c'est qu'on n'a jamais la paix parce qu'on a toujours le téléphone ou le laptop et quand on part en week-end, parfois, il faut laisser tout à la maison et se déconnecter un petit peu.

Xavier Jacquenet

—À mon avis, toutes les nouveautés technologiques ne sont pas très positives. Par exemple, si on regarde au niveau de la communication—on parle des autoroutes informatiques et autres choses comme ça—on va aboutir à des communications de plus en plus rapides, mais la rapidité, ça veut dire moins de réflexion et à mon avis, ça, c'est très très négatif. Et puis, toute la technologie, ça veut dire aussi la pollution et puis l'épuisement des ressources naturelles. Donc à mon avis, tout cela, même si à court terme ça peut provoquer une illusion de confort, à long terme c'est et mauvais pour les esprits, et mauvais pour l'environnement.

Philippe Heckly

—Je suis content de la technologie en général, c'est à cause de ça que j'ai un bon boulot. Et puis, je suis fier de la France au niveau technologique: on a le TGV, qui est vraiment le meilleur train au monde ou presque—peut-être les Japonais, ils feraient un peu la grimace, mais c'est pas grave—et on vient juste d'ouvrir le tunnel sous la Manche. J'espère que ça va marcher comme il faut.

—Et le Minitel, vous en avez un?

—Le Minitel, oui, mais le Minitel c'est assez cher. Ils essaient de vous avoir de tous les côtés: il faut payer pour le téléphone, il faut payer pour le Minitel... Alors, ce qu'on fait, c'est qu'on l'utilise au boulot, mais on en n'a pas un à la maison.

—Ah, je pensais que tous les Français en avaient un à la maison...

—Ah non, parce que c'est un abonnement qu'il faut payer en plus. C'est pratique, il y a un accès à tout un paquet d'informations et de réservations qui est très bien, mais on peut faire ça au boulot.

Dovi Abe

—Je dirais un grand rôle, et certainement croissant. Le Sénégal a beaucoup changé au cours des cinquante dernières années, il doit encore changer, il va encore changer. Mais surtout, surtout, il y a une technologie, je dirais, qui est omniprésente, c'est celle des communications, aussi bien les transports que la télécommunication. Pour les transports, il est beaucoup plus facile de nos jours, d'aller en Europe ou dans d'autres régions du monde par l'avion. Grosse différence par rapport à la génération de mon père qui devait prendre le bateau, etc. Ils mettaient environ 5–6 jours pour arriver en France; aujourd'hui, c'est plutôt 5–6 heures. Et la télécommunication: on peut converser pratiquement avec le monde entier à partir du Sénégal, soit au téléphone, soit avec un fax.

—Et à l'intérieur du Sénégal, comment est-ce que vous voyagez?

—Surtout en voiture, et de temps en temps en avion. Ce sont de tout petits avions qui font au maximum une vingtaine de places et qui sont très agréables bien que souvent très... En tout cas qui sont plus instables que de gros avions de ligne.

—Et le téléphone au Sénégal?

—Le téléphone n'est pas très développé au Sénégal. À l'intérieur du Sénégal, on ne peut pas joindre tout le monde parce que tout le monde n'a pas le téléphone. Ma famille a le téléphone. Ce n'est pas vraiment un privilège, mais enfin, ça coûte cher.

La télévision et la radio sont beaucoup plus répandues. Je veux dire... pour la radio, il y a un taux d'équipement qui est largement supérieur à 80% et la télévision, il faut probablement compter aux alentours de 55–60%.

—Et l'ordinateur?

—L'ordinateur, alors là, encore moins; je dirais moins de 5%.

—À votre avis, quels sont les avantages—je crois que vous les avez déjà dits —et les inconvénients des avances technologiques?

—Un de ces inconvénients, c'est la pollution: pour fabriquer tous ces équipements, on utilise souvent des matériaux qui ne sont pas sans danger pour l'environnement. Et deuxièmement, c'est parfois l'isolement que créent ces technologies dans la vie des gens: lorsque vous pouvez joindre quelqu'un au téléphone et parler pendant une demi-heure, vous ne sentez plus le besoin de vous déplacer pour aller voir cette personne.

SEGMENT 7–3: CD 4, TRACK 11

Valérie Écobichon

—Comment envisagez-vous l'avenir? Quels changements prévoyez-vous dans la vie de tous les jours, par exemple cuisine, logement, loisirs, travail... ?

—Je crois que nous allons vers une vie avec de plus en plus de loisirs, et nous cherchons toujours une plus grande qualité de vie. Au niveau de la cuisine, je sais pas si cela changera beaucoup, mais des logements de plus en plus agréables, avec beaucoup d'espace, c'est ce que les gens recherchent le plus, et donc, des loisirs de plus en plus importants.

—Et à votre avis, est-ce qu'on pourra trouver des solutions aux problèmes sociaux de nos jours?

—Je ne sais pas trop. Je dirais qu'il faut qu'on cherche, en tout cas, il faut qu'on fasse un effort de ce côté-là et je dirais que si tout le monde s'y met, on pourra faire quelque chose de bien.

Alain Bazir

—À votre avis, est-ce qu'on pourra trouver des solutions aux problèmes sociaux de nos jours, pauvreté, crime, violence, pollution?

—Difficile de répondre... Pollution, oui. Il y a des campagnes qui peuvent être menées de façon globale et de façon scientifique. Le crime, la violence, la pauvreté, il faut qu'il y ait une prise de conscience globale des personnes et que les moyens suivent au niveau des organismes régionaux, départementaux et même nationaux. Je vais prendre l'exemple de la pauvreté: jusqu'à il y a deux ans ou même l'an dernier en Guadeloupe, il y avait pas de clochards, il y avait pas de personnes sans domicile fixe parce que la cellule familiale était très importante. Si tu avais pas un logement, tes parents te gardaient chez toi jusqu'à quarante ans, cinquante ans... Mais maintenant, il y a de plus en plus de personnes qui prennent un billet d'avion, par exemple des sans domicile fixe en France qui prennent un billet d'avion, et qui arrivent en Guadeloupe: il vaut mieux être en Guadeloupe sans domicile fixe qu'en France. Il y a pas d'hiver, on peut coucher sur la plage et tout ça. Et donc, maintenant, il y a une nouvelle génération de personnes qu'on appelle les «blancs gâchés», c'est-à-dire c'est des gens qui sont arrivés en Guadeloupe et qui font des petits boulots et qui vivent à côté de l'université, à la Marina, où arrive la Route du Rhum, et c'est des gens qui restent là mais qui cherchent pas de vrai boulot et voilà. Et donc, il y a aussi beaucoup plus de Guadeloupéens qui commencent à ne plus faire d'efforts et la cellule familiale est en train de se désagréger. Voilà. J'espère que ça va s'arrêter.

—Vous êtes plutôt pessimiste, alors?

—Plutôt pessimiste sur ce domaine-là.

Xavier Jacquenet

—L'évolution paraît déjà aller vers moins de travail et je pense que ça, ça va encore évoluer beaucoup. Par exemple, en France, on parle de ne travailler plus que 32 heures par semaine et bon... ça, je pense qu'on va y arriver, d'abord parce qu'il y a tellement de chômage qu'il faut essayer de le partager... Donc, 32 heures par semaine, ça veut dire sept heures de loisirs par semaine de plus qu'aujourd'hui— une heure de moyenne par jour—donc, c'est très très important. Je pense que du coup, les gens vont consommer plus. J'ai l'impression qu'on n'est pas encore arrivé au même stade de la société de consommation que les États-Unis, mais on y va!...

Au niveau de tout ce qui ne fonctionne pas sur terre aujourd'hui, toutes les inégalités entre les pays du nord, les pays du sud, et puis l'épuisement des ressources naturelles, là, bon... je ne sais pas... Peut-être qu'à la faveur d'un événement très grave, les gens pourront prendre conscience... mais j'ai pas l'impression.

Anne Squire

—J'ai l'impression que les grands changements, ça vient du fait que le monde devient de plus en plus global et que les communications deviennent de plus en plus sophistiquées, donc je pense que ça, ça va sans doute influencer notre vie. Sinon, je crois qu'on a une période très difficile à traverser en ce moment avec tous ces changements politiques et cette nouvelle Europe. Et sur le plan cuisine, logement, loisirs, travail, j'ai l'impression que ça, ça reste quand même bien les problèmes de la vie de tous les jours, mais je ne vois pas beaucoup de changements dans un avenir proche. Je crois que les Français, oui, se sentent assez menacés. D'ailleurs il y a eu un référendum... C'était le traité de Maastricht... Je crois qu'il est passé, mais enfin, c'était très très juste. Donc il y a une moitié assez importante de la France qui rejette cette appartenance à l'Europe qui est assez menaçante dans la mesure où sans doute les Français pensent qu'ils vont perdre leur identité et que les cultures vont disparaître. Donc, je pense que les gens ont peur, en fait, et qu'ils ne font pas confiance à l'avenir. Et ça, c'est peut-être une différence avec la génération de nos parents et de nos grands-parents, qui voyaient la vie de manière un peu plus positive.

A

à at, in, on, to
à bientôt see you soon
à cause de because of
à côté near; **l'un – de l'autre** side by side
à la traîne to lag behind
à l'égard de towards, concerning
à long terme in the long run
à mesure que as
à moins que unless
à part ça besides that
à partir de (du) from . . . on
à propos de concerning
à quelle heure (at) what time
à tout à l'heure see you soon
abandonner to give up
abattu(e) shot down
abîmer to damage
aboiement m barking
abonnement m subscription
abords m pl outskirts, surroundings; **d'abord** first
aboutir to result in
abri m shelter; **sans-abri** m pl homeless; **à l'–** sheltered
abricot m apricot
abriter to shelter
absolument absolutely
accentuer to stress; **pronoms** m pl **accentués** stress pronouns
accidenté(e) an injured person
accord m agreement; **d'–** okay, all right; **être d'–** to agree
accorder: s'– to give oneself
accoucher to give birth
accouder: s'– to lean
accrocher to hang; **s'– à** to hold on to
accroissant(e) increasing
accroissement m increase, soaring
accroître (pp **accru**) to increase
accroupir: s'– to crouch down
accueillant(e) welcoming
accueillir to welcome, receive
achat m purchase; **pouvoir d'–** purchasing power
acheminer to transport
acheter to buy
achever to complete, finish
acier m steel
acquérir (pp **acquis**) to acquire
actualités f pl news
actuellement actually, currently
adepte m f follower
adhérent(e) member of a group

adieu m good-bye, farewell
adonner: s'– à to devote oneself to
adoucir to sweeten, soften
adresser: s'– à to talk to
affaiblir to weaken
affaires f pl business; **homme (femme) d'–** businessman(woman)
affamer: être affamé(e) to starve
affecter to assign
affirmer to assert
affligeant(e) distressing, painful
affranchir: s'– to free oneself
affreux(se) terrible, hideous
afin: – de in order to; **– que** so that
agacer (fam) to annoy; **ça m'agace** it irritates me
âge m age; **du troisième –** senior citizens
agent m **– immobilier** real estate agent; **– de change** stockbroker
aggraver to make worse; **s'–** to get worse
agir to act; **s'– de** to be about
agiter to shake
agneau m lamb
agrandir to enlarge, make bigger
agréable pleasant
agression assault, mugging
agronomie f study of agriculture
aider to help
aigu(ë) acute
ail m garlic
ailleurs elsewhere; **d'–** besides; **par –** moreover
aimable lovely, friendly
aimer (bien) to love, to like
aîné(e) oldest, eldest
ainsi in this manner, thus; **c'est – que** that's the way
air m **au grand –** outdoors; **avoir l'–** to look like
aisé(e) financially well-off
ajouter to add
ajuster to adjust
ajusteur m worker who sands wood
aléatoire risky
alentours: aux – de around, about
alerte agile, nimble
algue f seaweed
aliment m food
alimentation f food, feeding
allégement m lightening
Allemagne f Germany
aller to go; walk
allocation f allowance, compensation; **– familiale** family allowance

allonger: s'– to lie down
allophone m who doesn't speak the language of the community
allouer to grant, allocate
allumer to light; **– (la télé, le chauffage)** to turn on
alors then, so
ambiance f atmosphere, environment
âme f soul
amélioration f improvement
aménageable ready to be finished
aménagement m planning, management
amener to bring, take along; **– à (au)** to take out
amer(ère) bitter
ami(e) friend
amicalement friendly, with friendship
amitié f friendship
amorce f beginning
ampleur f importance
amuse-gueule m (fam) snack
amuser: s'– to have fun/a good time, to enjoy oneself
an m year; **Nouvel –** New Year
ananas m pineapple
ancien(ne) old, ancient; former
ancre f anchor; **jeter l'–** to anchor
anecdote f plot, story
anglais(e) English
angoisse f anguish
année f year; **–s trente** thirties
anniversaire m birthday; anniversary
Antarctique m Antarctic
août m August
apanage m privilege
apercevoir (pp **aperçu**) to notice, see; **s'–** to become aware
apéro m (fam) for **apéritif**
aplatir to flatten
appareil m **ménager** appliance
apparition f appearance
appartenance belonging to
appartenir (pp **appartenu**) to belong
appât m bait
appeler to call, phone; **s'–** to be named
appétissant(e) tasty
apporter to bring
apprécier to appreciate
apprendre (pp **appris**) to learn, teach
apprenti(e) apprentice
apprentissage m learning
approbation f approval
approcher: s' (de) to come close (to)
approfondi(e) thorough

appuyer to lean; **– sur** to push (the button)
après after; **d'–** according to; **––midi** *m* afternoon
aptitude *f* ability
aquaculture *f* cultivation of fish
arachide *f* peanut
arbre *m* tree; **– fruitier** fruit tree
arc-en-ciel *m* rainbow
argent *m* money; silver
argenterie *f* silverware
argile *f* clay
arme *f* weapon
armoire *f* free-standing closet; cabinet; **– de toilette** medicine cabinet
arracher to pull up, uproot
arrestation *f* arrest; **mettre (être) en état d'–** to put (to be) under arrest
arrêt *m* stop; stop; **sans –** increasingly
arrêter to stop; to arrest, to bust
arrière back; **––plan** *m* background; **en –** to the past
arrivée *f* arrival
arriver: – à to succeed; **y –** to manage it
arroser to water
artichaut *m* artichoke
artisanal(e) artisan, craft
artisanat *m* (arts) craft industry
ascenseur *m* elevator
asile *m* shelter
asphyxier: s'– to suffocate
aspirateur *m* vacuum cleaner
assainissement *m* stabilization
assaisonnement *m* seasoning
assassinat *m* (first degree) murder
asseoir to sit down (somebody); **s'–** to sit (at the table)
asservi(e) enslaved
assez (de) enough
assiduité *f* attendance
assiette *f* plate
assistance help; **– sociale** welfare
assister to help; **– à** to attend, witness
association *f* organization; **– écologiste** environmental organization
assortir to match (up)
assouplir to soften
assourdir to lower, deafen
assouvir to satisfy
assurance *f* insurance; **– santé** health insurance
atelier *m* workshop
athée *m f* atheist
attaque *f* **à main armée** assault with a deadly weapon
attardé(e) behind the times
attarder to make late/behind the time; **s'–** to linger; stay late
atteindre *(pp* **atteint)** to reach
atteints de maladie *f pl* effects of illness
attenant(e) adjoining
attendre *(pp* **attendu)** to wait (for); **– avec impatience** to anticipate eagerly, to look forward to; **s'– à** to expect

attention *f* **faire –** to be careful
atterrir to land
attiser to stir; **– le feu** to stir the fire
attitude *f* behavior
attraper to catch
au-delà beyond
au-dessus de beyond
au fur et à mesure as
au revoir *m* good-bye
aubaine *f* godsend
aube *f* dawn
auberge *f* hostel, inn
aubergine *f* eggplant
aubergiste *m f* innkeeper
aucun(e) no, none; no one; **aucune idée** no idea
audacieux(se) daring
augmentation *f* surge, increase
augmenter to increase
aujourd'hui *m* today
aumône *f* handout
auparavant earlier, before
auprès de close to, next to
auquel (à laquelle) to which
aussi too, also; **–... que** as . . . as
aussitôt que as soon as
autant as much; **d'– plus que** especially
autel *m* altar
auteur *m* perpetrator, author
automne *m* autumn, fall
autonome independent
autoritaire authoritarian
autoroute *f* freeway
autour around; **– de nous** around us
autre other
autrefois in the old days, before
autrement otherwise
Autriche *f* Austria
autrui *m* other people, peer; **pression d'–** peer pressure
avaler to swallow up
avance *f* advance
avant before
avare *m f* miser
avec with
avènement *m* coming (advent) [event]
avenir *m* future; **– proche** near future
avérer to recognize, to know
avertir to warn, inform
aveu *m* confession
avion *m* airplane
avis *m* opinion; **à (ton/votre) –** in your opinion
aviser to notice
avocat(e) lawyer
avoine *f* oat
avoir *(pp* **eu)** to have; **– besoin (de)** to need; **– faim** to be hungry; **– l'air de** to look like; **– lieu** to happen; **– soif** to be thirsty; **n'– que** to only have; **qu'est-ce que tu as (vous avez)** what's the matter
avoisinant(e) nearby
avoisiner to come close to

avortement *m* abortion; **droit à l'–** abortion right
avouer to admit, confess
avril *m* April

B

bagarre *f* brawl, fight; **– d'ivrognes** drunken brawl
bagnole *f (fam)* car
baie *f* bay
baignoire *f* bathtub
bâiller to yawn
bain *m* bath
baisse *f* drop
baisser to lower
balai *m* broom; **––éponge** *m* sponge mop
balance *f* scale
balayer to sweep
balayeur(se) sweeper; **– de quais** platform sweeper
bananeraie *f* banana plantation
bande *f* group; **en –** in a group; **– dessinée** cartoon
banlieue *f* suburbs, outskirts
banlieusard(e) suburbanite
banquier(ère) banker
baptême *m* baptism
baraque *f* hut
barrage *m* dam
barre *f* block
barrière *f* border; rail
bas *m* stocking
bas(se) low
basse-cour *f* farm yard
bassin *m* pond
bateau *m* boat
bâtiment *m* building
bâtir to build
battre *(pp* **battu)** to beat; **se –** to fight
battu(e) battered; **femme –** battered wife/woman
bavard(e) talkative, *(fam)* chatterbox
baver to drool
beau (belle) beautiful; **il fait –** it's beautiful weather
beau-père *m* stepfather, father-in-law
beaucoup (de) a lot (of)
belle-mère *f* stepmother, mother-in-law
bénévolement voluntarily
benne *f* trucks
berceau *m* baby crib
besogne *f* task
besoin *m* need; **avoir – de** to need; **vivre dans le –** to live in poverty, be in need
bétail *m* livestock
bête *f* beast
béton *m* concrete, cement
betteraves *f pl* beets
beurre *m* butter; **faux ––** butter substitute; **petit ––** butter cookie
bibliothèque *f* library; bookcase
bien well, good; **– entendu** of course
bienfait *m* godsend, kindness

biens *m pl* property, goods
bienséant(e) proper
bientôt soon; **à –** see you soon
bienvenu(e) welcome
bijou *m (pl* **bijoux)** jewel
bilan *m* list
bilboquet *m* cup-and-ball toy
billet *m* ticket
blague *f* joke
blanc(he) white
blé *m* wheat
blesser to wound, injure
bleu very rare (beefsteak)
blottir: se – to huddle
bobine *f* spool
bœuf *m* beef
boire *(pp* **bu)** to drink; **– un pot** to go out for a drink
bois *m* wood; **charbon** *m* **de –** charcoal
boisson *f* beverage, drink
boîte *f* box; *(fam)* office, shop; **– (de nuit)** nightclub; **en –** canned
boiter to limp
bon(ne) good, nice; **– gré mal gré** whether they liked it or not
bonbons *m pl* candy
bondé(e) crowded
bonheur *m* happiness
bonne *f* housekeeper
bonsoir *m* good evening
bord *m* edge; **au – de** on the banks of
bordelais(e) from Bordeaux
borné(e) narrow-minded, limited
bossu(e) hunchbacked
botte *f* boot; **– au cul** *(fam)* kick in the butt
bouc *m* **– émissaire** scapegoat
bouche *f* mouth
boucher(ère) butcher
boucherie *f* butcher shop; **– au détail** non-prepackaged meat
boue *f* mud
bouffe *f (slang)* food
bouffon(ne) clowning
bouger to move
bougnoul(e) *(pejorative)* North African
bouillie: en – mashed
boulanger(ère) baker
bouleversement *m* disruption
bouleverser to turn upside down
boulot *m (fam)* job, work
bouquin *m* livre
bouquiner *(fam)* to browse for books
bourg *m* village
bourgeois(e)(s) middle-class people
bourse *f* **d'études** scholarship
bout *m* end; **au – de son rouleau** at the end of one's rope
bouteille *f* bottle
braillard(e) people howling
brancher to plug in
braquer to aim
brassage *m* mixing
brave courageous
Bretagne *f* Brittany

bref(ève) short, concise
bricoler (faire du bricolage) to putter, do home repairs, do handiwork
brièvement briefly
briser: se – to break
brosse brush; **en –** crewcut (hair)
brosser to brush
brouhaha *m* hubbub
brouillon *m* first draft
brousse *f* bush
broyer to grind
bruit *m* noise
brûler to burn
brun(e) brown; dark
brut(e) abrupt, rough
bruyant(e) noisy
bûche *f* log
bureau *m* office; desk; **chaise de –** typing chair; **employé(e) de –** office clerk
burlesque comic
but *m* goal, aim

C

ça/cela that
c'est/ce sont it is; **c'est vrai** that's true; **c'est impossible** that's impossible
cabine *f* **de douche** shower stall
cabinet *m* **d'affaires** business agency
câbleur *m* worker who lays wires
cacahuète *f* peanut
cacher to hide, put out; **– à la vue** to put out of sight; **se –** to hide
cadeau *m* gift, present
cadenassé(e) padlocked
cadre *m* executive; **– supérieur** high-level executive
cafard *m* cockroach
cahier *m* notebook
caille *f* quail
caissier(ère) cashier, teller
calciné(e) burnt
calcul *m* calculation, arithmetic
calendrier *m* agenda, calendar
calme quiet
camarade *m f* friend; **– de chambre** roommate
caméscope *m* camcorder
campagne *f* suburb; countryside; campaign
canapé *m* sofa
canard *m* duck
candidature *f* application (for a job)
caneton *m* duckling
caniculaire scorching
canne *f* stick; sugar cane; **– à pêche** fishing pole
canot *m* boat
cantine *f* cafeteria
caoutchouc *m* rubber
CAP *m Certificat d'Aptitude Professionnelle*
car because
car *m* bus; **– de ramassage** school bus
carafe *f* pitcher
cardiologue *m f* cardiologist
Carême *m* Lent

carnet *m* booklet
carré *m* square; patch
carreau *m* tile; **à –x** checked
carrefour *m* crossroads, intersection
carrément straight out
cas *m* case; **dans ce –** in this case
casanier(ère) homebody
case *f* box, compartment
casse-croûte *m* snack
casser to break
cause reason; **à – (de)** because (of)
causer to chat, talk
cavalier(ère) trooper
cave *f* (wine) cellar; **– à disques** discotheque
ce, cet(te) this; **ce que** what; **ce dont** about which
céder to give in
ceinture *f* belt
cela that
célèbre famous
célibataire unmarried
cellule *f* unit; prison; **– familiale** family unit
celui (celle) that; **--ci** the latter
cendre(s) *f (pl)* ash(es)
Cendrillon Cinderella
centaine *f* hundred
centrale *f* power plant; **– nucléaire** nuclear plant
centre *m* **d'accueil** shelter; **--ville** *m* downtown
cependant therefore, however
cerise *f* cherry
cerne *m* shadow, ring (eye)
certain(e)s some
cerveau *m* brain
cervelle *f* brain(s)
chacun(e) each, every (one)
chagrin *m* distress, **–s** sorrows
chaise *f* chair; **– de bureau** typing chair
chambre *f* room
champ *m* field
champignon *m* mushroom
chance *f* luck
changer to exchange; to change
chanson *f* song; **– et variété** referring to popular music
chanter to sing
chanteur(se) singer
chantier *m* construction site
chapeau *m* hat; **– melon** bowler hat
chapelet *m* rosary beads
chaque each
char *m* float, tank
charbon *m* **de bois** charcoal
charcuterie *f* butcher's shop
charge *f* burden; freight
chargé(e) busy, full; **– de** in charge of
charger to load; **se – de** to take care of
charges *f pl* utilities; **– comprises** utilities included
chargeur *m* shipper
charmant(e) nice
chasse *f* hunting; **aller à la –** to go hunting
chasseur *m* hunter

chat *m* cat
châtain chestnut
chateau *m* castle
chaud(e) hot, warm; **avoir –** to be warm/hot;
    il fait – it's hot/warm
chauffage *m* heating
chauffeur *m* driver
chaume *m* thatch
chaussette *f* sock
chaussure *f* shoe
chaux *f* lime
chavirer to capsize
chef d'entreprise *m* business owner, company
    head
chef-d'œuvre *m* masterpiece
chemin *m f* way; **– faisant** en route; **– de fer**
    railroad
cheminée *f* chimney, fireplace
cheminement *m* advance
cher(ère) expensive; dear, well-loved
chercher à to look for
chercheur *m* researcher; **– -enseignant**
    teacher-researcher
cheval *m (pl* **chevaux)** horse; **faire du –** to go
    horseback riding
cheveux *m pl* hair
cheville *f* ankle
chèvre *f* goat
chevreuil *m* deer
chez at; **– moi** at my place; **– soi** one's home
chic fashionable; **dernier –** last fad
chien(ne) dog
chiffon *m* rag
chirurgical(e) surgical
choc *m* shock
chœur *m* backup singer
choisir to choose, select
choix *m (pl)* choice(s)
chômage *m* unemployment; **être au –** to be
    unemployed; **taux de –** unemployment rate
chose *f* thing; **quelque –** something
chou *m (pl* **choux)** cabbage
chou-fleur *m* cauliflower
chuchoter to whisper; **– des paroles** to
    whisper words
chute *f* fall; **– de cheval** fallen off a horse
chuter to fall
ci-dessous following, below
ci-dessus above(-mentioned)
ciel *m* sky
cimenté(e) covered in asphalt
cimetière *m* cemetery
ciné *m* **cinéma**
cinéaste *m f* film producer, film-maker
circuler to get around
citadin(e) city-dweller
citoyen(ne) citizen
citron *m* lemon
citronnelle *f* citronelle (lemon bush)
citrouille *f* pumpkin
clandestin(e) underground
clapier *m* rabbit hutch

claquer: faire – to slam
classe *f* grade; **salle de –** classroom
classer to classify
clavier *m* keyboard
clé *f* key
client(e) customer
clientèle *f* customers, clientele
clignotant(e) blinking
climatisation *f* air-conditioning
climatisé(e) air-conditioned
climatiseur *m* air conditioner
clochard *m* tramp
cloche *f* bell
clou *m* nail
co-propriétaire *m f* co-owner
coaltar *m* tar
cocher to check (off)
cochon *m* pig
cocon *m* cocoon
cœur *m* heart
coiffeur(se) barber, hairdresser
coin *m* corner
collectionner to collect
collège *m* junior high school
coller to stick, to attach
colline *f* hill
colloque *m* discussion
colon *m* settler
colonne *f* column
combat *m* fight, battle
combattant(e) *m* fighter; **ancien(ne) –** veteran
combustible *m* fuel
combien how much; **– de** how many; **– de
    temps** how long
combler to satisfy
comédien(ne) stage actor (actress)
commande order; **– d'ouvrages** book order
comme as, like; **– toujours** as always
commencer to begin, start
comment how
commerçant(e) merchant, shopkeeper
commerce *m* business, trade; **petit –** small
    store
commode *f* dresser
compagnie *f* house, company; companionship
compagnon *m* friend, fellow
compétence *f* authority, ability
complaisance *f* self-satisfaction
complexe *m* residential subdivision
complice *m* partner in crime
comportement *m* behavior, conduct
comporter: se – to behave
comprendre *(pp* **compris)** to understand; to
    include; **faire –** to make understand
comptabilisation *f* posting (accounting)
comptabilité *f* accounting
comptable *m f* accountant
compte *m* account; **à bon –** with
    accomplishment; **– rendu** *m* summary,
    report; **tenir – de** to take into account
compter to count; to expect; **– sur** to rely on
concasser to crush, grind

concessionnaire *m f* car dealer
concevoir *(pp* **conçu)** to conceive, imagine
conclure to conclude, end
concours *m (pl)* contest(s), competitive
    exam(s)
concurrent(e) competitor
condamné(e) (pour) convicted (of)
conduire *(pp* **conduit)** to drive; lead; **se –** to
    behave
conduite *f* conduct; **– de vie** life style
conférence *f* lecture
confier to share, tell about
confiserie(s) *f (pl)* sweets, candies
congé *m* leave (of absence); **– payé** paid leave
    (of absence)
congélateur *m* freezer
connaissance *f* knowledge
connu(e) known
conquistador *m* Spanish invader
consacrer to devote
conseil *m* advice
conseiller to advise; **–(ère)** advisor
conserve(s) *f (pl)* canned food
consommation *f* consumption
consommer to consume (to buy and use)
constater to notice
construire *(pp* **construit)** to build
conte *m* tale; **– de fée** fairy tale
contenir *(pp* **contenu)** to contain, include
contenu *m* contents
content(e) happy
contenter to please; **se – de** to make do with
conteneur *m* container
conteur *m* storyteller
contestation *f* dispute, protest
contraindre *(pp* **contraint)** to force
contrainte *f* constraint, restriction
contraire opposite; **au –** on the contrary
contre against; **par –** on the other hand
contrefaçon *f* forgery
contremaître *m* foreman
contrepartie: en – in exchange
convaincre *(pp* **convaincu)** to convince
convenable appropriate
convenir *(pp* **convenu)** to agree, to suit
convive *m f* guest
copain (copine) boyfriend (girlfriend), pal
copeau *m* wood shaving
copieux(se) hearty, rich
coq *m* rooster
corbeau *m* crow, raven
corps *m* body
corvée *f* chore
cote: avoir la – to be very popular
côté *m* side; **à –** beside, next to; **– montagne**
    on the mountain side
côtier(ière) coastal
cou *m* neck
couche *f* diaper; layer; **–s de la société** levels
    of society
coucher: se – to go to bed
coude *m* elbow; **– à –** close together

couffin *m* baby basket
couleur *f* color; **– de la peau** skin color
couloir *m* hallway, passage
coup *m* hit; **– de feu** shot; **– de soleil** sunburn; **– de téléphone** a (phone) call; **du –** as a result; **tout à –** all of the sudden; **tout d'un –** suddenly
couper to cut
coupeur(se) cutter
cour *f* courtyard; (school)yard
couramment fluently
courant(e) commune; every-day; **c'est très courant** it's very common
courgette *f* zucchini
courir *(pp* **couru)** to run
courrier *m* mail; **– électronique** e-mail
cours *m (pl)* class(es)
course *f* running; **au pas de –** on the run; **– à pied** running; **–s** *f pl* errands; **faire les –s** to go shopping
court(e) short; **(à) court/long terme** short/long term, in the short/long run
courtier *m* stockbroker
coussin *m* cushion
coût *m* price, cost
couteau *m* knife
coutume *f* habit
coûter to cost
couvert *m* serving; **–(e)** covered
couverture *f* blanket
couvre-lit *m* bedspread
cracher to spit
craindre *(pp* **craint)** to fear, be scared of
crainte *f* fear
craquer *(fam)* to go wild, freak out
crèche *f* day care center
créer to create
crêpe *f* pancake
crépitement *m* crackling, rattling
crépu(e) woolly
creuser to hollow out, to dig
creux *m* hollow
crevettes *f pl* shrimp
crier to shout
crime *m* crime; **– gratuit** a crime for fun
criminalité *f* crime
criminel(le) felon
crise *f* crisis; attack; **– cardiaque** heart attack
croire *(pp* **cru)** to believe
croissance *f* growth
croissant(e) increasing
croître to grow
croyance *f* belief
croyant(e) believer
crustacés *m pl* shellfish
cueillir to pick/gather (flowers)
cuiller/cuillère *f* spoon
cuire *(pp* **cuit)** to cook
cuisine *f* kitchen
cuisiner to cook
cuisinière *f* stove
cuisson *f* cooking; **à quel degré de cuisson** how well cooked

cuit(e) cooked
cultivé(e) cultured
cuivre *m* copper, brass
cul-de-sac *m* dead-end (street)
culture *f* cultivation
curé *m* priest
cuve *f* tank, vat
cyclable: piste – bicycle trail

D

d'abord first (of all), at first
dactylo *f* typist
dames *f pl* ladies; checkers; **jeu** *m* **de –** checkers game
dans in
davantage more
débarbouiller: se – to wash up, to take a sponge bath
débarquer to unload, to land
débarrasser to clear; **se – de** to get rid of
débile mentally deficient
déborder to overflow
débouché *m* outlet
déboussolé(e) disoriented
debout standing
débraillé(e) (people) dressed sloppily
débrancher to unplug
débrouillard(e) smart, resourceful person
début *m* beginning; **au –** at the beginning
décalage *m* staggering
décennie *f* decade
décevoir *(pp* **déçu)** to disappoint
décharges *f pl* discharges
déchéance *f* downward mobility
déchets *m pl* garbage, waste, trash
déchirer: se – to be tearing
déclencher to set in motion, start; **– une bagarre** to start a fight
décoller to take off
décolleté(e) with low-cut neckline
déconnecter to disconnect
déconseiller to advise against
décontracté(e) relaxed
décor *m* setting
découper to cut (up)
décourager to deter
décrire *(pp* **décrit)** to describe
décrocher to get; to hang up (telephone)
décroissant(e) decreasing
déculpabiliser to make feel less guilty
dédaigner to be averse to
dedans inside
défaut *m* flaw; defect
défavorisé(e) underprivileged
défendre *(pp* **défendu)** to forbid; **– ses biens contre** to protect one's property from
défenseur *m* **de l'environnement** environmentalist
défi *m* challenge
défilé *m* parade
dégager to free, clear
dégoût *m* dislike
dégraissage *m* cleaning out

déguster to taste, savor
dehors outside; **en –** outside of, beyond
déjà already
déjeuner *m* lunch; **petit –** breakfast
délabré(e) run-down
délaisser to abandon
délice *m* delight
délinquant *m* law breaker, offender, delinquent
délinquence *f* delinquency; **– juvénile** juvenile crime
délit *m* crime; misdemeanor; **en flagrant –** in the act
demain tomorrow; **après––** the day after tomorrow
demander to ask
démarrer to start; **faire –** to get started
déménager to move (change lodging)
demeure *f* résidence, home
demeurer to remain, stay
demi(e) half
démissionner to resign
démolition *f* crushing, pulling down
dénoter to show
denrée *f* foodstuff
dent *f* tooth; **brosse à –s** toothbrush
dénuement *m* destitution
départ *m* departure
dépasser to go beyond
dépaysé(e) uprooted
dépêcher: se – to hurry
dépense *f* expenditure, spending
déplacer to move; **se –** to be displaced
déplier to unfold
déposer to put, lay down
déprimant(e) depressing
depuis since, for; **– combien de temps** since when, how long; **– quand** since when; **– que** since
déranger to disrupt, upset, trouble
déraper to slip
dernier(ère) last (before this one); last (in a series)
dérober: se – to run away
derrière behind
désaccord *m* disagreement
désaffection *f* loss of interest
désagréger: se – to break up
désarroi *m* confusion
descendre *(pp* **descendu)** to get off; to go down; **– (dans)** to stay (in); **– de** to get out of
désespéré(e) discouraged
désigner to name, point out
désolé(e) sorry, distress
désormais from now on
desservi(e) served
dessin *m* drawing; **– animé** cartoon
dessus above, on top; **au––(de)** on top (of); **ci––** above (mentioned)
destin *m* fate
détaillant *m* retailer
détendre *(pp* **détendu): se** to relax

détenir to hold
détente *f* relaxation
détonner to explode
détournement *m* **de fonds** embezzlement, misappropriation of funds
DEUG *m* *Diplôme d'Études Universitaires Générales*
deuxième second
devant in front of
développement *m* developing; **pays en voie de –** developing countries
déverser to pour out
deviner to guess
devinette *f* riddle
devoir *(pp* **dû)** to intend to; **se – de** to have the obligation to devote oneself
devoir *m* duty; **–(s)** homework
dévoué(e) devoted
diable *m* devil
diablotin *m* little devil
Dieu *m* God
difficile difficult
dimanche *m* Sunday
diminuer to reduce, decrease
dinde *f* turkey
dindon *m* turkey
dîner *m* dinner
diplôme *m* degree, diploma
dire *(pp* **dit)** to say, tell; **à vrai –** to tell the truth, in other words; **c'est-à-–** that is to say; **entendre – que** to hear that; **on dit que** it's said that
diriger: se – (vers) to head (for)
discipline *f* field (of study)
dissoudre *(pp* **dissous)** to dissolve
disparaître *(pp* **disparu)** to disappear
disparition *f* extinction
disponible available; usable
disposer to set; fit; **– de** to have at one's disposal
disputer: se – to fight
distrayant(e) entertaining
divers(es) various, miscellaneous
dizaine *f* ten
doigt *m* finger
domaine *m* field
dominical(e) (of) Sunday
donner to give; **étant donné** given; **– sur** to look out on, overlook
donc then, therefore
donnée(s) *f (pl)* data, information
dont of whom, which, with which
doré(e) golden
d'ores et déjà already
dortoir *m* dormitory; **cité –** bedroom community
dos *m* back; **en avoir plein le –** *(fam)* to have enough
doucement slowly, softly
douceur *f* sweet
douche *f* shower; **cabine de –** shower stall
doué(e) talented; **sur-–** gifted

doux(ce) sweet
douzaine *f* dozen; **demi-–** half a dozen
doyen(ne) dean; oldest resident
drap *m* sheet
drapeau *m* flag
dresser to stand up; **être dressé(e)** to be well-trained
drogue(s) *f (pl)* drugs
droguer: se – to take drugs
droit *m* law, right; **avoir – à** to be entitle/eligible to; **revendiquer ses –s** to demand one's rights; **–s d'inscription** tuition
droit(e) straight; **à droite** to the right
drôle funny
duquel/de laquelle of which/whom
dur(e) hard, difficult; **vie dure** hard life
durée *f* length, duration, period of time; **longue –** extended

E

eau *f* water; **–x-fortes** engravings; **salle d'–** shower room, bathroom
éblouissement *m* bedazzlement
éboueur *m* garbage collector
écart *m* distance, gap
échappement *m* exhaust; **tuyau d'–** exhaust pipe
échauffer: s'– to get warm
échec *m* failure; **–s** *m pl* chess
échelle *f* scale; **à grande –** on a large scale
échouer to fail
éclairer to light on
éclat *m* bit, fragment
éclatant(e) glaring
éclatement *m* break-up
écloserie *f* hatchery [of shrimp]
écœurer to make one fell sick
école *f* school; **– primaire** primary school
écolo *m f (fam)* for **écologiste**
écorcher to skin
écouler to move (sell)
écouter to listen
écran *m* screen
écraser to crash
écrire *(pp* **écrit)** to write
écriture *f* writing
écrivain *m* writer; **une femme –** *f* writer
écrouler: s'– to collapse
éculé(e) worn
écureuil *m* squirrel
éducation *f* upbringing; **sur-–** overeducating
édulcorant *m* **de synthèse** artificial sweetener
effet *m* **de serre** greenhouse effect
efficace efficient
efficacement efficiently
effigie *f* model, representation
effluent *m* contaminated waste
effondrer: s'– to collapse
efforcer: s'– to make an effort
effrayant(e) frightening
effrayer: se – to be frightened

effriter to crumble (away)
égal(e) same, equal; **ça me serait égal** it shouldn't matter to me
également equally, evenly
égard: à l'– de towards, concerning; **sans –** without regard
égarer: s'– to get lost
église *f* church
égoïsme *m* selfishness
égorger to slit
égouts *m pl* sewers
égoutter to drip, strain
élaborer to work out carefully
élargir to widen
élevé: bien (mal) – well (badly) raised
éloignement *m* distance
élu(e) elected, chosen
émaner to come from
emballage *m* wrapping
emballeur *m* packer
embaucher to hire
embêter to bother, bug someone
emboîter le pas to follow
embouteillage *m* traffic jam
embrasser to kiss
embrasure *f* doorway
émerveillé(e) amazed
émeute *f* riot
emmener to take
émouvant(e) moving
empêche: n'– que all the same, unless
empêchement *m* obstacle
empêcher (de) to prevent (from); **n'empêche que** all the same, unless
empirer to get worse
emplacement *m* place, site
emploi *m* work, job; **– du temps** schedule
employé(e) de bureau office worker, clerical personnel
emporter to take; **se laisser –** to be carried away
empreinte *f* imprint
emprunter to borrow
émulation *f* copycat
en in; **– plus** extra, surplus; moreover; **– bas** down below
enchaîner to link
encore again; **pas –** not yet
encre *f* ink
endettement *m* debt
endormir to put to sleep; **s'–** to fall asleep
endroit *m* spot, place
énerver: s'– to get angry, be upset
enfance *f* childhood
enfant *m f* child
enfer *m* hell
enfermement *m* locking
enfin at last, finally
enfuir: s'– to flee, run away
engager to hire
engendrer to generate, create
engin *m* aircraft

engloutir to swallow
engouement *m* craze, fancy
engrais *m* fertilizer
enivrer: s'– to get drunk
enlever de to get out of
ennui *m* boredom
ennuyeux(se) boring
enquête *f* inquiry, investigation
enrayer to control, remedy; **– la vente d'armes** to control the sale of guns
enseignant *m* instructor
enseignement *m* teaching; **– supérieur** higher education
ensembles: grands –s *m pl* large apartment buildings (projects)
ensoleillé(e) sunny, light
ensuite then, next
entasser to pile up, hoard
entendre *(pp* **entendu)** to hear; **– dire que** to hear that; **s' – bien (mal) avec** to get along well (not well) with
enterrer to bury
entier(ère) whole
entorse *f* stretching (of the law)
entourage *m* (family) circle
entraînement *m* training, practice
entraîner to bring (with it); **– (dans)** to drag (into); **s'–** to work out
entre between
entrebâillé(e) ajar, half-open
entrechoquer: s'– to clash
entrée *f* entrance; entrée, first course
entreprise *f* company, business
entre-temps meanwhile
entretenir *(pp* **entretenu)** to keep up, to maintain; **facile à –** easy to maintain
entretien *m* interview, discussion; maintenance
envahir to invade
envahissant(e) intrusive
envergure *f* scale, level
envers: à l'– reverse
envie: avoir – (de) to feel like
environ about; **aux –s** in the vicinity
environnement *m* **planétaire** global environment
envoyer to send
épais(se) thick
épanouir: s'– to bloom
épanouissement *m* blooming
épargner to save (money, time); to spare
éparpiller to scatter
épater to show off
épaule *f* shoulder
épicé(e) spiced
épinard(s) *m (pl)* spinach
épouvantable terrible
éprouver to feel
époux(se) husband (wife)
éprendre *(pp* **épris): s'– de** to fall in love with
épuisé(e) exhausted, worn out
épuisement *m* exhaustion, depletion, using up
épuiser to wear out

équilibré(e) balanced
équipage *m* crew
équipe *f* team
équitation *f* horseback riding
errer to wander aimlessly
escale *f* stop
escalier *m* stair(s)
escamoter to skip
escargot *m* snail
esclave *m f* slave
escompté(e) anticipated
escroc *m* swindler, con artist
Espagne *f* Spain
espagnol(e) Spanish
espèce *f* sort, type; **– en voie de disparition** endangered species**espérer** to hope
espion(ne) spy
esprit *m* spirit; mind; **étroit d'–** narrow-minded; **avoir un – ouvert** to be open-minded; **mots** *m pl* **d'–** witty remarks
essai *m* test; **– nucléaire** nuclear test
essayer to try
essence *f* gas
essor *m* expansion; rise; **en plein –** in full expansion
essuyer: s'– to dry oneself off
Est *m* East
esthéticien(ne) beautician
établi *m* workbench
étage *m* floor
étagère *f* shelf
étalement *m* display(ing), spreading
étaler to spread
étape *f* stage
état *m* government, State; **– d'esprit** state of mind
étatique state run
Etats-Unis *m pl* United States
été *m* summer
éteindre *(pp* **éteint) – (le gaz, la télé, le chauffage)** to turn off; **s'–** to become dark; to die
étendre *(pp* **étendu)** to hang out; **– le linge** to hang out the laundry
ethnie *f* ethnicity; ethnic group
étincelant(e) sparkling
étincelle *f* spark
étirer to stretch
étoile *f* star
étonnant(e) surprising
étourdiment *m* carelessly
étranger(ère) foreign, stranger
être *(pp* **été)** to be; **– à l'heure** to be on time; **– en panne** to be out of order; **– en train de faire** to be (in the process of) doing; *(n m)* being (person)
étroit(e) narrow
étude *f* study(ies); **–s générales** general education
étudiant(e) student
évanouir: s'– to faint; to fade away
éveiller to awake

événement *m* event
évertuer: s'– to struggle
évidemment evidently
évier *m* sink
éviter to avoid
examen *m* test, exam; **– de rattrapage** make-up exam
expérience *f* experiment
expliquer to explain
exploitation *f* project
exploser to explode
exposer to exhibit, show
exprimér to express
expulser: se faire – de to be displaced from
extra-terrestres *m pl* aliens from space

F

fabricant(e) manufacturer
fabrication *f* manufacturing
Fac *f* short for **Faculté**
face à facing; **en face de** in front of
fâché(e) angry
fâcheux(se) unfortunate
facile easy; **c'est –** it's easy
façon *f* way, manner; **d'une – ou d'une autre** one way or the other; **de – que** so that
facteur (factrice) mail carrier
faction *f* station
facture *f* bill, invoice
facturier(ère) billing clerk
fade bland
faible weak, low; **– revenu** low income
faiblesse *f* weakness
faillite *f* bankruptcy; **être en –** to be bankrupt
faim *f* hunger; **avoir –** to be hungry
faire *(pp* **fait)** to do, to make; **– attention** to be carefully; **– bien de** would do well; **– connaissance** to meet; **– de son mieux** to do one's best; **– des études à l'étranger** to study abroad; **– la grasse matinée** to stay late in bed; **– pipi** to pee *(used with children)*; **– sienne** to take as its own; **s'y –** to get used to it; **– une partie de** to play a game of; **fait avec du (de)** made of; **il fait (beau, mauvais...)** it's nice, bad (weather)
falaise *f* cliff
falloir *(pp* **fallu)** to be necessary; have to; **il faut** it's necessary; **il me faut** I need
falsifier to forge; **document** *m* **falsifié** forgery
familial(e) family
famille *f* family; **– nombreuse** big family
faner: se – to be fading
fanfare *f* brass band
fantôme *m* ghost
farce *f* joke
fatigué(e) tired
fauteuil *m* armchair
faux (fausse) false
faveur *f* **en – de**
fécond(e) fruitful, fertile
féculent *m* starchy food
féérie *f* enchantment

femme *f* woman; wife
fenêtre *f* window
fer *m* iron; **main de –** iron hand; **– à repasser** iron
ferme *f* farm house
fermer to close
fermeté *f* firmness, confidence
fermier(ère) farmer
fête *f* feast, holiday; **– foraine** country fair
feu *m* fire; **–x d'artifice** fireworks
feuille *f* leaf; sheet; **– de papier** sheet of paper
feuilleton *m* soap opera
février *m* February
ficeler to tie up
fiche *f* card
fichier *m* filing cabinet
fichu *(fam)* gone; **c'est –** it's over; **mal – *(fam)*** terrible
fidèle faithful
fidélité *f* faithfulness
fier: se – à to trust, rely on
fier(ère) proud
file *f* line, queue
filer to go off
filet *m* net; string bag
filiale *f* subsidiary
fille *f* girl, daughter
film *m* movie; **– doublé** dubbed; **– en version originale (v.o.)** with subtitles; **– d'épouvante** horror film; **– policier** detective film
fils *m (pl)* son(s)
fin *f* end; conclusion
fin(e) thin
finalité *f* aim
financement *m* financing
finir to end, finish; **– par** to end up with
fissure *f* tear
fixe permanent
fixer to set
flacon *m* small bottle, flask
flagrant: pris(e) en – délit be caught in the act
flambée *f* quick blaze
flâner to go for a stroll
fléau *m* plague, epidemic
flèche *f* arrow; steeple
fleuve *m* river
floraison *f* flowering
florissant(e) flourishing
foi *f* faith
foin *m* hay
fois *f* time; **à la –** at the same time; **une – (par jour)** once (a day)
folie *f* craziness
fonctionnaire *m f* civil servant
fonderie *f* foundery, smelting works
fondre *(pp fondu)* to melt
fond *m* bottom; **fonds** *m pl:* fund(s); **détournement de –** embezzlement, misappropriation of funds
fonder to set up
football *m* soccer

forain(e) fair, of a fairground
force *f* strength
forcément by necessity
forcené(e) maniac researcher
forme *f* shape; **sous –** in form of, as
fort loudly; **–(e)** strong
fossé *m* rift
fouiller to search, rummage; **– dans** to go through
fou (folle) mad, crazy
foule *f* crowd
four *m* oven; **– à micro-ondes** microwave oven; **– grille-pain** toaster oven
fourchette *f* fork
fourneau *m* stove
fournir to supply, provide
fournisseur *m* supplier
fourrure *f* fur
foutre *(pp foutu):* **– tout par terre** *(fam)* to destroy all the plans
foyer *m* entrance way; home; shelter
fraîcheur *f* freshness
frais (fraîche) fresh
frais *m pl* **de scolarité** tuition
fraise *f* strawberry
fraiseur *m* worker who mills wood
framboise *f* raspberry
franchir to cross over
frapper to hit; **frappé(e)** cooled
freiner to curb
fréquentation *f* popularity
fréquenter to come regularly to
frère *m* brother
friand(e) fond of
fric *(slang)* money
frigidaire *m* **(frigo** *[fam]*) refrigerator
frisé(e) curly
frites *f pl* (French) fries
frivole shallow
froid(e) cold; **il fait froid** it's cold
front *m* forehead
fructueux(se) lucrative
fuir to avoid, run away
fuite *f* escape
fumer to smoke
funèbre funereal
fût *m* container

G

gadget *m (fam)* thingamajig
gage *m* guarantee
gagner to win; to earn (money)
gant *m* glove
garçon *m* boy
garde: être de – to be on call; **prendre –** to be careful
garder to keep, guard
gare *f* station; **– routière** bus station
garer to park; to put to bed *(fig)*
gasoil *m* diesel oil
gaspillage *m* waste
gâteau *m* cake

gâter to spoil
gauche left; **à –** to the left
gauchement awkwardly
gaver: se – to stuff oneself
gazon *m* lawn
géant(e) giant
gêne: sans – without consideration
gêner to bother, embarrass
gens *m f pl* people
gentil(le) good, nice; **je les trouve très gentils** I think they're very nice
gentillesse *f* kindness
gérant(e) manager
gérer to manage, administer
géreur *m* manager
gestion *f* management
gestionnaire administrative
gifler to slap (on the face); **– à toute volée** to slap as hard as one can
glace *f* ice cream
glisser: se – dans la peau to slip into the skin
golfe *m* gulf
gonfler to inflate
gosse *m f* child (slang)
goût *m* taste; **arrière - –** after-taste; **sans –** tasteless
goûter to taste
goutte *f* drop
grâce à thanks to
grain(s) *m (pl)* bead(s)
graisse *f* fat
grand(e) big, tall, large; great; **grand standing** luxurious
grand-mère *f* grandmother
grandir to grow (up)
grand-père *m* grandfather
gras(se) fat; **corps gras** fats
gratiner to sprinkle with bread crumbs
gratuit(e) crime – a crime for fun
gravé(e) imprinted
greffer: se – to crop up (in connection with each other)
grève *f* strike
grignoter to nibble
grille *f* gate, railings
grille-pain *m* toaster; **four –** toaster-oven
grimace faire la – to make a face
grimper to climb up
grincer to grate
grincheux(se) grumpy
gris(e) gray
grisaille *f* grayness
gros(se) thick
grossir to fatten, get fat
grossiste *m f* wholesaler
guère: ne – hardly, scarcely
guérir to cure
guérison *f* healing, recovery
guerre *f* war; **après - –** *m* post-war years
guetter to be watching
gui *m* mistletoe
guise: en – de (used) as; by the way of

H

habillé(e) dressed (up)
habiller: s'– to get dressed
habitant(e) inhabitant
habiter to live
habitude f habit; **d'–** in general, usually
haine f hatred
harcèlement m harassment
haricot m (string) bean; **–s verts** green beans
hasard m **au –** by chance; **par –** by accident, without thinking
hâte f haste
hausse f rise; **en –** on the rise; **– du niveau de vie** rise of standard of living
haut(e) high, elevated; en haut up; **des hauts et des bas** ups and downs
hauteur f height
hériter to inherit
héritier(ère) heir
heure f hour, time; **à l'– actuelle** at this point [in time]; **à quelle –** (at) what time; **être à l'–** to be on time; **–s supplémentaires** overtime; **quelle – est-il** what is the time
heureusement fortunately
heureux(se) happy
heurter to hit; **se–** to bump, collide
hier yesterday; **avant-–** the day before yesterday
hisser to raise
hiver m winter
HLM f (Habitation à loyer modéré) low-income housing
homard m lobster
homicide m **involontaire/non prémédité** manslaughter
hommage rendre – à to pay homage/tribute to
homme m man; **honnête –** gentleman
honnête honest
horaire m time schedule; **contraintes –s** time constraints
hors (de) outside, apart from
hors-d'œuvre m appetizer
hôte m f host
houleux(se) turbulent, stormy
huile f oil
huilerie f mill that produces oil
humeur f mood; **mauvaise (bonne) –** bad (good) mood
hurler to scream

I

ici here
idée f idea; **– principale** main idea
ignames f pl yams
ignorer to be unaware of
il y a there is/are; **il y a... que** it's been . . . since
île f island; **– de la Beauté** Island of Beauty
illettré(e) illiterate
illicite unlawful
illisible unreadable
îlot m small island

immeuble m apartment building
immonde base, vile
impasse f dead-end street
impassiblement impassively
impatience: avec – eagerly
impotent(e) crippled
imprévu(e) unexpected, unpredictable
imprimante f printer
incendiaire m arsonist
incendie m fire; **– volontaire** arson
inconnu(e) unknown
inconvénient m disadvantage
incroyable unbelievable
inculpé(e) être – pour to be charged with
indemnité f benefit; **–s de chômage** unemployment benefits
indice m clue
indigence f extreme poverty
indigent(e) poor
inédit(e) hitherto unheard of
inéluctable inescapable
inépuisable inexhaustive
inespéré(e) unexpected
infirme invalid
infirmier(ère) nurse
infliger to inflict
informations f pl news
informatique f data processing, computer science
infraction f crime; **commettre une –** to commit a crime
injurier to insult
inlassablement tirelessly
inquiétude f worry, concern
inscrire (pp **incrit**) **s'–** to sign up, enroll
insoutenable unbearable
installer: s'– to move in
instant m moment; **dès l'–** starting with the moment
insultant(e) abusive
insupportable unbearable
intempéries f pl weather
intention avoir l'– de to intend to
interdire (pp **interdit**) to forbid; **être interdit(e)** to make illegal
intériner to internalize
interpeller: s'– to shout at each other
interphone m intercom
interrogation f quiz; inquiry
intervenir (pp **intervenu**) to occur
intraveineux(se): voie –se intravenous feeding
inutile useless
invité(e) guest
irréfléchi(e) impulsive
irriguer to irrigate
isolement m isolation
issue f solution, exit
ivre drunk
ivresse f drunkenness
ivrogne drunken

J

jadis formerly, in times past

jaillissement m outpouring
jamais never; **ne... jamais** never; not ever
jambe f leg
janvier m January
jardin m garden
jardinage m gardening
jaune yellow
jeter to throw; **se –** to throw oneself
jeu m game, play
jeudi m Thursday
jeune young; **les –s** young people
jeunesse f youth
joindre (pp **joint**) to reach (by telephone)
joli(e) pretty
jouer to perform; to play; **– à** to play (sport); **– de** to play (instrument); **– un tour (à)** to play a trick (on)
jouir (de) to enjoy
jouissance f pleasure, delight
jour m day; **de nos –s** nowadays; **–s ouvrables** working days; **–s fériés** holidays (non-working days); **un de ces –s** one of these days; **tous les –s** everyday
journée f day
juillet m July
juin m June
jumeaux (jumelles) m pl (f pl) twins
juron m swear word
jusqu'à (au) till, until; **– présent** until now
justement precisely, exactly

K

kaolin m clay

L

là there; **–-bas** over there
lâcher to let go; **se –** to let each other go
lacté(e) made from milk
laid(e) ugly
laideur f ugliness
laine f wool
laisser to leave; **– tomber**
lait m milk; **– caillé** milk with curds
laitière f dairy woman
lampion m Chinese lantern
lancer to launch, throw
lanceur m **spatial** rocket launcher
langoustines f pl prawns
lapin m rabbit; **cage à –** rabbit cage
las(se) tired
lavabo m sink
lave-vaisselle m dishwasher
laver to wash; **se –** to get washed
laveur(se) washer; **– de carreaux** window washer
lecteur (lectrice) reader
lecture f reading
léger(ère) light; **quelque chose de –** something light
lendemain m the following day; **surlendemain** two days after
lentement slowly
lequel (laquelle) which; **dans –** in which

lessive *f* washing, laundry
lever to raise; **se –** to get up; **– m du jour** dawn; **– du soleil** sunrise
lèvre *f* lip
Liban *m* Lebanon
libanais(e) Lebanese
librairie *f* bookstore
libre free; available; **–-service** self-service
licence *f* degree received after three years of college
licenciement *m* layoff, dismissal
lien *m* link, tie
lier to link together, **– à** to tie to
lieu *m* place; **au – de** instead of; **avoir –** to take place
linge *m* laundry; **sèche-–** (laundry) dryer
lire *(pp* **lu)** to read
lit *m* bed; **– pliant** folding bed; **–s superposés** bunkbeds
littoral *m* coastal regions
livre *m* book
livrer to give; **se –** to indulge in
livreur *m* delivery person
locataire *m f* renter, tenant
location *f* rental
logement *m* housing; **–s collectifs** projects
logiciel *m* software
logis *m* dwelling; **sans-–** homeless
loi *f* law
loin (de) far (from); **de –** by far; far away; **pas –** not far (from)
loisir *m* leisure; **heure/temps de –** leisure time
long(ue) long; **longuement** at length
longtemps (for) a long time
loqueteux(se) person dressed in rags
louange *f* praise
louer to rent
lourd(e) heavy
loyer *m* rent
lueur *f* glimmer
luge *f* sled
lumière *f* light
lundi *m* Monday
lune *f* moon
lunettes *f pl* glasses; **– de soleil** sunglasses
lustre *m* chandelier; light
lustrer to polish
lutter to battle, fight
lycée *m* high school

M

machine *f* machine; **– à écrire** typewriter; **– à laver** washing machine
magasin *m* store
magasinier *m* warehouse worker
maigrir to lose weight
main *f* hand; **à – armée** with a deadly weapon; **– de fer** iron hand; **serrer la –** to shake hands
main-d'œuvre *f* workforce
maintenant now

maintenir *(pp* **maintenu)** to maintain; **– en état (le tracteur)** to keep (the tractor) running
maintien *m* maintenance
maire *m* mayor
mais but; **– non** of course not; **– si** certainly
maïs *m* corn
maison *f* house; company; **– basse** single-story house; **– d'habitation** main house; **–-mère** company headquarters
maître *m (f* **maîtresse)** teacher, professor; **– assistant** assistant professeur
maîtrise *f* control
mal bad; **avoir –** to hurt; **mal** *m* difficulty; **avoir du –** to have trouble
malade sick
maladroit(e) awkward
malaise *m* feeling of sickness or faintness
malgré in spite of; **– soi** against one's will
malheureusement unfortunately
maltraiter to handle roughly
mandat *m* money order
manger to eat
mangouste *f* mangoose
manie *f* obsession, habit
manifeste obvious, evident
manifestation *f* demonstration
mannequin *m* model
manœuvres *m pl* workers
manquement *m* failure
manquer to miss (something); **– à quelqu'un** to miss somebody; **– de** to lack
maquiller: se – to put on make-up
marche *f* walk; **mettre en –** to get running/working
marché *m* market; **bon –** cheap; **–du travail** labor market
marcher to walk; to work; **faire –** to get running/working
mardi *m* Tuesday
marge *f* margin; **vivre en – (de)** to live on the margin (of)
marginal(e) *(pl* **marginaux [marginales])** outcast
mari *m* husband
mariage *m* wedding
marin(e) sea
Maroc *m* Morocco
marocain(e) Moroccan
marque *f* brand
marquer to show, indicate
marre: en avoir marre de to be sick of
marron brown
mars *m* March
matelas *m* mattress
matériau *m* building material
matériel *m* hardware
matière *f* subject; **– libre** elective
matin *m* morning
matinée *f* morning; **faire la grasse –** to stay late in bed

maugréer to grumble
maussade sullen
mauvais(e) bad
mayenâgeux(se) of the Middle Ages
méchant(e) bad, naughty
mécontent(e) dissatisfied
médicament *m* medicine
méfiance *f* mistrust
méfier: se – to distrust, mistrust
meilleur(e) que better than
mélange *m* mixing, mixture
membre: être – de to belong to
même same; **au – titre** in the same way
menacer (de) to threaten; **être menacé(e) (de)** to be threatened with
ménage *m* household; cleaning; **à trois –s** love triangle
ménagère *f* housewife
mendicité *f* begging
mendier to beg, to ask for handouts
mener to conduct, lead; **– une vie (de)** to lead an existence
mensonge *m* lie
mentir to lie
menton *m* chin
menuisier *m* carpenter
mépris *m* disdain
mépriser to despise, scorn
mer *f* sea; **pleine –** open sea; **poisson de –** saltwater fish; **prendre la –** setting sail; **produit de –** seafood
mercredi *m* Wednesday; **– des Cendres** Ash Wednesday
mère *f* mother
mesure *f* measure; **à – que** as
métier *m* job, profession
mètre *m* meter; **– carré** square meter
mets *m (pl)* dish(es)
metteur en scène *m* director (of a play)
mettre *(pp* **mis)** to put; **– à la rue** to dump onto the street; **– en fuit** to chase away; **– l'accent (sur)** to stress, point out; **– la table** to set the table; **se – à** to begin to; **se – en condition** to get work as a servant; **s'y –** to put one's mind to it
meuble *m* (piece of) furniture; **– informatique** computer table
meublé(e) furnished
meurtre *m* (second degree) murder
miam-miam *(fam)* yum-yum
miel *m* honey
mielleux(se) sickly sweet
miette *f* crumb (of bread)
mieux better; **aimer –** to prefer, like better; **– que** better than; **faire de son –** to do one's best
mijoter to simmer
mil *m* millet
milieu *m* place; (social) class; environment; middle; **au – de** in the middle of
millier *m* thousand
mince thin

mineur(e) underage
minuit *m* midnight
ministère *m* ministry [of education]
miroir *m* mirror
mise en scène *f* staging
misère *f* poverty
mistral *m* a dry, cold northerly wind that blows across the coast of southern France
mode *m* method; *f* style fashion; **–** *m* **de vie** life-style
moelle *f* marrow
mœurs *f (pl)* custom(s)
moi-même myself
moins less; **de – en –** less and less; **du –** at least; **–... que** less . . . than
mois *m* month
moisson *f* harvest
moitié *f* half
mollesse *f* softness
monde world; **tout le –** everybody
monter to get (into); to climb, to go up; **– une pièce** to put on a play
monteur *m* assembler
montre *f* watch
moquer: se – de to make fun of
morale *f* ethics
mordre *(pp* **mordu)** to bite
mort *f* death
mot *m* word; **–s d'esprit** witty remarks
mou (molle) soft
mourir *(pp* **mort)** to die
moustiquaire *f* mosquito netting
moyen *m* mean (transportation), financial capability; way; **avoir les –s** to be able to afford to; **s'il y a –** if there is a way
moyen(ne) middle, average; **en moyenne** on the average; **niveau moyen** average
muguet *m* lily-of-the-valley
muni(e) de armed with
mur *m* wall; **– antibruit** *m* soundproof wall
musculation: faire de la – to lift weights
mutation *f* change
mutuel(le) cooperative

N

nager to swim
naguère not long ago
naissance *f* birth
naître *(pp* **né)** to be born
nappe *f* surface; tablecloth
natal(e) native
natalité *f* **(taux de) –** birthrate
navré(e): être – to be sorry
ne... que only
néanmoins nevertheless
néfaste harmful
neige *f* snow
nerf *m* nerve; **taper sur les –s** *(fam)* to get on one's nerves
net(te) clean
nettoyage *m* clean-up
neuf(ve) (brand) new

neuvième ninth
neveu *m* nephew
nez *m* nose
nièce *f* niece
niais(e) simple (silly)
nier to deny
niveau *m* level; **– de vie** standard of living; **– moyen** average
noce *f* wedding party
nocturne night; **vie –** night life
Noël *m* Christmas
noir(e) black; **voir tout en noir** to have a bleak outlook
noix *f (pl)* nut(s)
nom *m* name
nombreux(euse) numerous
nommer to name, characterize as
non compris does not include
Nord *m* North
normalement normally, in general
note *f* grade; note
nouilles *f pl* noodles
nourrir to feed
nourriture *f* food
nouveau/nouvel (nouvelle) new; **de nouveau** again
nouvelles *f pl* news
nu(e) naked
nuage *m* cloud
nuire (à) to be detrimental, harm
nuisance *f* environmental pollution
nuit *f* night; **boîte de –** nightclub
nul(le) no; zero
nullement the slightest
numérisation *f* digitizing

O

objet *m* thing; **être l'– de discrimination** to be discriminated against; **–s trouvés** lost and found
obligatoire required
obsédé(e) obsessed
occasion *f* chance, opportunity
œil *m (pl* **yeux)** eye
œuvre *f* work; **– d'art** work of art; **chef-d–** *m* masterpiece; **main-d'œuvre** *f* workforce
œuvrer to work
oie *f* goose
oiseau *m* bird
offre offer; **– existante** current supply
offrir *(pp* **offert)** to offer
ombre *f* shadow
onde *f* waters, seas
ondulé(e) wavy
onirique dreamlike
opprimé(e) oppressed
optique *f* point of view
or *m* gold
orage *m* thunderstorm
ordinateur *m* computer
ordures *f pl* **ménagères** household garbage
oreiller *m* pillow; **taie** *m* **d'–** pillowcase

orienter to point in the right direction
orphelin(e) orphan
oser to dare
ôter to take away
ou or; **– bien** or else
où where, when; **d'–** from where
oublier to forget
Ouest *m* West
oui yes
ours *m* bear
outil *m* tool
outillage *m* set of tools
outre: en – moreover, furthermore
outre-mer overseas
ouvert(e) open
ouverture *f* opening
ouvrier(ère) worker
ouvrir *(pp* **ouvert)** to open

P

P.D.G. *m (président-directeur général)* C.E.O. (Chief Executive Officer)
pagne *m* loincloth
paillasse *f (fam)* mattress
paillote *f* straw hut
pain *m* bread
paisible peaceful
paix *f* peace
palace *m* luxury hotel
palier *m* hallway
palourdes *f pl* clams
pamplemousse *m* grapefruit
panier *m* basket
panne *f* breakdown; failure
panneau *m* board
pantalon *m* trousers, pants
paperasserie *f* paperwork
par by; **par ailleurs** moreover; **– contre** on the other hand; **– rapport à** in relation to
parapluie *m* umbrella
parce que because
parcimonieux(se) stingy
parcourir *(pp* **parcouru)** to cover
parcours *m* run
pare-choc *m* bumper (of car); **–s** fenders (protection)
pare-brise *m* windshield
pareil(le) the same
parents *m pl* parents, family; **beaux-–** mother- and father-in-law
paresser to laze
paresseux(se) lazy
parfaire *(pp* **parfait)** to make perfect
parfois sometimes
pari *m* bet
parler to talk, to speak; **se –** to speak (talk) to each other
parmi among, between
paroisse *f* parish
parole *f* word
partarger to share
participer à to be party to

particulièrement particularly
partie *f* part; party; game
partir to go, to leave; **à – de/du** from
partout everywhere
pas *m* step; **pas à pas** step-by-step; **prendre le – sur** to supplant
passager(ère) passenger
passer to pass; to spend; **se – de** to do without
passerelle *f* footbridge
patience: jeu de – solitaire
patinage *m* ice skating
patinoire *m* ice skating rink
patois *m* dialect
patron(ne) boss
pauvre poor (not rich); poor (unfortunate)
pauvreté *f* poverty
pavillon *m* house in the suburbs
paye *f* salary
payer to pay
pays *m (pl)* country(ies)
Pays-Bas *m pl* Netherlands
paysan(ne) peasant
peau *f* skin; **bien dans sa –** good about oneself; **couleur de la –** skin color; **l'avoir dans la –** to have gotten under one's skin
pêche *f* fishing; **aller à la –** to go fishing; **canne à –** fishing pole
péché *m* sin
pêcheur *m* fisherman
peindre *(pp* **peint)** to paint; draw
peine *f* sorrow, problem
peiner to distress
peinture *f* drawing, painting
pelouse *f* lawn
pencher: se – to lean
pendant during; **– que** while
pendre *(pp* **pendu)** to hang
pénible hard, painful; **être –** to be a pain (a bother)
péniblement with difficulty
penser to think
pension *f* retirement benefit
pente *f* slope
percée *f* breakthrough
perdre *(pp* **perdu)** to lose
père *m* father
permettre *(pp* **permis)** to allow, permit
persil *m* parsley
persillé(e) sprinkled with parsley
personnage *m* **(principal)** (main) character
perte *f* loss
pervers(e) unfortunate
pétillant(e) bubbly
petit(e) small, little
petit déjeuner *m* breakfast
petit-beurre *f* butter cookie
petit-enfant *m* grandchild
petit-fils *m* grandson
petite-fille *f* granddaughter
peu: un – **(de)** a little (of, about); **encore un peu** a little more
peuple *m* people (ordinary)

peur *f* fear; **avoir –** to be afraid; **de – que** for fear that
peut-être maybe
phobie *f* phobia
phrase *f* sentence
piaillement *m* squawking
pièce *f* room; **– de théâtre** play
pied *m* foot; **aller à –** to go on foot; **casser les –s** *(fam)* to get on one's nerves
pied-noir *m f* Algerian-born French person
piédestal *m* pedestal
piège *m* trap
pierre *f* stone
piéton(ne) pedestrian
piétonnier(ère) pedestrian
pile *f* battery; on the dot; *(adv)* right, exact
pillage *m* looting
piller to plunder
piment *m* pepper
pinceau *m* brush
piqûre *f* shot; sting
pire worse **(pis)**; **le –** the worst
piste *f* lead; trail; **– cyclable** bicycle trail; **suivre une –** to follow a lead; **tenir une –** to have a lead
placard *m* closet
plafond *m* ceiling
plage *f* beach
plaindre *(pp* **plaint): se** to complain
plaire *(pp* **plu)** to like, please
plan *m* level
planche *f* board; **– à voile** windsurfing
plat *m* dish
platine laser *f* CD player
plein(e) full, closed
pleurer to cry
pleuvoir *(pp* **plu)** to rain
pliant(e) folding; **lit –** folding bed
plomb *m* lead
plongeur(se) dishwasher
plupart, la most
plus more; no longer; **–... que** more . . . than; **– rien** nothing (more); **– tard** later
pluvieux rainy (weather)
pneu *m* tire
poche *f* pocket
poids *m* weight
poignée *f* handle
point *m* spot, period; **à –** medium well (beefsteak); **être sur le – de** to reach the point to, be about to
poire *f* pear
pois *m (pl)* pea(s); **petits –** green peas
poisson *m* fish; **– de mer** saltwater fish; **– d'eau douce/de rivière** freshwater fish
poivre *m* pepper
poivron *m* vert green pepper
poli(e) polite
polir to polish
polluant *m* pollutant
polluant(e) polluting
pommadé(e) wearing a pomade
pomme *f* apple; **– de terre** potato

pompeux(se) pompous
pompier *m* firefighter
pont *m* bridge
populaire lower class
portatif(ve) portable
porte *f* door; **mi(e) à la –** thrown out, fired
porte-parole *m* spokesperson
portefeuille *m* wallet
porter to carry; **– une arme** to carry a gun
portière *f* door
portique *m* doorway; **– de détection d'armes** metal detector doorway
poser to put (down); to be (a problem); **– (des questions)** to ask (questions); **posé(e)** serious
poste *m* position, job
postier(ère) postal worker
potager *m* kitchen garden
poteau *m* post; **– indicateur** sign-post
poubelle *f* garbage can
poudre *f* powder, dust
poule *f* hen
poulet *m* chicken
pour to, for; **– que** so that
pourboire *m* tip
pourquoi why; **– faire** what for; **– ne pas** why not
pourrir to get rotten, get spoiled
poursuite *f* pursuit
pourtant nevertheless
poussière *f* dust
pouvoir *(pp* **pu)** can, be able to; *n m* power, capacity; **– d'achat** purchasing power
précipiter to push in
prédécoupé(e) precut
préjugé *m* **avoir des –s contre** to be prejudiced against
premier(ère) first
prendre *(pp* **pris)** to take, to have; to pick up; **– du poids** to put on weight; **– garde** to be careful; **– la direction de** to take charge of; **– la route** to take the road; **– le pas sur** to supplant; **– pour victime** to victimize; **s'y –** to go about it
préoccuper to worry; **se –** to be concerned
préparer: se – (pour/à) to get ready (to)
près (de) near; **à peu –** almost
présentateur(trice) host(ess)
presqu'île *f* peninsula
presque almost
pressé(e) be in a hurry
pressentir to sense
pression *f* pressure
prêt *m* loan
prêt(e) ready
prêtre *m* priest
preuve *f* evidence, proof
prévenir *(pp* **prévenu)** to give notice; **sans –** without notice
prévision *f* prediction
prévoir *(pp* **prévu)** to foresee
prière *f* prayer
princier(ère) royal

principe *m* principle; **en —** in theory
printemps *m* spring
prioritaire having priority
prise *f* **de conscience** awareness
privé(e) private
privation *f* deprivation, loss
prix *m* price; **— de vente** sale price
prochain(e) next (after this one); next (in a series)
proche close, near; **avenir —** near future
produit *m* product; **—(s) bios** organic foods;
    — laitier dairy; **—s allégés (basses calories)**
    light (low calorie)
profession *f* occupation
profit *m* benefit; **au — de** to the advantage
profiter (de) to take advantage (of)
promener: se — to take a walk
promettre *(pp promis)* to promise
promouvoir *(pp promu)* to upgrade
propager: se — to spread
propos *m (pl)* term(s), word(s), ideas; **à —** in
    fact; **à — de** about, concerning
propre clean; own
propriétaire *m f* owner
prospérer to prosper
protéger to protect
provenir to come from
provisoirement temporarily
prudent(e)
prune *f* plum
pruneau *m* prune
public *m* audience
puisque since
puissant(e) powerful
punition *f* punishment

Q

quai *m* platform
qualité *f* quality; **vie de —** quality life
quand when
quant à moi as far as I'm concerned
quartier *m* neighborhood, district
que (qu') what, whom, that; ce que what
quel(le) which, what; **— que soit** whatever
quelconque any
quelqu'un(e) someone, somebody
quelquefois sometimes
quelque(s) some; **quelque chose** something;
    quelque part somewhere
querelle *f* quarrel
querelleur(se) quarrelsome
queue tail; **— de cheval** ponytail
qui who, that
quiconque anyone who
quitter to leave
quoi what
quotidien *m* daily newspaper
quotidien(ne) daily

R

racine *f* root
raconter to tell
radiologie *f* x-ray

raffiné(e) refined
raid *m* long-distance flight
raide straight (hair)
rail *m* track (from railroad)
raisin *m* grapes
raison *f* **avoir —** to be right
ralentir to slow down
ramasser to gather
ramener: se — à to come down to
randonnée *f* hiking
rang *m* rank
rangée *f* row
ranger to pick up; **— la vaisselle** to put dishes
    away
rapatrier to return back to France
raphia *m* palm frond
rapidement rapidly
rappel *m* review; calling to arms
rappeler to remind, call back
rapport *m* relationship; **par — à** in relation to
rapprocher: se — de to get closer to
rarement rarely
raser to raze, to tear down; **se —** to shave
rassasier to satisfy the appetite (of)
rassemblement *m* assembly, gathering
rassembler: se — to gather
rassurer to reassure
rate *f* spleen; **— éclatée** ruptured spleen
rater to fail, go wrong
ravi(e) delighted
ravoir to get back
rayon *m* ray; **— de soleil** ray of sunlight
réagir to react
réalisateur(trice) movie director
rébarbatif(ve) disagreeable
rebut *m* scrap
récemment recently
recensement *m* survey
recette *f* recipe
recevoir *(pp reçu)* to receive; to host
réchauffement *m* warming
réchaud *m* hot plate
recherche *f* research; **— appliquée** applied
    research
rechercher to look/search for
récidiviste *m* repeater
récit *m* story, short novel
réclamer to require
récolte *f* harvest
récompense *f* reward
reconnaître to recognize, accept
reconquête *f* recovery
reconvertir: se — to convert (oneself)
récréation *f* (lunch) break
recueil *m* book, collection
reculer to go backward; to put off
rédacteur(trice) editor
redoutable formidable, frightening
réduire *(pp réduit)* to reduce
refait(e) redone
réfléchi(e) reflexive
regarder to watch, look at

régi(e) governed
régime *m* diet
réglementation *f* regulations, rules
régulièrement regularly
reine *f* queen
rejeter to throw back, reject, drive back
rejoindre *(pp rejoint)* to join
relâché(e) released
relever to pick out, raise
reloger to relocate
remettre *(pp remis)* to hand over to
remord *m* remorse
remplir to fill (out)
remporter to win
remuant(e) fidgety
remue-méninges *m* brainstorming
rencontrer to meet
rendre *(pp rendu)* to give back, return;
    — visite à to visit; **— hommage** to pay
    homage/tribute; **se —** to go
renfort *m* reinforcements, supplies
renommé(e) famous, renowned
renouvelable renewable
rénover to remodel
renseignement *m* information
renseigner: se — to get information
rentabilité *f* profitability
rentable profitable
rentrée, la beginning of the school year
rentrer to get home; to put back
renvoyer to send (back), dismiss
répandre *(pp répandu)* to spread wide
répartition *f* division
repas *m (pl)* meal; **— principal** main course
repassage *m* ironing
repasser to iron; **fer à —** iron
repêchage *m* re-test
repère *m* (point of) reference
répéter une pièce to rehearse a play
répétition *f* rehearsal
repeuplement *m* restocking
répondeur *m* **automatique** telephone
    answering machine
répondre *(pp répondu)* to answer
reposer: se — to relax, to rest
reprendre *(pp repris): se* to grab on to each
    other
repris *m* **de justice** habitual delinquent
réseau *m* circle, network, source; **— d'amis**
    circle of friends
résidence *f* **universitaire** (college) dormitories
restauration *f* **collective** cafeteria (dining area)
    in a workplace
rester to stay, remain
résumé *m* summary
retour *m* **— en arrière** return to the past
retourner to go back; to give back; **(se) —** to
    turn around/back
retraite *f* retirement; **prendre sa —** to retire
retrouver: se — to meet (each other); **se —**
    (dans) to wind up (on)
réunir: se — to meet at

réussir to succeed; **– à (un examen)** to pass; **– à passer** to make it through
réussite f success
revanche f revenge; **en –** on the other hand
rêve m dream
réveiller: se – to wake up
revendication f demand
revendiquer to demand, lay claim to; **– ses droits** to demand one's rights
revenir (pp **revenu**) **à** to result in
revenu m income; **faible –** low income
rêveur(se) dreamer
réviser to service, to revise
révision f review
rez-de-chaussée m ground floor
rideau m curtain
rigoler to laugh, (fam) have a good laugh
rigolo (fam) funny
ris de veau m calf sweetbreads
rivage m river bank
riz m rice
RMI m (Revenu minimum d'insertion)
robe f dress
robot cuisine m food processor
rôder to prowl, wander
rognon m kidney
rôle m role, function; **à tour de –** taking turns
roman m novel
rôtie f toast (French Canadian)
roue f wheel; **– de la fortune** wheel of fortune
rouge red
rougir to blush
route f way, road
roux(sse) redhead
rue f street

S

sable m sand
sac m bag; **– de couchage** sleeping bag
saignant(e) rare (beefsteak)
saillant(e) salient, outstanding
sain(e) healthy
sale dirty
salé(e) with salt, savory
saleté f dirt, filth; **vivre dans la –** to live in squalor, filth
salir to dirty
salle f room, hall; **– d'eau** bathroom; **– de bains** bathroom; **– à manger** dining room; **– de séjour** living room
saluer to greet
samedi m Saturday
sang m blood
sanguin(e) of blood
sans without; **– égard** without regard
sans-abri m pl homeless
sans-logis m pl street people
santé f health
saoûler: se – to get drunk
satellite m **de communications** communication satellite
sauf except
saumon m salmon

sauter to jump; **faire –** to brown
sauvage wild; **nature –** wilderness
sauvegarde f protection, preservation
sauvegarder to protect
savant(e) scientist
savoir (pp **su**) to know
savoureux(se) tasty
SDF (sans domicile fixe) with no permanent home
sèche-cheveux m hair dryer
sécher to dry
séchoir (sèche-linge) m dryer
secours m help
secousse f shaking
sécurité f safety
séduire (pp **séduit**) to seduce, charm, captivate
Seigneur m Lord
sein m breast
séjour m stay
sel m salt
semaine f week
sembler to seem
sens m direction; meaning; **– unique** one way
sensibilité f sensitivity
sensible noticeable; sensitive
sentiment m feeling
sentinelle f guard
sentir to smell; **se –** to feel
serpent m snake
serré(e) tightened, crowded
serrer to tighten; **– la main** to shake hands
serviette de toilette bath towel
servir: se – de to use
seuil m doorway; **– de pauvreté** poverty level
seul(e) lonely; alone
seulement only
SICA f (Société d'Intérêt Collectif Agricole)
sida m Aids
siècle m century
simplement simply; **tout –** simply
siroter to sip
situation f location
ski m ski; **– de piste** downhill skiing; **– de fond** cross-country skiing
SMIC m (salaire minimum interprofessionnel de croissance) minimum wage
smoking m tuxedo
société f company, business
sœur f sister
soie f silk
soigné(e) well-groomed
soigneusement carefully
soi-même oneself
soir m evening
soit... soit either . . . or
sol m ground
soleil m sun; **rayon de –** ray of sunlight
sommeil m sleep
somnoler to doze
son m sound
sonner to ring
sonorisation f soundproofing
sorcière f witch

sort m plight
sortie f opening (of a film)
sortir to go out, to come out; to take out
sou m penny; **sans le –** penniless
souci m concern; **ne pas prendre le – de** do not bother to
souffrir to suffer
soufre m sulfur
souhaiter to wish, desire
soulager to relieve
soulever to lift, raise
souligner to underline; to stress
soupe: – populaire soup kitchen, soup line, bread line
source f spring [water]; source
sourd(e) deaf
sourire m smile
souris f mouse
sous under; **– vide** vacuum packed; **--culture** f subculture
sous-sol m basement
soutien m support
souvenir (pp **souvenu**): **se** to remember
souvent often, a lot
speaker(ine) announcer
spécialisation f (academic) major
spectacle m show
spot m **publicitaire** commercial
stage m internship
subir: faire – to impose
subtile subtle
succulent(e) delicious
succursale f branch office, branch
sucre m sugar
Sud m South
sueur f sweat; **à la– de son front** sweat of one's brow
suffir to be enough; **ça suffit** it's enough
suivre (pp **suivi**) to follow; take (classes); to stalk
sujet m subject; **au – de** about, concerning
superflu(e) superfluous
suppléer to make up for
supplicier to torture
supprimer to suppress
surdité f deafness
surgelé(e) frozen; **produits –s** frozen food
surgir to arise; **– de** to rise from
surlendemain m two days later
surmené(e) to be exhausted
sursis: avec – with a suspended sentence
surtout above all, especially
surveiller to supervise; watch
survenue f occurrence
survivre (pp **survécu**) to survive
susceptible (de) capable (of)

T

tabasser (fam) to beat up
table f table; **– basse** coffee table; **– de nuit (de chevet)** bedside table, nightstand; **– roulante** serving table; **mettre la –** to set the table;

tableau *m* blackboard; chart; painting
tablette *f* shelf
tabouret *m* stool
tâche *f* chore; task; **—s ménagères** household chores
taille *f* height, size
tailler to cut
taire *(pp* **tû): se** to remain/to be quiet
tam-tam *m* drum
tandis (que) while
tant so much; **en – que** as; **– de** so many; **– mieux** so much the better
taper à la machine to type (on a typewriter)
tapis *m* rug, carpet
tarif *m* fare
tard late; **plus –** later
tarte *f* pie; **– Tatin** caramelized apple pie
tasse *f* cup
tâter to try
taurine of a bull
taux *m (pl)* rate(s); **– de chômage** unemployment rate
teinturerie *f pl* dry cleaner's
télécopieur *m* fax machine
télémanipulateur *m* remote-control
téléphoner: se – to call each other
téléspectateur(trice) viewer
téléviseur *m* TV set
tellement so much; **– de** so many; **pas –** not so much
témoin *m f* witness
temps *m* time; weather; **à plein –** full time; **à – partiel** part-time; **de – en** from time to time; **emploi du –** schedule; **en même – que** at the same time as
tenace persistent
tendre *(pp* **tendu)** to stretch; **sous-tendre** to underlie
teneur *f* content; **forte –** high content
tenir *(pp* **tenu)** to take, hold; **– à** to insist on; **– compte de** to take into account; **– pour acquis** to take for granted
tension *f* pressure; **– artérielle** blood pressure
termitière *f* termite hill
terrain *m* field; **– de sports** sports field
terre *f* land; mud
tête *f* head; **tête-à-tête** *m* one-to-one conversation, in private
têtu(e) stubborn
TGV *m Train à Grande Vitesse*
tiers *m* third
timbre *m* stamp
tirade *f* speech
tirer to shoot; to draw (something); **s'en – à bon compte** to accomplish
tiroir *m* drawer
tisser to wave
tissu *m* fabric
titre *m* title; **– de transport** type of ticket
toile *f* canvas
toiletteur *m* **(de chiens)** (dog) groomer
toit *m* roof; **sous le – familial** at home
tôle *f* metal

tomber *m* **au – du jour** at nightfall; *(v)* to fall; **– de sommeil** to fall asleep
tondeuse *f* **à gazon** lawn mower
tondre *(pp* **tondu)** to mow; **– la pelouse** to mow the lawn
tôt early; **– ou tard** soon or later
toujours always; still; **comme –** as always
toupie *f* top
tournage *m* filming
tournée: en – on rounds (on a tour)
tourneur *m* worker who fashions wood
tout(e)/tous/toutes all; **tout** *(adv):* **– à coup** all of a sudden; **– à fait** absolutely; **– d'un coup** suddenly; **– en** all the while; **– simplement** simply; **– de suite** right away, immediately
tout-à-l'égout *m* main sewer
traduire *(pp* **traduit)** to translate; to reveal
traîner to hang out
traire *(pp* **trait)** to milk (cows)
trait *m* feature
traite *f* trade; **– des esclaves** slave trade
traiter to treat
tranche group; **– d'âge** age group
travail *m (pl* **travaux)** work; **– à la chaîne** assembly-line work; **travaux dirigés** lab work
travailler (chez, avec, dans) to work (at/for, with, in)
travailleur(se) worker
treizième thirteenth
très very, a lot
trésor *m* treasure
tressé(e) woven, interlaced
tri *m* sorting out, selection
tribunal *m* court
tricher to cheat
tricoter to knit
trier to sort out
tringle *f* rail
triompher: faire – to uphold
tripes *f pl* cow or beef intestines
troisième third
trottoir *m* sidewalk
troué(e) with holes
troupeau *m* herd
trouver: se – to be, find oneself
truand *m* gangster
truite *f* trout
tuer to kill
tuyau *m* pipe, tubing

U

université *f* college, university
urbanisme *m* **moderne** modern urbanization
usine *f* factory
utile useful

V

vache *f* cow
vagabond *m* tramp, vagrant, wanderer
vaillance *f* bravery
vaisselle *f* dishes; **lave-–** *m* dishwasher; **ranger la –** to put the dishes away

valeur *f* value
valoriser to enhance; validate
vaniteux(se) vain, conceited (person)
vapeur *f* steam
vautour *m* vulture
veau *m* veal; **ris de veau** calf sweetbreads
vedette *m f* movie star
veille *f* night before; **– au soir** the night before
veillée *f* late evening
veiller to be awake
veine *f* luck; **avec de la –** with luck, be lucky
vendre *(pp* **vendu)** to sell
vendredi *m* Friday
venir *(pp* **venu)** to come; **– de** have just; to come from
vent *m* wind
vente *f* sale; **prix de –** sale price
ventre *m* stomach; **avoir le – vide** to have an empty stomach
verdoyer to be green
verger *m* orchard
véritable genuine, real
vérité *f* truth
verre *m* glass
vers toward(s); around, about
verser to pay; to pour
vert(e) green
vertigineux(se) breathtaking
vêtement(s) *m (pl)* clothing
vêtu(e) dressed
veuf (veuve) widower (widow)
viande *f* meat
victime: prendre pour – to victimize
vide empty; **sous –** vacuum packed
vider to empty
vie *f* life; **conduite de –** lifestyle; **mode de –** lifestyle; **niveau de –** standard of living; **– de qualité** quality life; **– dure** hard life; **– nocturne** night life
vieillir to get old, to age
vieux/vieil (vieille) old
vif(ve) alive; **au vif** on edge
ville *f* city, town; **en –** downtown
vin *m* wine
vingtaine *f* twenty or so
viol *m* rape
violer to rape
violeur *m* rapist
viser to aim at/for
vite quickly, fast
vitesse speed; **société à deux –s** two-tier society
viticulteur(se) wine producer
vitré(e) with a window (glass); **baie –** bay window
vivant(e) lively
vivre *(pp* **vécu)** to live; **– d'expédients** to live from hand to mouth
vœu *m* wish
voici here is/are
voilà here (is/are); there (is/are)
voile *f* sailing; **planche à –** windsurfing
voilier *m* boat

voir *(pp* **vu)** to see; **se –** to see each other
voisinage *m* neighborhood
voiture *f* car
voix *f (pl)* voice(s)
vol *m* theft; **– à l'étalage** shoplifting
vol-au-vent *m* filled puff pastry shell

volaille *f* poultry
voler to steal; to fly
voleur(se) thief; **– à la tire** pickpocket
vouloir *(pp* **voulu)** to want; **en – à** to bear a
   grudge against
volonté *f* will, willingness

voyage *m* travel, journey
voyelle *f* vowel
vrai(e) true; **c'est vrai** it's true
vraiment really
vu given
vue *f* sight

Structures grammaticales

Pour mieux vous exprimer

Fiches lexicales

France

MER DU NORD

Pays-Bas

Allemagne

Angleterre

Belgique

LA MANCHE

Luxembourg

Dunkerque
Calais
NORD-PAS-
DE-CALAIS
Lille
Valenciennes

Amiens

Rhin

Cherbourg
Le Havre
HAUTE-
NORMANDIE
Rouen
PICARDIE
Reims
Meuse
Metz
LORRAINE
ALSACE

Caen
BASSE-
NORMANDIE
Seine
Paris
Versailles
ÎLE-DE-
FRANCE
CHAMPAGNE-
ARDENNE
Nancy
Strasbourg
VOSGES
Moselle

Saint-Malo

Brest
Fougères
Rennes
BRETAGNE

Le Mans
PAYS DE LA LOIRE
Angers
St-Nazaire
Loire
Nantes
Chinon
Orléans
Blois
Tours
Chambord
Chenonceaux
Azay-le-
Rideau
Bourges
CENTRE
BOURGOGNE
Dijon
Troyes
Seine
Nevers
Chalon-sur-
Saône
Saône
Besançon
FRANCHE-
COMTÉ
Mulhouse

JURA

Suisse

OCÉAN

ATLANTIQUE

Poitiers
La Rochelle
POITOU-
CHARENTES
LIMOUSIN
Limoges
Loire
Vichy
Clermont-
Ferrand
Saint Étienne
Rhône
Lyon
Annecy
RHÔNE-ALPES
Grenoble
ALPES

Italie

Périgueux
AUVERGNE
MASSIF CENTRAL

Bordeaux
Rodez
Garonne
AQUITAINE
MIDI-PYRÉNÉES
Rhône
PROVENCE-
ALPES-
CÔTE-
D'AZUR
Avignon
Nîmes
Tarascon
Aix-en-
Provence
Grasse
Monte-
Carlo
Monaco

Biarritz
Bayonne
Pau
PYRÉNÉES
Toulouse
Carcassonne
Montpellier
Béziers
Narbonne
Marseille
Toulon
Nice
Cannes

LANGUEDOC-
ROUSSILLON
Perpignan

Espagne
Andorre

MER MÉDITERRANÉE

0   75 km

CORSE

Ajaccio

©1993 Magellan Geographix℠Santa Barbara CA

Canada

Québec
Québec
Montréal

Nouveau-
Brunswick

St-Pierre-
et-Miquelon

Maine

Nouvelle-
Angleterre

Nouvelle-
Écosse

*Amérique
du Nord*

États-Unis

Louisiane

La Nouvelle-
Orléans

Haïti

Port-au-
Prince

Les Antilles

Saint-Martin
Guadeloupe
Martinique

*Océan
Atlantique*

*Océan
Pacifique*

**Guyane
française**

Cayenne

Wallis-et-
Futuna

**Polynésie
française**

Vanuatu

Tahiti

Nouvelle-
Calédonie

*Amérique
du Sud*

Le monde francophone

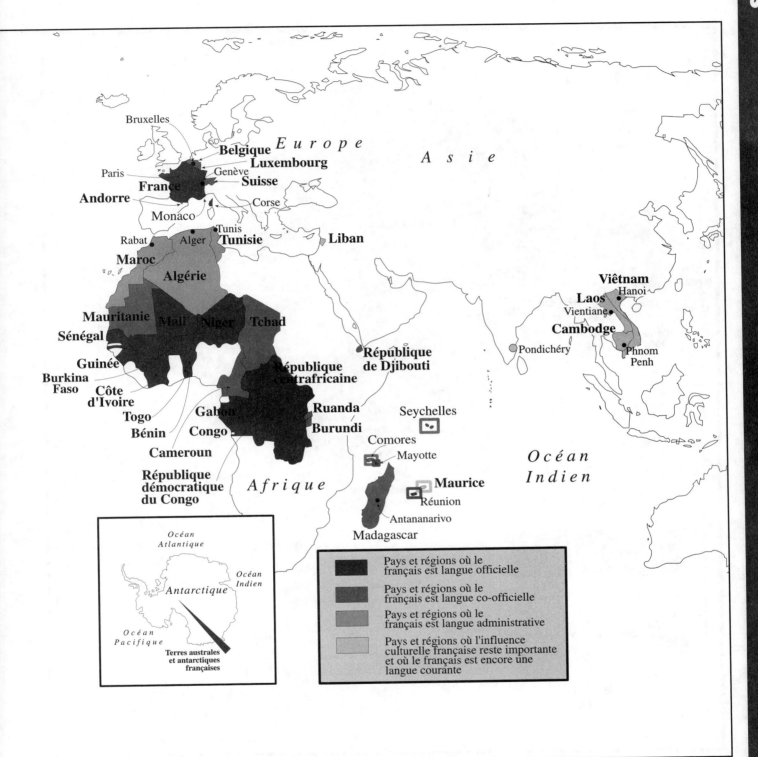

Bruxelles

E u r o p e

Belgique
Luxembourg

A s i e

Paris
Genève

France
Suisse

Andorre

Monaco

Corse

Tunis

Rabat
Alger
Tunisie

Liban

Maroc

Algérie

Viêtnam
Hanoi

Laos
Vientiane

Mauritanie
Mali
Niger
Tchad

Cambodge

Phnom
Penh

Sénégal

Guinée

**République
centrafricaine**

République
de Djibouti

Burkina
Faso

Côte
d'Ivoire

Seychelles

Pondichéry

Togo
Gabon
Ruanda

*Océan
Indien*

Bénin
Congo
Burundi

Comores

Cameroun
Mayotte

République
démocratique
du Congo

A f r i q u e

Maurice

Réunion

Antananarivo

Madagascar

*Océan
Atlantique*

*Océan
Indien*

Antarctique

*Océan
Pacifique*

Terres australes
et antarctiques
françaises

Pays et régions où le
français est langue officielle

Pays et régions où le
français est langue co-officielle

Pays et régions où le
français est langue administrative

Pays et régions où l'influence
culturelle française reste importante
et où le français est encore une
langue courante

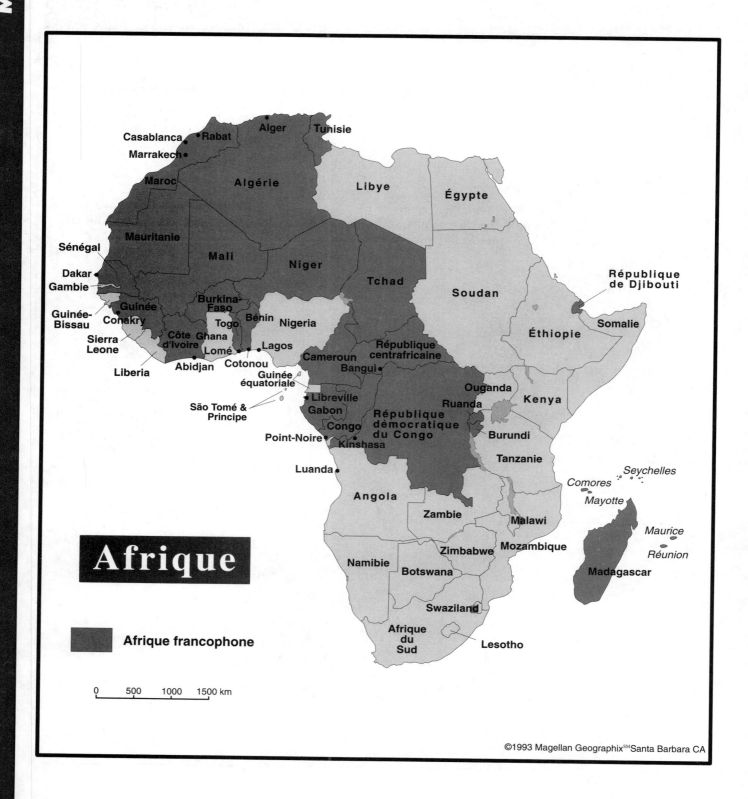

Afrique

Afrique francophone

0   500   1000   1500 km

©1993 Magellan Geographix℠Santa Barbara CA

CREDITS

Photo Credits

All photos, with the exception of the following, were taken by Jonathan Stark for the Heinle & Heinle Image Resource Bank.

p. 5   (L) © R. Lucas/The Image Works, (R) © Mat Jacob/The Image Works

p. 19   (R) Ben Mathes/Photo Mathes

p. 52   (T) The Metropolitan Museum of Art, Bequest of Mrs. H.O. Havemeyer, 1929. The H.O. Havemeyer Collection. (29.100.66) (B) The Metropolitan Museum of Art, Purchased with special contributions and purchase funds given or bequeathed by friends of the Museum, 1967. (67.241)

p. 53   Florence, Uffizi

p. 55   © Scott Daniel Peterson/The Gamma Liaison Network

p. 57   (T) Ben Mathes/Photo Mathes, (BL) Tomas D.W. Friedman/Photo Researchers, Inc., (BR) © Victor Englebert/Photo Researchers, Inc.,

p. 58   © George Holton/Photo Researchers, Inc.,

p. 67   (T) © M. Antman/The Image Works, (B) © Ulrike Welsch

p. 104   *Planète Jeunes*, n° 32, avril–mai 1998

p. 105   *Planète Jeunes*, n° 32, avril–mai 1998

p. 122   © M. Rougemont/Sygma

p. 163   (TL) Art Resource, NY, (ML) Foto Marburg/Art Resource, NY, (BL) Giraudon/Art Resource, NY, (TR) Art Resource, NY, (BR) Giraudon/Art Resource, NY

p. 164   (TL) Giraudon/Art Resource, NY, (ML) Art Resource, NY, (MB) The Metropolitan Museum of Art, Bequest of Mrs. H.O. Havemeyer, 1929. The H.O. Havemeyer Collection. (29.100.66), (TR) Giraudon/Art Resource, NY, (BR) Giraudon/Art Resource, NY

p. 165   (TL) Foto Marburg/Art Resource, NY, (TR) Giraudon/Art Resource, NY

p. 167   (B) S. Chester/Comstock

p. 196   © Stuart Cohen/Comstock

p. 205   (TL) UPI/Bettmann, (TM) The Bettmann Archive, (TR) Reuters/Bettmann Newsphotos, (BL) © Noel Quidu/Gamma-Liaison, (BR) AFP Photo

p. 213   (L) The Bettmann Archive, (R) Giraudon/Art Resource, NY

p. 231   (TL) Chamussy/Sipa Press, (TR) Salmon/Sipa Press

p. 270   UPI/Bettmann

Text/Realia Credits

p. 40   Jacques Prévert, "Le message", dans *Paroles*, © Éditions GALLIMARD 1949

p. 58   *Passeport touristique pour le Cameroun*, Seprodis Conseil, Paris, pp. 28, 29

p. 59   Suzanne Prou, *La maison des champs*, © Éditions Bernard Grasset, 1993, pp. 18–21

p. 65   René Philombe, *Petites gouttes de chant pour créer l'homme*, Éditions Nouvelles du Sud

p. 95   *Le Journal Françai*, vol. 16, no. 24, 25 novembre–8 décembre 1994, p. 11

p. 98   Gilbert Quénelle, *La France... j'aime!*, © Hatier International, Paris, 1985

p. 102   Mylène Rémy, *Le Sénégal aujourd'hui*, Les Éditions du Jaguar, Paris, p. 226

pp. 104–105 *Planète Jeunes*, n° 32, avril–mai 1998, pp. 4–7

p. 160   *Évidences invisibles, Américains et Français au quotidien*, de Raymonde Carroll, © Éditions du Seuil, Paris, 1987, pp. 31, 32

p. 196   Gérard Mermet, *Francoscopie 1999*, © Larousse, Paris, 1998, p. 254

p. 197–199   (Text) Gérard Mermet, *Francoscopie 1995*, © Larousse, Paris, 1994, pp. 267–269

p. 198   (T) © Alice in Gérard Mermet, *Francoscopie 1995*, © Larousse, Paris, 1994, p. 267
             (B) © INSEE in Gérard Mermet, *Francoscopie 1995*, © Larousse, Paris, 1994, p. 268

p. 199   © Alice in Gérard Mermet, *Francoscopie 1995*, © Larousse, Paris, 1994, p. 269

p. 226   Gérard Mermet, *Francoscopie 1991*, © Larousse, Paris, 1990, p. 362;
             Chez nous, vol. 38, N° 5, avril 1995, p. 11

p. 227   Jean Mathiex, *Histoire de France*, Hachette, Collection Outils, p. 54
             Chez nous, vol. 38, N° 1, sept.–oct. 1994, p. 11

p. 257   © Grenade in Gérard Mermet, *Francoscopie 1995*, © Larousse, Paris, 1994, p. 221

p. 258   (Art) Gilles Rapaport in Gérard Mermet, *Francoscopie 1995*, © Larousse, Paris, 1994, p. 215

p. 269   (Text) *Visa pour la cité*, décembre 1990–novembre 1991, no. 11, pp. 20, 21;
             (Art) *Petit Larousse illustré*, © Larousse, Paris, 1990, p. 38

p. 270   *La Recherche*, N° 216, déc. 1989, pp. 1558, 1569

pp. 270–271 Gérard Mermet, *Francoscopie 1999*, © Larousse, Paris, 1998, pp. 270–271

p. 275   Gérard Mermet, *Francoscopie 1995*, © Larousse, Paris, 1994, pp. 287, 288

culture

1) Le pétaque
   - le cochonnent